U0469412

...RN TURKEY IN ASIA, SYRIA AND WESTERN PERSIA

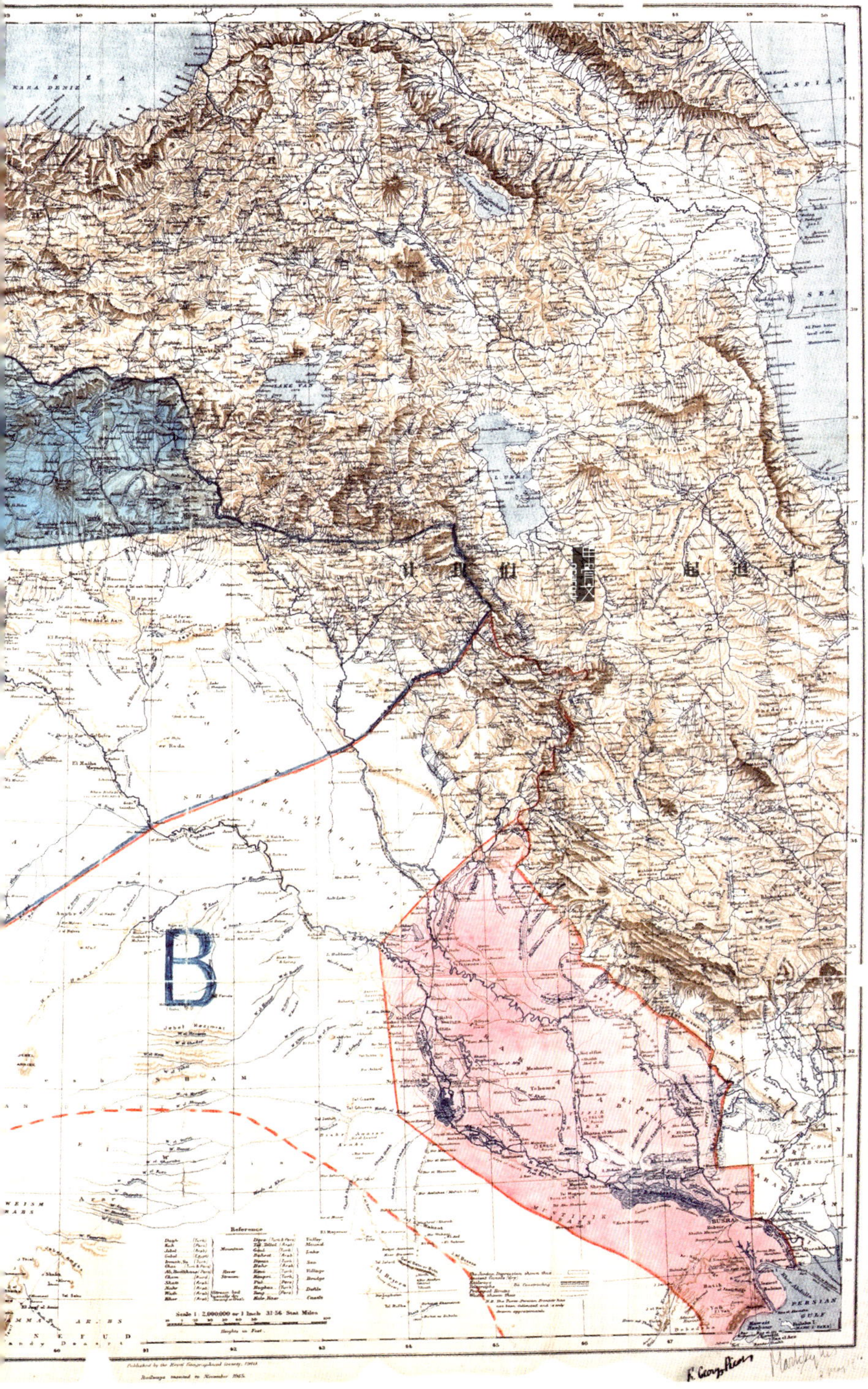

A Line in the Sand: Britain, France and the Struggle that Shaped the Middle East

Copyright©James Barr, 2011

This edition arranged with Felicity Bryan Associates Ltd. through Andrew Nurnberg Associates International Limited

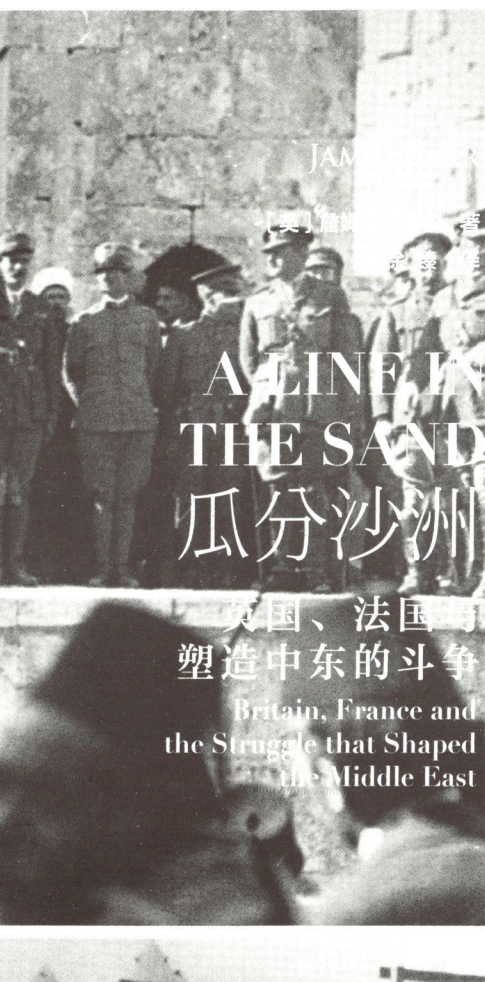

A LINE IN
THE SAND
瓜分沙洲
英国、法国与
塑造中东的斗争
Britain, France and
the Struggle that Shaped
the Middle East

社会科学文献出版社
SOCIAL SCIENCES ACADEMIC PRESS (CHINA)

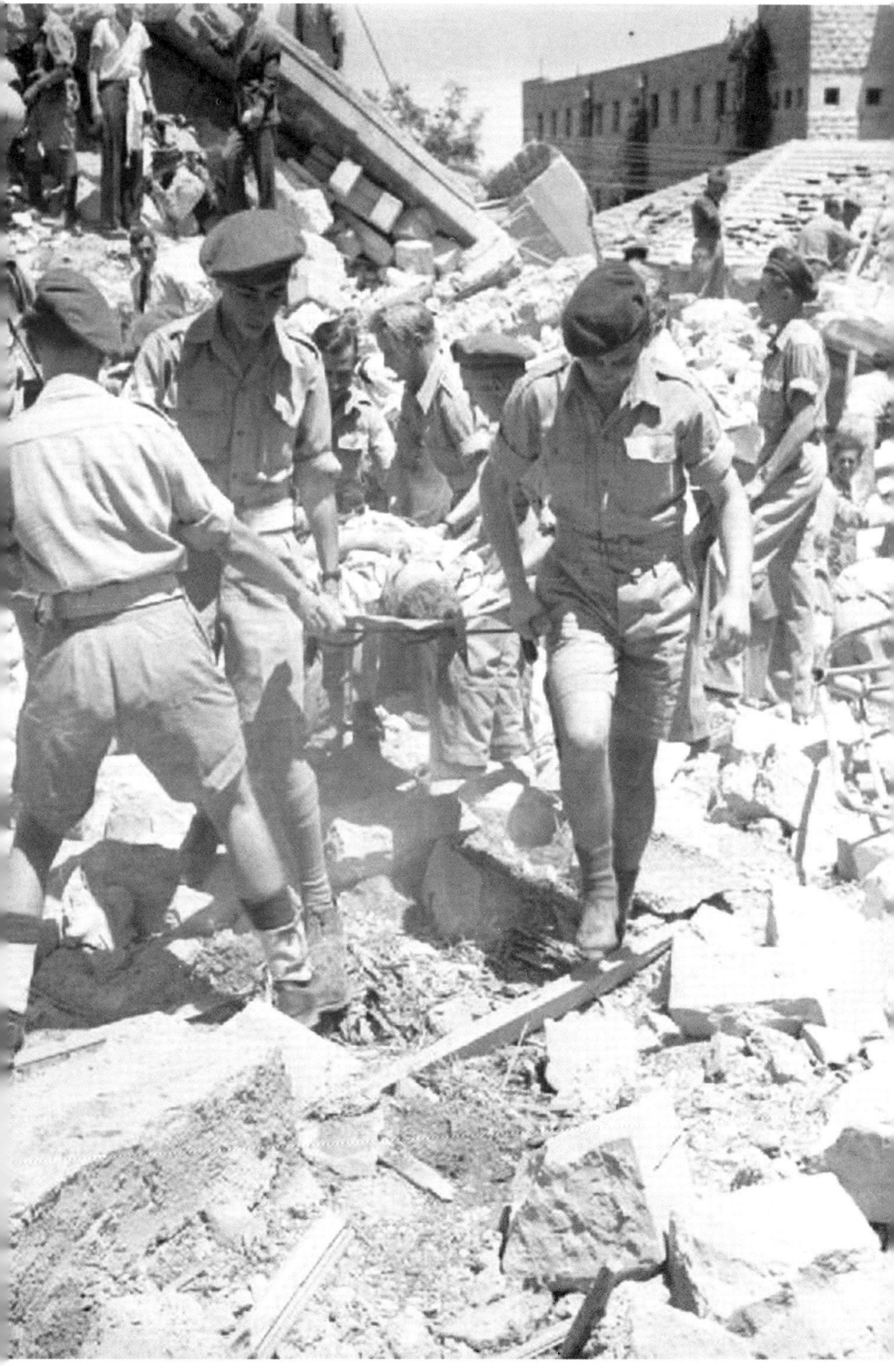

本书获誉

詹姆斯·巴尔的新书《瓜分沙洲：英国、法国与塑造中东的斗争》对中东历史的决定性时刻的通常叙述中加入了一剂调味品……他翻阅了两个大国的大量外交档案，以及当时许多主要官员的个人记录，他的辛勤努力带给了读者栩栩如生的……阅读享受。

——《金融时报》

基于杰出的调查和生动的引经据典，巴尔串起了散沙式的故事……直到今天，我们依旧能够感受到沙漠中这道决定命运的分割线引发的震荡——不仅在中东，还在世界各地。

——《泰晤士报》

栩栩如生……巴尔描述了英法两国针锋相对的复杂性以及——1941年——叙利亚战争的全景……他的说法没错，仅有少数英国读者抓住了英法两国在黎凡特地区的残酷对抗。

——《星期日泰晤士报》

（巴尔）直接将两位职位不高的官员——弗朗索瓦·乔治斯-皮科和马克·赛克斯——的心态呈现在我们跟前。1919年，他们身处巨大的旋涡……并继续讲述了后30年的故事，他不像其他高高在上的历史学家，拘泥于对国家命运的指指点点，而是和记者、情报工作人员一起,深入外交政策的阴暗面,揭露恐吓与反恐吓,隐秘的梦想,复仇的渴望,跨部门的竞争,以及身在首都的长官们对在地官员的嫉妒。我对本书的情节着迷,尽管它勾勒的最终图景中,两大西方势力的所作所为如此卑鄙、混乱、伪善。

——《独立报》

詹姆斯·巴尔对中东地区帝国主义阴谋的历史叙述为当下持续不断的危机提供了启发性的思考……研究卓越详尽,一场引发当前中东困境的大灾难……巴尔生动的叙述描绘了许多传奇人物对权力地位的争夺,捕捉到了他们偏执的一面和不为人知的阴谋。

——《大都市》

巴尔详细描绘了战争期间,两个国家如何在中东互相诋毁……巴尔在定义和描摹参与种种历史事件的官员时格外出彩,他们采取针锋相对的报复手段,模糊了爱国主义和犯罪之间的边界。

——《文学评论》

同样的历史事件前人有过不少精彩叙述,但巴尔带来了一种全新视角,从英法对峙的棱镜中折射出种种矛盾、冲突。他的调查研究十分细致、彻底,找到了非常精彩的素材……阅读这项出色研究,令我意外的是英国和法国如此不遗余力地针对对方……即使是最坚定的沙文主义者也不得不摇头。之后60年的动荡,不禁让人思考如果英国和法国没有占领中东,那里如今是否已尘埃落定,更加和平。

——《旁观者杂志》

基于最新解密的文献中的惊人发现,詹姆斯·巴尔带领读者领略了两大殖民势力之间充满讽刺的阴谋诡计……巴尔在素材运用上十分出色。他的写作风格和驾驭能力,使我们能够理解复杂的历史事件和政治阴谋。他还简练地勾勒了参与事件的各方……巴尔自信地穿梭在世界重大事件之中,它们往往相互影响,并由于政策和情报因素而产生利益冲突。

——《新政治家》

关于英国和法国在现代中东的斗争,没有人比詹姆斯·巴尔的叙述更为出色。本书以间谍小说的叙事节奏,结合翔实的史料,展现了战争期间的盟友英国和法国为了各自的帝国主义野心相互背叛的行径。对于延续至今的中东冲突,巴尔生动地将其根源追溯到英法之间的两面派做法。它应该成为学者和政策制定者的必备读物。

——尤金·罗根(Eugene Rogan),《阿拉伯史》作者

引人入胜,研究缜密……詹姆斯·巴尔生动地再现了令人惊讶的恐吓、争执和冒险的图景——这还仅是英国一方。而法国人也不甘示弱,他们除了表现出固有的不信任,还对不讲信义的英国佬经常流露出高卢人的骄傲。在这个关于阴谋、帝国主义诡计、争强好胜、操纵控制的故事中,几乎不存在讲信用的人。

——《BBC历史杂志》

精彩绝伦……詹姆斯·巴尔从相关档案、新闻简报、回忆录或者历史书中寻找不为人知或鲜有人知的细节，精心组织这个耳熟能详的故事。这本书能够成为与众不同的存在，是因为它讲述了英国的虚伪和法国的奸诈，他们相互排斥又共同瓜分了奥斯曼帝国。

——《犹太纪事》

这本书就如同谍战大片……研究极见工夫，叙述权威，易于阅读。

——《军事时报》

巴尔在文献收集上十分出色，丝丝入扣地为我们展现了一种单一冲突——在我们和法国之间，十分原汁原味。

——《苏格兰人报》

……带着激动，启示和不安，让我们得以一窥权力政治背后的故事。

——《书目》

目 录

地图页 ·· I

序 ·· 001

第一部分　瓜分：1915～1919 年

第 1 章　权术政治 ·· 007

第 2 章　皮科先生 ·· 023

第 3 章　托马斯·爱德华·劳伦斯 ································ 042

第 4 章　艾伦比的人 ·· 055

第 5 章　拿下摩苏尔 ·· 073

第 6 章　僵局 ·· 090

第二部分　两次战争间的紧张关系：1920～1930 年

第 7 章　十字军东征 ·· 107

第 8 章　伊拉克叛乱 ·· 117

第 9 章　最佳、最省钱的方案 ···································· 130

第 10 章　德鲁兹派叛乱 ··· 141

第 11 章　重挫德鲁兹人 ··· 156

第 12 章　石油管线 ·· 169

第 13 章　复仇！复仇！ ··· 181

第 14 章　以恐制恐 ·· 195

第 15 章　安抚阿拉伯人 ··· 212

第三部分　秘密战争：1940～1945 年

- 第 16 章　被流放的国王 …… 221
- 第 17 章　龌龊的一幕 …… 233
- 第 18 章　决不妥协，粗鲁至极 …… 244
- 第 19 章　特命公使 …… 255
- 第 20 章　卑鄙的勾当 …… 267
- 第 21 章　另一次法绍达事件 …… 280
- 第 22 章　患难见真情 …… 289
- 第 23 章　玩火上身 …… 299
- 第 24 章　谋杀莫因勋爵 …… 310

第四部分　退场：1945～1949 年

- 第 25 章　发号施令 …… 321
- 第 26 章　三思而行 …… 336
- 第 27 章　美国自由巴勒斯坦联盟 …… 351
- 第 28 章　法国与犹太复国主义者的阴谋勾结 …… 362
- 第 29 章　最后一班岗 …… 377

尾声　化解宿仇 …… 397
版权许可 …… 406
致　谢 …… 409
注　释 …… 414
参考文献 …… 477
索　引 …… 498

赛克斯-皮科协定 1916

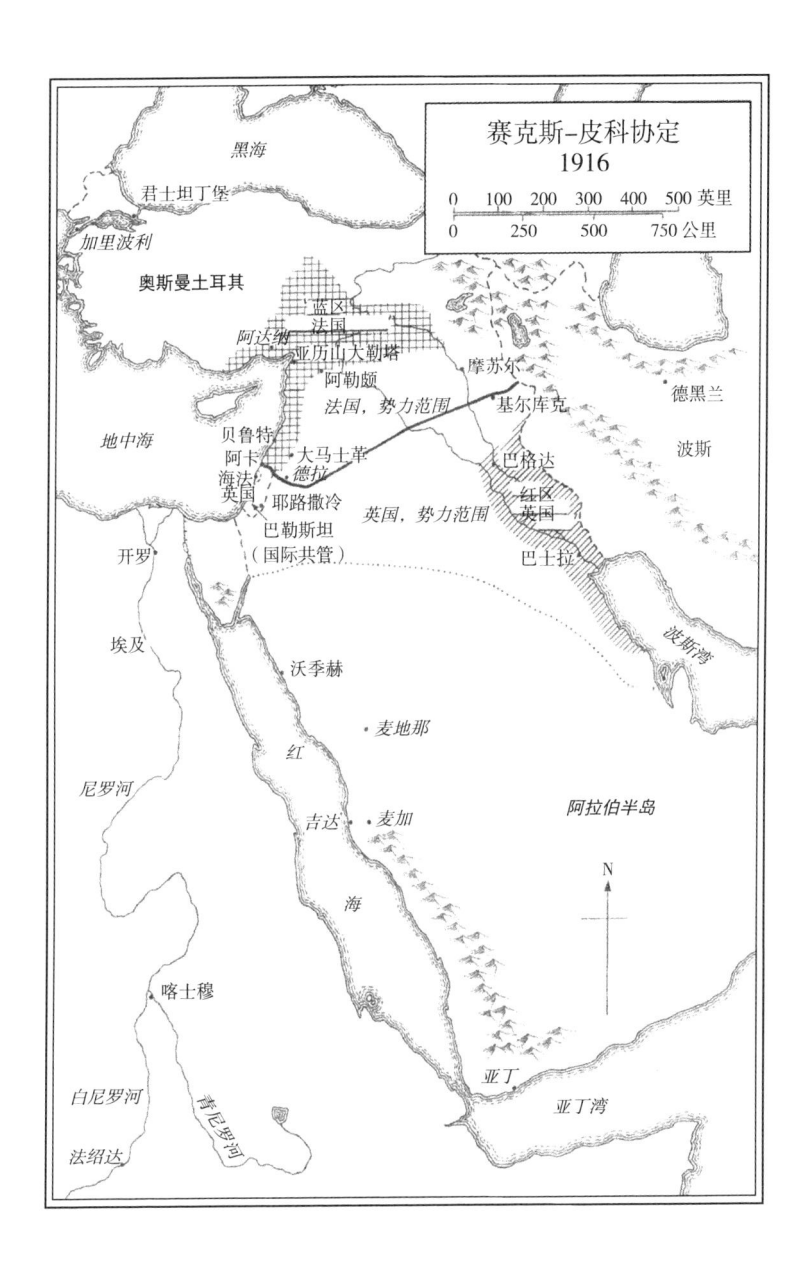

Ⅱ / 瓜分沙洲

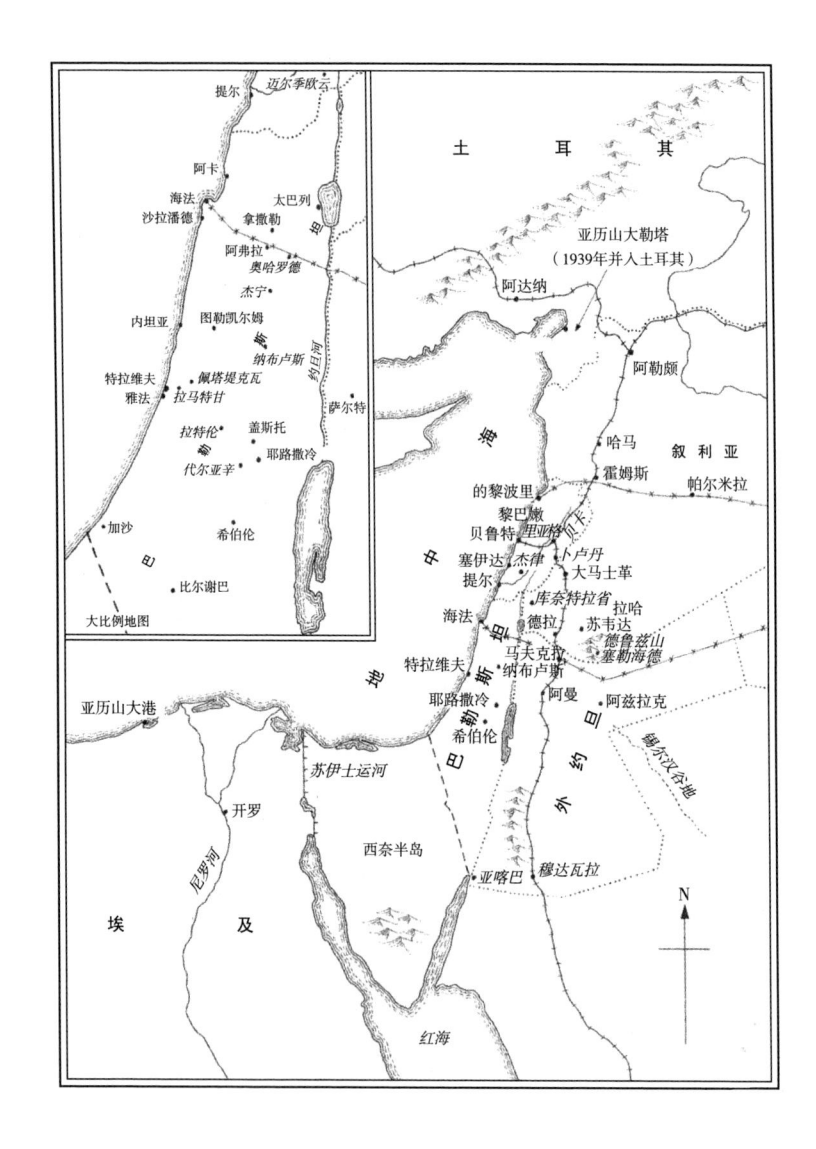

中东托管地，1939

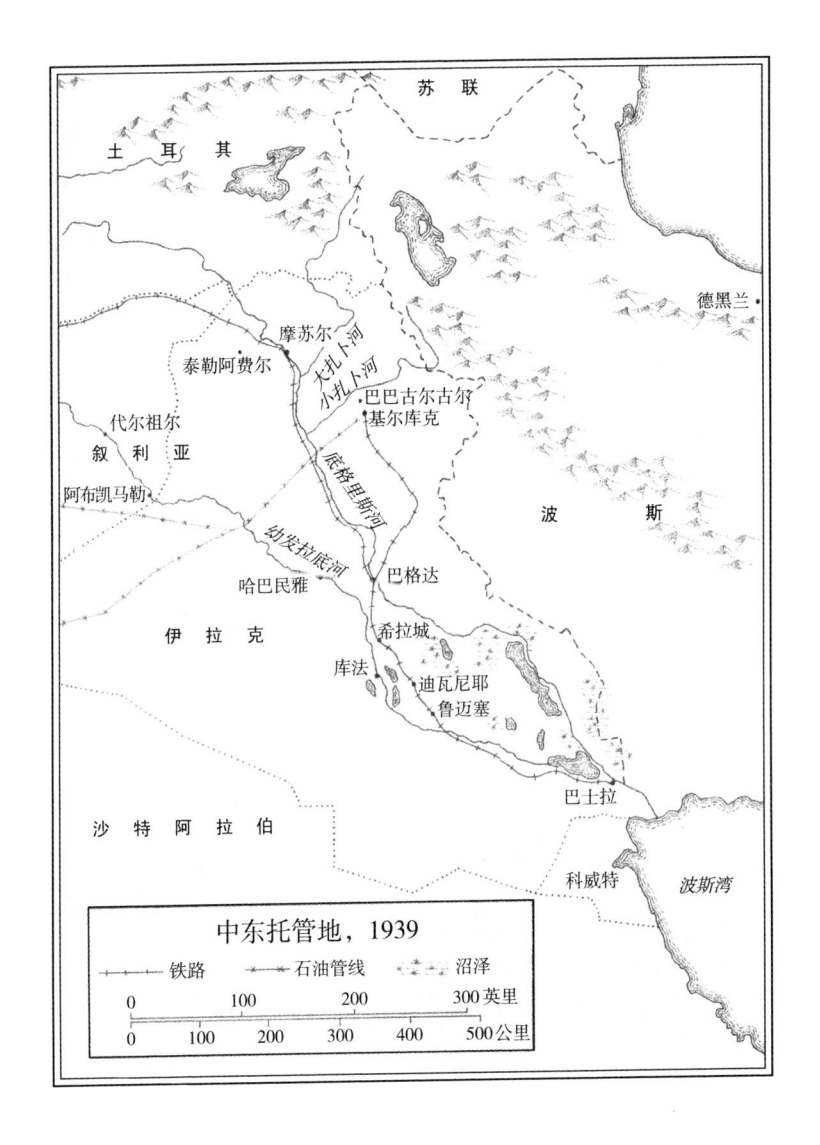

苏联
土耳其
德黑兰
摩苏尔
大扎卜河
泰勒阿费尔
小扎卜河
巴巴古尔古尔
基尔库克
代尔祖尔
叙利亚
底格里斯河
波斯
阿布凯马勒
幼发拉底河
巴格达
哈巴民雅
伊拉克
希拉城
库法
迪瓦尼耶
鲁迈塞
巴士拉
沙特阿拉伯
科威特
波斯湾

铁路　石油管线　沼泽
0　100　200　300 英里
0　100　200　300　400　500 公里

序

2007年夏天，我在阅读最新解密的一批英国政府档案时，被惊得目瞪口呆。文件是英国军情五处（MI5）的一位军官在1945年时撰写的，是首次公开的资料。它解开了一个长久以来困扰英国政府的难题：究竟是谁在经济和军火上支持犹太恐怖分子，最终令其失去了对巴勒斯坦的委任统治权。当时，这位刚从中东回来的军官给出了一个令人瞠目结舌的答案。他声称，那些恐怖分子"似乎得到了法国的支持"。

这位军官和军情六处（MI6）的同僚沟通后，继续记录道："我们……从属于'最高机密'的信源处得知，法国在黎凡特地区（Levant）①的军官一直在暗中向哈加纳（Hagana）②销售武器。最新收到的报告表明，法国的目的是挑起巴勒斯坦的内部冲突。"换句话说，当英国士兵正在浴血奋战解放法国时，身为盟友的法国人却在秘密支持犹太人的事业，在暗中杀害驻巴勒斯坦的英国士兵和军官。

法国这个出其不意的举动标志着过去30年来，英法两国争夺中东控制权进入白热化阶段。早在1915年，英国和法国还在第一次世界大战中并肩作战时，双方就企图浇灭对方在中东地区的野心，从而埋下了关系紧张的种子。在当时还不为人知的

---

① 黎凡特，中东地区托罗斯山脉（Taurus Mountains）以南、地中海东岸、阿拉伯沙漠以北和上美索不达米亚以西的一大片地区。——译者注
② 哈加纳，犹太地下武装组织。——作者注

2 《赛克斯－皮科协定》(Sykes-Picot agreement) 中，他们用一条横贯沙漠的对角线瓜分了奥斯曼帝国 (Ottoman Empire) 在中东的领土。这条线从地中海 (Mediterranean Sea) 沿岸发端，一路延伸到波斯 (Persian) 边界的山区。这条任意画下的直线的北部领土归法国所有，南部的大部分领土则被英国收入囊中。但是，两大巨头始终无法就巴勒斯坦的将来达成一致。尽管双方都有些勉强，但经过妥协还是同意由国际共管圣城耶路撒冷 (Jerusalem)。

这种粗鄙的领土扩张方式在 19 世纪相当普遍，但在《赛克斯－皮科协定》签署时已经过时。芸芸批评声中，为首的就是美国总统伍德罗·威尔逊 (Woodrow Wilson)。在 1917 年美国向德国宣战后，他屡屡谴责欧洲的帝国主义行径，提议流离失所的人民在战争结束后有权选择自己的命运。

正是在这种全新的政治气候下，英国迫切需要为在中东打下的半壁江山寻找一个新的大本营。英国已经控制了埃及。他们很快意识到，只要公开支持犹太复国主义 (Zionist) 理想，把巴勒斯坦打造成犹太国家，就可以既确保苏伊士运河 (Suez Canal) 东翼的利益，又避开外界指责英国攫取领土。当时，这项战略尽管使英国在与法国的斡旋中出奇制胜，却对日后造成了史无前例的灾难性影响。

英国从一开始就知道，这么做会触发伊斯兰世界更深的愤怒，但他们对化解危机很有自信。他们相信，阿拉伯世界终究会认识到犹太移民带来的经济好处，而犹太人则会对英国协助他们实现复国梦而感激不尽。然而，这两种假设最终都成了英国的一厢情愿。阿拉伯人被不断增长的犹太人口数量触怒后，英国为了维持和平局面试图减缓巴勒斯坦的"犹太化"进程，但这又反过来激怒了犹太人。

　　国际联盟（League of Nations）①出台的委任统治方案中，英国的势力范围包括巴勒斯坦、外约旦（Transjordan）和伊拉克，法国的势力范围则触及黎巴嫩和叙利亚。两大巨头本该带领这几个襁褓中的国家迅速实现独立，但他们却开始拖拖拉拉。阿拉伯人眼见自由的承诺沦为海市蜃楼的幻景，反应十分剧烈。英国和法国相互推诿、指责对方的政策，任何一方都不愿协助另一方镇压日益暴力化的阿拉伯叛乱，因为他们知道这么做只会让自己的地位更加尴尬。1920年代，叙利亚境内的反叛力量把英国控制下的外约旦作为发动袭击的大本营。差不多整整两年，英国对法国的镇压请求一概视而不见。到了1930年代末，巴勒斯坦境内的叛乱分子把叙利亚和黎巴嫩作为庇护所，法国对英国的请求亦睁一只眼闭一只眼。法国和英国都没能得到对方的支持，只能诉诸暴力手段镇压叛乱，这又进一步激怒了阿拉伯人。

　　法国一向认为英国在暗中积极资助阿拉伯的反叛力量，以削弱法国在中东的势力，但苦于直到第二次世界大战爆发都没能找到证据。然而，1940年法国沦陷，黎凡特的法国当局决定倒戈维希政权（Vichy Government），被迫让英国和戴高乐领导的自由法国（Free French）正视现实。1941年6月，英国和自由法国军队攻入叙利亚和黎巴嫩，以阻止维希政府向德国提供进攻苏伊士运河的跳板。维希政府投降一个月后，英国政府把黎巴嫩和叙利亚交给了自由法国的军队托管。这一举动重燃了阿拉伯国家的怒火。英国官员相信，把关注点从巴勒斯坦移开

---

① 国际联盟，由美国总统威尔逊提议，于《凡尔赛条约》（Treaty of Versailles）签署后成立的国际组织。——译者注

的最佳策略就是出卖法国的利益,协助叙利亚和黎巴嫩实现独立。在英国不遗余力的支持下,黎巴嫩在1943年独立。第二年,法国发现英国又在叙利亚打着同样的算盘。

法国当局留意到,犹太复国主义者和他们一样铆足了劲想报复。那时,犹太人对英国的观感已经急转直下。1939年,英国为了安抚阿拉伯人收紧了移民政策,阻止大量遭纳粹德国迫害的犹太人逃亡到安全的巴勒斯坦。犹太大屠杀的空前规模和系统性被披露后,许多犹太人认为是时候抛弃英国了。战争爆发前,英国对阿拉伯恐怖主义的镇压表明暴力在这片土地的确行之有效。正如前文所述,现在轮到了法国在暗中资助犹太复国主义恐怖分子。他们都怀抱相同的诉求,一心想把英国人赶出巴勒斯坦。

英法两国的怨怼不容忽视,因为它助燃了当今的阿拉伯—以色列冲突。英国本想利用犹太复国主义者挫败法国在中东的野心,却令阿拉伯人和犹太人的关系迅速恶化。但是,正因为法国在以色列建国中扮演了极其关键的角色——协助犹太人大规模移民巴勒斯坦、制造灾难性的恐怖袭击事件,才导致英国在1948年结束了对巴勒斯坦的委任统治。本书尝试解答究竟是哪些因素在其中发挥了重要作用,才使历史最终走到了这一步。

第一部分
瓜分：1915~1919 年

第1章 权术政治

1915年12月16日早晨，意气风发的年轻政客马克·赛克斯（Mark Sykes）爵士匆匆赶往唐宁街参加会议。英国首相召来这位36岁的男爵作为他和陆军部的顾问，一同商议该如何解决奥斯曼帝国的争端——它眼看着就要撕裂英国和法国之间本已十分脆弱的盟友关系。日后，赛克斯回忆道："我能够在陆军部面前阐述想法，这实在是荣幸之至。"[1]他话中所指的，塑造了现代中东的格局。

能够被叫到唐宁街10号出席会议让赛克斯感到十分意外，因为他仅用了4年时间，就成了政府中东事务首席顾问。[2]1911年，他曾以保守党成员身份赢得约克郡赫尔市（Yorkshire port of Hull）的议员竞选。在首次演讲中，他就把自己标榜为奥斯曼帝国的专家，还提到了不久前他在北非的一次游历，当时北非仍受奥斯曼帝国管辖。赛克斯宣称，与30年前的"迪斯雷利时代"①相似，"一个强大、团结的土耳其帝国""对英国的贸易和策略十分关键"。[3]然而1914年战争爆发，奥斯曼加入了德国阵营并与英国和法国开战，赛克斯因此不得不改变了立场。

与陆军部会面时，赛克斯带了一张地图和一份3页长的发言大纲。3年后，他死于流行性感冒，终年39岁。但幸运的是，

---

① 本杰明·迪斯雷利（Benjamin Disraeli）曾两度出任英国首相。他积极鼓吹英国殖民帝国主义，在担任首相期间曾大力推行对外侵略与殖民扩张的政策。——译者注

8 这些文件和他的其他资料都被保留下来。他笔迹遒劲,却带着一股稚气,乍一看犹如中学男生赶在最后一刻写下的复习笔记。但毋庸置疑,这是他迄今为止写下的最重要文书。他利用这份大纲说服了内阁必须立刻和法国就如何瓜分奥斯曼帝国达成一致意见。而他,正是那个背后运筹帷幄之人。

"毫无疑问,他能力出众,想法层出不穷。不仅如此,他还相当勤勉、用心。"一位内阁大臣在赛克斯去世后曾如此评价他。[4]但实际上,这位友好和善的年轻议员误导了内阁,对于口中侃侃而谈的议题,他并不如人们想象中的那么权威。赛克斯在中东事务上建立起的威望主要来自他撰写的几本书。在当年早些时候,他出版了《哈里发的最后遗产》(The Caliphs' Last Heritage)。这本书厚达 2 英寸,不仅讲述了伊斯兰作为政治势力崛起的历史,还收录了战前他周游奥斯曼帝国时写下的沉闷日记。他会不时在书中援引几句阿拉伯文和滑稽的对话,试图给人留下作者对这片土地相当了解的印象。赛克斯完全不打算戳破这种假象。那天,他离开首相府邸后,与会人士都以为他精通阿拉伯语和土耳其语,但其实他根本不懂。[5]

《哈里发的最后遗产》和作者夸夸其谈的自信都来自赛克斯优渥的成长环境。他出生在一个拥有大片土地的约克郡家庭,11 岁时便随个性乖戾的父亲塔顿爵士(Sir Tatton)和沉迷酒精的母亲首次踏足中东。塔顿爵士沉迷宗教建筑,喜爱牛奶布丁,总设法让身体保持恒温。当时,他已年届 64 岁;而他的太太、"醉醺醺的杰西卡夫人(Lady Jessica)"的年纪还不到他的一半,全程都和他们的导游打得火热。马克·赛克斯是他们的独生子。

那是 1890 年。赛克斯一家首先前往埃及,英国在 8 年前从奥斯曼帝国手中把它掠夺为殖民地。接着，他们又去了仍在土耳其人控制下的耶路撒冷和黎巴嫩。赛克斯深深沉醉在旅行途中，暂时摆脱了父母婚姻的不幸。这场悲剧性联姻终于在1897年走到尽头，两人闹上法庭，互揭了不少丑事。在此期间，赛克斯不时避走中东，刚开始他还是个大学生，后来使用的是英国驻奥斯曼帝国首都君士坦丁堡（Constantinople）大使馆名誉随员的身份。他提及有一次为了过夜，曾用枪崩掉过一间遭废弃的商队旅馆的锁头。赛克斯逐渐因英勇无畏而声名赫赫，但他也是个挥霍无度的旅行者。他曾在耶路撒冷偶遇另一位旅行家格特鲁德·贝尔（Gertrude Bell）①，向对方吹嘘如何花大价钱租下马匹。贝尔心想，"我绝不和他做伴，祝他好运。根据我对中东的了解，他接下来的行程价格很可能要翻番"⁶。

如同许多旅行作家，赛克斯喜欢假装踏足过无人知晓的土地。按照他的说法，他在挑选路线时"总盯着地图上尚未开拓的，或因为存在诸多疑问而用虚线表示的部分"⁷。欧洲人很吃这一套。贝尔和许多同道之人都认为赛克斯"相当有意思"，但赛克斯对贝尔小姐的观感则截然相反。他曾咆哮着告诉妻子："（贝尔）谈吐浮夸、喋喋不休，平胸，男人婆。她满世界乱晃，是个总在胡扯的蠢货。"⁸

当时，正如赛克斯在第一次国会演说中的讲法，奥斯曼帝国正不可挽回地"走下坡路"。苏丹政府在1876年宣布倒台后，英国放弃了五年来支持奥斯曼统一和独立的政策。之前，

---

① 格特鲁德·贝尔，英国冒险家、作家、中东问题专家，曾在中东地区广泛游历，撰写过许多有关中东地区考古、建筑、文化和阿拉伯人的著作。第一次世界大战期间，她曾协助英国情报部门策动阿拉伯人反抗奥斯曼帝国统治的活动。——译者注

他们一直借此对抗其他列强觊觎奥斯曼的野心。1878年，英国占领塞浦路斯。4年后，它又占领埃及和苏伊士运河，从而保障了通往印度的要道。随着运河成为英国远东贸易的主要通道，埃及成了大英帝国的支柱。

奥斯曼帝国溃败后，英国投资者裹挟钱财作鸟兽散，法国人却反其道行之，取代了他们的位置。奥斯曼帝国时期，法国人通过宗教机构逐渐积累起了显赫的声望。他们开办了几十所学校，比其他西方国家的更受欢迎。现在，法国占了土耳其一蹶不振的便宜，买下了奥斯曼政府的绝大部分债务，数额甚至超过自己国家政府每年的财政收入，打赌奥斯曼帝国不可能就此玩完。[9]然而，在1909年军事政变中夺权的"青年土耳其党"（Young Turks）① 并没能阻止国家的堕落。他们丢掉了利比亚，三年后又丢掉了欧洲大陆的巴尔干地区。

如今，奥斯曼帝国的中心已经大幅东移。除了土耳其，奥斯曼帝国的势力范围仅限于叙利亚、巴勒斯坦、伊拉克和阿拉伯半岛的沿海地区。尽管帝国日暮穷途，苏丹在逊尼派教徒（Sunni Muslim）中仍享有绝对影响力。他们被视为哈里发（caliph），先知穆罕默德（Prophet Muhammad）的继承者，守护着伊斯兰世界的三大圣城：麦加（Mecca）、麦地那（Medina）和耶路撒冷。这正是哈里发的最后遗产，但就算在这些地方，奥斯曼帝国也开始面临日渐自信的阿拉伯人更多的不满。阿拉伯人想要更大的自治权，甚至从已经统治他们超过400年的王朝中独立。

赛克斯的中东游历碰巧就在这期间。他的新书将奥斯曼描

---

① 青年土耳其党，反对封建专制统治，要求实行君主立宪的土耳其资产阶级革命运动的重要力量。——译者注

绘得摧枯拉朽，丝毫不令人意外。为了强调他的观点，赛克斯记述了在奥斯曼东部几座著名城市的遭遇，笔触相当刻薄。在阿勒颇（Aleppo），城市中"衰败的现代建筑依附在古旧但显然更加坚固的庞然大物上"，"又拥挤又摇摇欲坠的露天市场里疾病与污垢横行；颓败和贫穷是最刺眼的特征"。[10]在大马士革（Damascus），他遇到"一群脏狗……衣衫褴褛的士兵、高声叫嚷的赶骡人、贪婪的古董商"，他对"设施颓败的旅馆、嚼不动的羊肉和散发出一股恶臭的黄油"大感失望。[11]赛克斯把最恶毒的咒骂留给了摩苏尔（Mosul），"（它是）腐败的污秽巢穴，罪行肆虐，彻底失序，疾病蔓延"。在那里，"新建的房屋就如老屋一般摇摇欲坠，乌烟瘴气，还散发着腐臭；而老屋就如新建的房屋一般丑陋不堪、乏味，并且遭人憎恨"。[12]摩苏尔的露天剧场"犹如从内部开始腐坏的内脏；肾脏过滤着粘稠的血液，但血管早已硬化，不时溢出令人作呕的气味"。

赛克斯的描述令人胆战心惊，可实际上他并不希望眼前腐朽但多姿的社会就此消亡，从而剥夺他假日途中一窥中世纪风采的乐趣。随着精明的外国势力不断展露影响力，他很高兴"法国工程师的制图版、两脚规和丁字尺尚未能毁掉未开化的叙利亚阿拉伯人身上的原始气息"。[13]他选择对铁路视而不见。奥斯曼帝国在德国的帮助下建起了这张运输网，大大节省了阿拉伯人的旅行成本，而他们原来的眼界只局限在徒步距离之内。相反，赛克斯却认为蒸汽引擎没有带来"任何好处"，只助长了"新一波恶习"，包括"酒精、下流图片、留声机和酒吧"。[14]邮政服务、电报、铁路、蓬勃的新闻业以及阿拉伯人日益提高的读写能力，都在改变着阿拉伯世界的格局，而赛克斯要么真的没有留意到，要么就是选择对它们视而不见。

有批评人士认为，赛克斯持有"先入为主的偏见，才得出了仓促的结论"。但在学术圈以外，这本书的缺点——尤其是对土耳其人的低估——却在很大程度上被忽略了。[15]正如另一位人士的评论："一旦中东问题被提上台面，他收集的信息就会显示出重大价值。"[16]《哈里发的最后遗产》一书，还令赛克斯在白厅负责制定中东政策的委员会中获得了"疯狂毛拉"（Mad Mullah）的外号。如今，他们都被召集到了唐宁街10号来解决"中东问题"。奥斯曼帝国崩溃后，关于谁来接手的争执由来已久。无论是英国还是法国都深信，它们才是这个庞然大国的唯一出路。

在唐宁街10号，四个人对赛克斯的建议格外感兴趣。他们分别是首相赫伯特·亨利·阿斯奎斯（Herbert Henry Asquith）[①]，他刚从一次精神崩溃中恢复过来[②]，不期望看到和法国的争执出现任何升级态势；陆军大臣霍雷肖·基奇纳（Horatio Kitchener），他的面孔和手指被印在送往全国各地的征兵海报上，还曾执掌过埃及；个性善变的军需大臣劳合·乔治（Lloyd George），他对土耳其人的观感极差，十分乐意踩在奥斯曼帝国的头上继续扩张大英帝国的领土；第四位是前保守党首相亚瑟·贝尔福（Arthur Balfour），他当时担任海军大臣，认为大英帝国的扩张看似到了极限，但其实尚存余裕。

"我认为应该尽快和法国人谈判，以在叙利亚问题上达成共识。"赛克斯提议。[17]

[①] 阿斯奎斯，英国政治家，曾出任内政大臣及财政大臣，1908年至1916年出任英国首相。——译者注
[②] 指后文将提及的加里波利之战（Battle of Gallipoli）。——译者注

"你想和法国人签订怎样的协议呢？"贝尔福发问。

"我认为应该保留我们在海法（Haifa）以南的势力。"赛克斯一边回答，一边指向他带来的地图。

贝尔福看起来有些疑惑。"我们已经划出沙漠以东约90至100英里的土地用来保卫埃及，现在你提出继续东扩，这意味我们将进一步对有人居住和较文明的地区负起责任。听起来，这会动摇我们在埃及的地位，而不是巩固它。"

基奇纳开始为赛克斯辩护。"我认为马克·赛克斯爵士的意思是，那条线的起点应该延伸到海法沿岸。于是这些阿拉伯人，"——他的手指戳向阿拉伯半岛地区——"都将归入我们的统治之下。"

"那我们该放弃哪些地方呢？"贝尔福继续施压。他指的是该如何对法国妥协。

赛克斯的手指划讨铺在众人面前的地图，说道："我认为应该在阿卡（Acre）[①] 所在的e区至基尔库克（Kirkuk）[②] 所在的k区之间划出一条线。"

劳合·乔治对彻底摧毁奥斯曼帝国十分热心。"你是说，我们应该先这么做，再采取军事行动？"

赛克斯不愿得罪基奇纳。"我认为，我们应该弄清楚自己的位置在哪里。"

阿斯奎斯曾警告，介入中东事务会在"阿拉伯部落间惹来一堆麻烦"，但现在的他已经筋疲力尽，只想尽快解决问题，因此相当中意赛克斯提议的这条贯穿沙漠、简单明了的分界线。[18]

"我们必须促成一项政治协议。"他在会议临近尾声时表态，

[①] 阿卡，现以色列北部海港城市。——译者注
[②] 基尔库克，位于伊拉克东北部。——译者注

"我们要和法国人逐条落实相关内容。我的意思是,我们必须采取外交途径"。

"真是大获全胜的一天。"兴奋异常的赛克斯在给同事的信中写道:"要知道,权术政治完全被我玩弄于股掌之中。"[19]

近二十年前,英法之间曾因领土纠纷陷入过类似争端,才令阿斯奎斯和同事们对战争获胜该如何处置奥斯曼问题忙得焦头烂额。1890年代,对非洲大陆的争夺逼近尾声,尼罗河上游的控制权该花落谁家陷入了胶着状态。当时还是年轻议员的爱德华·格雷爵士(Sir Edward Grey)——现在已经位居英国外交部部长——曾在1895年发出警告,只要法国轻举妄动,英国都会视为是"不友善举动"而插手干涉。[20]而法国则没有太把警告当一回事,因为十年前英国已经在苏丹的控制权上输给了一位马赫迪(Mahdi)①,法国以为英国现在不过是虚张声势。很快,他们就从北非派出一支远征军,对尼罗河上游虎视眈眈,目的正是破坏英国对埃及下游河域的控制权。

觉察到法国的野心后,英国意图重新占领苏丹。1898年8月,法国军队抵达法绍达(Fashoda),插下他们的三色旗时,基奇纳正在苏丹首府喀土穆(Khartoum)附近。法绍达位于苏丹南部的深处、尼罗河上流,毫无战略价值可言。援引温斯顿·丘吉尔(Winston Churchill)的说法——当时他还是基奇纳部队的一名随军记者,当"八位法国探险家宣布有效占领了面积相当于法国两倍的领土"的消息传回伦敦,政界一片震怒。

---

① 穆罕默德·艾哈迈德(Muhammad Ahmad),苏丹的一位反英杰出领导人,自称马赫迪。穆斯林相信,马赫迪是"审判日"降临前的宗教领袖。——作者注

英国当局立即要求基奇纳正面应对法国，还调动了军舰。[21]最后，法国军队灰头土脸地撤退，丢尽了颜面，因为当初是它挑起了危机。

法绍达事件中，英法两国间的战争一触即发。事件平息后，双方都显出疲态，在1904年签订了《英法协约》（Entente Cordiale）①。法国在相当勉强的情况下承认了英国对埃及和苏丹的控制权；作为交换，英国承认了法国对摩洛哥的控制权。为了照顾法国人的敏感情绪，英国甚至从地图上抹去了两军对峙的地点——法绍达。

然而，《英法协约》不过是一场"强迫婚姻"。当时，德国人即将染指这片土地。这份条约从一开始就没能真正终结两位老对手间的相互猜忌。法国人相信，他们的同盟国战友对奥斯曼残余领土的野心远未得到满足。他们察觉到一些英国官员——比如赛克斯等人即将开始度假，于是在1912年底迫使英国政府允诺不会干涉叙利亚事务。那时，英国只是把叙利亚视作一块毫无价值可言的荒芜之地，于是欣然成全了法国人。过了一段时间，他们才意识到这种做法释放的信号。"我们一旦声称对叙利亚毫无政治企图，法国人便以为这成了他们的机会。"英国驻巴黎大使在日后抱怨道。[22]

随着1914年战争的爆发，英国军队与昔日的对手法国和俄国联手，一同抗击德国和他们的奥斯曼盟友。然而，西线战场迅速陷入僵局后，两大西方势力在战略上吵得不可开交，令不久前才息事宁人的相互怨怼再次浮上水面。法国坚持在西线奋

---

① 《英法协约》，于1904年4月8日签订，标志两国停止争夺海外殖民地的冲突，开始合作对抗德国制造的威胁。协定中，双方就一系列国家和地区的控制权达成了一致。——译者注

力一搏，英国却认为应该先训练受到基奇纳的感召而入伍的志愿军，再让他们投入血腥的战斗。与此同时，英国政府中的"中东派"（Easterners）提议，应该先对付式微的奥斯曼帝国，尤其因为苏丹刚仰仗哈里发的权柄，号召全世界穆斯林投入圣战，抵抗顽敌。数百万穆斯林响应了苏丹的号召，英国无疑是他们最显眼的攻击目标。

战争爆发前，英国曾在印度和苏丹两地遭遇伊斯兰势力挑起的暴动，但顺利镇压了它们。英国十分重视苏丹发出的威胁，它所具备的影响力和英国先前面对的挑衅完全不在一个量级。苏丹发出圣战号召几个星期后，"中东派"制定了一项方案，把部队同时调往加里波利①和亚历山大勒塔（Alexandretta），从而扼住奥斯曼帝国的咽喉并深入其腹地。加里波利距离奥斯曼首都君士坦丁堡仅咫尺之遥；亚历山大勒塔位于地中海的弯钩形出海口处——土耳其今日的国土在此处与叙利亚接壤，而那时，它的附近则有连接君士坦丁堡与巴格达（Baghdad）和大马士革的铁路，这两座城市都是奥斯曼帝国在阿拉伯地区的行政重镇。

赛克斯深信，这套方案很有可行性。他在写给丘吉尔的一封热情洋溢的信中称，一旦奥斯曼帝国投降，德国的势力必会遭到重挫。当时，丘吉尔已转投政界，就任海军大臣一职。赛克斯在信中称他是"我认识的唯一甘冒风险的勇士"。他反问，"如果6月时要在维也纳背水一战，你怎么可能有余力在另一个地方把刀架在怪物的命脉上"，以试图劝诱丘吉尔支持自己的方

---

① 指加里波利之战（Battle of Gallipoli），这次英法联合海军行动的目的是强行闯入达达尼尔海峡（Dardanelles Strait），打通博斯普鲁斯海峡（Strait of Bosporus），最后占领奥斯曼帝国首都君士坦丁堡，但协约国军队最终在此战中损失了超过5.6万名士兵。——译者注

案。[23]然而，其他人出于长远考虑，也加入了这场论战。"我们的舰队在对付埃及时唯一可利用的地方就是亚历山大勒塔。"一位初级情报官员解释道，"那是座无与伦比的天然海军基地（可我们并不需要它；但如果其他人觊觎它，一定会和我们发生冲突）。"[24]这位年轻的军事家是谁？他正是托马斯·爱德华·劳伦斯（T. E. Lawrence）。

亚历山大勒塔计划给法国驻开罗大使敲响了警钟。他怀疑英国可能会违背1912年协议中有关叙利亚的条款，于是警告自己的政府英国可能会采取行动。1915年2月8日，法国外交部部长泰奥菲勒·德尔卡塞（Théophile Delcassé）提醒格雷不要忘记两年前签署的协议，措辞严厉地要求他阻止手下官员的阴谋诡计。[25]

格雷身材细长，总带着一副疲态。长久以来，他一直摇摆于追逐威斯敏斯特宫的权力与遁世于英格兰南部白垩河享受垂钓的乐趣之间。二十多年前，格雷就警告过法国不许侵犯尼罗河。然而，此后数年间，他对法国的态度发生了彻底转变。1905年他就任英国外交部长时，就已经把德国视为最大威胁，认为只有英法结盟才能对它造成致命打击。十年来，为避免战争而进行的秘密外交行动已经令他筋疲力尽，加上态度上的转变，使他做出了对德尔卡塞让步的决定。

"我认为，让法国得偿所愿十分重要。"他在听取德尔卡塞的一番抱怨后写道，"如果我们在叙利亚的草率行动引起了他们的怀疑，会对我们在地中海地区乃至全世界的合作造成致命伤害。"[26]接着，他下令英国驻埃及的官员不许再执着于亚历山大勒塔方案。他在几天后再一次重申，"如果我们继续对叙利亚或黎巴嫩有任何举动，必定会导致与法国的关系破裂"。[27]

来自法国的压力迫使英国采取了一个极为高明的计划。正如德国陆军元帅保罗·冯·兴登堡（Paul von Hindenburg）后来所承认的，"先不说影响整场战争，如果英国对奥斯曼采取强硬措施，或者多少做出过类似努力，我们的盟友奥斯曼帝国的问题可能已经解决了。如果英国成功在亚历山大勒塔海湾登陆，土耳其一定会丢掉国家南部托罗斯山脉（Taurus）附近的领土"。[28] 相反，考虑到法国的压力，运气不佳的英国军队主力在六个星期后才在达达尼尔海峡登陆。那是1915年4月25日，君士坦丁堡和原本属于他们的胜利就在150英里开外。

法国和英国都惦记着如何瓜分战利品。在法国，一小撮不知羞耻的帝国主义分子开始向德尔卡塞施压，要求法国主张在叙利亚和巴勒斯坦的权利。他们主要来自法国亚洲委员会（the Comité de l'Asie Française），支持者多是在奥赛码头（Quai d'Orsay）法国外交部工作的外交官。他们担心，法国至今都没有正式宣告"参战意图"。"我们都明白，别人不会费劲为我们争取好处。"该委员会在1915年3月辩称，"那些没有做好抢椅子准备的人，等到想找座位时才发觉椅子早就不见了。"[29]

在法国亚洲委员会，这种观点十分普遍。他们主要利用根植在法国公众内心的仇英心理，推动自己的议程。委员会一向主张，英国只顾贪婪地殖民扩张而完全没有考虑法国为此付出的代价。战争期间与英国结盟令他们陷入了一阵尴尬，因此委员会秘书长、出身贵族的外交官罗贝尔·德·凯（Robert de Caix）转而从历史书中寻求答案。他提出，法国对叙利亚和巴勒斯坦拥有"世袭权利"，因为那是"十字军的土地……中世纪以来，西方国家在那里的活动就主要由法国主导，以至于如今生活在那里的西方人依旧被称作'法兰克人'（Franks）①"[30]。罗贝尔·凯故意忽略了一些看似无关紧要的细节——比如"法兰克人"是阿拉伯人对"外国人"的蔑称，阿拉伯人早在6个世纪前就将最后一名十字军战士逐出了自己的土地。然而，罗贝尔·凯深信，排除"种族和宗教上的潜在冲突"，蔓延3个世纪、断断续续的屠杀事件实质上在"法国的法兰克人和伊斯兰世界之间建立了相当特殊的联结"。[31]

这种近乎胡扯的观点没能说服德尔卡塞。他十分乐意提醒格雷遵守1912年的协定，但又不想太过较真，毕竟对英国外交部长而言，叙利亚问题实在算不上要事。他的这种观点得到了两名资深外交官——莫瑞斯·邦帕尔（Maurice Bompard）和保罗·康邦（Paul Cambon）。战争爆发以来，邦帕尔就担任驻君士坦丁堡全权公使，他认为叙利亚"不过是数公顷野蛮的土地"；康邦则在法绍达事件平息后被任命为驻伦敦大使，在他看来，对叙利亚提出主张完全没有好处，它不过是"一群野蛮强盗和小偷"的老巢。[32]

因此，法国亚洲委员会不得不采取其他方式。那年5月，他们联合了参议院中最有力的盟友——身形肥硕的律师埃蒂安·弗朗丹（Etienne Flandin）发表了一份报道，继续向德尔卡塞施压。弗朗丹的夸夸其谈简直成了一场表演。他对法国外交部极尽嘲讽之势，扬言"没精打采的法国外交官"根本没能捍卫法国在叙利亚的利益，还号召政府"解救数百万惨死在效忠苏丹的雇佣兵手下的平民"。[33]他列举了占领叙利亚

---

① 法兰克人，5世纪时入侵西罗马帝国的日耳曼民族的一支。他们统治了现为法国和德国的地区，建立了中世纪初西欧最大的基督教王国。——译者注

的经济利益——从温泉的好处,到花精油的香气,到石油,等等,不一而足。弗朗丹信誓旦旦地保证,古罗马帝国时期的灌溉系统已经重见天日,滋养着整片大地,甚至认为叙利亚可以成为法国封锁苏伊士运河的基地。然而,德尔卡塞依旧不为所动,尽管弗朗丹对法国外交部不作为的指责不失时机地刺痛了在场人士。

与此同时,英国政府成立了一个委员会,负责评估瓜分奥斯曼帝国哪部分领土最有利,委员会中最年轻的成员正是赛克斯。相较于其他人,赛克斯更熟悉相关事务,也没有太多负担,于是自然承担起了大部分工作。但是,他最初的提议——把奥斯曼帝国划分成北部俄国地区、中部法国地区,以及南部英国地区——并没能获得同僚的青睐。最后,他们一致同意的最佳方案是把垂暮的帝国划分成不同省份,英国只要确保对各省份的影响力而不会参与直接统治。接着,赛克斯被派往中东和印度,向当地的英国官员传达这套设想。

赛克斯在开罗的见闻令他重拾了最初的方案。战争爆发之初,英国政府派出了一支印度军队,在阿巴丹(Abadan)[①]攻下了一座重要的炼油厂。阿巴丹位于波斯南部沿岸,是距离如今伊拉克第二大城市巴士拉(Basra)最近的主要港口。当地官员会见赛克斯时,力劝他采取更大胆的方案——将巴士拉作为桥头堡,打通英国在埃及的势力,从而在这个地区永久建立一个英国包围区。这片曾经在赛克斯口中"杳无人烟、荒芜至极"的土地,如今对它更准确的描述应该是——沙特阿拉伯王国(Saudi Arabia)南部地区。[34]

---

① 阿巴丹,现伊朗胡齐斯坦省港口城市。——译者注

7月28日，赛克斯赴印度前，十分意外地把这个想法透露给了法国外交官。他再三向法国方面保证，英国对叙利亚不存在任何企图，还告诉对方一旦战争结束，他的政府就会在巴士拉和苏伊士运河之间修建一条铁路，并一举把铁路沿线范围纳入自己的控制之下。由于流沙会阻塞路轨，两地间不可能修建笔直的铁路，因此它会走出一段弧形，绕到更远的北部多石的沙漠，途经大马士革，再经海法抵达地中海。作为补偿，赛克斯把亚历山大勒塔、附近的阿达纳港口（Adana），以及巴尔米拉（Palmyra）的一部分领土——位于叙利亚沙漠中的一片绿洲，在罗马时期曾相当繁荣——"馈赠"给法国。法国外交官对赛克斯口中言简意赅的"叙利亚方案"丝毫不敢怠慢，当天就向奥赛码头发出了电报，详细说明了英国的意图。[35]

法国亚洲委员会在外交部有不少支持者，很快就得知了赛克斯的计划，这份计划刚好为他们的主张提供了足够的"弹药"。作为回应，它提出了一份双边提议，把叙利亚和巴勒斯坦完全纳入了法国的控制。委员会坚持要和英国谈判："我们不需要在黎凡特地区采取进一步行动，而是应该直接摘取7个世纪以来法国所有努力的硕果。"[36]

德尔卡塞的被动姿态已经在议会内饱受攻击。如今，他做好了准备，迎接更大压力。他告诉驻伦敦大使康邦，赛克斯的野心根本不可能实现，否则"英法关系势必会引发一场风暴"。[37] 1915年8月31日，康邦转告英国方面，他的政府"绝不容许"在叙利亚和奇里乞亚（Cilicia）①的"任何权利遭到侵犯"。[38]

---

① 奇里乞亚，现位于土耳其东南部的小亚细亚半岛。——译者注

如果这听起来不像康邦的一贯作风，实际上就是这么回事。大使本人对主张叙利亚一直心怀疑虑。实际上，一位几天前从巴黎赶来履职的外交专员刚按照他的意思起草了一份相当直率的警告。报告的执笔者是法国驻贝鲁特领事弗朗索瓦·乔治斯－皮科（François Georges-Picot），然而在整件事中，他的另一个身份却发挥了更大作用。他亦是法国亚洲委员会的成员之一。一头金发，身材高挑、消瘦的乔治斯－皮科一向对英国恨之入骨。他在英国首都的现身，预示将带来一种更加强硬的法式作风。

第2章　皮科先生

对法兰西帝国肩负着"文明开化使命"的信仰已融入弗朗索瓦·乔治斯-皮科的血液里。他和弟弟夏尔（Charles）都是法国亚洲委员会的成员，都主张在叙利亚问题上向政府施压。他们已故的父亲乔治斯·皮科（Georges Picot）则是另一个压力集团法国非洲委员会（Comité de l'Afrique Française）的创始人。它成立于三十年前，主要游说政府主张非洲的"无主之地"。[1]

乔治斯·皮科生前是位知名律师、法兰西学会（Institut Français）①成员，还撰写了下令占领埃及的英国首相威廉·格莱斯顿（William Gladstone）的传记。他的儿子弗朗索瓦·乔治斯-皮科把父亲响当当的全名用作自己的姓氏，好让人相信他绝不逊色于杰出的父亲。乔治斯-皮科居高临下的姿态在英国惹来了一些人对他的不满，他们只用平淡无奇的"皮科先生"称呼他。[2]但是，这位法国外交官丝毫不为所动。一位惊讶不已的英国外交官写道，他属于"很少见的那种法国人"，"似乎从来不曾年轻过"。[3]

然而，43岁的乔治斯-皮科确实曾有过意气风发的年代。学生时期，他原本遵从父亲的脚步，在大学修习法律，但在28岁那年突然改变了职业方向。他决定成为外交官的时间十分关键，那是1898年，同年爆发的法绍达事件，正是在他父亲领导

---

① 法兰西学会，法国最权威的学术机构。——译者注

的压力集团游说下酿成的灾难。"法绍达"和它的后果主导了乔治斯-皮科在奥赛码头工作头几年的氛围。这段震撼人心的经历也留下了它的独特印迹。乔治斯-皮科不再相信法国政府会决意捍卫国家利益,于是他和几位同辈决定在将来采用更加强硬的方式与英国斡旋。一位英国政治家后来将他们的方式概括为"主张一切,决不让步"。[4]

与马克·赛克斯没能察觉阿拉伯世界现代化背后的政治意味不同,乔治斯-皮科对此了如指掌。第一次世界大战爆发前,他被派往爆炸不断的贝鲁特担任法国领事。那时,他收到了许多受过良好教育,野心勃勃的阿拉伯军官、律师、记者写来的信,希望法国协助他们在奥斯曼帝国实现自治。1913年,阿拉伯人甚至在巴黎召开了一次大会,但法国政府由于担心在奥斯曼帝国的经济利益受到打击而没有向他们提供协助。于是,乔治斯-皮科只得暗暗收起原本满腔的希望。

1914年6月,乔治斯-皮科收到一张阿拉伯人的传单,传单扬言要追求叙利亚完全独立。这让他相信政府必须改变策略。乔治斯认为,这张传单"与先前的相比,有更大机会在读者的灵魂深处激起共鸣"。他提醒自己的上司,如果不向阿拉伯人伸出援手,其他人——他指的正是英国人——会毫不犹豫助他们一臂之力。[5]然而,法国政府依旧无动于衷。乔治斯陷入了绝望。那年秋天,法国和奥斯曼帝国之间眼看就要爆发战争,他秘密安排希腊政府向黎巴嫩的基督徒输送了15000支来复枪和200万发子弹。战争爆发后,他不得不离开了自己的岗位。

乔治斯-皮科预计,只要他提供的武器和弹药派上用场,法国会立刻入侵,为黎巴嫩爆发的起义助力。然而,他错了。他这么期盼着,在离开时不仅没有烧毁阿拉伯通讯员捎来的信件，还天真地把领事馆的钥匙和相关档案交给美国领事馆托管。乔治斯匆匆登船离开贝鲁特之际，给当地雇员留下最后一句话："我们两星期后见。"[6]

法国入侵黎巴嫩从未成真。由于乔治斯-皮科的大意，奥斯曼人掌握了法国领事馆的档案，随后处决和围捕了多名他的通讯员和朋友，进一步激化了黎巴嫩的起义。回到巴黎，他与其他有着相似想法的同事聚到一起后，这位领事精心安排法国亚洲委员会的行动，迫使德尔卡塞必须正视"中东问题"。他扬言，从议会到里昂（Lyon），再到马赛（Marseille）的商人都会享受到叙利亚丝绸产业带来的好处。强大的游说终于打动了德尔卡塞。走投无路之际，他决定向英国提及相关事宜。1915年8月，他没有指派生性多疑的前法国驻君士坦丁堡大使康邦，而是把乔治斯-皮科派往了伦敦。

很快，乔治斯-皮科察觉到他们的处境正在得到改善，于是迫不及待地把这个消息告诉了他在巴黎和其他地方的同僚。他告诉自己的老朋友、驻埃及大使阿尔贝·德弗朗斯（Albert Defrance）："现在，英国人已经收到我们提出的诉求，绝不可能假装对它们视而不见。"[7]他的确令英国政府着手处理了法国亚洲委员会的热心提议，却没能意识到英国同僚们不可能孤立地看待法国的诉求。英国已经和阿拉伯方面展开秘密谈判，乔治斯-皮科却被蒙在了鼓里。英法两国的目的大相径庭。对英国而言，他们希望通过麦加的谢里夫侯赛因·伊本·阿里，协同管理中东事务。

加里波利登陆战未能按照赛克斯等人的设想对奥斯曼帝国造成致命打击后，英国驻埃及殖民地总督亨利·麦克马洪爵士

（Sir Henry McMahon，）不动声色地接近了伊本·阿里。身形纤细、生性谨慎的麦克马洪有着懒散的坏名声。他的大部分职业生涯都在印度度过，把他派往埃及是个权宜之计，因为他的前任基奇纳被召回了英国以领导陆军部。麦克马洪对这一任命有些不自在，不仅因为他知道一旦英国军队撤出达达尼尔海峡，土耳其人就会发动反攻，而且他们的目标很可能会瞄准埃及。这种可能性又引发了另一种担忧。战争不仅重挫了埃及经济，信仰伊斯兰教的阿拉伯人相当容易受苏丹圣战的感召。1915 年中旬，麦克马洪和他的智囊们都很担心如果土耳其攻击苏伊士运河，将会在尼罗河三角洲地区激起阿拉伯人反对殖民的起义。

正是头脑活络的罗纳德·斯托尔斯（Ronald Storrs）想到了利用谢里夫伊本·阿里牵制圣战号召的主意。他年纪轻轻，但已经开始秃顶。他是麦克马洪的中东事务大臣（Oriental Secretary），在英国驻开罗高级专员公署工作了多年。斯托尔斯知道，伊本·阿里和奥斯曼帝国的关系已经十分紧张。战争爆发前，谢里夫的儿子阿卜杜拉（Abdullah）曾直截了当地问他，英国政府会不会向他的家族提供武器，协助他们推翻土耳其的统治。那时战争尚未开打，英国根本不可能提供类似援助，但现在的情况已经今非昔比。在斯托尔斯的鼓动下，麦克马洪再次秘密地和伊本·阿里取得联系，暗示如果阿里愿意对抗他们共同的敌人，英国有可能会提供必要的支持。

斯托尔斯认为，蓄着白胡，包着头巾，举止一丝不苟的谢里夫伊本·阿里是挫败苏丹圣战号召的最理想人选。伊本·阿里统治的城市地处伊斯兰世界的轴心——他使用的电话号码是麦加 1 号——而且身为"谢里夫"，他被视为先知穆罕默德的直接继承人，他的这种血统是苏丹望尘莫及的。斯托尔斯还相

第 2 章 皮科先生 / 027

信,满足大英帝国的利益会膨胀伊本·阿里的野心,从而试图取代苏丹哈里发的地位。他写道,奥斯曼帝国崩溃后,伊本·阿里可以作为"世袭的宗教领袖,而不必拥有世俗权力",依靠英国提供金钱和保护,成为大英帝国在中东发挥影响力的代理人。[8]

乔治斯-皮科在 1915 年 8 月抵达伦敦,提出法国的叙利亚主张时,伊本·阿里恰好回复了麦克马洪的提议,更加助长了后者的有恃无恐态度。但是,谢里夫有些出人意料地要求英国支持他在更大范围的统治权,不仅局限于阿拉伯半岛,还包括叙利亚、伊拉克和巴勒斯坦。起初,麦克马洪没把这当作一回事。擅长在开罗的露天市场讨价还价买地毯和古董的斯托尔斯认为,伊本·阿里是个商人,习惯开高价,但双方经过一番议价,总能以较低价格成交。然而,当英国驻埃及高级专员打算搁置他的要求时,伊本·阿里的反应十分激烈。"实际上,"谢里夫在 9 月初反驳,"(我所)提议的疆域和边界并非是我个人的看法。如果是我自己的事,完全可以等到战争结束再说。现在是我的人民在提出要求,为了建立他们夜以继日奋斗的新秩序,必须得到那些领土。"[9]

伊本·阿里自诩可以代表阿拉伯世界,原本是荒谬的。然而,一个离奇的巧合为他提供了额外的筹码。伊本·阿里的信件寄到开罗时,在奥斯曼军队服役的年轻阿拉伯军官穆罕默德·法鲁奇(Muhammad al-Faruqi)在加里波利投靠了英国人。英国军官在开罗对他进行了一连串盘问,当时正在返回印度途中的赛克斯也参与了。法鲁奇声称,他所有的阿拉伯军官同僚都是地下阿拉伯民族主义运动(Arab nationalist movement)的成员。根据他的说法,运动正处于决定该投靠奥斯曼帝国和德国,还是向英国效忠的关键时刻。法鲁奇其实极大地夸张了实情,但英国在得知阿拉伯人正和伊本·阿里进行秘密谈判后,只能相信他的说法。英国和伊本·阿里的通信是秘密的,因此法鲁奇口中广大的阿拉伯联络网和伊本·阿里声称可以代表泛阿拉伯世界的说法,突然变得可信了。

法鲁奇透露的内幕让麦克马洪重新评估了谢里夫的影响力。10月18日,这位英国高级专员在一份电报中言简意赅地提醒伦敦,"阿拉伯人正面临抉择",因此,他不得不立即给伊本·阿里更加丰厚的回报。[10]他继续道:"除非我们可以马上向他们做出保证,否则他们就会投入德国人的怀抱。"赛克斯回到伦敦后,也站到麦克马洪的一边,认为"如果我们不能满足他们的要求",阿拉伯人可能会投靠奥斯曼土耳其人。[11]

开罗情势的发展令爱德华·格雷爵士十分尴尬。在互不知情的状况下,先是乔治斯-皮科,现在又是伊本·阿里,相继对中东一大片领土提出权利主张,迫使他在两者之间做出选择。他身边的一位官员建议,"必须让法国人和阿拉伯人从一开始就清晰了解您的立场,否则我们就会陷入更大的麻烦"。但是,格雷十分清楚清晰的立场意味什么。[12]如果袒护阿拉伯人,一定会损害《英法协约》;而如果冷落伊本·阿里,阿拉伯人则很可能会响应奥斯曼苏丹的圣战号召。

自己的工作日志和听到的各式传闻都令格雷更加倾向法国。按计划,他会在10月21日与康邦见面,讨论法国对叙利亚的主张。与此同时,他不断掌握一系列令人担忧的事实,法国公众已经不再热心支持国家投入战争。综合以上因素,格雷认为最好不要惹恼法国人,圣战危机则屈居第二。10月20日,在与内阁同僚讨论该向麦克马洪下达何种指示后(他的笔迹十分潦草,开门见山地抛出疑问,"这真的可行吗?"),他给开罗发了电报,指示高级专员在答复谢里夫的信件时要尽量用词模糊,尤其是在涉及伊本·阿里对西北部土地——叙利亚——提出主张的问题上。[13]然而,考虑到事态的发展可能超出他们的预期,他同时批准了麦克马洪"在该事上的自由裁量权,如果情况紧急来不及详细讨论……你可以自行判断"。[14]

麦克马洪十分不满格雷推卸责任的做法,但还是执行了他的指示。他把法鲁奇作为诱饵,试探了谢里夫的底线。在10月24日的回信中,他向伊本·阿里许诺英国会支持他的大部分领土主张,除了两块最肥沃的地区:一处位于波斯湾上部,英国军队已经占领了该地;另一处位于叙利亚沿海地区,法国已经对此垂涎已久。在描述地理位置时,他的措辞十分含糊。"我没法说得太清楚。"他后来解释道,"一方面,英国政府不愿为将来的行动打包票;另一方面,如果我们提出明确主张一定会引起阿拉伯人的恐慌。"[15]关于他的措辞一直存在许多争议——这并不意外,因为含糊其辞正是他的本意。

在这封信中,反复斟酌最关键一句话中的用词可以看出麦克马洪是故意误导谢里夫的。最早的版本中,为了表明伊本·阿里提出的领土主张会得到满足,使用的表达是,"迄今为止,英国一向自由行事,但从没有损害过盟友的利益"。然而,麦克马洪意识到其中的警告很可能会引起伊本·阿里的注意,因此决定缓和一下语气。最后的版本中,麦克马洪为了确保留出一些商议空间而写道:"我们接受您提出的疆域范围。所涉地区,英国一向拥有自由行事的权利,因此不会损害到我们的盟友法国的利益。"麦克马洪还声明,"(他)是以大英帝国政府的名义,做出如下保证的……"

现在，克制的措辞就像是对事实的进一步确认——没有人能够阻止英国承认阿拉伯人对叙利亚领土的主张。但是，如果麦克马洪加上"提出主张的"限制，意思就会发生改变，成了在伊本·阿里"提出主张的上述地区"，英国在不侵犯法国利益的地区拥有自由行事的权利。麦克马洪没有这么做的目的就是制造误解。他告诉外交部长，已经"尽我所能迎合了法国人的自负……通过字句的调整，达到了英国政府只在'不会损害到我们的盟友法国'的领土范围的情况下，才拥有自由行事的权利的效果"。[16]他直接引用了给伊本·阿里的回信中一模一样的说法，以显示他在遣词用字上的精明。但十分不幸，他的良苦用心都被斯托尔斯的特工，同时担任翻译的鲁希（Ruhi）毁了。鲁希在把句子翻译成阿拉伯文时——寄给谢里夫的信由阿拉伯文写成——完全丢失了模棱两可的效果。[17]正如斯托尔斯后来回忆时所说，鲁希的"特工任务远比翻译任务完成得出色"。[18]

麦克马洪的信函送达伊本·阿里手中时，格雷已经会见了法国大使康邦。10月21日，英国外交部长向康邦提议，英国决定支持建立独立的阿拉伯国家，法国可以指派一名代表，由双方共同探讨叙利亚未来的领土边界，但他并没有透露与伊本·阿里的讨论进展。[19]康邦告诉格雷，法国政府会参与讨论，共同与谢里夫达成一致协议。他很快向巴黎报告，欣喜地暗示英国外交部长终于"在官方层面正式承认了我们在叙利亚的权利"。[20]他推荐了自己的新智囊乔治斯-皮科参与谈判，因为他在叙利亚问题上"比任何人"懂得都多。[21]

从此以后，乔治斯-皮科就成了法国中东政策制定中的关键人物。他回到巴黎后，给康邦发了一份以匿名方式起草的提议，肯定了康邦让自己参与谈判的决定，还提及法国对叙利亚领土的主张应该包括巴勒斯坦，并且一直向南延伸至埃及边境，向东扩张至摩苏尔。记录下自己的命令，乔治斯-皮科讽刺地表示，"这不失为一种自我肯定的好方式，表明我的指示切实可行"。[22]接着，他回到伦敦，将设想付诸实施。

乔治斯-皮科在准备即将到来的谈判时，法国驻埃及大使德弗朗斯从法鲁奇处得知，伊本·阿里正在暗中与英国方面接触。10月28日，德弗朗斯向巴黎报告了这一消息（麦克马洪在同一天提醒伦敦，他"有理由相信"德弗朗斯已经"觉察到了麦加在和我们交换信息"）。[23]然而，德弗朗斯的判断错了，他告诉外交部麦克马洪不可能接受伊本·阿里的要求。他认为，如果法国提出主张叙利亚还不够具有说服力，那么英国在战争爆发不久就占领巴士拉地区已经足够说明英国的态度。

11月23日，白厅召开了一场不同寻常的"一边倒"会议。会议桌的一侧坐着一头金发的乔治斯-皮科，他的对面是来自英国三个政府部门的七位代表。英方代表团的负责人、外交部常务次长亚瑟·尼克尔森爵士（Sir Arthur Nicolson）向乔治斯-皮科转告了英国政府和谢里夫的谈判结果。据一位英方在场人士回忆，法国人对此"深感疑惑"[24]，不仅因为德弗朗斯的判断错了——认为英国不可能同意伊本·阿里的领土主张，还因为英国根本没打算和他们的法国盟友商量关于伊本·阿里的协议。

"向阿拉伯人允诺一个庞大国家就像往他们的眼里扔一把沙子。"乔治斯-皮科回应道——他很快从震惊中平复过来，"建立这样的国家没有可行性，你不可能把无数个部落凝聚成一个整体"。[25]英国人提出担心圣战，但乔治斯-皮科不为所动，反而暗示是因为英国在埃及的统治缺乏民意基础。他继续道，无论是怀抱沙文主义情绪的法国人民，还是任何牵涉其中的政府，都不可能接受英国的方案。"法国人十分关心叙利亚问题。"他告诉对面的英国谈判伙伴，提醒他们，当年英国因为加里波利战役分心时，在西线战场奋勇杀敌的正是法国，"现在，我们已经付出了太多生命的代价，法国人决不允许阿拉伯人独立，尽管战争刚爆发时我们曾流露过类似的想法。"

会议没能达成任何共识。紧接着，英国代表们又进行了一次小型讨论，交换了对乔治斯-皮科不满情绪的看法。法国人谈论"叙利亚和巴勒斯坦时，完全就像在谈论他们的诺曼底（Normandy）地区"，甚至还暗示英国在埃及的统治引发了仇恨和不满，这令英国人震惊不已。[26]英国在埃及的军事情报机构负责人伯蒂·克莱顿（Bertie Clayton）收到会谈报告后，立刻联想到了法绍达事件。他抨击乔治斯-皮科与"1898年[①]满怀仇英情绪的那帮人没什么两样"，而且认为他的理由简直是"感情用事，不值一提"。[27]

然而，身在伦敦的英国官员很快发现，他们无法轻而易举地攻击乔治斯-皮科，因为乔治斯十分聪明地利用了他们暴露的弱点。战争爆发后，英国和法国采取了不同策略。法国方面持续蒙受重大伤亡，英国政府一直对此心存不安。不久前的10月，英国驻巴黎大使伯蒂勋爵（Lord Bertie）还不接受"（英国人在战场）到此一游"的说法，反咬是法国"没能坚持抗战"。[28]但是，乔治斯-皮科在几天后与英方会面时，伯蒂不得不改口承认已经意识到，"在一些社团和商业组织眼中，英国出

[①] 法绍达事件发生在1898年。——译者注

于个人利益在战争中利用了法国对抗德国。实际上，法国的牺牲远比英国巨大"[29]。

正如英国无法否认这个事实，更危险的是，麦克马洪和伊本·阿里的秘密通信再一次证实了外界的看法——法国人在西线为了协约国的共同利益浴血奋战，英国却在一门心思地钻研如何实现自己的帝国野心。乔治斯-皮科巧妙地把法国在战场上的重大牺牲和法国不愿接受英国的提议联系到一起，恰到好处地利用了英国的弱点。《英法协约》的重要性毋庸置疑，但英法关系其实无比脆弱，因此英国人势必不敢轻举妄动。一位将军曾咬牙切齿地表示："我们必须和恶魔般的盟友绑在同一条船上。"[30]

英国方面意识到了他们引起的反感，于是试图降低与伊本·阿里通信的重要性，辩称谢里夫根本没有能力控制麦克马洪许诺给他的大片领土。在与乔治斯-皮科的谈判中担任负责人的尼克尔森如今站到了法国一边，严厉抨击了麦克马洪的允诺。这位英国外交官现在不再把对阿拉伯国家的独立承诺放在心上，说它们"荒唐至极"，因为当地"主要由分散的部落组成，缺乏必要的凝聚力和组织能力"。[31]当康邦痛苦地抱怨，英国和伊本·阿里谈判时完全把法国蒙在鼓里，另一位英国内阁成员克鲁勋爵（Lord Crewe）直截了当地向他保证，"即使阿拉伯人可以独立建国，英国也无意染指黎巴嫩和其他法国具有直接影响力的地区"[32]。

英国人态度上的急剧转变给乔治斯-皮科留下了"他们不过是要一耍阿拉伯人"的印象。[33]12月2日，他向法国总理阿里斯蒂德·白里安（Aristide Briand）报告，"他们（英国人）虽然摆出了一副慷慨姿态，但实际上许下的承诺可能都撑不到战争结束"。

然而，乔治斯-皮科的胜利却令白里安警觉。他意识到，如果法国提出的领土主张面积过于广大，必定会加重自身负担。乔治斯-皮科回巴黎后，白里安要他相应缩减一部分要求。他特别提到，法国不需要耶路撒冷周边地区，因为"这个国家没什么价值，不值得（我们）占领它"[34]。

但是，乔治斯-皮科返回伦敦继续和英国磋商时，并没有缓和谈判的立场。12月21日，他与英方代表第二次会面。这期间，他勉强接受了总理的提议，表明法国愿意放弃一部分之前的领土主张。同时，他察觉到英国人在谢里夫的问题上"方寸大乱"，继而要求将法国的势力范围从摩苏尔扩张到东部的底格里斯河（Tigris）。[35] 乔治斯-皮科本以为可以推动谈判进展，却意外遭遇了阻力。英国同意法国向东扩张领土，但同时也提出了自己的要求。不同于克鲁勋爵不久前告诉康邦的话，英国代表团负责人亚瑟·尼克尔森爵士这次告诉乔治斯-皮科，英国希望黎巴嫩能够在将来成为独立的阿拉伯国家。"请把我们的提议转告给你的政府，想必他们不会拒绝。"尼克尔森有些愤愤地说道，"这么一来，你们在那里的处境会远远好过我们在埃及受到的对待。事到如今，你还能指望什么呢？"[36]

"你很清楚这个地方的价值，所以才想把它拱手让给麦加的谢里夫。"乔治斯-皮科回答，不打算做出任何让步，"你完全是在浪费时间，我们都很清楚这一点。"与第一次谈判一样，第二次谈判亦无疾而终。

为了打破僵局，尼克尔森找到了赛克斯。五天前，赛克斯刚在内阁面前展示了自己在相关议题上的游刃有余，并且提出了划分整个中东的方案。12月21日下午，这位斗志昂扬的政客在私下会见了乔治斯-皮科。

赛克斯向英国内阁提议的划分方案很快得到了积极的回应。战前他在奥斯曼帝国游历时，完全没能察觉阿拉伯人政治意识的觉醒。《哈里发的最后遗产》一书的索引部分——"阿拉伯人的性格：请参照背信弃义的解释"——毫无保留地透露了他的观点，麦克马洪对伊本·阿里的允诺根本不说明任何问题。但是，乔治斯-皮科却深知阿拉伯民族主义运动将会威胁法国殖民扩张的野心。因此，他十分乐意见到赛克斯的提议忽视了其中的冲突。[37]

早在夏天时，身在开罗的赛克斯就已经开始酝酿类似的想法。他将自己的任务视为"尽可能说服阿拉伯人向法国让步，以换取法国人同意我们把海法港和巴勒斯坦收入囊中"[38]。因此，他十分乐意把摩苏尔——反正他早就对它失去了兴趣——和黎巴嫩让给乔治斯-皮科。

然而，两人在巴勒斯坦问题上迟迟不能达成共识。尽管白里安提醒过乔治斯-皮科不要勉强，因为巴勒斯坦在殖民地中的地位相当独特，可乔治斯-皮科还是不愿就此放手。赛克斯抱怨："一谈到这个话题，就会让所有充满怨怼的记忆复活，从圣女贞德（Joan of Arc）到法绍达事件，不一而足。"[39]最终，两人同意巴勒斯坦由国际共管。他们都不满意这种妥协——对乔治斯-皮科而言，"这个问题在未来必定后患无穷"；对赛克斯而言，大英帝国的防线从此留下了一处悬而未决的空白——但这还是为两人在1916年1月23日达成共识创造了条件。[40]

在《赛克斯-皮科协定》中——它后来以这个名字而为人所知——两人仅在口头上承认了麦克马洪许诺过伊本·阿里让阿拉伯国家独立。实际上，他们用赛克斯在沙漠中划出的那条线——从地中海沿岸的阿卡至波斯边界的基尔库克——直接把英国高级专员承诺给伊本·阿里的领土一分为二。那条线的北部领土将归法国所有,南部领土则归英国。

只要法国和英国乐意,就可以对各自的领土实行全面控制。法国控制下的"蓝区"包括叙利亚和黎巴嫩沿岸,一直延伸至现代土耳其的北部;英国控制下的"红区"包括它已经占领的伊拉克南部桥头堡地区、巴格达,以及位于西侧的海法港;巴勒斯坦被标记为棕色。英法征求了协约国盟友俄国的认可,多次交换通信后,终于在1916年落实了这项协定。从一开始,协约就是保密的。即使以当年的标准衡量,这种做法也堪称无耻。英法出于自身利益,把战时人们对帝国殖民势力扩张的猛烈抨击完全抛到了脑后。

法国对两国达成的共识欣喜若狂。协定的草案送到首相白里安手上后,他立刻指示康邦确认"结论是否千真万确",因为"(我们)不想冒节外生枝的风险"。[41] 如今,法国面临的唯一挑战就是确保英国履行协定。

然而,英国人却陷入了沮丧。英国军方情报机构负责人抱怨:"在我看来,我们面对的状况就类似猎人在杀死黑熊前已经瓜分了熊皮。"[42] 他的同僚们都希望协定的条款还存在灵活空间,对乔治斯-皮科一意孤行逼英国"就范"心生怨恨,于是想尽一切方法绕道而行,尤其是在帝国防线上留下真空地带的巴勒斯坦。

为达到此目的,英国人想起了政府内部流传了近一年的说法,支持犹太复国主义运动——当时,在巴勒斯坦建立一个犹太国家的想法只是一场徒劳的政治游说。这或许会成为英国确保其在中东地位的更好的方式。

1915年，就在法国对叙利亚蠢蠢欲动之际，英国内阁大臣赫伯特·塞缪尔（Herbert Samuel）嗅到了时机成熟的信号。塞缪尔身为犹太人以及犹太复国主义者，长期以来都怀抱在巴勒斯坦建立犹太国家的野心。他提出，在苏伊士运河以东圈出一块犹太殖民地，这么一来，如果其他外国势力威胁到英国对苏伊士运河的控制，英国就有了采取强硬态度的理由。"谁都无法保证我们会一直和法国交好。"他提醒自己的同僚，"考虑到大英帝国的切身利益，我们和欧洲邻国的势力范围在黎巴嫩接壤总比在埃尔阿里什（El Arish）① 接壤的风险小得多。"

塞缪尔还指出，英国这么做会在海外离散的犹太人中博得好名声。战前，由于在东欧国家遭到迫害——尤其是俄国——大量犹太人移民到了西欧国家。英国的犹太人口总数与战前相比增加了四倍之多。但是，许多犹太人认为，他们新家园的政府后来竟然选择与迫害他们的沙皇政权结盟，实在令人不齿。塞缪尔十分乐观，认为如果英国支持犹太复国主义事业，一定会扭转人们的看法。他宣称："几个世纪来，数百万犹太人饱受苦难却从未放弃，他们向来珍惜人们伸出的援手。而现在，正有一个机会摆在我们面前。"[43]

塞缪尔利用了当时人们普遍存在的偏见——误以为犹太人在政治上拥有重大的影响力。现在，就连爱德华·格雷爵士也目睹了犹太人的能耐。在美国，他们成功阻止了俄国沙皇政府企图在华尔街筹款支持战争。格雷认为，为了改善与犹太复国主义者的关系，以及在战略上胜过法国，塞缪尔的建议值得一试。《赛克斯-皮科协定》签署后，他马上指示英国驻巴黎大

---

① 埃尔阿里什，埃及北西奈半岛省府。——译者注

使试探,如果英国发表支持犹太复国主义运动的声明,法国会作何反应。他写道:"(这么做)既为了尽可能赢得美国、中东地区以及其他地方犹太群体的同情,又为了充分顾及我们盟友的感受。"[44]

起初,法国人对此嗤之以鼻。一位法国资深外交官宣称,英国发表支持建立"以色列王国"的公告"实在太可笑,而且根本是徒劳一场……还不如对犹太人装聋作哑"。[45]相反,英国人却清楚地看到了讨好犹太复国主义者的许多好处。1916年7月,协约国在索姆河(Somme)发动大规模进攻,却没能实现决定性突破。英国知道,他们必须依靠美国击败德国。正如塞缪尔所说,美国拥有200万庞大的犹太人口。他的同僚们相信,只要赢得他们的支持,就能把美国拖上战场。

直到如今,美国还是不愿加入协约国的战斗。随着公众反对殖民扩张的情绪日益高涨,美国总统托马斯·伍德罗·威尔逊在1916年底连任后,敦促所有参战国放弃帝国扩张的野心——在他看来,这正是把世界拖入大战的罪魁祸首。英国和法国政府的回应再度显示了它们虚伪的一面。两国政府形容,"(它们)不是为了私利而战。它们的首要目的是协助当地人民建立独立国家,以及确保他们的基本权利"[46]。英法甚至表示,他们的使命"是把人民从残暴的土耳其独裁统治中解救出来"。当时,在胸襟上略胜一筹的威尔逊显然对《赛克斯-皮科协定》一无所知,但他很快就开始怀疑英法的"文字游戏"。"任何国家都无权干涉别国和人民的政体。"他在1917年1月再次重申,"所有人民都享有自决权,(他们)可以凭这种权利自由决定政体……这与它本身的实力强弱没有关系。"[47]这就是后来"民族自决"理论的雏形。

威尔逊希望保持中立，但处处受到德国的压力。1917年3月，德国皇帝（Kaiser）决定采取"无限制潜艇战"战术（unrestricted submarine warfare），击沉了三艘美国船只。此外，他还从英国方面得知，德国正在游说墨西哥向美国开战。威尔逊没有退路，只能宣布参战，但他想尽量把美国参战的目的和其他国家区别开来。4月2日，他严厉抨击了欧洲列强普遍采用的帝国外交政策。"一小撮野心勃勃的人们早已习惯把他们的人民当作士兵和工具。"他继续说道，"（但）我们（参战）的目的完全不是出于私心。我们无意征服别人的领土，亦无意统治他们的领土。对于美国的付出和牺牲，我们不会寻求任何战争赔款或其他形式的物质赔偿。"[48]这位总统最后总结道，"我们从来只为内心的信念而战——为了民主，为了那些受压迫和在集权政府统治下的人民有权发声，为了小国的人权和自由"。

美国总统威尔逊的抨击使伦敦当局不安。1916年12月，阿斯奎斯和格雷宣布辞职。阿斯奎斯的继任者、新首相戴维·劳合·乔治一直都想占领巴勒斯坦。但是，他现在意识到这么做一定会引发批判帝国主义的浪潮，于是决定支持流离失所的犹太复国主义者，认为这可以在挫败法国中东野心的同时，也让威尔逊闭嘴。不同于《赛克斯－皮科协定》，支持犹太复国主义运动看似十分高尚，但英国新首相心仪这种策略的初衷从未改变。阿斯奎斯曾不怀好意地形容——实际上，他的说法十分准确——"劳合·乔治……根本不关心犹太人，不关心他们的过去，更不关心他们的将来。他只是一味惦记着，如果基督教中的神圣之地——伯利恒（Bethlehem）、橄榄山（Mount of Olives）、耶路撒冷——落入'信奉无神论的法兰西人'手中，那简直是彻底的侮辱。"[49]

威尔逊发表演讲的第二天早晨，劳合·乔治和英国犹太复国主义运动的领袖哈伊姆·魏茨曼（Chaim Weizmann）共进早餐。魏茨曼向他保证，犹太复国主义者一定会支持英国政府。同一天晚些时候，劳合·乔治又召见了赛克斯。当时，赛克斯正要带着《赛克斯－皮科协定》赴埃及，着手处理入侵巴勒斯坦的突发状况。劳合·乔治向他解释了政府政策的新动向，强调"不要对犹太复国主义运动心存偏见，还透露英国政府可能会公开支持他们的事业"，因为"和阿拉伯人相比"，犹太人"更有可能助我们一臂之力"。[50]赛克斯离开前，劳合·乔治重复了最初的警告，"不要给阿拉伯人任何政治承诺，尤其不要在巴勒斯坦问题上轻举妄动"。赛克斯领会了首相的意思。后来，他见到乔治斯-皮科时解释："英国政府更加看重犹太复国主义运动，而不是自己的宗主权"，从而殊途同归地提出了英国对巴勒斯坦的主张。[51]

尽管英国的新表述立刻引起了乔治斯-皮科的警惕——他担心英国是否会反悔，他的同僚罗贝尔·德·凯却不以为然。"先让犹太人在巴勒斯坦建国，再让英国作为它的保护国，这种情况几乎不可能出现……英国政府肯定不希望发生这种事。"他认为，不可能有人会蠢到挑起阿拉伯人和犹太人的冲突，"这么做百害而无一利，肯定会陷入棘手的困境。"[52]

劳合·乔治的外交部长亚瑟·贝尔福终于还是把《赛克斯-皮科协定》告诉了威尔逊的外交政策智囊爱德华·豪斯（Edward House）。毫不意外，豪斯因此勃然大怒。英国明明口口声声说，他们的使命是为了"把人民从残暴的土耳其独裁统治中解救出来"。他写道："我告诉贝尔福，这简直糟糕透了。他们一手筑造了未来爆发战争的温床。"[53]豪斯质问贝尔福，赛克斯和乔治斯-皮科承诺给对方的"势力范围"究竟意味什么,"(但)贝尔福闪烁其词,既没有说是永久占领,也没有说是双方在各自势力范围内享有资源的唯一开采权"。

贝尔福含糊其辞是出于英国的担心。就目前而言,《赛克斯-皮科协定》只停留在理论层面,还称不上两国政府在未来解决地区争端的蓝图。虽然它提出了划分国家的一种假设,但协定的签署者根本没有实际控制那些领土,而且协定本身还充满变数,如果它的内容被公之于众,必定会引发冲突。在现实面前,《赛克斯-皮科协定》可能根本无法发挥作用——这正是让法国担心,但让英国翘首期盼的结果。

但是有一个人,已经决定要最大限度地利用这个弱点。

第3章　托马斯·爱德华·劳伦斯

1916年6月，谢里夫伊本·阿里在麦加领导了一场起义。但直到第二年5月，一名年轻的英国军官才从马克·赛克斯口中得知《赛克斯-皮科协定》的细节，以及它将产生的深远影响。5月7日这天，托马斯·爱德华·劳伦斯和赛克斯在阿拉伯半岛红海沿岸会面。我们已经无法从档案中寻获与之相关的详细记录，只有劳伦斯在日记中对此略有提及。不过，许多其他证据表明，当天的气氛并不愉快。

后来，劳伦斯在写给赛克斯的信中埋怨，"我们以为你是对阿拉伯人慷慨"，还指出他们见面前，自己只知道英国也许会"在非官方层面"把叙利亚让给法国。[1] 赛克斯会见过谢里夫伊本·阿里后，就拒绝再见劳伦斯。他瞧不起这位个头矮小、衣衫不整的军官——劳伦斯比他整整年轻八岁，身高仅5英尺6英寸①——而且从没把劳伦斯对阿拉伯理想事业的支持放在心上。"让他们实现独立就意味……贫穷和冲突。"赛克斯在事后嘲笑道，"让他好好想清楚，难道这就是他在乎的人们为之奋斗的成果吗？"[2]

这两个人合不来并不奇怪。28岁的劳伦斯在中东的经历与赛克斯的大相径庭。赛克斯第一次到访中东时，身份是游客，身边有父亲和地陪，还有帮忙驮行李的人。劳伦斯第一次踏足

---

① 约167厘米。——译者注

中东时，孑然一身。当时，他是牛津大学的学生，是去收集黎凡特地区十字军城堡的第一手资料的。赛克斯的旅行相当豪奢，但20岁的劳伦斯只是个穷学生，随身只带着两张地图、一只水壶、一台相机和一杆毛瑟枪。离开时，他还把枪卖了，换了些路费。他后来挖苦赛克斯对中东的了解不过是个"外行人"。[3]

赛克斯离开剑桥大学时没有取得学位，但通过关系，他在英国驻君士坦丁堡大使馆谋得了名誉随员一职。而劳伦斯以一等荣誉从牛津大学毕业，一方面因为他的十字军城堡论文相当出色，另一方面因为他参与了一系列叙利亚东部的考古挖掘活动。那时，他负责管理一队参与挖掘的阿拉伯劳工，每当他们找到有趣的东西，他就会向天鸣枪以示激励。通过这段经历，他熟练掌握了阿拉伯口语，还对劳工很是尊敬——这两者显然是相辅相成的。据悉，他和"当地人相处得十分融洽"。[4]有一位访客回忆了他和劳伦斯在新开掘的赫梯（Hittite）[①]遗址喝酒的经历，他们还一起在三十码开外练习向火柴盒射击。旅行作家格特鲁德·贝尔正是在这段时期结识劳伦斯的。"真是个十分有趣的男孩。"年长他二十岁的贝尔写道并预言，"他一定会成为一名旅行家。"[5]

1914年战争爆发后，劳伦斯自愿参军，被派往了英国军方驻埃及的情报机构。他的主要任务是绘制奥斯曼军队的移动路线图，他感到无聊极了，还从心底生出了一股负罪感。1915年，他的两位兄弟威尔（Will）和弗兰克（Frank）相继在西线战场献出了生命。"他们都比我年轻。"他告诉一位朋友，"我总觉得哪里有些不对，我竟然可以一直平和地在开罗生活。"[6]

[①] 赫梯，位于安纳托利亚的亚洲古国。——译者注

1916年6月，伊本·阿里谋划已久的起义终于爆发，但很快就被挫败，麦加也落入了土耳其人手中。这时，劳伦斯的机会来了。那年10月，他被派往阿拉伯半岛寻找起义失败的原因。利用这次机会，他永远逃离了无聊的案头工作。

如果劳伦斯可以把这次冒险之旅转变为长期委派，他还可以抓住机会报私仇。如同赛克斯，他在战前就察觉到了法国对奥斯曼帝国日渐浓厚的兴趣——他称为"法式入侵"——因此决心要阻挠他们膨胀的野心。[7]"如果你见过法国（在中东国家）造成的破坏，就绝不会允许它的权力继续扩张。"他在战前给母亲的信中写道，"阿拉伯（地区）从未被人染指都要比这好上1000倍。"[8]

劳伦斯在开罗找到了许多与自己志趣相投的人。在当地几位负责人的心中，法绍达事件仍让他们记忆犹新。他的上司、情报部门负责人伯蒂·克莱顿和雷金纳德·温盖特（Reginald Wingate）——他后来在1917年取代麦克马洪出任驻埃及高级专员——都曾参与过基奇纳的远征。当时，克莱顿是部队的首席情报官，正是由于他过分渲染了苏丹的马赫迪造成的威胁，才导致军队决定向法绍达挺进。他们两人不约而同地认为，《英法协约》不过是两个世仇间平息争端的权宜之计。这种观点很快影响到了劳伦斯。他曾写下："没有人相信法国会是我们永远的朋友。"[9]

法国反对英国登陆亚历山大勒塔更加深了这种偏见，到了加里波利的灾难爆发，甚至为这种想法平添了一抹正义的色彩。1915年，劳伦斯在给家人的信中写道："到目前为止，叙利亚人都把法国人，而不是土耳其人当作敌人。"当时，亚历山大勒塔计划正因为法国的阻挠而搁浅。[10]邻国的专横激起了劳伦斯的怨恨，而他对缺乏骨气的英国外交官更是气不打一处来。他曾气急败坏地给一位朋友写信："诅咒英国外交部，鄙视英国外交部，痛恨英国外交部，憎恶它造成的一切破坏。"[11] 两个星期后，他告诉大学时的导师戴维·霍格思（David Hogarth）自己的愿望——试图联合阿拉伯半岛西部的贝都因人部落（Bedu tribes），因为有了它们，"我们就可以直捣大马士革，彻底浇熄法国主张叙利亚的希望"。[12]

随着1916年中阿拉伯大起义的爆发，法国人很快意识到了自身面临的威胁。他们最担心的是，如果起义成功，谢里夫伊本·阿里的影响力可能会扩张到北非的阿拉伯群体中。奥赛码头外交部的资深官员皮埃尔·德·马尔热里（Pierre de Margerie）——他也是法国亚洲委员会的成员——提醒首相，阿拉伯半岛正在发生的一切"可能会对我们所有的殖民地造成恶劣影响"[13]。他估计，起义一旦成功，法国会面临"一个全面伊斯兰化的阿拉伯半岛，它还会不断向外扩张势力，从而威胁到基督教徒的地位"。他提议，法国应该"谨慎地与阿拉伯人合作，协助他们争取独立……避免他们的成功对基督教势力造成沉重打击"。

德·马尔热里的建议很快得到了落实。1916年9月，爱德华·布雷蒙上校（Colonel Edouard Brémond）以法国在阿拉伯地区军事代表团负责人的身份前往阿拉伯半岛。出发前，奥赛码头向布雷蒙下达了指示："如果还可以拖英国人的后腿就再好不过了。"[14] 事实证明，他相当擅长此道。起义的势头刚开始转弱，他就向阿拉伯人提供了法国的援助。

尽管布雷蒙最终没能圆满完成任务，却在英国人中激起了热烈的讨论——他们是否也应该依着葫芦画瓢。伊本·阿里成功把土耳其人逐出麦加时，大量奥斯曼士兵仍驻守在圣城麦地那。麦地那距麦加仅200英里，能够从大马士革通来的铁路获得补给。1916年10月，奥斯曼即将反攻麦加。当时，土耳其人和伊斯兰王国的中心麦加之间，只隔着一片连绵起伏的山脉地带——汉志地区（Hijaz）①，主要由装备落后的贝都因人部落把守。浑身散发着野性的部落男人身披棕色和靛蓝色相间的羊皮长袍，抹着厚重的眼影，用骆驼尿冲洗辫子，头发油光发亮。领导他们的正是伊本·阿里的儿子费萨尔（Feisal）。迄今为止，他们一直骁勇善战，抵抗着一切外国势力。

现在，山里的贝都因人迫切需要补给，但英国军队不愿满足他们的要求。加里波利战役后，英国驻埃及的军方总部就弥漫着一股令人生厌的情绪。阿拉伯起义由于缺乏物资而日渐式微后，克莱顿立刻成了众矢之的，因为当初带头支持谢里夫起义的人正是他。可是如果英国向阿拉伯人提供武器支持，这些枪支弹药在日后必将酿成后患。克莱顿清楚，他就快保不住官职了，但是这位情报部门负责人还在奋力一搏，策划了一个营救自己的方案——在劳伦斯看来，他的这种做法"就像不断渗出的水流或石油，悄悄蔓延，浸润着生灵大地"。克莱顿决定，把最聪明的部下派往吉达（Jeddah）②传达前线的情报，就算英国向阿拉伯半岛派兵，也无法改变起义的结局。[15]

这是趟临时任务，甚至根本没有必要——只是为了抖出一些一手资料，巩固英国不出兵的决定。然而，当劳伦斯和斯托尔斯搭船经红海朝吉达进发，劳伦斯就明白，他的野心远远超

---

① 汉志，位于沙特阿拉伯王国西部沿海地带，因其辖区内有伊斯兰发祥地麦加和麦地那而闻名于世。——译者注
② 吉达，位于沙特。——译者注

出了克莱顿指派给自己的任务。一路上，他为了打发无聊的时光，一边和同伴聊天，一边瞄准甲板扶手上的瓶子练习射击。

"终于，当我们在外港抛锚，眼前出现了跃动于炙热晴空下的白色城市，如同海市蜃楼般的幻影。"劳伦斯后来记录了10月16日抵达吉达时的情况，"阿拉伯半岛的暑气犹如出鞘的尖刀，一下就扼住了我们的喉咙。"[16] 然而，尽管饱受高温炙烤，劳伦斯还是在那天晚些时候就掌握了法国人居心不良的足够证据。晚餐时，一口接一口呷着苏格兰威士忌的布雷蒙上校告诉他，没有人希望起义成功，因为"即使建立统一的阿拉伯王国，只要有人试图在叙利亚和伊拉克轻举妄动，就会被我们——法国和英国——驱逐出去"[17]。这显然出乎劳伦斯和克莱顿的意料。

斯托尔斯在一通冗长的电话中说服了态度勉强的谢里夫伊本·阿里，让劳伦斯只身深入山区腹地。一向不喜欢按规矩办事的劳伦斯迫不及待地披上阿拉伯长袍——他的同僚们绝不会这么做——跨上骆驼，向赭色的山峦深处，伊本·阿里抵抗奥斯曼反攻的最后一道屏障进发了。

"汉志之战（Hijaz war）是一场苦行僧和常规军之间的战争，而我们站在了苦行僧的一边。"劳伦斯回到开罗后如此宣称——他故意使用了带有挑衅意味的措辞，因为他的大部分同僚都是职业军人，几年前曾在苏丹和"苦行僧们"陷入过一场苦战。[18] 他反驳了贝都因人是因为不守纪律、无法牵制奥斯曼军队，才需要外国势力的协助。相反，他指出，通过他的观察，贝都因人天生就是游击队员的料子，只是缺少武器、弹药、资金以及像他这样的智囊的建议。他在报告中提及了布雷蒙的观点，补充说明法国人愿意出兵的真正目的是牵制起义，而不是助他们一臂之力。劳伦斯对法国的讽刺迅速在伦敦引起了共鸣。克莱顿高度肯定了劳伦斯的表现，马上指示他返回汉志，还决定向埃及的阿拉伯人提供物资和可靠的情报。

劳伦斯认为，起义陷入困境主要是因为伊本·阿里很难被驾驭。在斯托尔斯看来，63岁的谢里夫虽然在英国面前表现得十分顺从，实际上却相当野蛮好斗，甚至不愿接受英国的协助。劳伦斯建议，他们应该"绕道而行"，支持更容易控制的他的四个儿子。

谢里夫的大儿子体弱多病——患有肺结核，而最小的儿子又没有经验。于是，英国只剩两个选择，费萨尔和他的哥哥阿卜杜拉。身形滚圆、生性快活，相当有主见的阿卜杜拉在战前就接触过斯托尔斯，请求提供武器上的支持。斯托尔斯颇有好感地形容，"（他带着几分）亨利八世（Henry VIII）的风采"。[19] 但阿卜杜拉对劳伦斯存有戒心，与此同时，劳伦斯虽然在私底下认为阿卜杜拉比他的弟弟更"像个生意人"，却在报告中提及了他的一则传闻——曾命令侍者把茶壶放在头顶，让他练习射击——暗示阿卜杜拉其实并不可靠。[20]

劳伦斯认为扶持费萨尔更有前途。他在第一次进入汉志山区时就见到了费萨尔。费萨尔比劳伦斯年长两岁，也比他高出4英寸[①]，体形消瘦，有着一张帝王将相的面孔，仿佛是身为穆罕默德继承人的家族凭证。如果阿卜杜拉令人想起亨利八世，费萨尔却令劳伦斯想起了生性勇猛的查理一世（Richard I）。在一份给克莱顿的报告中，劳伦斯把阿卜杜拉的出众能力"嫁接"到了他的弟弟身上，形容费萨尔"受人尊敬，野心勃勃，

---

① 约10厘米。——译者注

壮志凌云，并且具备实现它们的能力。不仅如此，他的观点独到，做事很有生意人的风范"[21]。多年后，劳伦斯声称"第一眼"见到费萨尔时，就知道他能够在沙漠"呼风唤雨"。他的哥哥阿卜杜拉是位神枪手，十分自信，但比哥哥更加英俊、更有个人魅力的费萨尔性情不定，时常摇摆在自鸣得意与垂头丧气之间。[22]一位与费萨尔接触过多次的英国军官曾写道："他的个性不够顽强，太容易受周围环境的影响。"[23]但是劳伦斯已经打定主意，费萨尔是英国提供协助的最佳对象。

其实，劳伦斯选择费萨尔还有一个更关键、影响更加深远的理由。阿卜杜拉的政治野心是向南扩张——他有志让贫瘠的汉志地区和南部土地肥沃的也门相接——但费萨尔熟知叙利亚和伊拉克的一小撮阿拉伯民族主义运动分子。有了这层关系，费萨尔会引导伊本·阿里的起义向北扩张，从而实现劳伦斯彻底把法国人逐出叙利亚的梦想。

劳伦斯鼓动费萨尔拿下大马士革，为此向他提供了足够的资金，让他把分散的部落军队与叙利亚和伊拉克的民族主义者联合起来。这迅速增长了费萨尔的信心。作为回报，费萨尔赠送给劳伦斯一件华丽的白色阿拉伯长袍，不是为了掩饰劳伦斯的身份，而是表明完全支持他出现在自己的营地中。后来，这位年轻的伊斯兰筛海（Shaykh）① 如此形容他的新智囊："（劳伦斯）无比正直、忠诚、克制，而且充满了奉献精神。"[24]但是，劳伦斯却不这么认为。"我最好能比他先掌握情报。"他在私底下透露，"因为我必须比他更早做出决定。"[25]

有了劳伦斯和其他几位英国智囊的慷慨相助、英国飞机的

---

① 筛海，伊斯兰教对有名望者的尊称。——译者注

空中侦查，以及被污蔑成好逸恶劳的阿卜杜拉成功伏击了一支土耳其部队，阿拉伯人开始逐渐扭转颓势。1917年1月，他们大胆向北跃进，一举占领了红海港口沃季赫（Wajh）。沃季赫看似不起眼，也没有军事价值，实际上却是阿拉伯人发起下一次猛攻的最佳根据地。200英里开外的汉志铁路正好在它的攻击距离之内，那里是土耳其人从麦地那获得补给的重要通道。之后两年，劳伦斯和同僚们从沃季赫沿铁路线，策划组织了一系列针对火车、车站、路轨和水槽的袭击，迫使土耳其人转攻为守。

没过多久，劳伦斯和其他英国军官出现了意见分歧。后者想集中精力攻击麦地那的土耳其人，彻底切断通往大马士革的运输线；但劳伦斯明白，如果他们的计划成功，必定会浇熄起义的火种，之后英国就不会再继续支持阿拉伯人，那么他把法国彻底逐出叙利亚的梦想就会破灭。

在这个节骨眼儿上，1917年4月，谢里夫乌达塔耶（Auda Tayi）的出现给了劳伦斯巨大的鼓舞。乌达塔耶来自遥远的北方，就是来支持费萨尔的事业。乌达塔耶是霍威塔（Huwaytat）的领袖，那是一个在西奈半岛的小型游牧部落。如今，他们生活的沙漠地带被约旦—沙特阿拉伯的边界一分为二，位于沃季赫以北约300公里。乌达塔耶是个经历传奇的人物，曾射杀过两名向他征税的土耳其军官，因此常年遭到奥斯曼帝国的追捕。据说，他结过28次婚，受过13次伤，一脸凶狠的模样。他已经记不清杀过多少人，民间流传着他挖出敌人心脏生吞的故事。

乌达塔耶尝试说服劳伦斯，因为在遥远的内陆有一个名叫锡尔汉谷地（Wadi Sirhan）的地方，他的部落常在那儿放牧，是引导起义向叙利亚扩张的完美跳板。从谷地出发，他们可以拿下亚喀巴（Aqaba）——位于红海入海口，目前正在土耳其人的控制下——还可以得到鲁瓦拉（Rwala）势力的支持。鲁瓦拉是实力强劲的阿尼扎部落（Aniza tribe）中规模最大的一个分支，影响力可以一直延伸到遥远的北方。几年前，鲁瓦拉部落的首领努里·沙兰（Nuri Shaalan）谋杀了两位兄弟，成为部落的最高决策者。之前，他曾表明不会支持费萨尔，因为他需要土耳其人提供的食物。但是，如果费萨尔能控制亚喀巴，乌达塔耶和努里·沙兰就能喂饱自己部落的人们。

劳伦斯为他们的行动增加了另一个目标——位于叙利亚西南部的高地德鲁兹山（Jabal Druze）。他希望说服极难对付的德鲁兹人（Druzes）加入起义，共同反抗奥斯曼的统治。最近几年，他们已经发起过两次类似的反抗，劳伦斯很有信心让历史重演。

劳伦斯在与乌达塔耶和一小队贝都因人踏上危险的征程前，先见了马克·赛克斯。当时，距离他们出发只有短短三天。正是在这种情况下，劳伦斯从赛克斯处得知了英法私下协定的真相。劳伦斯简直对赛克斯恨之入骨，他曾多次向阿拉伯人强调，英国政府欢迎他们自行领导大马士革，但他直到现在才知道，赛克斯和乔治斯-皮科的协定使他撒下了弥天大谎。如果《赛克斯-皮科协定》能挨过战争，法国一定会挺进大马士革；因为阿拉伯人"必须接受——我们设计好的一切"。[26]

即便如此，劳伦斯还不至于陷入绝望。《赛克斯-皮科协定》是在完全秘密的情况下签订的，而且它只是一种设想，这是它不可回避的弱点。如今，世界的大趋势是反帝国殖民主义，协定一旦公开，一定会饱受攻击。劳伦斯还期望，如果阿拉伯人能先抵达大马士革,由他们提出领土主张就更加合理。这显然比赛克斯和乔治斯-皮科随心所欲画条线就以为解决了问题来得实际。"他们(阿拉伯人)对(叙利亚)的主张一定更加有力——这是当地人用自己的方式征服脚下的土地。"劳伦斯分析,"这么一来,英法两大势力还有什么话可说呢?"[27]

为了将想法付诸实践,三天后,劳伦斯、乌达塔耶,还有一支贝都因人小分队向 300 英里外的锡尔汉谷地进发,开始了艰难的跋涉。整趟行程无比艰辛,前后历时两周。他们穿越了广袤的碎石平原——连贝都因人都形容那里是"凶险之地"。白天,暴烈的阳光晒得他们头晕目眩,燥热的风不断裹挟起沙土。行程最后几天,他们还为食物短缺而辗转反侧。抵达锡尔汉谷地后,劳伦斯才发现他被乌达塔耶误导了。那里根本不是适合牲畜放牧的草原,谷地"极度贫瘠"[28],而且没有任何迹象表明他的造访改变了鲁瓦拉部落的意向。乌达塔耶和其他部落成员纵情享受食物时,劳伦斯陷入了计划失败的痛苦和懊恼中。他起草了一份给上司的报告:"克莱顿:我决定只身前往大马士革,也不知半路会不会遭人暗算。在下一步行动前,我必须先弄清楚会发生什么。他们说期待和我们并肩作战,但这不过是个彻底的谎言。对此,我忍无可忍。"[29]

6 月 5 日,冲动下的劳伦斯独自上路,深入敌人控制下的叙利亚,寻找挽回局势的办法。凶险异常的旅途后,他抵达了《赛克斯-皮科协定》中提及的叙利亚地区,还在巴勒贝克(Ras Baalbek)悄悄炸毁了一座铁路桥——那里距离贝鲁特东北方向仅 60 英里。他的做法激怒了当地的梅塔瓦拉人(Metawala),于是劳伦斯明白近期不可能爆发全面的阿拉伯起义。与此同时，德鲁兹的领导人侯赛因·阿特拉什（Husein Atrash）和努里·沙兰都不愿效忠费萨尔。但是，劳伦斯和他们的见面给了他一些谨慎乐观的理由。沙兰——劳伦斯发现他的眼睛在日光的直射下泛着红光——向他保证，"很快就会加入行动"。[30]

6月18日，劳伦斯回到锡尔汉谷地时，乌达塔耶只召集到560名部落士兵，但他们还是孤注一掷地决定进攻亚喀巴。约有300名土耳其士兵驻守在港口，防御工事主要面朝大海，他们完全没有料到阿拉伯人会从沙漠发起进攻。因此，阿拉伯人成功地把最主要的前哨部队用于包围在港口附近的山坡地区阿布·阿萨尔（Abu al-Assal）。经过一整天交战，他们最终压制了土耳其军队。其间，劳伦斯还意外把子弹射向了自己乘坐的骆驼的头部。几天后，阿拉伯人涌向了通往亚喀巴和大海的狭窄谷地。7月6日，当地的土耳其司令宣布投降。劳伦斯和霍威塔部落没废一颗子弹，就占领了具有关键战略意义的港口。

劳伦斯没有对得到霍威塔部落的支持抱有什么幻想，他没有食物和资金回报部落成员。同一天下午，他骑着骆驼穿越西奈半岛的沙漠，前往150英里外的埃及。四天后，劳伦斯出现在伯蒂·克莱顿位于开罗的办公室，这令他的上司大吃一惊。那天早晨，克莱顿刚起草了一份备忘录，承认由于出现"无法克服的困境"，决定中止进攻亚喀巴。然而，劳伦斯竟然凭单手——至少英国人是这么认为的——就制服了1300名土耳其士兵，这深深鼓舞了开罗情报部门的另一位成员——和劳伦斯一样，他也渴望逃离无聊的案头工作。"我刚写信祝贺托马斯·爱德华·劳伦斯，我们那位一头金发的小个子考古学家……你还记得他吗?"沃尔特·弗兰西斯·斯特林(W. F. Stirling)在给姐妹的信中写道。事实上,他的同僚根本不像他形容的这么不起眼。"他完全有理由获得维多利亚十字勋章(Victoria Cross)[①]。"斯特林提议:"他绝对名副其实。"[31]

[①] 维多利亚十字勋章,英联邦国家的最高级军事勋章,设立于1856年,奖励给对敌作战中最英勇的人。——译者注

第4章 艾伦比的人

"劳伦斯的行动非同凡响,我衷心希望他可以受封爵位。"赛克斯如此告诉克莱顿,尽管他一幅咬牙切齿的模样。赛克斯很快意识到,这位年轻对手在亚喀巴的所作所为可能会破坏他和乔治斯-皮科的交易。[1]出于同样的理由,英国驻埃及高级专员雷金纳德·温盖特也不希望宣扬劳伦斯的壮举,尽管两人的动机并不相同。温盖特告诉伦敦:"出于政治考虑,最好不要暴露劳伦斯在叙利亚的侦查活动。我认为这很重要。"[2]因此,法国一直不知道劳伦斯的探险究竟向北深入到什么地区。五个星期后,法国情报官员安托南·若桑(Antonin Jaussen)才通过零星的信息拼凑出劳伦斯的行动,弄明白它具有的政治含义。

若桑早年在耶路撒冷接受牧师训练,后来却成了考古学家,但这两种兴趣之间其实不无关联。如同赛克斯,他也相信"中东是个一成不变的地方"[3]。若桑认为,通过研究四处游牧的贝都因人可以一窥古代的宗教经典。因此,他前往约旦东部游历,深深着迷于古老的纳巴泰人文化(Nabataean)和塞巴人文化(Sabaean),于是他决定对它们进行深入研究。数百年前,这两个地方的商人曾控制了也门和加沙之间的乳香贸易。战争爆发前不久,当赛克斯在抱怨大马士革的旅店,劳伦斯在叙利亚东部挖掘赫梯古国遗址时,若桑和一位同伴向南部的汉志铁路出发。他们带着一台相机和一架30英尺长的梯子,深入到阿拉伯半岛西部的砂岩绝壁,寻找和拍摄石棺上失落文明的碑文。

1914年战争爆发后，若桑被土耳其人逐出巴尔米拉，来到了埃及。与劳伦斯的经历相似，他开始为法国情报部门工作。身材矮胖的牧师神态卡通，很像戴着头盔的塔克修士（Friar Tuck）①。他对死海以东地区的了解比任何英国相关人士都深入。他也和英国人相处得不错，至少开始时如此。早在1915年，比他年轻20岁的劳伦斯如此形容，"十分有趣，聪明极了，还是位十分优秀的口译者。"[4]

由于法国政府不赞成亚历山大勒塔计划，以及与英国盟友在阿拉伯起义上明显的态度分歧，法国的情报部门弥漫着一股郁郁寡欢的气氛。1917年3月，若桑在沃季赫见到了劳伦斯，察觉到他昔日的朋友已经和费萨尔建立了密切的关系，甚至可以"直接影响"这位阿拉伯领导人的决策。法国牧师觉得有些不对劲，因为劳伦斯和"费萨尔以及费萨尔的追随者一样，都对外国势力入侵阿拉伯半岛怀有天然的敌意。对协约国的利益和战略而言，缓和游牧民族与其他阿拉伯人的关系其实并不是一件好事"。[5]

攻下亚喀巴五个星期后，若桑在1917年8月13日报告，他的建议没有被采纳。在劳伦斯的指使下，贝都因人对外国干涉的态度更加强硬，亚喀巴地区北部所有贝都因人部落如今都受到鼓舞，站到了谢里夫伊本·阿里的一边。法国人立刻嗅到了其中暗含的意味。若桑形容，赛克斯和乔治斯-皮科的划分方案"没有充分考虑各部落的领地和当地的地形，只是模棱两可地纸上谈兵"。事到如今，他"十分肯定一旦受到外界压力，

---

① 塔克修士，罗宾汉传说中的人物，相传住在山谷，武艺高强，罗宾汉本人都未必敌得过他。后来，他加入了罗宾汉一伙。——译者注

协定就无法落实"。[6]法国驻开罗大使德弗朗斯提醒奥赛码头的官僚们重视若桑的意见。他指出，英国似乎对阿拉伯起义向北蔓延到大马士革和叙利亚的趋势没有清晰的容忍底线。

但是，法国驻埃及大使馆的另一名外交官、野心勃勃的勒内·杜瓦内尔·康坦（René Doynel de St Quentin）却认为这没什么好担心的。勒内·康坦曾奉承地表示劳伦斯是"开罗唯一一个不拘传统的英国人，可以和他开诚布公地谈论一切"。[7]他完全没有意识到劳伦斯正在法国人觊觎的土地上鼓动一场针对土耳其统治的阿拉伯起义，因为劳伦斯曾十分明确地告诉过他不会支持类似举动。勒内毫不掩饰欣赏之情，称赞劳伦斯"或许是英国中东军队和行政当局中最杰出的人物"——勒内十分清楚劳伦斯认同阿拉伯人的立场，但又认为他"相当忠诚，除非上司明确给出一份法英合作的政策"，否则这位年轻的英国军官"不会轻易屈服"。[8]法国人在几个月后才知道，劳伦斯没有轻易受制于英国政府政策的原因在于，他自己才是背后制定蓝图的那个关键人物。

劳伦斯回到埃及后，英军中东总司令埃德蒙·艾伦比（Edmund Allenby）召见了他。会面本可能会沦为一场灾难，因为衣衫不整、桀骜不驯的劳伦斯——一位士兵曾气急败坏地形容他是个"年纪轻轻但傲慢的蠢货"，"真想狠狠踹他几脚"——要见的这个男人，脾气出了名的暴躁，人们都在背后喊他"公牛"（The Bull）。[9]然而，艾伦比将军虽然臭名昭著，为人却相当开明，也很清楚自己的短处——他后来说过，两度落败印度行政参事会（Indian civil service examination）①的考试

---

① 印度行政参事会，1858年至1947年间，英国殖民印度时期的行政机构。——译者注

后，他选择了参军，因为他"无法胜任其他工作"。[10]此外，正如精明的劳伦斯所察觉到的，他当时的处境相当麻烦。

艾伦比刚到埃及不久，正在筹划进攻巴勒斯坦。这年春天时，他还是英国第三军的司令，但在法国爆发阿拉斯战役后，他的表现饱受诟病，于是被调任统领埃及远征军。明眼人都知道，这是降职。不仅如此，他前往埃及前收到了两条相互矛盾的指示。劳合·乔治告诉他，"在圣诞节前攻下耶路撒冷"。但是，英军总参谋长威廉·罗伯逊爵士（Sir William Robertson）却认为进攻巴勒斯坦会分散西线战场的实力，在私下再三警告，他不会派兵协助艾伦比完成首相交给的任务。艾伦比倒霉的前任也面临过相似的压力：他曾两次尝试发动进攻，都没能从奥斯曼手中夺下加沙，最终丢掉了官职。艾伦比绝对不想重蹈他的覆辙。

劳伦斯意识到，总司令最担心的是土耳其利用汉志铁路，在死海的东南方向集结兵力，进攻英国从埃及至加沙一带的脆弱补给线——如果失去它，艾伦比就不可能占领耶路撒冷。会面中，劳伦斯建议让阿拉伯游击队在汉志铁路附近的亚喀巴发动一系列突袭，这么一来，土耳其就可能会调集军队发动反击。他的动机是要总司令明白，阿拉伯人的协助必不可少，从而淡化赛克斯协定的实际影响力。

艾伦比在会面时的态度并不明朗，但他显然被说动了。不久后，他便向伦敦呈上了劳伦斯的计划。他利用这个方案向罗宾逊强调，必须先攻下巴勒斯坦。他估计，两套方案如果相辅相成，也许就能"挫败土耳其人在汉志和叙利亚的活动，在政治和军事上造成更为深远的影响"。[11]为了协调在死海两侧的行动，他决定把费萨尔和劳伦斯同时招入麾下，而这正合劳伦斯的心意。劳伦斯出其不意地把由他个人主导的政治议程，巧妙地与艾伦比策略性的需求结合到了一起。

艾伦比为了确保计划顺利实施，很乐意维护劳伦斯免受法国人的干扰。他直接拒绝了法国试图为劳伦斯派一位法国联络官的要求。如果劳伦斯在行动中无可避免地踏足《赛克斯－皮科协定》中承诺给法国的土地，这位英军中东总司令已经想好对策，他会告知法国"这是军事紧急状态下的破例举动"。[12] 军事紧急状态这套说辞给了他借口，不必提前向法国知会劳伦斯的行动。他知道法国人绝对不会同意，肯定会设法阻挠，正如当年的亚历山大勒塔计划。

1917年8月，艾伦比收到伦敦的命令，扩大占领亚喀巴的优势，继续向巴勒斯坦推进。劳伦斯回到了早先取得胜利的地方，打算采取他向总司令提议的击跑配合战术（hit-and-run）①。然而，他却发现阿拉伯军队中出现了分化的苗头。自愿为伊本·阿里而战的叙利亚人和伊拉克人吵得不可开交，而他们又都不同于效忠谢里夫的贝都因部落成员。劳伦斯一直期望阿拉伯民族认同能把他们联合起来，将法国逐出叙利亚，但阿拉伯人长期内部不和，充斥着各种斗争。

赛克斯在给劳伦斯的一封信中提起，至少要根据《英法协约》对阿拉伯地区"托管十年"，才能让他们独立建国。劳伦斯为此气愤不已，提笔写下了措辞严厉的回信。在开罗期间，他就听说了英国政府正在考虑支持犹太复国主义运动。因此，他还要求赛克斯澄清为什么英国政府的承诺缺乏一致性，先是站在阿拉伯人一边，再是法国人，现在又是犹太人。"我们就像

---

① 击跑配合，是指打了就跑的战术。——译者注

跌进了一个黑洞。"劳伦斯总结道,"麻烦告诉我——在你看来,我们究竟可以用什么方式脱身?"[13]

劳伦斯把信寄给了克莱顿,克莱顿却决定不拿给赛克斯。他解释,他不想在那时挑战赛克斯,因为《赛克斯-皮科协定》"从来不具备可行性"——而且,"现在已经到了回天乏术的时候"。[14]此外,他还说乔治斯-皮科已经过气,皮科因为疏忽暴露了与自己通信的几位阿拉伯民族主义者,让他们白白送死。

然而,克莱顿的判断错了,《赛克斯-皮科协定》在战争中幸存了下来。但是,赛克斯曾一度非常担心劳伦斯的行动会威胁到它,也担心人民对帝国主义日益高涨的敌对态度。这位英国议员在占领亚喀巴两个星期后承认,他和乔治斯-皮科的交易现在看来"已经不合时宜"。[15]"我打算猛烈抨击巴黎,揭露法国的唯一目的就是干预阿拉伯人的独立建国大业。"他在不久后写道,还十分乐观地补充:"殖民主义是相当疯狂的想法,我和皮科一定会向法国人证明这一点。"[16]

现在,劳伦斯不必再担心如果阿拉伯游击战获胜,英国会出尔反尔了。于是,他动身前往汉志铁路,打算永远摧毁它——而他曾经明确反对过类似行动。沿铁路铺设的蒸汽设施需要定时注水,因此劳伦斯决定破坏穆达瓦拉(Mudawwarah)①车站附近最重要的水井,一旦供水短缺,火车就无法运行。但是,突击小队中部落成员的争执令计划流产了。他抱怨,在阿拉伯人之间调解纠纷就像修补"被拧断了的脖子",还说一路上他花在"解决补给、交通、部落酬金、争执、腐败、贿赂、

---

① 穆达瓦拉,如今位于约旦-沙特阿拉伯边境。——作者注

下达命令"上的精力远比"策划爆炸要多"。[17]到了穆达瓦拉后,他在一次夜间侦查中发现他的军队人数不足,很难击溃土耳其人,对方的军力几乎是他的两倍。失望之余,劳伦斯找来身边的两位正规军士兵耶尔斯(Yells)和布鲁克(Brook),策划伏击经过的火车。

耶尔斯和布鲁克在可以俯瞰铁路的一座山丘上架设迫击炮和机关枪时,劳伦斯花了两小时在铁路桥附近的路轨下埋了一只满载50磅甘油炸药的沙包。由于土耳其巡逻兵会定期排查铁路附近的地雷,他又花了四个小时小心翼翼地埋了导火线。随后,他让一位值得信赖的部落成员把导火线接上电雷管。之后,就开始了漫长又焦急的等待。第二天下午,他们终于看见一辆拖着两节车厢的火车朝他们驶来,火车的第一个引擎经过地雷时,劳伦斯立刻发出了引爆的指令。

"接着,就传来了震耳欲聋的爆炸声。"他事后回忆,"(我的)眼前升起了巨大的黑烟,直冲100英尺高,完全看不见铁路。漆黑一片中,传来了大型钢铁撕裂变形的振聋发聩声,无数炸烂的铁块、金属纷纷落下。突然,火车头的车轮飞旋着冲向了高空,它们吱吱嘎嘎地飞过我们的头顶,缓慢但沉重地一头栽进了我们身后的沙漠中。"[18]短暂的沉寂后,阿拉伯人和幸存的土耳其士兵之间爆发了激烈的枪战。提前架设迫击炮和机关枪的决定显然十分明智。

这是劳伦斯第一次接触近距离交战,令他大惊失色。桥梁在爆炸中被彻底摧毁。后来,他在山谷中发现了火车的另一只引擎,它已经成了"一堆冒着白烟的废铁",附近还散落着第一节车厢支离破碎的残骸。"我不打算坚持太久",他向一位朋友坦白,形容他发现身边到处都是土耳其人四分五裂的尸体时,实在"恐怖极了"。[19]

因为这次难以磨灭的经历，以及对贝都因人逐渐失去了耐心，劳伦斯想要寻找其他更合适的人和英国军官协助他。那个人要绝对可靠，尤其需要在行动后期与他紧密合作，以协调执行艾伦比发出的向巴勒斯坦挺进的关键命令。可供他选择的人中就有前同事沃尔特·弗兰西斯·斯特林。劳伦斯回到亚喀巴后收到了斯特林的贺信。劳伦斯为了说服懂阿拉伯语的斯特林，不得不暂时抹去他刚亲历的恐怖场面，用一种充满幻想的笔触描述了他们发出的"致命最后一击"。他形容，迫击炮射出了"两枚漂亮的炮弹"，连同机关枪的一阵扫射，短短十分钟就歼灭了70名敌人，另有30人受伤、80人被俘。他在最后写道："我希望你不会觉得太枯燥，这不过是'水牛比尔'（Buffalo Billy）①式的不怎么专业的行动。只有你才会懂得其中的妙处，没有回报，没有命令，没有上级，也没有下级；没有医生，没有解释，没有食物，也没有水。"[20]第二天，斯特林就热切地盼望着加入劳伦斯的行动。他的一位同僚认为，"（斯特林）正是那种喜欢混在马戏团的人"。[21]

1917年10月初，艾伦比正等着召见刚回到亚喀巴的劳伦斯。他决定在月底进攻加沙，但收到的情报显示敌人的数量翻倍了。为了制止奥斯曼帝国调遣更多增援部队妨碍他们的行动，他提议劳伦斯袭击连接大马士革和巴勒斯坦的汉志铁路支线。会面时，两人决定在陡峭的耶尔穆克山谷（Yarmuk valley）的

---

① 水牛比尔，全名威廉·弗雷德里克·"水牛比尔"·科迪（William Frederick "Buffalo Bill" Cody），是美国西部拓荒时期最具传奇色彩的人物之一，有"白人西部经验万花筒"之称，他组织的牛仔主题表演也十分有名。——译者注

铁路交会处发动袭击。

耶尔穆克山谷位于奥斯曼占领区的腹地，那里地形条件优越，山谷一路绵延至巴勒斯坦地区。这次出征是劳伦斯迄今为止执行的最危险的任务，但他没有选择，只能从命。最早提出这个想法的正是他本人，因为赛克斯和乔治斯-皮科的分界线笔直地穿过了这个山谷。

艾伦比的攻击相当成功。他没有从正面进攻加沙，而是在10月31日袭击了东部的贝尔谢巴（Beersheba）①。那是一个薄雾笼罩的明月之夜，土耳其人被杀得措手不及。第二天夜间，英国对加沙进行了长达五小时的轰炸。到黎明时分，英军已经占领了一处能够俯瞰加沙港的关键位置。但是，由于沙尘暴和饮用水短缺，贝尔谢巴的英军无法包围加沙地带。土耳其人顺利从英国军队在加沙和贝尔谢巴摆出的钳形攻势中脱身，主力部队撤出时几乎毫发无损。短暂的休整后，英军靠一支装甲部队重新恢复了进攻的势头。

为了避免法国在英国占领巴勒斯坦后施压，英国政府现在决定公开支持犹太复国主义运动。11月7日，《泰晤士报》（*The Times*）刊登了外交部长亚瑟·贝尔福写给罗斯柴尔德勋爵（Lord Rothschild）的信，罗斯柴尔德是英国最具声望的犹太复国主义者。两年前，赛克斯向贝尔福提议占领巴勒斯坦时，后者还有些犹豫。现在，他的想法已经彻底转变。贝尔福在信中相当戏剧化地表示："我十分荣幸能代表女王陛下政府向您转达，以下同情犹太复国主义者的公开声明已经呈交内阁并获得了支持。"这封信，后来即被称为"贝尔福宣言"（The Balfour Declaration）。

---

① 贝尔谢巴，现位于以色列南部。——译者注

"女王陛下政府赞成犹太人在巴勒斯坦建立自己的家园,并会尽力促成此目标的实现。但是,我们必须明确指出,这不得伤害生活在巴勒斯坦的非犹太人士的公民权与宗教权,也不得伤害其他国家犹太人享有的各项权利与政治地位。"[22]

那时,劳伦斯还不知道这个影响世界的决定。他正深入敌军后方,计划在11月5日袭击耶尔穆克的铁路。但是,他很难找到同情他的部落成员帮忙,就连向导阿卜杜勒·卡迪尔·贾扎伊里(Abdul Qadir al Jazairi)都神秘地擅离职守了。直到11月7日深夜,他才终于到达耶尔穆克山谷。

劳伦斯一行经过山谷附近的铁路桥时,通过火把发出的微光确定了土耳其守卫的帐篷所在的位置。劳伦斯让几个廓尔喀人(Gurkhas)①留在高处的陡坡,一旦营地的士兵察觉到他们的动静,就发动机关枪射击。他自己和几个身背炸药的部落成员则继续向横跨深谷的铁路桥匍匐前行。劳伦斯发现,他没法够到低处较为脆弱的大梁,他正想告诉部落成员跟他走时,远处传来了一声脆响,就像有人弄掉了来复枪。

桥上的一名土耳其哨兵立刻警觉起来,发现了山上的廓尔克人。他大声质问对方是谁,边射击边呼喊救援。劳伦斯后来回忆,"刚开始,所有人都不知道发生了什么"。[23]他身后的部落成员由于看不清楚,立刻开始射击,又暴露了劳伦斯一行人的位置。还没等廓尔克人赶到土耳其士兵的帐篷,土耳其人就蜂

---

① 廓尔喀人(Gurkhas),最初来自尼泊尔加德满都以西的廓尔喀村。1815年,英军编制中出现了第一支由廓尔喀兵组成的战斗营,此后所有英国涉及的冲突都有廓尔喀兵的参与。——译者注

拥而出，开始朝部落成员射击。贝都因人一下慌了神，因为他们在之前被告知一旦碰到子弹，身上背着的炸药就会爆炸。村民被交火惊醒，纷纷跑出屋外，保卫自己的财产。子弹一刻不停地在夜空中交错飞舞。劳伦斯判断，已经错过了最佳时机，现在只能撤退。这场试图破坏巴勒斯坦主要补给线的突袭彻底的惨败。

几天后，劳伦斯在地雷伏击中差点儿送了命。亚喀巴缺少电缆，这意味着他必须在导火线长度不够的情况下发动袭击。载着土耳其援兵、驶往巴勒斯坦的火车驶来时，他在十分靠近铁路的位置引爆了地雷。"爆炸太恐怖了。"他在事后回忆，"地上的尘土向我扑面袭来。我在原地打了好几个转，站起来时肩膀处的衣服已经被撕烂了，左臂一道长长的伤口，鲜血流淌而出。我的双膝之间斜插着爆炸物，现在它已经成了一堆扭曲的黑铁。我从漫天尘土和炸弹激起的烟雾中向外望去，火车第一个引擎的发动机锅炉整个都被炸飞了。我的对面正躺着半具严重灼伤、冒着白气的尸体。"[24]这列火车搭载了一名土耳其的高级将领，他的士兵们发起了猛烈的反击。

劳伦斯很幸运。他的衣服上留下了五只弹孔，还有一块弹片导致他的一只脚趾骨折。他意识到，"必须让媒体站在我们这边"，于是命令工程兵和廓尔克人带着火车遇袭的消息返回亚喀巴，他自己则前往阿兹拉克（Azraq）寻求庇护。阿兹拉克位于阿曼东部，是一处荒漠绿洲中的废弃的城堡，那年早些时候，他和努里·沙兰曾在那里见面。[25]他在阿兹拉克住了几天，才回到亚喀巴。11月26日，他一抵达港口就立刻前往巴勒斯坦南部和艾伦比商讨对策。

艾伦比的军队那时正向巴勒斯坦深处挺近。劳伦斯在阿兹拉克时，英国军队在 11 月 13 日攻占了加沙支线铁路，并占领了耶路撒冷主铁轨附近的枢纽站。这条铁路一路穿过耶尔穆克山谷，直通大马士革。三天后，英军进入雅法（Jaffa）。在牺牲了 6000 名士兵后，耶路撒冷已经在他们的攻击范围之内了。劳伦斯见到艾伦比时，圣城的对外联系已被切断。但是，劳伦斯之前没能攻下耶尔穆克山谷，土耳其人还是可以通过铁路向巴勒斯坦北部输送增兵。

12 月初，土耳其军队开始向北收缩，艾伦比对此大感欣慰，因为英军没废一兵一卒就占领了圣城。英国政府预计，法国一定会提出共管巴勒斯坦，于是告诉艾伦比，只要巴勒斯坦还是战区，就不用理会法国人的要求，但"要避免（让法国人觉得）……英国已经把巴勒斯坦收入囊中"。[26] 1917 年 12 月 11 日，英军总司令步行通过雅法门，正式宣告了英国军队的到来。艾伦比告诉妻子，那是"值得铭记的一天，城里结了一层白霜……阳光洒下来，一丝风也没有"。[27] 在他身后，跟着乔治斯-皮科、克莱顿，还有劳伦斯。新闻纪录片中，劳伦斯笑得格外灿烂。

艾伦比公开承诺，他会保障这里的宗教信仰自由，接着和协约国的军官们一起享用了自助午餐。乔治斯-皮科不出意料地提起了政府管制的话题。这位法国外交官宣布："亲爱的总司令，明天我就会采取必要措施，协助在这里建立托管政府。"根据劳伦斯的说法，乔治斯-皮科表态后，现场陷入了一阵沉默。他记得："我们停止了咀嚼嘴里的沙拉、鸡肉蛋黄酱和鹅肝酱三明治，瞪大了眼睛转向艾伦比，静静地等待着。"

艾伦比的脸上泛着红光。"在交战区，由总司令说了算。换句话说，就是由我说了算。"

"但格雷爵士，爱德华·格雷爵士——"

"爱德华·格雷爵士所说的托管，要等到我认为军事局势稳定下来再讨论。"艾伦比突然打断乔治斯-皮科的话。[28]

之后几个月，军事局势一直没有出现变化。尽管艾伦比现在有伦敦的全力支持——劳合·乔治已经说服法国将在巴勒斯坦采取进一步行动，还解雇了自己的军事智囊威廉·罗伯逊爵士——但在艾伦比巩固优势前，西线的战况发生了变化。1918年3月，德国发动了大规模春季攻势。英国陆军部命令艾伦比派出部队中最精悍的6000名士兵来增援协约国部队。

军队大规模缩水后，艾伦比更加担心暴露在敌人视线下的东翼。阿拉伯人没能实现劳伦斯打的乐观算盘——摧毁汉志铁路，所以总司令只能亲自向约旦东岸发起两次进攻，但均以失败告终。随着夏季热浪袭来，艾伦比只得接受在秋天到来前，不会再取得任何进展。为了待天气条件一旦改善，就能迅速向前推进战线，艾伦比重组了军队，解散了骆驼兵。这么一来，原来的三个师就增加到了四个师。

1918年5月，劳伦斯的大部分时间都在艾伦比的总部度过。听到上述消息后，他在一次晚餐时向艾伦比提出要借用这2000匹骆驼。

"你要它们做什么？"艾伦比问。

"在你需要的时候，随时往德拉（Dara）多派1000人。"劳伦斯开诚布公地告诉"公牛"。他的这个请求立刻得到了批准。[29]

德拉位于大马士革以南80英里，是个尘土飞扬的小城，却是叙利亚铁路连接巴勒斯坦、叙利亚南部和汉志地区并通往大马士革的枢纽。在艾伦比发起新一轮进攻前，劳伦斯会先袭击德拉，摧毁土耳其的铁路系统。然而，这个计划背后还有另一个不可忽视的考虑因素——德拉在赛克斯承诺给乔治斯－皮科的领土范围之内。如果艾伦比在阿拉伯人的袭击配合下向北推进，既可以确保由阿拉伯人解放自己的领土，又能够协助艾伦比取胜。

这个想法透露出劳伦斯精准地把握了当时的政治风向。尽管他连续在沙漠生活了数月，依旧十分清楚外界高涨的反帝国主义情绪，劳合·乔治已经被迫支持民族自决。布尔什维克在苏联夺权后，公开了所有沙皇政府参与的秘密条约——包括《赛克斯－皮科协定》。劳合·乔治迫于英国工党的压力不得不改口，这暗示了政府政策可能会出现变动。

1918年伊始，英国首相向工会联盟（Trades Union Congress）保证，对"阿拉伯半岛、亚美尼亚、美索不达米亚、叙利亚和巴勒斯坦"，都会"视国情不同，一一做到承认"——尽管他一向老奸巨猾，没有详细说明这究竟意味什么。[30] 几天后，美国总统威尔逊在著名的《十四点和平原则》（Fourteen Points）中更加详尽地阐述了对战后世界格局的立场。他在第十二点中指出，土耳其人应该"享有独立主权"，以及现在在土耳其人统治下的其他民族"无疑也将获得安全保障，并且拥有不可剥夺的（对前途）自我裁决的机会"。

在伦敦，赛克斯知道如果违背大势就会将自己置于不利之地。他承认，1915年后的世界"瞬息万变"，他之前和乔治斯－皮科签署的协定"违背了当下的潮流"。[31] 它已经"寿终正寝、大势已去，最好的方式就是尽快废除它"。1918年8月，他在1916年共识的基础上起草了一份针对阿拉伯民族的新声明。但是，外交部官员罗伯特·塞西尔勋爵（Lord Robert

Cecil)不准他和乔治斯-皮科商量,认为等英国军队进入法国的托管地区,才是开始谈判的好时机。"我们永远不能忘记法国在世界各地暴露出的贪得无厌。"塞西尔说,"如果他们先向我们低头,我们的处境就会有利得多。"[32]塞西尔的目标——正合劳伦斯的心意——是利用"既成事实"宣判《赛克斯-皮科协定》已经没有任何出路。

劳伦斯按照计划,在1918年9月16日袭击了德拉,比艾伦比一方的进攻早了三天。这场袭击成为阿拉伯运动中的战术高潮。在他和斯特林的统帅下,1000名部落成员组成的骆驼军,以及一些驾驶劳斯莱斯装甲车的英国士兵先发制人,摧毁了铁路桥,并且切断了通往西部和南部的运输铁路。他们十分精明地把炸弹埋在铁路金属枕木的下方,被破坏的数百码铁路彻底报废。劳伦斯亲手切断了在巴勒斯坦指挥土耳其军队的德国将军利曼·冯·桑德斯(Liman von Sanders)连接大马士革和君士坦丁堡的电报线路。将军和外界失去联系的后果直到几天后才显现。通讯恢复后,他收到了一则来自奥斯曼帝国首都的、内容全然无关的请求。他在日后回忆:"这份电报询问我是否有意于10月8日在君士坦丁堡出席一场套装赛跑(sack race)①的颁奖典礼。"[33]

9月19日清晨4点30分,艾伦比发起了总攻。虽然利曼·冯·桑德斯提前收到了准确的情报,但他坚信进攻德拉暴露了艾伦比的真实意图,沿海地区的冲突只是蒙蔽他的伎俩。一阵短暂但猛烈的轰炸后,还没等奥斯曼士兵回过神,其军队就彻底失去了战斗力。艾伦比的部队很快就在土耳其

---

① 套装赛跑,指将每位参赛者的双腿用袋子套起,跳跃前进的赛跑。——译者注

军队位于图勒凯尔姆（Tulkarm）的总部横行无忌，还差点儿在进入拿撒勒（Nazareth）[①]时俘虏了利曼·冯·桑德斯。等他们到达德拉，阿拉伯的旗帜已经飞舞在大街小巷——一切都在劳伦斯的算计之内。

艾伦比发动总攻的第二天，法国情报官员安托南·若桑向巴黎报告了一条"十分重要的信息"——劳伦斯带领的军队摧毁了德拉附近的铁路。[34]奥赛码头的官僚们立刻明白了劳伦斯的用意，命令驻伦敦大使康邦提醒贝尔福，英国"不应该忽视"《赛克斯－皮科协定》。[35]尽管无力阻止劳伦斯，法国外交官们还是戳破了阿拉伯人独立赢得胜利的假象。他们向世界各地的媒体泄露了英国军官扮演的角色。9月24日，观点保守的全国性大报《巴黎回声报》（*Echo de Paris*）发表了第一篇文章，揭露了迄今为止劳伦斯不为人知的真正身份。提到艾伦比赢得胜利时，文章写道，"我们绝不能忘记劳伦斯上校（做出的贡献）"。文章指出，劳伦斯的成功是因为他"对这个国家了如指掌，以及他出色的组织天赋"，接着讲述了他如何利用"贝都因人和德鲁兹人组成的骑兵部队，成功切断了敌军在大马士革和海法间的通信线路"，"这无疑是巴勒斯坦历史上取得的重大胜利"。文章试图传达的意思十分明确，即如果没有劳伦斯，阿拉伯人绝不可能赢得胜利。[36]

奥斯曼军队从大马士革撤退时，劳伦斯和斯特林在1918年10月1日驾驶一辆缴获的劳斯莱斯装甲车进城了。为了追击土耳其军队，澳大利亚军队已经集结在大马士革附近。但是，艾伦比却命令大部队先后撤，让阿拉伯人先进城。多年后，斯特

[①] 拿撒勒，位于巴勒斯坦北部的古城。——译者注

林对当天所发生的一切记忆犹新。"我们的身边围绕跳着旋转舞的苦行僧;贝都因人的马儿欢腾地跳跃,为我们在人群中慢慢开出一条通道;两边的屋顶和阳台上,戴着面纱的女人不断向我们抛来玫瑰花——更糟糕的是,还向我们喷洒玫瑰精油。"他记得,"一连好几个星期,我都没法弄走衣服上的香气。"[37]

然而欢欣鼓舞的气氛并没能维持太久。斯特林日后抱怨道:"阿拉伯人的胜利出乎了所有人的意料,这才是麻烦所在。"[38]英国人沾沾自喜的日子很快就过去了。占领大马士革后,阿拉伯人提出了他们的政治主张。英国人被迫承认他们不会独占大马士革,法国也将享有同样的话事权。外交部长亚瑟·贝尔福的立场与塞西尔不同,他不希望爆发冲突,因此宣布英国会一如既往地尊重《赛克斯-皮科协定》。

贝尔福的声明在大马士革引发了人们的愤慨。艾伦比在与费萨尔的一次会面中十分尴尬地宣布,法国依旧对叙利亚享有权利,费萨尔断然拒绝了他的提议。斯特林收到了"陷入愤怒和绝望的阿拉伯人"的请求,"他们无法相信,我们竟然和法国签订了出卖他们的协议"。[39]

为了避免制造出更多麻烦,艾伦比想方设法地安抚阿拉伯人。他在诠释《赛克斯-皮科协定》时,保留了很大的空间。在提交领土托管"过渡方案"时,他把大马士革及以东地区留给了阿拉伯人;至于法国,他只留给了他们黎巴嫩的沿海地区,甚至没有包括之前承诺的叙利亚。但他明白,这不过是权宜之计。"等军事管制结束,事情绝不可能这么风平浪静。"他在给英军总参谋长的信中写道,"如果阿拉伯人无法控制通往海洋的领土,麻烦还多着呢。"[40]

劳伦斯在亲历了艾伦比和费萨尔的会面后,于10月4日前往伦敦，继续去白厅游说。他的怀疑没错——英国人同时对阿拉伯人和法国人许下了自相矛盾的承诺，现在他的政府很可能会选择背叛阿拉伯人。早在一年前，他就曾向赛克斯流露过类似担心，"我很清楚，可能需要出卖我们的小伙伴来取悦我们的老伙计，甚至可能需要牺牲远东地区未来的安定，来交换我们今天在佛兰德斯（Flanders）① 取得的胜利"。[41] 但是，劳伦斯已经决定尽力一搏，阻止事态恶化。他火速启程，想要积极游说《赛克斯-皮科协定》在"既成事实"下已经失效，费萨尔和他的兄弟们有权控制原属于奥斯曼帝国的阿拉伯领土，还坚持阿拉伯人——作为英国的盟友——应该在即将于1919年1月召开的巴黎和会（Paris Peace Conference）中拥有一席之地。然而，他花了整整三个星期才到达伦敦。在此期间，另一个具有决定性影响的因素趁机介入了。

---

① 佛兰德斯（Flanders），西欧的历史地名，泛指包括今天比利时的东佛兰德省和西佛兰德省、法国的加来海峡省和北方省、荷兰的泽兰省。——译者注

第 5 章　拿下摩苏尔

奥斯曼帝国崩溃在即，1918年10月6日的晚餐后，戴维·劳合·乔治开始仔细盘算该怎么"分割土耳其领土"的问题。[1] 英国首相当时身在巴黎，整整一天都和法国人待在一起。他们已经决定，将向共同的敌人宣布停战。劳合·乔治发自内心地憎恶土耳其人——他的一位内阁部长甚至怀疑，土耳其是否令他想起了希腊——长久以来，他的梦想就是摧毁奥斯曼帝国。一年前，劳合·乔治告诉内阁，他们（指土耳其人）把"文明的发源地"生生摧残成了"衰败的沙漠"，"我决不允许土耳其人再染指这片伟大的土地"。[2]

如果不是土耳其人，那会是谁呢？《赛克斯-皮科协定》描绘了战后和解的蓝图，但并不合劳合·乔治的心意。当他在一次会议上得知，贝尔福要求艾伦比尊重这项争议不断的协定后，他当即形容它"已经不再适应当下的形势……此外……站在英国人的立场，这也是我们最不愿看到的结局"。他现在担心，英国是凭一己之力击败了奥斯曼人——他在后来写道，"我们的邻国政府不过派出了几名警察小卒，来监视我们是否掠夺了圣墓教堂（Holy Sepulchre）① 的财宝！"——因此理应在瓜分战利品时成为最大赢家。[4] 但是，法国大使却罔顾事实，坚持英法必须遵守协定。劳伦斯到达大马士革之际，双方已经心知肚

---

① 圣墓教堂，耶稣基督遇难、安葬和复活的地方，位于以色列东耶路撒冷旧城。——译者注

明，法国政府若非经过一番极力争取，绝不会轻易放弃三年前乔治斯-皮科从英国人手中夺来的硕果。

据参加了巴黎晚宴的内阁大臣莫里斯·汉基（Maurice Hankey）回忆，劳合·乔治和他的两名同僚当时"在态度上毫不让步"。[5] "他想抛弃《赛克斯-皮科协定》，拿下巴勒斯坦，把摩苏尔归入英国的势力范围，甚至想把法国逐出叙利亚。"汉基还补充，尽管首相"非常看不起"威尔逊总统，但他知道，装出一副纯洁模样的美国人很可能会在之后的讨价还价中尝到甜头。汉基表示，劳合·乔治在接下来的讨论中建议，可以"假装提出让美国占领巴勒斯坦和叙利亚，因为法国绝不会在巴勒斯坦问题上让步，这样美国就有借口保住叙利亚了"。

正是由于汉基，首相才突然对摩苏尔兴味盎然。八个星期前，汉基读到一份英国海军上将的备忘录，随后提醒了劳合·乔治这座城市的重要性——因为英军需要石油。备忘录中，那位海军上将解释，石油的效率是煤炭的四倍，它终将取代煤炭成为舰船的主要燃料，而这却会成为英国的软肋。英国在煤炭供应上自给自足，但在石油供应上主要依赖美国。暂且不论威尔逊总统对帝国主义的敌视态度，大英帝国若想维持海洋国家的主力地位，"尽可能地以无可争议的方式控制最大的石油储备"将十分关键。[6]

这位海军上将显然精心挑选了谏言的时机，英国政府当时正在讨论未来数月的战略方针。协约国勉强抵挡住了德国的春季攻势，但大家都知道，战争最少还会持续一年。之前，负责筹备进攻法国北部和巴勒斯坦的总参谋部就告诉内阁，他们没有计划向美索不达米亚北部的深处推进。英国军队已经从巴士拉出发，挺近巴格达，继而占领了基尔库克——三年前，那里正是赛克斯在唐宁街10号的会议上画出的沙漠分界线的终点。

但是,那位海军上将发现,英军距离诱人的油田仅咫尺之遥。它们正静静地躺在北方不远处尚在奥斯曼控制下的摩苏尔,石质的大草原的地底。德国地质学家在战前勘探了那片地区,相信地底"蕴藏着目前世界上规模最大的未开采资源"。"未来谁控制波斯和美索不达米亚的石油之地,谁就控制主要液态燃料的供应。"这位地质学家如此预言,并再一次强调自己的观点,"这种控制必须是绝对的,其他外国利益集团均不得染指它。"

身为前海军情报军官,汉基很快就被这份备忘录说服了,认为首相应该考虑这个建议。他知道劳合·乔治不喜欢读备忘录,于是在第一页附上了一张字条,上面写道:"重大、绝密"。[7]他知道,英军还没有找到向伊拉克北部继续推进的根据地,"但美索不达米亚的情况不同,英军在那里具有兵力上的绝对优势,或许还可以考虑一下非军事手段。在战争结束前就锁定美索不达米亚平原上价值连城的油田,难道不是一种巨大优势吗?"

优势显而易见,但存在两处明显的障碍。早在三年前,赛克斯就拱手把摩苏尔让给了法国,而且夺取摩苏尔就是公然挑衅威尔逊总统倡导的世界新秩序。贝尔福十分焦虑,担心类似行动会让人觉得是"彻头彻尾的帝国主义行径"——一年前,威尔逊那位怒气冲冲的顾问豪斯上校已经责问过他一番。但是,汉基坚持认为在"下一次战争"爆发前,确保独占石油供应是"英国军队的首要目标"。劳合·乔治也赞同,尽管他一向觉得他的外交部长唯唯诺诺。[8]那年10月,当奥斯曼帝国的崩溃近在眼前,当法国还一如既往地陶醉在《赛克斯-皮科协定》中时，劳合·乔治就迅速下令让英国军队占领摩苏尔，尽快造成既成事实。劳伦斯和阿拉伯人进驻大马士革仅一个月、英国宣布和土耳其停战仅四天后，英军在11月3日攻占了摩苏尔。

劳合·乔治的政治生涯与机会主义密不可分。"我的最高指导思想就是功成名就。"他早在进入议会前就向未来的妻子玛格丽特（Margaret）坦诚道，[9]"我深信为了实现这个目标，我愿意牺牲一切，除了——诚实。但如果诚实会阻挡我前进的道路，我已经准备好抛弃它——甚至很乐意把它埋葬在车轮之下。"最后，他又充满爱意和诚恳地表达了对权力的欲望。劳合·乔治风流成性，加上他和秘书兼顾问弗朗西丝·史蒂文森（Frances Stevenson）①的婚外情，使他得到了"山羊"（the Goat）的外号，而涉及内部交易的马可尼丑闻（Marconi affair）②则彻底断送了他诚实正直的名声。除了对女人和金钱着迷，一位公务员还讲述过劳合·乔治的另一件逸事，让我们得以一窥他的心事。在一场无聊的会议中，劳合·乔治问他借了一张草稿纸。他发现这位政客"在最后一个小时里，用大写字母写下了无数个'得票数'③，接着又用蓝色、绿色和红色的铅笔对它们一阵涂涂画画"。[10]

"大话精如亚拿尼亚（Ananias）④，大义灭亲如布鲁斯特（Brutus）⑤，至于劳合·乔治具备的其他品质，我就不得不提到

---

① 弗朗西丝·史蒂文森，1943年10月，已届80岁高龄的劳合·乔治不顾子女反对，坚持迎娶她。——译者注
② 马可尼丑闻，劳合·乔治被怀疑收受马可尼公司的股份，影响招标过程，使得公司中标。——译者注
③ VOTES。——译者注
④ 亚拿尼亚，《圣经》中的人物，他试图欺骗圣灵，将出卖田产的所得私自留下一部分，却谎称全部奉献时，突然倒毙。——译者注
⑤ 布鲁斯特，罗马政治家，被人民推举为罗马共和国第一任执政官。他曾亲自审判参与叛乱的两个儿子，并将他们处死。——译者注

马可尼事件。"身兼政客和作家的莫利勋爵（Lord Morley）如此评价他。[11]但是，当基奇纳的志愿军在索姆河遭到重挫，阿斯奎斯领导的自由党政府在征兵问题上陷入巨大分歧后，上述对劳合·乔治的负面印象就忽略不记了。他担任军需大臣时就展现了顽强好战的一面，后来出任陆军大臣，直至国家元首。然而，劳合·乔治在1916年底问鼎权力之巅时，支持他的不是自由党同僚，而是保守派阵营。保守派都认为征兵迫在眉睫，他们醉心帝国主义势力扩张，还热心地追逐权力。美国驻伦敦大使形容："作为社会活动人士，他的才能首屈一指。"[12] "他拥有十分杰出的才能，"一位年轻的英国外交官第一次见到劳合·乔治后写道，"给人留下他是个伟大人物的印象，不颐指气使，不虚假造作……他和阿斯奎斯先生截然不同，阿斯奎斯的眼光永远局限在国家周边，他从来就不是修昔底德（Thucydides）① 这样的智者。"[13]

在"民族社会主义"（Nationalist Socialist）② 一词被玷污前，劳合·乔治曾如此自诩过。[14]他组建了主导战争的全新五人内阁，包括最著名的帝国主义分子柯曾爵士（Lords Curzon）和米尔纳（Milner）。他让汉基经营他的生意，让情妇史蒂文森出任他的私人秘书，自己掌控着外交政策的制定权。他的集权做法极富争议，使他树敌不少，却很奏效。成功已经触手可及，他马上就可以戴上胜利者的桂冠。趁着洋洋自得之情不断发酵，他决定抓住胜利带来的机会。10月在巴黎度过的那个

---

① 修昔底德，古希腊历史学家，著有《伯罗奔尼撒战争史》（*History of the Peloponnesian War*），在西方史学史上占有重要地位。——译者注
② 民族社会主义，德文为"Nationalsozialismus"，缩写为"Nazismus"，后被译为"纳粹"，是第二次世界大战前希特勒等人提出的政治主张。——译者注

夜晚，他想着，"如果我们现在就占领土耳其的领土，再向德国的殖民地伸手，人们或许就不会太注意到我们在战争中攫取了巨大利益"。[15]

这表明劳合-乔治根本不会顾忌威尔逊总统的反对目光。他算计的是美国没有向奥斯曼宣战，因此没有借口干涉中东事务。然而事实很快证明，劳合·乔治过于乐观了。在华盛顿，威尔逊向外国记者团阐述了自己在巴黎和会上的态度，伦敦十分清楚，他"会强烈反对英国从和平条款中牟利"，尤其会"反对英国成为巴勒斯坦和美索不达米亚地区的保护国"。[16]这彻底击碎了劳合·乔治"完全占领"摩苏尔，控制石油的梦。

因此，劳伦斯在10月28日现身伦敦时，不得不考虑实际利害关系。他原本在想英国人可以为阿拉伯人做什么，但与几名官员会面时，对方却十分好奇劳伦斯能说服阿拉伯人为英国人做什么。正如一位与会者所言："在这个关键历史时刻，阿拉伯人如果爆发起义将成为大英帝国的一笔财富。"[17]

同一天，外交部长罗伯特·塞西尔勋爵和劳伦斯见面时提到了美索不达米亚问题。塞西尔在事后回忆，劳伦斯"提议必须在当地组建阿拉伯人领导的政府，但不必完全履行政府的职责。他还建议由伊本·阿里国王的一个儿子出任地方长官，阿卜杜拉将会做得很好"。[18]第二天，中东事务委员会（Eastern Committee）也问起劳伦斯阿拉伯领导人对英国在当地设立定居点的看法。劳伦斯回答，费萨尔本人亲英，但他的支持者是否会接受英国占领巴勒斯坦和美索不达米亚，则取决于英国是否会阻止法国对该地区的主张。到周末时，劳伦斯的导师戴维·霍格思已经明白了他此行的用意。"跟法国对着干已经不可避免。"霍格思写道，"劳伦斯不停地煽风点火，而且效果棒极了。"[19]

劳伦斯的做法引发了印度事务部（India Office）的担忧。一位资深官员担心，在伊拉克北部扶持一个阿拉伯政府会触怒法国人，而且会阻挠石油开发。但是，类似担心一直没能引起足够重视。[20]劳伦斯"激烈反法的态度"十分符合当时的情势。中东事务委员会主席柯曾爵士宣称，他本人"非常忧虑"，认为"将来我们最应该担心的势力就是法国"。那时，这种态度很流行。[21]德国和奥斯曼帝国濒临战败，英国在战时的盟友又一次在伦敦露出了虎视眈眈的模样。

法国政府的挑衅愈发加深了英国人的忧虑。法国亚洲委员会和英国议会双管齐下的游说，以及英国为了避免威尔逊方面的批评，使支持阿拉伯自治的呼声到了11月初开始式微。在11月9日签署的《英法声明》（Anglo-French Declaration）中，两国政府承诺"当地人民拥有自主组建政府的权利"，阿拉伯世界为此欢呼一片。但该声明很快话锋一转，提及"为了确保"新政府的顺利运转以及"（为它）提供支持和必要的援助"，英法两国在当地拥有全权委托权。12月底，法国外交部长斯蒂芬·皮雄（Stephen Pichon）在法国议会称，"这份声明进一步确立了英法是利益共同体"。[22]他还保证将继续施压，在和平会谈上落实法国在叙利亚的权利。

然而，英国中东事务委员会和外交部还是认为，单边支持自决是体现英国主导中东事务的最佳途径。劳伦斯第二次出席中东事务委员会的会议时，力争英国政府应该在巴黎和会上明确表态支持阿拉伯国家。塞西尔显然十分欢迎这项建议。虽然他担心"我们的做法和国际主流观点相悖，尤其不符合美国人的希望"，但他认为"塑造一个在背后支持我们的阿拉伯世界十分关键"。[23]委员会主席柯曾爵士对此没有表达任何异议。"考虑到各方利益,我们应该好好利用'民族自决'。"柯曾认为,"我们在心底都知道,英国会成为最大的赢家。"[24]接着,劳伦斯被派往法国,他将陪同费萨尔返回伦敦参加谈判。

英国政府决定支持阿拉伯民族自治后,贝尔福很快在12月12日促成了费萨尔会见犹太复国主义者哈伊姆·魏茨曼。那年5月,两人已经在亚喀巴附近见过一次。现在,贝尔福极力希望促成一项共识,即把双方的怨怼至少拖到巴黎和会之后。1919年1月3日,两人同意巴黎和会闭幕后,在汉志地区和巴勒斯坦划出一条明确的边界。[25]如今,人们有时一厢情愿地把这项共识视作阿拉伯人承认以色列建国的合法证据,但费萨尔是在英国允诺每月资助他15万英镑后才签字的,他提出的其他交换条件还包括允许阿拉伯国家独立。

与此同时,在劳伦斯的倾情相助下,费萨尔完成了一份在巴黎和会上表达阿拉伯人诉求的备忘录。费萨尔坚持叙利亚必须完全独立,但在美索不达米亚和巴勒斯坦可以允许外部协助。他提到"所有人都对美索不达米亚虎视眈眈",认为当地政府"必须有强大的外国势力提供物资和人力上的支持"。[26]而关于巴勒斯坦,他表示不愿"总在那里目睹民族和宗教冲突不断引发世界其他地方的危机",于是呼吁"一个实力强大的国家成为它的托管人"。针对以上两点,费萨尔的"属意人选"不言而喻。

不仅如此,焦虑不安的劳合·乔治还采取了更加激进的行动。他急于在美国介入之前解决摩苏尔和巴勒斯坦的地位问题,于是决定把它们和法国的核心诉求——夺回阿尔萨斯-洛林

(Alsace-Lorraine)① 一事（在1871年落入德国手中）捆绑在一起讨论。劳合·乔治知道，法国总理乔治·克列孟梭在拿回这块争议领土时需要英国人的协助，因为克列孟梭不清楚当地人如果投票决定去留，结果是否会有利于法国。他还知道，这位法国同僚与奥赛码头的许多其他官僚不同，对中东事务没有兴趣。一年前，克列孟梭曾在掌权不久后告诉他，"其实不希望占领叙利亚"，但如果劳合·乔治"有意把叙利亚托付给法国，他也不会拒绝，因为'这能讨好一些政府中的反对派'，但他本人对叙利亚完全没有兴趣"。[27]英国首相一直记着昔日的这番交谈。

于是，克列孟梭动身来伦敦讨论巴黎和会的细节前，劳合·乔治让贝尔福先警告法国大使，英国还没决定是否在阿尔萨斯-洛林问题上支持法国。贝尔福十分不满法国在《赛克斯-皮科协定》上毫不让步的态度，冷冰冰地告诉对方："如果他们对盟友（提出的诉求）一如既往地置若罔闻，英国政府只能期盼法国在将来不至于陷入同样的尴尬处境。"[28]法国大使立刻明白，贝尔福的提前知会无异于"一种恐吓"。[29]

12月1日，克列孟梭在人群的欢呼声中抵达伦敦。"好吧，"他和劳合·乔治开始私人会谈时说，"我们该谈些什么呢？"

劳合·乔治抓住机会。"美索不达米亚和巴勒斯坦，"他回答。

"告诉我，你想要什么，"克列孟梭接话。

---

① 阿尔萨斯-洛林，1648年三十年战争结束后割让给法国，此后当地居民长期抵制法国统治者强加于他们的语言与习俗。普法战争后于1871年重回德国。1919年第一次世界大战德国战败，这块土地又被割让给了法国。第二次世界大战期间被德国夺回，战后又割让给法国。当地的通用语是被称为阿尔萨斯语的日耳曼方言，学校里既教法语，也教德语。——译者注

"我要摩苏尔。"

"这是你应得的。"克列孟梭回答,"还有呢?"

"是的。我还想要耶路撒冷。"

"这是你应得的,"克列孟梭又重复了一次,尽管他提醒劳合·乔治,怀抱帝国主义野心的法国外交部长斯蒂芬·皮雄"绝不会在摩苏尔问题上让你轻易得逞"。[30]法国的承诺看似一目了然,但谈话制造了新的紧张关系。克列孟梭不禁怀疑自己是不是太大方了,而劳合·乔治却后悔本可以争取到更多利益。

1919年1月12日,五大战胜国的巨头在法国奥赛码头的外交部会面。年纪最大的克列孟梭担任主持,主导讨论进程。克列孟梭从壁炉前的扶手椅上抬头,就可以一览无余地扫视对面的四位伙伴——美国总统威尔逊、英国首相劳合·乔治,以及意大利和日本首相——他们都正对着他,端坐在装饰着油画的会议厅里,身边是各自的外交部长和智囊们。

克列孟梭的态度和六个星期前会见劳合·乔治时截然不同。作为东道主,他没有流露丝毫怯懦。克列孟梭的绰号是"老虎"(the Tiger),但77岁的法国总理是个身材矮胖的秃顶男人,一把雪白的胡子使他看起来更像海象。英国外交官哈罗德·尼克尔森端详着面前的这个男人,觉得"在他舒展的微笑背后,他就像只被惹恼的疑心重重又神经质的大猩猩"。[31]无论法国总理让人联想到哪种动物,众人一致认为他的周身散发着一股沉闷又专横的气息。而这次会议本身,就是最好的证明。

凡尔赛宫外,世界各国的媒体在冷冽的空气中翘首期盼着会议的最新进展;凡尔赛宫里,迅速达成明确共识的希望却很快落空。"但凡具备参会经验的人,都可以想象有法国人、意大利人、美国人和英国人参加的谈判,在达成共识前会经历多少艰难险阻。"尼克尔森在日记中写道,"要取得多数人的共识不难,但要达成一致共识则堪比登天。唯一的可能是一定要有人做出决定性的牺牲。"[32] 只有肖像画家奥古斯都·约翰(Augustus John)① 尝到了甜头——他在这场史无前例的名流聚会中发现了商机,直接把自己的画廊搬到了巴黎。

克列孟梭没有受前期谈判的影响。他在事后写道:"如何巧妙地让一群男士和平共处,比一口气杀了他们难搞得多。"[33] 克列孟梭和劳合·乔治一样,是个强硬派,能够攀上总理之位主要靠国内右派的支持。法国右翼一致认定,他能够不屈不挠地带领法国取得战争的最终胜利。克列孟梭年轻时当过医生,后来因为积极投身反对法兰西第二帝国(Second Republic)的活动而被投入监狱。他是法国近代史上少数几位极负盛名的政治家。在风雨飘摇的法兰西第三共和国(Third Republic)时期,他是在位时间最长的总理,从 1906 年到 1909 年,他的任期长达 33 个月。战争爆发初期,克列孟梭创办了《囹圄人》(*L'Homme enchaîné*),不停抨击法国陆军司令部、总司令和内政部长。与此同时,德国人则在暗中资助反战的法国报纸《小红帽》(*Le Bonnet Rouge*)。"别再谈和平运动,别再轻信德国人的阴谋诡计。"政府的懦弱图穷匕见后,克列孟梭在 1917 年 11 月②呼吁,"我们绝不容忍叛国,绝不容忍叛国的苗头。战争,我们唯一需要的就是开战。"[34]

---

① 奥古斯都·约翰,英国画家,1910 年前后,他是英国后印象派的代表人物,擅长人物肖像,作品包括当代政界和艺术界许多杰出人物。——译者注
② 1917 年时,法国前线失利,伤亡惨重,士气低落。俄国退出战争后,法国内政部主张立即议和,实现"没有胜利者的和平"。——译者注

克列孟梭的粗暴生硬正是他的魅力所在：与劳合·乔治不同，绰号"老虎"的克列孟梭不是靠风度翩翩爬到权力巅峰的。他的特长是贬低下属，曾公开炮轰财政部长克洛茨（Klotz）是唯一不值得信任的犹太人。有一次，克列孟梭问："皮雄是谁？"别人提醒他后，他却说："是那个人啊，我早就忘了他的存在"——狠狠讽刺了外交部长的游手好闲。[35]英国驻巴黎大使十分生动地形容："'老虎'邀请政客加入内阁不是为了听取他们的建议，而是为了衬托自己的观点。"[36]然而，克列孟梭的策略十分奏效。他挫败了1917年弥漫全国的失败主义风气，在一战结束后还赢得了"胜利之父"（Père la Victoire）的美名。现在，到了他争取和平筹码的时刻。

协约国为一战胜利付出了极为惨重的代价。140万法国军人战死沙场，超过300万人受伤，法国北部几乎毁于一旦，67万法国女性沦为寡妇，法国国内的债务高达70亿美元。然而停战期间，克列孟梭预言："法国——曾经的战神、如今的救世主，永远都是最完美的勇士。它会迅速恢复在世界上的地位，延续它的辉煌荣耀，并将以追求保障人权为目标终结种族纷争。"[37]克列孟梭口中的全面复兴，必须仰赖在巴黎和会期间争取到的有利地位。

法国殖民主义者认为，牺牲敌人的利益，继续殖民扩张将有利于法国复苏。这种观点并不令人意外。摆在克列孟梭面前的一份报告写道："殖民扩张是法国恢复国力的根本条件之一，只要德国存在一天……它就是阴魂不散的仇敌。"[38]但巴黎和会一开始，他很快明白要实现这个目标谈何容易。

最大的绊脚石是威尔逊和劳合·乔治。尽管克列孟梭抱怨，他被夹在了"一边是上帝，一边是拿破仑·波拿巴（Napoleon

Bonaparte)"的尴尬处境中,却不得不接受奥斯曼的领土成为"托管地"。战胜国只能按照国际联盟的共识分配领土,实行"委任统治"。[39]原本属于奥斯曼的领土被划分成三块托管地——美索不达米亚、叙利亚和巴勒斯坦,几位巨头精心设计了"委任统治"一词,就是为了确保这三个地方享有同等地位,而且会在不久的将来实现独立。"在阿拉伯人拥有独立的实力前,委任统治国可以暂时提供协助和行政统治的建议";"如何挑选委任统治国将主要参考上述地区人民的意愿"。

会议结果完全在众人的意料之内。谈判期间,法国官员一直在暗中阻挠费萨尔出席巴黎和会。上个月,英国"诚挚欢迎"这位阿拉伯领导人的态度引起了法国人的警觉。他们怀疑费萨尔是英国"重塑小亚细亚,损害我们在当地影响力"计划中的关键人物。[40]起初,费萨尔发现他的名字没有出现在列席代表之内,心生不快。奥赛码头亚洲事务委员会主席让·古(Jean Goût)还想误导他,说是他的"金主"英国在故意排挤他。古声称,如果费萨尔效忠法国,"我们很乐意为您安排相关事宜"。[41]

费萨尔把古的话转告给英国人,惹得他们暴跳如雷。于是,英国方面强烈要求他们的阿拉伯盟友必须出席会议。2月6日,费萨尔如愿争取到在大会发言的机会,担任翻译的正是劳伦斯。事先,劳伦斯为费萨尔介绍了一系列在美国发表的关于阿拉伯人诉求的报道。发言中,费萨尔力求自己的立场与那些报道一致,主张在威尔逊号召的"民族自决"下,使阿拉伯人的地位得到承认,而非死死抓住战争期间英国向他的父亲做出的语意不明的承诺。费萨尔知道,巴勒斯坦和黎巴嫩的命运会大相径庭,还号召其他地方的阿拉伯人站出来争取独立。他的发言给美国代表留下了极为深刻的印象。[42]美国国务卿罗伯特·兰辛（Robert Lansing）说，他"似乎闻到了一阵乳香味"；威尔逊的智囊豪斯上校认为，他激发了"（人们对）阿拉伯人的好感"；另一位美国官员则称，"与会人士都在说，他才是整场会议的最大赢家"。[43]

演讲中，费萨尔热情地称赞英国人协助他们赶走了土耳其人。这时，法国外交部长打断了他们发言。皮雄质问，难道法国人没有帮助阿拉伯人吗？费萨尔似乎对此早有准备，由衷地感谢了法国曾派出"一支携带四支过时的手枪、两支新枪的小分队加入他的军队"。[44]一位英国在场人士戏谑地记下了这次对话："皮雄非常后悔自己打断发言，这使他看起来就像个白痴。"法国方面的发言结束后，克列孟梭再次表示，法国在叙利亚的"委任统治已经长达一个世纪，一直可以追溯到十字军东征时期"。劳伦斯辛辣地反驳了这位没有宗教信仰的首相："十字军被击退了，整场十字军东征一败涂地。"[45]

排挤和矮化费萨尔都不奏效，法国人开始妖魔化他。第二天早晨，法国报纸猛烈抨击这位阿拉伯领导人和他的翻译——一位法国上将形容劳伦斯是"披着阿拉伯头巾的英式帝国主义"。[46]《巴黎迷笛报》（Paris Midi）断言，劳伦斯的真正目的是泛伊斯兰化（pan-Islamic）——而这无疑将威胁到英国的其他伊斯兰殖民地，包括印度——还评论称，劳伦斯"与其他英国人相比，具有更严重的泛阿拉伯主义倾向"。[47]文章从法绍达时代谈起，把劳伦斯和查理·乔治·戈登（Charles George Gordon）① 相提并论，称"两人在为自己的国家做出巨大贡献时，也酿成了不幸。他

---

① 查理·乔治·戈登，维多利亚时代的英国上将，在殖民时代异常活跃，有"喀土穆的戈登"（Gordon of Khartoum）之称。——译者注

们都是神秘莫测的探险家，只要决定为自己的梦想奋斗，就没人能阻止他们，甚至会把自己国家的利益抛到脑后"。《巴黎回声报》早在去年九月就撕下了劳伦斯的假面具，他们这次的表态一如既往。文章认为，劳伦斯妄图要白厅官员相信，"英国从没有辜负过任何一位成功的冒险家"。[48]法国官员在背地里告诉媒体，英国能够出兵协助阿拉伯人占领叙利亚，是因为法国把绝大部分兵力都投入到了西线战场。[49]因此，法国绝对有理由在中东分得一杯羹。

法国的舆论攻势引起了英国的警觉。2月底，英国外交部的政治情报部门认为，叙利亚已经成了巴黎和会上的两大"硬骨头"之一（另一个是法国能否占领莱茵兰地区）。他们认为，"除了社会党人，法国政府的其他人士一致"坚持，原来属于奥斯曼帝国的领土如今应该成为法国的殖民地。[50]法国驻伦敦大使的举动更加强了他们的这种判断。他警告英国同僚，尽管法国对叙利亚的兴趣"也许更多是来自情感归属，而非物质利益……但法国人对它的诉求十分强烈"。[51]

当初同意会议在巴黎召开的人是劳合·乔治。"我们早就知道，法国官僚一定会动用卑劣的手段影响谈判，霸凌、诱骗、谎言、挑拨离间，总之会不择手段地达到他们的目的。"劳合·乔治写道："他们发表的那些关于叙利亚的文章简直让我忍无可忍。"[52]

法国派出一个名叫舒凯里·加南（Shukri Ganem）的阿拉伯人反驳费萨尔的观点，理由是费萨尔根本不是叙利亚人。然而，这一招却适得其反。加南在巴黎生活了三十多年，承认已经忘了怎么讲阿拉伯语。此外，他那篇法国理应统治叙利亚的发言稿，絮絮叨叨地长达两个半小时。威尔逊甚至不耐烦地离开了座位，走到窗边眺望起景色——他原本计划在第二天飞回美国作短暂停留。克列孟梭转身盯住皮雄质问："你从哪里搞来的这个人？"皮雄摊摊手，一副无奈的样子："我不知道他的表现会是这样。"[53]

法国提出主张巴勒斯坦的领土同样不明智。哈伊姆·魏茨曼用词简洁但语气强硬，表示巴勒斯坦应该让英国委任统治，之后奥赛码头找来的犹太人又喋喋不休地讲了半个小时。那天晚些时候，克列孟梭的发言人安德烈·塔尔迪厄（André Tardieu）①就告诉媒体，法国已经决定要放弃巴勒斯坦。法国亚洲委员会留意到事态的进展，向政府提交了一份备忘录，要求克列孟梭反对劳合·乔治的立场。备忘录认为，英国"无疑加深了"两国的分歧，坚称"我们绝不允许法国在世界版图中蒙受任何损失"。[54]备忘录声称，关于叙利亚，法国"毫无疑问应该继续施加文化上的影响力——目前取得的成效远不够令人满意"。

法国政府没有接受亚洲委员会的建议。2月15日，奥赛码头的外交部向英国确认，克列孟梭已经决定让出摩苏尔以及废除《赛克斯－皮科协定》。作为回报，英国会支持法国托管叙利亚的沿海及内陆地区。法国人这时才意识到石油的重要性，因此法国外交官还提出，他们要求和英国享有同等份额的美索不达米亚石油。

英国方面也没有理会法国亚洲委员会的备忘录。"法国人是咎由自取，眼高手低。"一位英国官员写道，他认为法国人不如

---

① 安德烈·塔尔迪厄，后来三次出任法国总理（1929年11月3日~1930年2月17日；1930年3月2日~12月4日；1932年2月20日~5月10日）。——译者注

接受以下事实,"如果法国未来有机会领导世界,只可能靠他们的知识分子,绝不可能靠政客"。[55]英国得知法国政府没有采纳亚洲委员会的建议后,知道这次是自己占了上风,于是在回复法国政府时态度十分强硬。英国石油专家指出,巴尔米拉绿洲很重要,它会成为石油管线从大马士革通往地中海的关键一站。因此专家坚持,巴尔米拉必须归入美索不达米亚地区,这又大大削减了法国托管的叙利亚领土面积。

这么一来,英国就大大越过了原先划出的界线。在会谈期间担任克列孟梭助理的安德烈·塔尔迪厄抱怨:"多数英国人都没意识到,眼前这个流着血、被洗劫一空的法国不值得做出如此巨大的牺牲。"[56]他的上司克列孟梭也认为劳合·乔治背叛了他。他坚称,去年12月与英国首相私下会面时,劳合·乔治曾承认法国主张叙利亚的权利。起初,劳合·乔治否认做出过类似承诺,但很快又改口了。"没有人比劳合·乔治更难对付的了。"一位法国外交官写道,"他的立场飘忽不定,根本不知道他在想些什么。"[57]

法国总理谴责劳合·乔治:"停战协定一签署,我就知道你成了法国的敌人。""好吧,"他的英国同僚连珠炮式地回应,"这么多年了,我们不正是这样一路走来的吗?"[58]克列孟梭相信,这根本不只是笑话。大家都知道,战时的盟友如今再度反目成仇了。克列孟梭迫于法国民众的压力,决定不再向劳合·乔治的任何要求让步。"我绝对不会妥协,"一个月后,他告诉法国总统雷蒙·普恩加莱(Raymond Poincaré),"不会再在任何事情上后退一步。就让我们走着瞧,如果没有我,他们的下场会是什么。劳合·乔治是个骗子。他活生生把我逼成了'叙利亚人'。"[59]

第6章　僵局

1919年3月20日，威尔逊从华盛顿回到巴黎，在劳合·乔治位于尼托街（Rue Nitot）的优雅府邸会见了宅邸的主人、贝尔福、克列孟梭和皮雄。

皮雄首先打开话匣，梳理了迄今为止各方繁杂的会谈内容，简略提及了《赛克斯－皮科协定》、1918年11月9日发表的《英法宣言》——虽然英国想竭力淡化它的影响，以及12月时"老虎"和劳合·乔治在伦敦的会面。接着，他提到巴黎最近提出的方案：法国在2月15日重申了对叙利亚的主张，但英国认为应该削减法国控制的面积——这无疑遭到了法国的反对。

皮雄是克列孟梭的"忠实追随者"。他和首相一样，原来是医生，后来做了记者。但与克列孟梭不同，法国外交部长是法国亚洲委员会的付费会员，他虽称不上热心，却是法国应该占领黎凡特地区的坚定支持者。去年底，他在法国议会发言时还承诺会推进相关工作。皮雄深知议会的实力和法国公众对叙利亚的态度，于是告诉威尔逊和劳合·乔治，法国在2月15日给出的方案已经是政府的底线。他重提了三年前在白厅辩论《赛克斯－皮科协定》时的场面，坚称："法国在战场上付出了巨大牺牲，绝不会接受被排挤，尽管它没有在叙利亚事务中扮演主要角色。"[1]

接着，皮雄从各个方面阐述了法国主张叙利亚的合理性。他指出，"法国在叙利亚修建了大量医院……约5万名儿童在法国筹建的小学念书……叙利亚的火车站是法国人盖的……贝鲁特根本就是法国的港口。法国人提供了煤气和电力,还包办了沿岸的照明工程"。因此,法国必须获得叙利亚的委任统治权。

劳合·乔治的回答直截了当:不行。他提及早在1915年10月,麦克马洪就向伊本·阿里许下了承诺,如果法国得到叙利亚内陆的委任统治权,会和"阿拉伯人的这项协议"相抵触。[2]这番话立刻激怒了皮雄。几个星期前,他才第一次从劳合·乔治的智囊汉基那里得到麦克马洪的信件副本。"1916年签署协议时,法国完全被蒙在鼓里。现在怎么可能要求它履行一无所知的协议?"

官方会谈中,很少出现与会者突然提高音量的情况,但这场会议是个例外。劳合·乔治开口道:"英国可能做出了单方面的决定,但整个叙利亚事务一直是英国主导的。有发言权的不是叙利亚,而是英国。"[3]他不满法国媒体煽动公众情绪,因此警告皮雄,"如果说存在所谓的法国舆论场,那么就一定存在英国舆论"。他强调,英国人民知道,"叙利亚事务的重担完全落在大英帝国的肩上。参与其中的法国军队数量……屈指可数,无足轻重"。英国在叙利亚投入了100万兵力,死伤多达12.5万人,为这场战争耗资"数百万英镑"。"还有,"他补充道,"阿拉伯人是这场战争的中流砥柱。"

英国人和法国人吵得不可开交时,美国总统威尔逊一直保持着沉默。这时,他打断双方,提到一个在巴黎流传了几个星期的建议。他宣称:"美国政府的基本原则之一,是坚持委任统治权必须获得大家的一致同意。"[4]因此,他认为"唯一需要考虑的是……叙利亚人是否接受法国人",或者"美索不达米亚的当地人是否接受英国人",那么寻找答案的唯一方法是派一个委员会前往当地"调查民意"。威尔逊话音刚落,克列孟梭立刻嗅到了羞辱劳合·乔治的机会。他附和了美国总统的建议,还提出如果该委员要考察叙利亚的民意,他们也应该去巴勒斯坦和美索不达米亚。

劳伦斯很中意这个计划,但其他英国代表的态度大相径庭。英国官方最不愿看到的结局就是派独立委员会考察英国在美索不达米亚和巴勒斯坦的影响力。贝尔福之前就提醒过劳合·乔治:"我们的弱点就是一意孤行,而且堂而皇之地和民族自治原则对着干。如果当地人有权发表自己的意见,一定会抵制犹太复国主义者踏上他们的土地。"[5]毫无疑问,独立委员会迟早会掌握这个情况。那么,美索不达米亚呢?谁知道会在那里发生什么!劳伦斯早就说过,那里有一群"十分活跃的阿拉伯民族主义者"[6]。

英国人知道,委员会一定会在叙利亚问题上得出倾向阿拉伯人独立建国的结论。就算英国可以委任统治美索不达米亚和巴勒斯坦,叙利亚一定会感染到那些地方。格特鲁德·贝尔曾指出——战争期间,她几乎都在美索不达米亚负责英国军队的政治事务——"现在的巴格达已经有一个萌芽中的民族主义政党。如果叙利亚独立,他们一定会死盯住那里,怨声载道地咒骂凭什么他们不能独立。"贝尔一向不把法国主张叙利亚放在眼里。她总结道:"我倒更乐意看到法国人在那里扎根,就算是美国人也无所谓。我担心的是,我们在一个地方拥立一个独立的阿拉伯政府,却试图在另一个地方施加英国的影响。"[7]

英国代表意识到,支持独立的阿拉伯政府会导致局势动荡,甚至可能影响英国在摩苏尔开采石油。因此,他们退缩了。海军情报部起草了一份备忘录,再次强调在美索不达米亚建立一个"强大又稳定的政府十分重要",因为钻井公司的作业会在极大程度上依赖和当地部落的良好关系。[8]劳伦斯后来才意识到,"劳合·乔治根本没有办法落实建立自治政府的承诺"。[9]

印度事务部为了进一步驳斥劳伦斯的主张,派出了格特鲁德·贝尔和她的上司阿诺德·威尔逊(Arnold Wilson)。两人一路风尘仆仆地从巴格达赶到巴黎,历数劳伦斯方案的不足。威尔逊与劳伦斯见面后,撰写了报告:"我认为,他的所作所为已经造成了巨大的伤害。我们和法国在叙利亚问题上的困境主要都是由他的建议和行动造成的。"[10]劳伦斯很快发现,他被边缘化了。2月时,美国总统还在日记中提到这位干劲十足的年轻人,现在劳伦斯却靠在马戏团观看演出消磨夜晚的时间。有一天,劳伦斯在英国代表入驻的酒店远远望见劳合·乔治、亚瑟·贝尔福和英国驻法国大使在楼梯口处讲话。他找来两卷厕纸,一边看着楼下的人们,一边撕完了整卷纸。5月底,他突然去了开罗。从表面看,他是去收集写书的素材,实际上却是为了向当地政府施加影响。

英国不愿再和法国并肩还有一个原因。政府中,人们对与法国人维持永久的和平已经万念俱灰。哈罗德·尼克尔森在3月底写道:"和平正在迅速离我们而去,所有的艰辛努力都将付之一炬。"[11]5月,英国外交部长塞西尔在看过处置德国的相关条款后提醒劳合·乔治,条款"既称不上慷慨,也不公平"。[12]如果和平摇摇欲坠,英国一定会为与法国交恶付出代价。贝尔福十分精准地形容了当时的气氛,他"对叙利亚乱局感到十分困扰,而且他本人似乎应该为此负上相当大的责任"。他承认,尽管"我们对法国人和阿拉伯人都有所隐瞒……事到如今,如果骂战无法避免,我们还是应该把矛头对准阿拉伯人而不是法国人"[13]。

为了避免法国在委任统治叙利亚期间造成时局混乱，英国作为中间人，安排了费萨尔和克列孟梭见面。克列孟梭急于和阿拉伯人达成共识，这样就无需劳烦威尔逊提议的独立调查委员会出面。然而，4月13日两人见面时，费萨尔却拒绝法国在大马士革驻军。这位阿拉伯领导人敏锐地察觉到了法国对独立调查委员会的忌惮，很快就返回了叙利亚。

那时，费萨尔还在从英国领取巨额资助。因此，克列孟梭的智囊催促法国领导人尽一切努力说服英国中止援助，并且从叙利亚撤军，但劳合·乔治不为所动。他担心法国未必有能力遏制阿拉伯的民族主义运动，一旦大马士革被民族主义者控制，一定会为美索不达米亚和巴勒斯坦的阿拉伯运动煽风点火。法国人把劳合·乔治的勉强解读为英国仍对叙利亚怀有企图。最终，劳合·乔治改变主意同意撤军，但克列孟梭依旧怀疑英国的用心，不再相信他的承诺。"你真是坏透了，"他告诉比自己整整年轻22岁的劳合·乔治。[14]

5月22日，众人再次聚集到劳合·乔治的官邸讨论叙利亚问题。根据一位与会人士的说法，这次会议夹杂了"更多咆哮和怒气"，所有的努力均功亏一篑。劳合·乔治收回了之前中东地区石油份额分配的承诺。[15]作为报复，克列孟梭表示要收回让出摩苏尔的承诺。接着，英国首相发表了措辞激烈的长篇演说，历数战争期间法国在抗击奥斯曼帝国时碍手碍脚的表现。克列孟梭不甘示弱，立刻表态如果英国不从叙利亚撤军，法国就不会参加威尔逊提议的独立委员会。两人没有就叙利亚的边界达成任何共识——双方依旧紧抓巴尔米拉地区不放。劳合·乔治提出，除非是独立委员会得出的结论，否则他绝不撤军。他继续道，如果克列孟梭不派代表参加独立委员会，他也不会参加——法国根本就不尊重独立委员会。会谈宣告破裂。英国驻巴黎大使发现，虽然法国总理"并不真心在意叙利亚"，但"它现在已经成了自尊心的问题，克列孟梭绝不会轻易让步"。[16]

因为英国和法国的抵制，威尔逊提议的独立委员会在6月10日抵达巴勒斯坦时，成员只有两个美国人：亨利·金（Henry King）和查尔斯·克兰（Charles Crane）。金是神学家，克兰则是芝加哥的生意人。克兰对国际政治很有兴趣，威尔逊形容他"经验丰富，而且非常国际化"。[17]他们的任务是寻找奥斯曼帝国阿拉伯地区领土的最佳划分方案、决定三个地方的委任统治权花落谁家，以及促进当地"和平、有序、进步"的发展。两人的主要调查方式是询问当地人的意愿，他们一路北上，途经雅法、耶路撒冷、大马士革、贝鲁特和阿勒颇。一位英国将军形容，这简直是一场"政治狂欢"。[18]

虽然英国政府和法国政府都希望通过抵制来削弱独立委员会的影响力，但双方都知道，它给出的结论事关重大。因此，英国和法国的当地官员都使出了浑身解数。英国得知其中一位委员的智囊威廉·耶鲁（William Yale）曾在战前担任美国标准石油公司（Standard Oil）驻美索不达米亚的代表后，劝阻两位委员不必麻烦亲自拜访那儿。相反，他们递交了一份标题可笑的亲英报告：《伊拉克的民族自决》（Self-Determination in Iraq）。[19]报告援引了一种说法："这里有什叶派，有逊尼派，有城镇，有部落，必须让外部势力确保各个派系和群落之间的和平。"之后，它又直截了当地提出"英国正是最佳选择"，刚好弥补了前一种说法的不完善之处。

在巴勒斯坦，两位委员留意到"似乎有两三位官员在努力为英国争取好感"，但他们遇见的其他英国官员都表现得十分"得体、谦逊有礼，而且乐于相助"。[20]耶鲁后来透露，劳伦斯之前的上司克莱顿曾极力阻挠委员会的调查——如今他是巴勒斯坦的首席政治官。克莱顿曾警告耶鲁，最好不要激化这个国家的紧张态势："如果你表现得稍有偏袒，或者有任何轻率的言行，耶鲁，那么这势必会导致一场杀戮。"[21]

英国让还在每月领取资助的费萨尔自己收拾叙利亚的僵局。他回到大马士革后成立了叙利亚国家大会（General Syrian Congress）。克兰和金到达大马士革时，国家大会刚投票通过了建立"完全独立的叙利亚"的决议，坚决拒绝法国的委任统治。[22]当耶鲁向一位英国官员提起，他们似乎正在纵容一场"大规模、有组织，而且成效不俗的反法宣传"时，对方回答他："您说得没错，耶鲁。这里的确在进行一场反法宣传，但完全和我们没有关系。"[23]

英国的努力相对谨慎克制，而委员们抱怨法国在黎巴嫩左右舆论的手段"简直就是侮辱人"。金和克莱在报告的一份秘密附录中谴责法国"在媒体上发表煽动性的报道，采取恐吓和间谍手段"，"威胁、贿赂，甚至监禁和流放当地人"，以阻止他们向委员会表达真实的想法。尽管动足了手脚，在金和克兰收到的请愿书中仍有60%的人表达了反法情绪。两位委员根据亲身经历和各种势力的游说，在报告中"十分不情愿地承认"，"把叙利亚的委任统治权交给法国不是明智之举"。[24]

相反，金和克兰基于收到的请愿书，建议由美国委任统治统一的叙利亚和巴勒斯坦，而费萨尔——他们口中那个"才华卓越的年轻人，有能力为世界和平做出最大努力"——应该担任这个新国家的最高领导人。[25]如英国所愿,他们建议由英国委任统治美索不达米亚。与美国日后热心支持犹太复国主义运动不同,他们认为应该对巴勒斯坦的"极端犹太复国主义运动"做出"严肃修正",避免阿拉伯人和犹太人之间爆发战争。[26]

两位美国人在8月28日提交了报告。但是早在这之前,法国就猜到了他们的结论,于是发起了一场刻薄的舆论战,谴责英国在背地里搞小动作。法国亚洲委员会领导人、外交官罗贝尔·德·凯撰写了一篇文章发表在公告上,叱责英国官员采用一系列不正当手段阻挠法国获得叙利亚的委任统治权。[27]他声称,英国将拒绝发给亲法阿拉伯人士签证,阻止他们游说委员会;禁止当地的一些学校教法语;还四处散播法国只关心基督教徒福祉的谣言。

如今,罗贝尔·德·凯的许多指控已经很难举证,但他提到的英国官员征用了所有运输汽车,还阻止把小麦从叙利亚运往黎巴嫩都是事实。他在英国的种种举措中只看到了"系统性的破坏",却忽略了英国正在努力应付奥斯曼战败遗留下的烂摊子。[28]他承认自己是摩尼教徒(Manichaean),曾写道:"对我而言,世界上只有两件事,要么就是为国家服务,要么就是捣乱破坏。我不会从其他角度看待政治问题。"[29]

没有多少人关注这份公告,但罗贝尔·德·凯本人的影响力不容小觑——一位英国驻巴黎外交官表示:"其他知名作者纷纷效仿了他的做法。"[30]7月底,亲法国政府的《时报》(*Le Temps*)转载了罗贝尔·德·凯的文章,为他的分析背书,还尝试说服伦敦在令人尊敬的英国政府和肆意妄为的英国驻叙利亚官员之间划出清晰的界线。此后,这种论调一直延续了三十年。

舆论攻势引起了英国政府的警惕,他们愈发担心英法关系江河日下，因此不再过多关注阿拉伯盟友的正当诉求。一位英国外交官请求皮雄"尽力淡化甚嚣尘上的仇英舆论"，但法国外交部长完全无动于衷。他甚至用威胁的口吻告诉面前的英国访客，英国犯下的"最严重错误"莫过于低估了法国对占领叙利亚的"浓厚兴趣"。[31]几天后，罗贝尔·德·凯发表了另一篇文章，谴责英国从贝鲁特为费萨尔输送了大量武器。[32]他的指控并非毫无依据。当时，英国打算削减驻叙利亚军队的规模，以组建一支有能力维护和平的阿拉伯宪兵队（Arab gendarmerie），但劳合·乔治否认了英国政府曾向宪兵队输送武器的说法。[33]

还有一个人正在竭尽全力挫败法国以黎巴嫩为根据地向外扩张的野心。5月，劳伦斯离开法国回到埃及，整理战时写下的笔记，筹备出版一本回忆录。但他在那年6月抵达开罗后，给沃尔特·弗兰西斯·斯特林写了一封出人意料的信——这封信如今早已臭名昭著。斯特林在战争期间和劳伦斯是战友，现在已经是英国军队的副政治官。劳伦斯在信中说，阿拉伯向导阿卜杜拉·卡迪尔·贾扎伊里（Abdul Qadir al Jazairi）在1917年11月背叛了他，所以才导致他在德拉勘察铁路枢纽站的地形时被土耳其人逮捕。

"我乔装打扮后进入德拉侦查敌人的防御情况，却被逮捕了。地方长官哈基姆·贝（Hajim Bey）凭借阿卜杜拉·卡迪尔的描述，认出了我的模样（我是从哈基姆的谈话和我的守卫处得知向导叛变的）。哈基姆是个好色之徒，觊觎我的美色。于是，他一直把我关押至深夜，企图占有我。几番缠斗后，我勉强抵挡了他的攻势。眼见我受伤，哈基姆把我送到了医院，但我的伤情没有他想象的那么严重，我设法在黎明前偷跑了出来。"[34]

种种证据都指向故事是劳伦斯捏造的,而说阿卜杜拉·卡迪尔·贾扎伊里背叛他也是故意为之。贾扎伊里的家族富有、野心勃勃,在大马士革很有影响力,正在谋划篡夺费萨尔的位置。土耳其人弃城而逃时,任命阿卜杜拉·卡迪尔的兄弟穆罕默德·赛义德·贾扎伊里(Mohammed Said al Jazairi)担任地方长官。1918年英国人来了后,劳伦斯立刻解除了他的职务。几天后,两兄弟发动了一场军事政变,但被劳伦斯镇压了。后来,阿卜杜拉·卡迪尔在一次袭击费萨尔的行动中丧命,很快英国军方又囚禁了穆罕默德·赛义德。

劳伦斯把穆罕默德·赛义德扯进来的动机一目了然。惹出不少麻烦的前地方长官那时刚出狱,为了继续和费萨尔作对,赛义德决定支持法国统治叙利亚,希望从法国人那里捞到好处。[35]法国没有辜负他,承诺会支持他取代费萨尔。穆罕默德的获释似乎意味着英国政府为了缓和法国与阿拉伯人的关系同意这种安排。

斯特林完全相信了劳伦斯的说法。1919年8月15日,英国军方在贝鲁特再次逮捕了穆罕默德·赛义德。几天后,《泰晤士报》发表文章支持这一举动,多处引用了劳伦斯私下对斯特林表达的抱怨。[36]法国人怒不可遏,英国人竟然跑到他们的地盘指手画脚。皮雄命令法国驻伦敦大使提出抗议,法国"绝不会容忍"英国逮捕"法国人的人"。[37]

劳伦斯浇灭法国对叙利亚野心的尝试再次宣告失败。他在9月1日被解雇,批评他挑起英法冲突的指责接踵而来。他决定给《泰晤士报》写信,公开战争期间英国签署的秘密协议,尽管这在政府圈子里早已尽人皆知，但人民依旧被蒙在鼓里。劳伦斯知道，英法会在那个月重启中东问题的对话，他希望通过施压突出费萨尔的重要性。[38]

但是，劳伦斯又晚了一步。9月9日——就在《泰晤士报》刊登劳伦斯来信的两天前，劳合·乔治和五名亲近的智囊召开了会议，商讨接下来与克列孟梭谈判的对策。现在，他们最关心的问题成了如何节省开支。最近，媒体大亨哈姆斯沃思兄弟（Harmsworth brothers）[①]掀起了一场"反对浪费的运动"，整体盘点了国家的开支情况。在媒体的呼吁下，劳合·乔治和同僚们十分清楚，在前奥斯曼帝国的领土上保留一支规模达30万人的英国军队实在不合理。柯曾预计，中东地区即将爆发冲突，因此竭力劝说英国撤军。他提议，"趁我们还有退路"，最好尽早撤出叙利亚和巴勒斯坦。[39]

然而，劳合·乔治不愿拱手让出巴勒斯坦。他和克列孟梭对巴勒斯坦的争夺几近白热化，不可能在"保全面子"的情况下停止争吵——而他口中的"面子"，想必指的是他自己。[40]因此，劳合·乔治命令刚履新的陆军大臣丘吉尔削减英军在美索不达米亚的开支，提议不再插手叙利亚事务，把军队撤回巴勒斯坦，剩下的问题就交给法国人和费萨尔解决。

9月9日，劳合·乔治向众人说明了他的计划。"我们可以同时遵守给法国人和阿拉伯人的承诺。"他辩称，"撤出叙利亚，把空缺留给法国人；同时撤出大马士革、霍姆斯（Homs）、哈马（Hama）和阿勒颇，把空缺留给费萨尔。如果法国人和费

[①] 哈姆斯沃思兄弟，英国报业大亨。1905年他们收购了《观察家报》，1908年控股《泰晤士报》，还收购了英国许多地方报刊，并在20世纪初整合了这些报纸，成为英国第一个报业集团的老板。——译者注

萨尔合不来，那完全不关我们的事。"[41]第二天，首相和智囊们激辩了该如何划分叙利亚和巴勒斯坦的边界。起初，劳合·乔治大笔一挥，放话"北至丹（Dan）①，南至贝尔谢巴"全都要划入巴勒斯坦境内。可是，在场的众人都缺乏必要的《圣经》知识，没人知道丹的确切地理位置。[42]冗长的讨论后，沮丧的劳合·乔治告诉汉基，让他在伦敦找两家有基督教背景的出版商，确认《圣经》中是怎么界定巴勒斯坦的。

"实际上，在阿勒颇和麦加之间划分出任何阿拉伯国家都是刻意为之。"一位英国智囊承认道，"因此，我们应该把实际需求作为划分的依据。最佳方案一定是基于战略考虑的划分。"[43]这么一来，英国军队究竟该撤退到哪儿实际上成了现实需求，根本和《圣经》没有关系。战争期间，各国空军实力得到大幅提升，英国陆军部不得不考虑苏伊士运河的空袭风险。艾伦比提议，巴勒斯坦的北部边界也许应该划在古城提尔（Tyre）②以南——距离运河口约200英里。第二天，另一拨人加入了谈判。他们不是《圣经》专家，而是英波石油公司的常务董事们。

终于，英国人在版图上画出了一条完美的边界线，军队既能利用港口的资源，政府又能规划一条从美索不达米亚北部通往地中海的铁路线。准备妥当后，劳合·乔治要求再次与克列孟梭谈话。"对我们而言，"他告诉这位法国同僚，"如今和法国的友谊已经胜过我们在叙利亚的利益。"[44]他提议费萨尔加入谈判，但法国认为后者是英国的傀儡，拒绝了这个要求。9月13日，劳合·乔治在巴黎正式向克列孟梭宣布：英国会在11

---

① 丹，《希伯来圣经》（Hebrew Bible）中提及以色列王国最北至丹。——译者注
② 提尔，现位于黎巴嫩境内。——译者注

月 1 日从叙利亚撤军。

两天后，劳伦斯向外交部提交了最后一份备忘录。他预计，法国势力的草率介入"只会让阿拉伯人联合起来对付他们"。[45] 他已经料到，英国政府会认为这与自己无关，于是提醒前同事，如果英国不深度介入美索不达米亚的阿拉伯政府，很可能会在"明年三月"爆发起义。接着，劳伦斯离开伦敦前往牛津大学，接受了万灵学院（All Souls College）颁发给他的奖学金。他本打算在战争期间就完成回忆录，但他筋疲力尽，忍辱负重，写书一事一直毫无进展。劳伦斯的母亲后来回忆："有时，他会在吃完早餐到端上午餐之间的那段时间坐着一动不动，面无表情地度过整个上午。"[46]

克列孟梭拒绝费萨尔出席他们的谈话，因此劳合·乔治只能在唐宁街 10 号匆匆告诉阿拉伯领导人，英国将于六天后撤军。一位在场人士形容，首相"像平常一样耍着口头花招，话说了一堆，却没什么实质内容"。费萨尔不为所动[47]，但向劳合·乔治表达了担忧——一旦英国撤军，法国必定会填补空缺。他提到中世纪时，奴隶"甚至都有权选择自己被卖给哪位主人，何况现在是 20 世纪，他们希望保留自己的这种权利"。[48]但劳合·乔治在后来的会面中直截了当地告诉费萨尔，英国不会再大规模向海外派驻军队——无论如何，从叙利亚撤军不可避免。

劳合·乔治不仅惹恼了费萨尔，克列孟梭也对他的决定暴跳如雷——他的英国同僚竟然把叙利亚内陆留给了阿拉伯人而不是法国人。当时，法国总理正疲于应付选战，他的对手已经对他造成了不少威胁。克列孟梭为避免叙利亚局势变化对自己造成更多伤害，立刻任命很有人气的亨利·古罗（Henri Gouraud）出任驻黎凡特地区高级专员。战前，古罗在北非平息叛乱表现出的果决一向为人称道。为了平息殖民主义分子的游说，他还任命法国亚洲委员会主席罗贝尔·德·凯担任古罗的首席秘书。

当劳合·乔治提议古罗可以和费萨尔协商时，克列孟梭简直气炸了。他十分确信，英国突然决定撤军一定是为了妨碍法国。10 月 14 日，他给英国首相发送了一封措辞激烈的电报，叱责对方的举动破坏了《赛克斯–皮科协定》中英法共同"保护"阿拉伯国家的承诺。他还抨击了英国支持费萨尔。"我们怎么可能相信与埃米尔（Emir）① 达成的协议。"克列孟梭怒斥，"那个人满口声称叙利亚归他所有，而且他还是英国的傀儡。"[49]

劳合·乔治被克列孟梭的电报激怒了，尤其是他提及《赛克斯–皮科协定》中法国会"保护"阿拉伯国家的内容。劳合·乔治指出："协定中使用的是'支持'② 一词，两者意思完全不同。"接着，他抨击克列孟梭"总是采取毫无根据的怀疑和敌对态度，罔顾基本事实"，认为这正是"（英法关系）在阿拉伯领土问题上不断遭遇严重挑战"的根源。[50]劳合·乔治担心，如果中东的动荡加剧，英国一定会为了维持巴勒斯坦和美索不达米亚的局势部署更多兵力。

英国开始撤军后，克列孟梭收敛了几分，允许古罗和费萨尔在法国见面。根据费萨尔的说法，两人共进午餐时，法国将军明确表示他知道阿拉伯人无法容忍自己的国家被一分为二，

---

① 埃米尔，对穆斯林统治者的尊称。——译者注
② 原文为法文：soutenir。——译者注

但他同时警告，如果为了维持叙利亚的秩序必须付出鲜血的代价，他会毫不犹豫地举起手枪。11月16日，古罗出发前往中东，负责法国政府在叙利亚的全部事务。

古罗动身前，克列孟梭得意扬扬地告诉他："你的任务就是在地中海的心脏地带打造一个法国的势力中心……确保每一处曾站立英国士兵的地方，现在都由法国士兵顶上。我知道，这项任命并非出于你的本意，但是这世界上有两种人：一种人总是把自己置于国家的利益之上，另一种人则刚好相反。我知道，你属于当之无愧的后一种。那么，出发吧！"[51]

第二部分
两次战争间的紧张关系：1920～1930年

第 7 章　十字军东征

1919年11月21日,新上任的法国驻叙利亚高级专员亨利·古罗将军抵达贝鲁特。他的首要任务就是和费萨尔一起,划出法国在叙利亚的势力范围。他受到了人群的热烈欢迎,但主要是法国政治官们私下的悉心安排。[1]古罗时年52岁,身形瘦长但结实,长着一对蓝眼珠。一位英国外交官简洁地形容,"他是位脾气暴躁、态度严厉,留着胡子的独臂将军"。[2]

古罗失去手臂的故事已经成了传奇。四年前,他带领法国军队在加里波利作战时,被土耳其人的一颗炮弹击中,其中一处伤口很快出现了感染。野战医院的医生告诉他:"这是出现坏疽的信号,将军,你必须让我们截肢,否则熬不过今晚。""这话也太奇怪了,"古罗回答,脸上带着一抹笑意,"我知道,没人想死在今晚。你也不想。我对此毫不怀疑。"[3]

这次负伤令古罗永远失去了一只手臂。他装了义肢,但从没远离战场。1918年7月,他带领法国第四军(French Fourth Army)成功击退了驻守到最后一刻的德军,突破了敌军对香槟区(Champagne region to Paris)①的封锁。这场胜利意义重大,他很快受到了克列孟梭的接见——不久后,克列孟梭就将出任法国总理。那天,克列孟梭对古罗表现出不同寻常的热情——

---

① 香槟区,位于巴黎东北部,是法国位置最靠北的葡萄产地,包括马恩河谷(Vallee de la Marne)、兰斯山(Montagne de Reims)和白丘(Cote des Blancs)。——译者注

他没有像平时一样与古罗握手，或许是因为他没有右臂。古罗回忆："他亲吻了我二十多次，脸颊上，眼睛上，额头上。"[4]如今，当对手以压倒性优势在1919年11月的总统大选中赢得胜利后，总理克列孟梭再次把目光投向了"香槟区雄狮"（the lion of Champagne），渴望获得他的一臂之力。

古罗从没结过婚，他忠于军队，生活简朴，视自己为一名十字军战士。在他心中，当他的双足踏上贝鲁特的那一刻，响应的是8个世纪前教皇向法国士兵发出的号召。十字军东征时期修葺的城堡，如今依旧星罗棋布地点缀在种满橄榄树的黎巴嫩和叙利亚山间。他身边最杰出的军官乔治·卡特鲁（Georges Catroux）曾生动地评价，"作为一名基督教徒，一名士兵，一位饱含浪漫主义情怀的将军"，他从踏足贝鲁特的那一刻起，就把目光瞄准了大马士革。[5]他的卧室颇有斯巴达式风格，仅装饰着一幅母亲的画像，古罗正是在那里谋划着如何吞下十字军先辈从未涉足的领土。如卡特鲁所言，大马士革不仅是"圣徒保罗（St Paul）蒙荫天启的地方"，还是"阻挡法兰克人脚步的森严堡垒；是伟人萨拉丁（Saladin）①的城和他的安息之地，回荡着他在哈丁（Hattin）击退吕西尼昂的居伊（Guy de Lusignan）②后胜利的余音③"。在罗贝尔·德·凯看来，古罗"不仅仅是名战士"。[6]

---

① 萨拉丁，因在阿拉伯人抗击十字军东征中表现出卓越的军事才能而闻名基督徒和伊斯兰世界。——译者注
② 吕西尼昂的居伊，法国骑士，因迎娶耶路撒冷公主西比拉（Sibylla）成为耶路撒冷国王。1187年，在与萨拉丁的哈丁战役（Battle of Hattin）中被俘。——作者注
③ 吕西尼昂的居伊来自法国普瓦图地区（Poitou），耶路撒冷国王，直至1187年7月4日在加利利海附近的哈丁被萨拉丁的军队击败。萨拉丁于同年10月攻下耶路撒冷，直到1917年艾伦比才将这座城市重新夺回基督徒手中。——译者注

古罗抵达贝鲁特后高调宣布，法国在欧洲战场频频告捷使他们可以把更多军队调遣至叙利亚。但实际上，他根本没有足够兵力完成克列孟梭的指示——填补英国士兵留下的每一个空缺。古罗仅有3万兵力。[7]英军撤出后，更令他的实力相形见绌。一位法国军官回忆："我们不可能用一个营的兵力填补英军一个团的兵力。"[8]根据古罗身边官员的说法："我们不仅没能在中东展现雄厚的实力，反而暴露了自己的弱点。"[9]

这自然不是个好兆头。法国管辖下的叙利亚北部和东部沿海地区不时爆发骚乱。在北部，古罗军队在西里西亚（Cilicia）——现今土耳其的东南部——正面临杰出的土耳其将领穆斯塔法·凯末尔（Mustapha Kemal）率领的土耳其民族主义分子的袭击。在东部，英国把贝卡谷地（Beqaa valley）交给了阿拉伯人，尽管在《赛克斯-皮科协定》中它属于法国势力范围的"蓝区"。[10]肥沃的山谷对法国和阿拉伯人都至关重要，两军在周边地区的对峙不断升温。

古罗非常希望夺下贝卡谷地，但克列孟梭起初并不同意。当时，费萨尔刚在伦敦结束了那场与劳合·乔治的失望谈话，即将启程法国。克列孟梭迫切想在他面前展示"（法国）政策的现代化"。[11]尽管费萨尔拒绝由法国全面控制叙利亚，克列孟梭依旧对他们的会面十分乐观，相信还有转圜的机会。他在12月9日告诉古罗，如果成功与费萨尔达成交易，"扶持他和信任他都将符合我们在当地的利益"。[12]

然而，法国对费萨尔的信任转瞬即逝。12月14日，阿拉伯军队在贝卡谷地攻击了法军，古罗找到了充分的借口把巴黎的命令抛到一边。古罗声称，阿拉伯军队的挑衅充分说明费萨尔无力维持当地秩序。第二天，他把更多军队调往贝卡谷地，双方在重镇巴勒贝克爆发了激战,并由古罗成功占领了该地。

当时身在巴黎的费萨尔听闻阿拉伯军队战败,犹如当头一棒。他决定接受克列孟梭的提议,为自己争取一些时间。他火速返回大马士革,表面上是为了与民族主义派系完成交易,实际上是因为他很清楚法国军队进攻贝卡谷地的用意。[13]费萨尔知道,"在古罗的军队中,许多军官把征服叙利亚当作他们唯一的目标"。他预计,"当地爆发的军事冲突和事变将会成为他们占领大马士革的借口"。事实果然如他所料。[14]

那年早些时候,一位英国军官形容费萨尔摆平日益不满的阿拉伯民族主义者时,就好像"一个新人尝试带着一群人摸着石头过河"。[15]这位阿拉伯谢里夫到达大马士革后,发现根本无法说服民族主义者接受克列孟梭的提议。他被自己的支持者谩骂为叛徒,因此决定对法国采取更加强硬的姿态。古罗需要大马士革至阿勒颇的铁路运输物资,为北部和土耳其边境的士兵提供补给。然而,费萨尔拒绝了他的这个要求。补给原先走铁路输运只要四天,如今改走海路耗时长达两个星期。[16]阿拉伯民族主义者还利用从劳伦斯那儿学来的方法,炸毁了亚历山大勒塔至阿勒颇的铁路,令法国维持补给更是雪上加霜。

在法国,克列孟梭辞去了总理职务,集中精力准备总统大选。他的继任者亚历山大·米勒兰(Alexandre Millerand)不愿给费萨尔任何好处。米勒兰自信美国不会横加干涉中东事务,因为威尔逊在1919年9月中风了。不久后,美国参议院就否决了加入国际联盟的提议。1920年2月10日,米勒兰告诉古罗,费萨尔"必须证实他有权威",[17]否则古罗就可以"以维持秩序、保护人民以及军队安全的名义,采取一切必要措施……毫无疑问,你的行动会令当地人更尊重法国的权利"。

和他的前任一样，米勒兰的指示不太现实，同样是因为古罗手中的兵力不足。"敌众我寡"的情形只留给古罗一个选择：为了挫败阿拉伯反对派，他要和土耳其领袖穆斯塔法·凯末尔做笔交易，而且他需要英国的支持。3月8日，叙利亚国家大会宣布费萨尔为叙利亚及巴勒斯坦国王，他的哥哥阿卜杜拉为美索不达米亚的埃米尔。法国外交官康邦很快要求会见英国外交部长柯曾爵士，以协调两国的行动。

虽然英国认为叙利亚国家大会的公告意味深长，但出乎康邦的意料，英国外交部长起初并不愿提供协助。柯曾承认国家大会的做法"毫无根据、无法容忍"，但他也抱怨是法国政府自己蹚浑水，硬要插手当地事务。[18] 他在事后记录："很有必要说明责任不在我们身上，这基本是法国的问题——尽管一个巴掌拍不响。"米勒兰的反应非常强硬。他在圣雷莫（San Remo）会议召开前——这次大会将决定委任统治权的分配——威胁会坚持贯彻《赛克斯-皮科协定》，在巴勒斯坦实行国际共管。

米勒兰的威胁令英国政府十分焦虑。他们和犹太复国主义者的关系正迅速恶化，英国官员不确定犹太复国主义者是否会支持英国托管巴勒斯坦。双方的分歧主要因为，英国政府只同意在不影响当地生态——主要指不影响阿拉伯人权利的前提下，支持在巴勒斯坦建立犹太人的家园，但犹太复国主义者孤注一掷，只想尽快建国。一位英国枢机主教在1919年初访问了巴勒斯坦后，语带惊讶和几分厌恶地形容，犹太人"渗透到了巴勒斯坦的方方面面，政府部门里都是他们的人，他们已经全面介入了各项事务"[19]。

英国担心犹太复国主义者扰乱巴勒斯坦的政局，于是企图遏制他们的扩张。"我们应该尽量放缓支持犹太复国主义事业和建立犹太国家。"英国驻巴勒斯坦的一位将军建议,因为"犹太人政府必定会激起阿拉伯人的反抗,而当地十分之九的人口都是阿拉伯人,他们根本对希伯来语一窍不通"。[20] 在伦敦,柯曾十分赞同这位将军的看法。他认为:"魏茨曼和他的势力已经太过放纵,需要收敛一些。"[21]

犹太复国主义者抱怨建立自治政府的进展缓慢,还谴责英国的反犹主义。他们不愿承认自己的做法引起了阿拉伯人的愤怒,甚至控诉法国在背后支持阿拉伯人的抗议。魏茨曼扬言,阿拉伯人在巴勒斯坦袭击犹太人,"不是出于他们的本意,而是受到了暗中指使,为了破坏英国在中东的地位"。[22] 魏茨曼的控诉十分符合当时英国人的偏见。1920年2月,耶路撒冷爆发了支持叙利亚和巴勒斯坦合并,并抵制犹太复国主义的示威游行。英国驻巴勒斯坦首席政治官理查德·迈纳茨哈根(Richard Meinertzhagen)写道,"毫无疑问"是法国在背后作祟,为了破坏英国在巴勒斯坦的统治。[23] 劳伦斯的同僚斯特林——当时是雅法的地方行政长官——同样认为,他疲于应付的各种麻烦"一定是受到了法国领事馆的唆使"。[24]

疑云重重,再加上米勒兰威胁要对巴勒斯坦实行国际共管,耶路撒冷在4月4日的拿比牧撒节(Nebi Musa)爆发了骚乱。节日期间,数量庞大的穆斯林涌向圣城,早在奥斯曼帝国统治期间,当局就会戒备森严,维持秩序。然而,如今斯托尔斯身为英国驻耶路撒冷的行政长官,并没有预见到叙利亚国家大会的公告激起的愤怒,仅派出了一小队警察。而且,迈纳茨哈根刚向他保证,"巴勒斯坦不会立即爆发冲突"。[25] 那天,不到两百名警察需要面对近7000名穆斯林。阿拉伯俱乐部(Arab Club)的阳台下方聚集了大量人群,数位演讲者轮番控诉犹太复国主义。其中一位演讲者是大穆夫提（Grand Mufti）①的弟弟，他高举费萨尔的画像，疾呼"这才是你们的国王"。[26]人群大声回应："天佑吾王！"

随着时间推移，人群愈发激愤。他们高呼的"独立！独立！"的口号，渐渐变成了"巴勒斯坦是我们的土地，犹太人是我们的走狗！"[27]人们在群情激奋的游行中相互推搡、冲撞，向对手的旗帜吐口水。没有人清楚究竟是谁挑起了骚乱，但英国人整整用了四天才平息了这场冲突。五位犹太人和四位阿拉伯人因此丧生，超过250人——大部分是犹太人——受伤。

犹太复国主义者认为，斯托尔斯镇压骚乱不力表明英国政府不愿支持犹太复国运动，甚至具有反犹倾向。他们毫不犹豫地当面向斯托尔斯表达了愤怒。劳合·乔治清楚，犹太复国主义者的指责并非空穴来风，于是承诺会用非军事的行政机构取代巴勒斯坦的军事管制，并推选赫伯特·塞缪尔担任负责人。塞缪尔是犹太议员，五年前就曾提议英国支持犹太复国主义事业。一位英国官员带着几分讽刺地评价道："至少他们没法批评他反犹。"实际上，他的说法十分准确。[28]

英国人知道他们已经惹上了麻烦。"巴勒斯坦问题，"一位英国资深将军写道，"与爱尔兰问题十分相似。换句话说，即两种人生活在面积狭小的国家，而且互相恨得咬牙切齿。"[29]犹太人没有对政府的举动流露任何感激之情。骚乱后，军事情报部门负责人前往巴勒斯坦时发现，没有迹象表明犹太复国主义者和英国人可能"成为真正的伙伴"。他认为，除非犹太人需要大英帝国的军事保护，"否则这段友情将立刻寿终正寝"。日后

---

① 大穆夫提，伊斯兰教教职的称谓，即教法说明官。可以对各类新问题、新案件的诉讼提出正式的法律意见，作为判决的依据。——译者注

情势的发展将一步步验证他的先见之明。[30]

一边是英国和犹太复国主义者的关系陷入僵局,另一边是法国正在搅和巴勒斯坦的局势,因此英国政府没有信心在 4 月的圣雷莫会议上与米勒兰针锋相对。虽然他们很清楚,如果支持法国托管叙利亚,一定会引发阿拉伯人的叛乱;但他们同样清楚,如果表达不支持,法国总理一定会用在巴勒斯坦实行国际共管报复他们——就目前的形势而言,犹太复国主义者很可能会支持这一决定。最后,英国没有在圣雷莫会议上反对法国托管叙利亚,米勒兰的威胁就此作罢。会议决定:叙利亚和黎巴嫩由法国委任统治,而巴勒斯坦和美索不达米亚由英国委任统治。此外,两大巨头还达成共识,法国可以获得在摩苏尔周边进行石油作业的公司的四分之一股份。柯曾终于承认,法国已经"做好万全准备",有能力"采取必要的军事措施控制当地的局势"。很快,米勒兰就找到了宣示法国权威的机会。[31]第二天,他身边的官员们商讨,在费萨尔的政府完全运作起来之前入侵叙利亚。他们在三天后告诉古罗,针对费萨尔的行动"不可避免而且迫在眉睫",他会额外获得两个陆军师的兵力,协助他占领大马士革和阿勒颇。[32]短短三个月时间,古罗的兵力就从最初的 34 个营增长到了 50 个营。

与此同时,古罗的智囊罗贝尔·德·凯扫清了对抗费萨尔的其他障碍——与土耳其人达成了停战协议和军火交易。直到停战协议生效,法国才向英国透露曾和土耳其接触以及将使用武力对抗费萨尔。英国人得知消息后暴跳如雷,认为法国背叛了两国之间的盟友关系。之后多年,英国一直怀疑法国在暗中鼓动土耳其夺回摩苏尔地区,为法在当地争取更大的石油份额。[33]

法国唐突的单边行动进一步加深了英国的怀疑——他们的

盟友可能正在竭力破坏英国对巴勒斯坦的统治。丘吉尔尤其认为，法国入侵叙利亚会导致更大的麻烦。他敦促手下暂停从巴勒斯坦撤军，指出了它作为缓冲地带的重要性。他认为，法国这么做"只会……把将来的麻烦从巴勒斯坦转移到埃及和苏伊士运河。这么一来，问题就会更难应付，导致的后果也更危机四伏"[34]。有了丘吉尔的支持，艾伦比也站出来为费萨尔背书。他的目的和丘吉尔、赫伯特·塞缪尔一样，想尽可能保持阿拉伯领导人的独立性，从而防止骚乱扩散到巴勒斯坦。艾伦比不顾柯曾的停止资助费萨尔的指示，当得知费萨尔和他的支持者们需要资金维持当地的秩序后，直接给他发了两个月的津贴——同时，他挡回了古罗进一步干预当地事务的借口。不过，艾伦比一定知道，这笔钱和以前一样会被用来对抗法国。艾伦比还告诉费萨尔，英国准备承认他作为叙利亚领导人的地位，敦促他迅速去欧洲处理相关事务。[35]但是费萨尔坚称，除非先获得认可，否则他不会离开中东。

1920年的巴士底日（Bastille Day），古罗向费萨尔发出最后通牒，他只有两天时间考虑是否接受法国委任统治叙利亚、在当地流通法郎，以及平息针对法国的敌对活动。但是，他最终答应再给费萨尔48小时的考虑时间，这直接触怒了身在巴黎的米勒兰。为了将功补过，古罗向费萨尔全面施压，要求阿拉伯人必须接受法国委任统治叙利亚的事实。

费萨尔受到支持者中民族主义者的压力，无法回应古罗提出的要求。7月24日，法国的坦克和战机开进大马士革附近的麦塞隆（Maysalun），力压用火炮和机关枪抗敌的阿拉伯军队。第二天，法国军队就进驻了叙利亚首都，并在7月26日迎接了古罗的到来。当费萨尔一路向南逃往英国控制下的巴勒斯坦，法军司令直捣这座古城的中心——700年前埋葬于此、伊斯兰世界大名鼎鼎的勇士之墓。"萨拉丁,"古罗来到这座简朴的墓园宣布道,"我们回来了。"[36]

英国人对古罗驱逐了费萨尔相当震惊,他们原以为法国会扶持他做傀儡。费萨尔在巴勒斯坦现身令他们陷入了两难的境地。一位英国官员形容:"我们要不就是让他失望,要不就是和法国爆发冲突。"[37]他的上司决定速战速决。费萨尔在巴勒斯坦停留几日后,就被护送到了埃及边境。身为叙利亚国王的这个男人,如今形单影只地等着火车,"脚边散落着几件行李"。[38]

然而,英国如果以为把费萨尔从他们的地盘弄走,就能消除他被赶出叙利亚酿成的后果,就实在太天真了。法国在不久后评估了局势,察觉到英国如今正面临巨大的压力。两国在1918年签署《英法宣言》时,英国曾承诺会支持人民自由选择他们的政府。因此,法国暗自窃喜在费萨尔之后,"就该轮到美索不达米亚的埃米尔了。大马士革发生的一切都充满着感染力"。[39]奥斯曼帝国垮台后,阿拉伯人曾享受到了短暂的自治,这鼓励他们走上了追求真正独立的道路。古罗一把费萨尔赶出叙利亚,美索不达米亚的阿拉伯人就蠢蠢欲动起来。

第 8 章 伊拉克叛乱

"起来！争取你们的权利，争取你们的独立！"叙利亚的阿拉伯民族主义者鞭策着美索不达米亚的同伴，因为他们自己的理想即将被古罗镇压。[1] 1920 年 6 月，美索不达米亚爆发起义。这个时间点和叙利亚的变故密不可分，但起义裹挟的仇恨的种子早在三年前英军占领伊拉克时就种下了。1917 年，英军长驱直入巴格达时承诺，"我们不是征服者，不是敌人，而是解放者"，但他们很快就把承诺抛到了脑后。出于军事需要，英国解雇了大部分曾为奥斯曼帝国服务的阿拉伯官员，让英国军队中的政治官取而代之。他们的主要任务是保障全国各地的英军获得充足的食物补给，以及幼发拉底河沿线从巴格达到波斯湾一路的运输通畅。

战争期间，英军还可以使用临时管制的借口，但停战后状况一直没有改变。那时，在当地颇有人气的殖民地总督珀西·考克斯爵士（Sir Percy Cox）被调去了德黑兰（Tehran），接手美索不达米亚地方长官一职的是他的副手，年仅 35 岁、精明能干但自信过度的阿诺德·威尔逊。威尔逊认为，伊拉克的命运就像沦为殖民地的印度，历史不过是在中东重演一次。在他的统治下，英国的政治官们继续专横行事，一边允诺金元，一边威胁军事打击，实行胡萝卜加大棒的策略。1919 年中，阿拉伯人遭受的粗暴对待相继传到了叙利亚，激怒了巴格达的费萨尔支持者。他们认为，英国官员总是草率行事，随心所欲地把人推上被告席。有一次,一位英国官员说他要演唱一首阿拉伯语歌曲,如果有人嘲笑他骇人的发音就会被送进监狱。[2]

事态恶化还有另一个原因。英国没有遵守《英法宣言》中支持"当地人民自由选择"的相关条款,在原先属于奥斯曼帝国的领土上组建一个阿拉伯人的政府。1919 年 5 月,费萨尔在伊拉克的支持者拿出《英法宣言》质问英国什么时候撤军,以及允许他们在巴格达建立自己的政府,换来的却是阿诺德·威尔逊的一阵冷嘲热讽。有一次,威尔逊在大马士革接见一群阿拉伯人时,充满挑衅地当面打击伊拉克人的希望,扬言这不过是他们的"一场空想"。[3]后来,他的同僚格特鲁德·贝尔视这次对峙为转折点——伊拉克人从此明白,他们不可能从英国得到任何协助,因此是时候推翻这位昔日盟友了。

贝尔从前认同威尔逊的观点,阿拉伯人既没有能力也没有兴趣实现自治。他们均受英国印度事务部之托,在巴黎和会上表达了这种观点,目的是将劳伦斯的建议边缘化。但是,贝尔从巴黎回到巴格达后在大马士革参与的一场对话,彻底改变了她的想法。那次,她见到了阿拉伯民族主义运动的领导人,惊讶于巴格达分支的影响力以及他们的勃勃野心。她提醒伦敦:"我们除非满足他们一些不会让步的条件,否则美索不达米亚绝不会太平。由外人许诺他们建立一个友善的政府——比如我们英国人——还远远不够。"[4]

威尔逊认为贝尔是危言耸听,没有采纳她的建议。他意图加深美索不达米亚地区什叶派和逊尼派之间、阿拉伯人和库尔德人(Kurd)之间的宗派分歧,还坚称什叶派不可能在大马士革支持一个由巴格达的逊尼派组成的政府。[5]他以低沉但不容置疑的语气说道,一个"草台政府"会导致"政权、法律和秩序的迅速崩坏"。之后，他和贝尔的工作关系急速恶化。贝尔唏嘘道："有时我真想一刀捅了他。"[6]

巴格达的地方高层出现意见分歧，以及奥斯曼帝国苟延残喘的政府余部迟迟不肯签署和平条约正式承认帝国覆灭，都纵容了伦敦的优柔寡断。[7]尽管英国人清楚，如果阿拉伯人无法在巴格达取得一定程度的自治权，必定会恶化美索不达米亚的政局；但他们同样清楚，如果这么做，必定会遭到法国人的谴责——他们会说英国是在故意破坏叙利亚的稳定。作为报复，法国还会在摩苏尔的油田归属权和巴勒斯坦加入国际联盟的问题上投下反对票。因此，伦敦那时弥漫着一股举棋不定的逃避气氛。伦敦的态度正合威尔逊的心意，但最终导致了恶劣的后果。"动动脑子吧，"贝尔在1921年写道，"如果早两年我们就着手建立当地的自治政府，阿拉伯政府现在肯定已经顺利运作起来了，连军队都已经初具规模！这样的话，就不可能发生部落起义。我们在今天投入的真金白银，失去的可贵生命，这一切都不会发生。"[8]

白厅无法在美索不达米亚问题上形成共识，令阿诺德·威尔逊在巴格达几乎可以为所欲为。他满怀愉悦之情迎来了1920年。他在给罗贝尔·德·凯的报告中写道："边远地区的谢里夫和部落正慢慢安分下来；巴士拉的政治氛围相当乐观；巴格达的情况完全在我们的控制中，并逐步得到改善；我相信，甚至连摩苏尔的处境都出现了改观。"[9]除夕夜，城里举办了华丽的变装晚会，一派歌舞升平。"男人们化装成女人的模样，比真正的女士们更加端庄优雅。"新年第一天，威尔逊的报告中仍透着一股倔强。他摆出一副十足的优越姿态，写道："你们这群嚷嚷着尽快建立自治政府和恢复贸易的人们好好瞧瞧，没有政府又怎样，全世界都找不出像这里一样服服帖帖的地方。"[10]

1920年，叙利亚国家大会宣布费萨尔和阿卜杜拉分别为叙利亚和美索不达米亚的最高领导人，却对巴格达的阿拉伯政府只字未提，也没有任何迹象显示会在短期内出台针对巴格达的决议。"好吧，我们务必准备起来了。"贝尔从大马士革得知消息后写道，"我们必须动用一切残存的个人影响力……阻止这个国家坠入混乱的纷争。"[11] 她本以为自己还能发挥一些作用，但这只是她的一厢情愿。当时，英国已经彻底失信于阿拉伯人。贝尔在日后承认："我们没有流露会履行承诺的任何意向。当地人真正担心的是，即使我们有能力助他们一臂之力，也只会袖手旁观。"[12]

最后，威尔逊终于意识到了局势的恶劣。圣雷莫会议正式宣布英国获得美索不达米亚的委任统治权后，他马上发表了一份声明，暗示他会为了安抚民族主义者做出一些让步。但他的挽救只是暴露了自己的弱点，再加上英国撤军，更是巩固了外界的这种印象。因此，民族主义者受到了鼓舞，在夏季的斋月期间，逊尼派和什叶派走到了一起，政治局势一下紧张起来。贝尔报告："城里涌现了许多半宗教半政治性质的布道。人们聚到一起，大声朗诵着诗歌。"穆斯林的两大派系达成的前所未有的共识，以及他们"还可能联手没有信仰的民众"，都令贝尔感到了深深的不安。[13]

就在美索不达米亚的叛乱一触即发之际，英国又出现了委任统治耗资不菲的杂音。《泰晤士报》在6月1日报道，委任统治每年的耗资高达5000万英镑，呼吁政府加强财政支出的透明度。几天后，报社发现丘吉尔在八个星期前公布的财政预算数字与实际不符。虽然陆军部承诺会缩减美索不达米亚的军队规模，事实上却是士兵人数在过去两个月内不停地增加——从不到8000人增长到了7万人。[14]

尽管英军在美索不达米亚的驻军数量相当可观，但由于没有划定国家边界，基层士兵的岗哨十分孤立，不堪一击。6月4日一早，阿拉伯武装民族主义者袭击了位于西北部泰勒阿费尔（Tall Afar）的一座前哨，领头的正是费萨尔在大马士革的军事指挥官。英军驻美索不达米亚司令艾尔默·霍尔丹将军（General Aylmer Haldane）写道："我们也许永远不会知道那天究竟发生了什么。"在回忆录中，他对这次暴动的叙述十分克制。[15] 从英军后来发现的尸体判断，他们的战友直到最后一刻都坚守在岗哨的屋顶，直到被敌人歼灭。当地的一位政治官早在几天前就被绑架了，人们最终在两英里外发现了他的尸体。装甲车队曾试图前往增援，但他们大大低估了反叛势力的规模，甚至没能抵达泰勒阿费尔。装甲车遭到了伏击，车上的士兵无一生还。

英军为此发动了一次远征，试图把泰勒阿费尔夷为平地，把当地人赶去沙漠，但他们的努力失败了。阿诺德·威尔逊说："（当地人）意识到了英国在军事上暴露的弱点，鼓舞每一位部落成员起身对抗我们。"[16] 惊慌失措的威尔逊抓捕了一批有嫌疑的起义煽动者，这更加激怒了原来持观望态度的部落成员，把他们逼成了激进分子。

陷入绝望的威尔逊提醒伦敦，他只有两个选择，"要么强力镇压，要么全线撤出"。[17] 政府决定镇压，但前提是威尔逊必须马上辞职。威尔逊在6月20日宣布，珀西·考克斯爵士会来巴格达接手他的工作，接着就制定了所谓的"组织法"——换言之，即受当地人拥护的宪法——作为将来成立自治政府的基础，有效期至"委任统治结束、自治政府能够独立运作之时"。[18]三天后的6月23日，英国政府在讨论陆军部的美索不达米亚军事预算时，才承认了威尔逊留下的烂摊子。

那时，政府已经为美索不达米亚的巨额开支找到了借口，未来从石油中获得的财富一定可以填补相应的财政空缺。但是，英国和法国在圣雷莫会议上达成的石油股权分配协议刚刚曝光，便引起了外界的争议——尤其是美国，他们完全被排挤在了谈判之外。6月23日的政策辩论中，劳合·乔治的前任阿斯奎斯步步为营，揭露丘吉尔公布的英军开支还不够透明，他直截了当地质问，英国究竟能否从委任统治中获得好处。他还大肆抨击劳合·乔治把国家利益建立在石油开采权上，认为这从"本质上违背"了英国签署的国际联盟公约。阿斯奎斯警告同僚，除非国际联盟正式把委任统治权交给英国，否则他们"没有任何理由霸占美索不达米亚"。[19]

劳合·乔治的回应加深了媒体的怀疑——政府在美索不达米亚耗费的巨资不可能获得回报。第二天，《泰晤士报》发表评论文章，认为首相"信口开河"的说法"无法说服人民，英国人已经被过高的赋税压得喘不过气，政府竟然还在大把撒钱"。[20] 1916年前后，《泰晤士报》和阿斯奎斯站在同一战线，文章语带威胁地总结道："任何一届英国政府，如果只会继续胁迫人民——不管多少人口受到波及——每年在美索不达米亚那个半游牧民族身上花费4000万英镑，就必将透支所有人的耐心。"

实际上，英军的成本远比披露的数字更为可观。7月上旬，数千名全副武装、训练有素的叛乱分子袭击了英军在鲁迈塞

（Rumaythah）的岗哨——位于巴格达以南150英里的铁路沿线处。叛乱由一位地位显赫的谢里夫领导，后来被威尔逊投入了监狱。阿拉伯民族主义者打头阵，背后则有极具影响力的什叶派宗教领袖支持。反叛势力迅速横扫了散落在肥沃的幼发拉底河平原上的部落——那里的人们和《泰晤士报》的社论作者一样，也需要定期向英国政府缴税。民族主义者切断了几处铁路，短短几天，从鲁迈塞到北部迪瓦尼耶（Diwaniyah）方圆五十英里内，都燃起了叛乱的怒火。

起初，英国政府试图掩盖起义的规模，但遮掩只不过令问题更加糟糕。7月16日，丘吉尔被迫向议会披露更多信息。一位在场人士写道，他的发言简直如迎头一棒，因为"多数人都以为麻烦……不过是地区性的，现在大家才意识到……我们可能已经被逼到了战争的边缘"[21]。第二天，内阁成员间传阅了一份备忘录，丘吉尔在其中将局势恶化归咎于法国，正是法国"向费萨尔宣战"。[22]他认为费萨尔现在一定很关注美索不达米亚的局势，于是告诉内阁，为了镇压起义，他会向巴士拉派出另一支"将耗资数百万英镑"的陆军师。

令政府的处境雪上加霜的是，托马斯·爱德华·劳伦斯也加入了抨击的阵营。现在，这已经是一个家喻户晓的名字。他避走牛津后，靠在战争期间结识的美国记者洛厄尔·托马斯（Lowell Thomas）成了名人，伦敦正在举办有关他功绩的展览。毋庸置疑，如果劳伦斯决定抨击政府的政策，绝不用担心缺少听众。

早在去年9月，劳伦斯就预言过，"如果不尽快修正我们的方式"，美索不达米亚一定会爆发起义。[23]回到牛津后，他多少有些懈怠，但预言成真还是深深震动了他。劳伦斯发表了一系列文章报复阿诺德·威尔逊。他认为威尔逊在最后一刻才对阿拉伯人让步已经"太晚了,而且缺乏诚意、挂一漏万"。[24]他在7月23日给《泰晤士报》的信中把起义爆发归咎于威尔逊当局的失败,他们没有及时在美索不达米亚建立自治政府——遵守英国政府在1918年11月的声明中做出的承诺。[25]他预计,那年为了镇压叛乱可能需耗资5000万英镑——比政府提供的漏洞百出的开支数目还高出了5%。[26]关于节省开支,他给出的答案是"让阿拉伯人各司其职"。身在巴格达的格特鲁德·贝尔愤愤地指责劳伦斯"胡言乱语",把情况弄得更糟了,但她不得不承认,"最初犯下的错误使我们很难义正词严地反驳劳伦斯之辈的观点"[27]。

美索不达米亚的情势继续恶化。劳伦斯的信被发表当天,部署在希拉城(Hillah)铁路沿线的一支英国军队出发支援库法(Kufah)。三天前,部落成员切断了这座幼发拉底河沿岸小城里英国驻军和外界的联络。英军本想通过增兵显示实力,却再一次彻底暴露了自己的弱点。约800名士兵组成的队伍严重低估了夏日烈阳的威力,他们需要跋涉30英里,但带的水太少了。到了下午,筋疲力尽的部队只能早早在运河边驻扎,男人们一个接一个中暑。就在这时,近千名阿拉伯人出现在他们的帐篷附近。

英军没有选择,只能撤退,但部落成员早就料到了这点。当英国士兵们拖着疲惫的身体退到通往希拉城的公路附近,却被更多阿拉伯人伏击。这次攻击如风卷残云,极其野蛮。一位军官记录:"躲在沟渠里的阿拉伯人袭击了持枪部队,用刺刀割破了马的肚子。"[28]随着夜幕降临,英国士兵陷入了更加被动的境地。他们在树木丛生的沙地迷失了方向,约三百人阵亡或被俘。就在同一天,法国人开进了麦塞隆,那里的阿拉伯军队溃不成军；但在希拉城，阿拉伯人却彻底让英国尝到了失败的滋味。

威尔逊得知失败的消息后被迫采取补救措施，重拾被否决的方案。费萨尔被逐出大马士革四天后，由于担心英军可能会被迫放弃整个幼发拉底河谷地，威尔逊联络了伦敦方面，询问是否可以任命费萨尔做美索不达米亚酋长国（Amirate of Mesopotamia）的首领。[29]他认为，政府如果想在将来缩减开支，"和其他安排相比……费萨尔似乎是更好的选择"。[30]他继续道："这么做不仅可以重塑我们在阿拉伯人心中的地位，还可以消除他们对我们的指责——认为我们既背叛了费萨尔，又背叛了这个国家的人民。"

伦敦政府同意了。他们迅速对外泄露了这个计划：媒体在8月5日报道，费萨尔"可能会成为美索不达米亚地区的领导人"。[31]同一天，内阁批准了珀西·考克斯爵士取代威尔逊的决定。政府报告中还加上了将费萨尔任命为巴格达统治者的内容，只要这"符合……代表美索不达米亚民意的政府机构的需求"。[32]

劳伦斯抓住这个机会，让更多人知道了费萨尔。他发表在《观察家报》（Observer）上的文章写道，他这位战时的伙伴十分值得人们同情。费萨尔在战争期间为英国做出了巨大贡献，现在从古罗手上获得的这些回报实在"微不足道"。[33]他还在文章最后呼吁，只要"改变我们之前的做法"，由英国智囊提供支持，组建阿拉伯自治政府"将在每周为我们省下一百万英镑"。在两篇发表在《泰晤士报》上的匿名文章中，劳伦斯又为"萨拉丁以降的伟大阿拉伯领导人们"大唱赞歌。[34]第一篇文章中，劳伦斯——他十分有意思地署名为"一位通讯员"——驳斥了坊间流行的说法，即费萨尔"是由英国人选定的，一直在暗中接受资助，在英国政治操控无法企及的地区彰显帝国的影响力"。他澄清，自己在阿拉伯大起义中的角色其实被过分夸大了。[35]第二篇文章中，他娓娓道来费萨尔在停战后试图在叙利亚建立政府时遇到的种种困难。"在那样的处境下，"文章作者建议，"我们实在应该感到庆幸他能够坚持这么久。"文章形容费萨尔"精力充沛，远未达到他的政治巅峰"，劳伦斯在最后狡猾地问道，不知道他的下一步计划是什么呢?[36]

英国提前知会了法国方面。8月8日，柯曾鼓起勇气告诉米勒兰，费萨尔可能会成为美索不达米亚的领导人。几天后，法国驻伦敦的资深外交官表示反对这个计划。他说，这是对英法同盟关系的一次"严峻考验"，因为费萨尔一定会在大马士革策划阴谋诡计。

英国不打算理会法国的态度。古罗来到大马士革后，英国驻巴黎大使曾提醒柯曾，这位将军有意向南扩张法国的影响力，一直渗透到英国控制下的巴勒斯坦和美索不达米亚，而这将威胁英国自1915年以来就在中东划下的势力范围。在伦敦，外交部的官员们重新翻出了最早标示《赛克斯－皮科协定》的地图，试图提醒英国和法国之间势力划分的具体地理位置。8月20日前后，赫伯特·塞缪尔爵士离开耶路撒冷，前往约旦东岸的小城萨尔特（Salt）。他邀请了当地的一位谢里夫与自己会面。在他宣布会赦免拿比牧撒节骚乱上逃到约旦的一位嫌疑犯后，谢里夫热情地回应了他的邀请。据一位在场人士记录，塞缪尔"十分聪明地抓住了众人兴致最高的那一刻，说道'现在就让我看看谁愿意拥护英国政府'，所有人都站了出来"[37]。

英国通过种种干预有效阻止了法国入侵巴勒斯坦的一部分

领土，但还是没能平息美索不达米亚的起义。《泰晤士报》在8月20日责问，丘吉尔为什么花了这么长时间策划支援库法的行动，他早在一个月前就保证会"立即"派军队前往当地。丘吉尔没有马上回应。内阁否决了战争开支的更多预算案后，丘吉尔还在告诉霍尔丹，"到十月中旬或下旬，你就可以获得足够兵力，狠狠惩罚认为建立阿拉伯政权才是更好选择的那群人"。[38] 更加无耻的是，丘吉尔甚至命令皇家空军（Air Force）研究用芥子气对付"当地的反抗者"。[39] 尽管空军明智地回绝了这一要求，但到起义平息之时，还是造成了8400名阿拉伯人死亡，[40] 英军的损失则近2300人。

英军中伤亡最惨重的是印度部队。实际上，丘吉尔一直都更关心军费开支，而不是人员损耗。8月底，他向劳合·乔治抱怨："经历了战争的种种坎坷，当我们试图整合卑微的军力，重振国库时，手中能够调动的资源竟然如此杯水车薪。我们必须控制开支，别再把大量军队和大把金钱洒向那片不讨好的沙洲。"[41] 他还抱怨："光今年的军事开支就可能高达5000万英镑，这让其他开支计划都泡了汤。"

丘吉尔总是纠缠在开支问题上是因为他梦想着当上财政大臣，再是出任首相。他相信，必须通过"赢得经济上的声誉"来实现他的野心。[42] 他不顾一切地想超越父亲伦道夫爵士（Lord Randolph）——三十年前的英国财政大臣。伦道夫爵士对儿子相当冷淡，还有诸多不满，他曾指责丘吉尔过着一种"无所事事、毫无成就的生活"。伦道夫爵士年仅45岁就逝世了。那时，丘吉尔还需要熬上两年，才能向父亲证明自己的实力。[43] 他担心自己的家族无法再继续为他提供庇荫，因此丘吉尔——现年46岁——做出了孤注一掷的决定，必须超越父亲，不管将为此付出什么代价。劳合·乔治认为:"他甚至愿意用自己母亲的皮制成的鼓具,来传播别人对他的赞美。"[44]

丘吉尔清楚政治的风云变幻,他生来就爱冒险——担任英军驻印度西北前线的随军通讯员时,他就写过"生活中没有比随意射击更让人兴奋的事了"。他以保守党的身份进入国会,后来又投靠了自由党阵营,在33岁那年成为史上最年轻的内阁成员。[45]1912年,身为海军大臣的丘吉尔决定,舰队燃料必须从煤换成石油,正是这个决定让现在的英国卷入了伊拉克事务中。早年,他受到赛克斯的鼓吹决定支持加里波利登陆战,但战争失败后成了政敌们的替罪羊。1916年,劳合·乔治取代阿斯奎斯出任首相邀请保守党联合执政时,托利党人付出的代价之一便是让丘吉尔辞职。

对一个以政治为生,毕生追求权力的男人而言——他还十分享受在别人的政治生涯跌宕起伏的流言蜚语中醉酒至深夜——这成了丘吉尔的致命一击,尤其是他曾把劳合·乔治当作自己的朋友。之后,他前往西线战场短暂服役,只是回到英国后整个人还是郁郁寡欢的。他拿起了画笔,打发阵阵袭来的忧郁情绪。丘吉尔形容绘画是"颜料盒上的纵情驰骋",但他承认无法"公平地看待所有色彩,我喜欢明亮的色彩,无法自制地为可怜的棕色感到悲哀"。[46]艺评人士对他的这些画嗤之以鼻,但丘吉尔在举办第一次画展时还是卖出了四五幅画。签名时,他使用了假名,不希望之前的评价影响到现在的作品,甚至不由自主地自满起来。他向妻子克莱门蒂娜(Clementine)承认:"我简直被利己主义冲昏了头。"[47]

丘吉尔得以重返内阁还是因为劳合·乔治的出手相助。1918年,劳合·乔治任命他为陆军大臣。对首相而言,启用在众人眼皮底下犯过重大军事错误的将领是一种巨大的冒险。《英国早报》(Morning Post)形容,首相重新提拔"才华横溢但古怪乖戾"的前通讯员"使我们不由对未来倒吸了一口冷气"。[48]尽管从现在看来这种说辞十分奇怪,但在当时是很普遍的观点。"他可能会做出傻事的。"一位英国资深将军私下里提醒道,"他根本没有军事才能,可竟然认为自己是马尔伯勒公爵(Duke of Marlborough)①呢。"[49]

回到政府后,丘吉尔发现他和劳合·乔治的关系已经无从修补。两人总是争吵不休,尤其是关于如何安置土耳其人。丘吉尔考虑到财政开支因素支持放土耳其一条生路,但劳合·乔治一向对土耳其人很刻薄。不过丘吉尔如今要靠这位昔日的朋友延续自己的政治事业,只能附和劳合·乔治的决定。

很长一段时间以来,这两个男人总是恶言相向。劳合·乔治指责丘吉尔一直说要"节省开支",而不是全心奉献他"卓越的能力、经历和勇气"。[50]丘吉尔对此愤愤不平。他必须维持英国对美索不达米亚地区的控制,同时面对阿拉伯人和土耳其人的双重威胁,还要考虑缩减开支和应付虎视眈眈的媒体。8月时,他向首相抱怨:"在这件事上,我们在媒体中找不到一个朋友。我实在想不通,为什么他们总在孜孜不倦地攻击政府。几个星期过去了,几个月过去了,我们还困在这场可怜巴巴、小打小闹又挥金如土的战争中。"[51]但是,他已经无法再负担另一场军事灾难。丘吉尔灵光一现:收买对政府最咄咄逼人的那位批评者,让他担任自己的智囊。

---

① 马尔伯勒公爵(1650~1722),英国历史上最伟大的军事统帅之一,原名约翰·丘吉尔。温斯顿·丘吉尔系他的后代。——译者注

第9章 最佳、最省钱的方案

1920年12月4日，丘吉尔的私人秘书向托马斯·爱德华·劳伦斯发出了会面邀请。丘吉尔第一次见到劳伦斯是在停战后不久，他仍对当时的情景历历在目。那时，劳伦斯解释了为什么拒绝英国国王授予他骑士爵位的好意，但遭到了丘吉尔的一番数落。丘吉尔后来写道："我马上指出他的做法不对。作为一位绅士，这种做法对国王相当不公；作为一位公民，这种做法对国王相当不敬。"[1]劳伦斯善意地接受了丘吉尔的指责，解释那是唯一的机会可以让国王了解，"荣耀等身的大英帝国正处在如何忠诚对待阿拉伯人的紧要关头，把叙利亚出卖给法国将在我们国家的历史上留下不可磨灭的污点"。丘吉尔一直无法忘怀对面这个男人"火烧眉毛"的模样。[2]1920年12月，他邀请劳伦斯加入了自己的队伍。

1921年初，劳合·乔治在政府重组中把丘吉尔从陆军部调到了殖民地事务处（Colonial Office），担任殖民地大臣。丘吉尔出于一贯的虚荣心欣喜地发现新办公室比过去的大了两倍，但多出来的面积无法补偿在这份工作中接踵而来的麻烦。丘吉尔头疼的是，首相要他全权负责巴勒斯坦事务，还包括刚结束骚乱的美索不达米亚。他需要在当地建立一个既满足阿拉伯人理想，又符合英国战略利益的政府。丘吉尔没有资本埋怨劳合·乔治，但接手美索不达米亚和巴勒斯坦的工作让他"多少有些担心自己的政治前途"——正如他自己形容，"它们就像怀中等着他照料的一对双胞胎",可"根本不是(我)亲生的"。[3]

这正是他急于拉拢劳伦斯的原因。劳伦斯虽是卸任的明星官员,却有摧毁他的巨大力量。丘吉尔后来声称劳伦斯立刻接受了他的邀请,但劳伦斯的说法是丘吉尔锲而不舍地相邀三次后,他才被说服回到了"如同阴暗坟墓的公职岗位上"——也许因为那时他正缺钱。[4]劳伦斯的说法显然更可信,因为直到1921年2月16日,丘吉尔才兴高采烈地告诉妻子克莱门蒂娜,他终于"搞定了劳伦斯"为自己卖命。[5]几天后,劳伦斯就开始在殖民地事务处工作到深夜,精心编制即将发生改动的相关的英国政策。丘吉尔相当欣慰能够说服最危险的批评者为政府服务——这立刻让劳伦斯闭了嘴。但是,这笔买卖在劳伦斯看来也很有前景。这是落在他身上能够扭转败局的"绝佳机会",能帮他走出整个郁郁寡欢的1920年。[6]

劳伦斯的乐观在于丘吉尔向他抛出橄榄枝时,政府正打算让费萨尔充当英国的傀儡。转折点出现在1920年12月的一次会议上,与会者对比了麦克马洪和谢里夫伊本·阿里之间通信的阿拉伯语版本和英语版本。在1915年10月24日的一封关键通信中,麦克马洪利用少加一个逗号制造了模糊表达的效果,令他看似接受了伊本·阿里的过分要求,实际上却给英国留下了与法国斡旋的空间。过去五年来,英国人一直相信他们赢得了这场外交上的胜利,但直到1920年12月的这一天,他们才意识到麦克马洪玩得花招竟然在翻译过程中丢失了。一位与会官员记录:

> 伊本·阿里国王收到的阿拉伯语版本的信中,十分明确地表明大英帝国不会顾忌损害法国的利益。但这段文字

是我们的底线，让我们有底气告诉法国人正是我们维护了他们的权利，阿拉伯人才会最终在一些领土纠纷中向法国让步。现在，我们的立足之本被生生抽走了，令我们陷入了十分尴尬的境地。我想，作为一种补偿，英国政府甚至可能愿意直接把费萨尔送去美索不达米亚。[7]

他的预计完全正确。两天后，内阁授权柯曾与费萨尔接触，判断他是否有兴趣执掌美索不达米亚。不久后，费萨尔就到了伦敦。

之后进行的秘密谈判十分振奋人心。这位阿拉伯领导人透露，"他没有为英国的提议而感到不快，他的哥哥阿卜杜拉原本就对统治没兴趣"。[8]这次，费萨尔还见到了劳伦斯，表示愿意放弃叙利亚和巴勒斯坦，尽管他很乐意看到在约旦成立一个独立的阿拉伯国家。他的态度令劳伦斯相当乐观。"所有的请求和承诺，实现的和背弃的，都一笔勾销了。"劳伦斯告诉丘吉尔的私人秘书，"只要费萨尔愿意，这些国家之间的相关事务就可以迅速解决"[9]。

"迅速解决"——这四个字马上引起了丘吉尔的浓厚兴趣，费萨尔的杰出先辈们也是如此。丘吉尔虽然在桑德赫斯特（Sandhurst）① 接受了骑兵军官训练，他却以战地记者的身份成名。19世纪末，他满腔热忱地报道了当时的数场小型战役，亲见"疯狂毛拉"② 在西北前线因为号召圣战造成死伤无数，也亲历了苏丹的马赫迪掀起的狂热。丘吉尔十分中意费萨尔可以

---

① 桑德赫斯特，英国皇家陆军军官学校所在地。——译者注
② 疯狂毛拉，穆罕默德·阿卜杜勒·哈桑（Mohammed Abdullah Hassan）。"疯狂毛拉"得名于1897年7月，当时哈桑带领普什图部落的士兵在西北前线攻击了英国军队驻扎的马拉根德（Malakand）。丘吉尔本人参与了解围行动。——译者注

利用先知穆罕默德后人的身份实现地区稳定。但与他头脑中浮现的阿拉伯人形象不同,他第一次见到费萨尔时很失望,对方竟然戴了一顶礼帽,穿着一身燕尾服。"告诉埃米尔,我感到很抱歉,他弄丢了自己那些美丽的衣裳。"丘吉尔让劳伦斯把这句话翻译给费萨尔听。"是的,"费萨尔回答,"还有我那美丽的国家!"[10]

丘吉尔为了维持西北前线的和平,提议在巴格达为费萨尔提供资助,在外约旦为阿卜杜拉提供资助,在麦加为他们的老父亲提供资助。"如果费萨尔知道不仅他父亲得到的资助……甚至他的哥哥在外约旦的地位都取决于他的表现,"丘吉尔如此思考,"他应该会更加容易对付。"[11]而与此同时,野心勃勃的阿卜杜拉和他们好战的父亲谢里夫伊本·阿里也会受到牵制。

1月12日,做出决定的丘吉尔告诉柯曾,他"强烈感觉到"费萨尔是这项任务的"最佳人选"。[12]为了防止美索不达米亚的人们反对费萨尔,他在同一天告诉珀西·考克斯爵士,在即将进行的全民公投中——美索不达米亚人民将自行决定是否接受费萨尔成为他们的领导人——"不必死守西方政治的那一套……应该(由我们来)为选举定调。"[13]

丘吉尔考虑的是,如果费萨尔能得到一部分当地人的支持,法国就没法因让费萨尔重回巴格达而指责英国。在英国的考虑中,法国依旧是计划成败与否的关键。那时,英国已经消除了法国人的部分怨气,表示愿意对巴格达的阿拉伯政府持中立态度。但是到了1921年初,他们的把戏就被戳穿了。一位英国资深外交官说漏了嘴,提到费萨尔去过伦敦。英国的这一举动,再加上重新任命劳伦斯,都让法国朝最坏的方向思考。法国外交官警告自己的外交部,任命费萨尔会让两国关系再度紧张,尤其是古罗从骨子里不信任阿拉伯领导人。这位法国外交官强调,信赖费萨尔就像"斜倚在一根折断的芦苇上"。[14]

丘吉尔已经决定3月在开罗举行官方会议时例行通过费萨尔的任命,但在这之前,他知道要先取得法国方面"明确和清晰的理解"。[15]2月24日,他会见了古罗和法国外交部长菲利普·贝特洛(Philippe Berthelot)。贝特洛毫不客气地抨击了英国的政策,形容费萨尔"个性懦弱,完全不可靠",如果他成为巴格达的地方长官,一定会削弱法国对叙利亚的统治。[16]古罗支持同伴的观点,提及在这年早些时候费萨尔刚背叛了之前许下的承诺。

丘吉尔小心安抚着法国人的情绪。他佯装表示,不管英国政府派谁出任美索不达米亚的行政长官,他"个人依旧对这个问题保持开放态度"。他告诉法国同僚,"回到下议院……他会十分难做,因为英国在当地的智囊都倾向选择费萨尔。尽管如此,他还是会力排众议,转达法国方面的意见。"[17]

3月13日,英国的中东专家们在开罗碰头。一众人立刻被戏称为"四十大盗",令丘吉尔觉得十分好笑。与会者包括英国资深军官、丘吉尔驻伦敦的智囊,以及来自地方的官员,比如格特鲁德·贝尔和珀西·考克斯爵士。当英国驻索马里兰(Somaliland)的官员杰弗里·阿彻爵士(Sir Geoffrey Archer)带着两头幼狮现身时,立刻成了全场的主角。艾伦比——如今他是英国驻埃及高级专员——首先主持了一场派对。在他发言之际,两头狮子在他官邸的花园中觅得了新宠物。"它们突然像失控了一样,"艾伦比写道,"向我的秃鹳飞奔而去。它扇动翅膀要逃命,差点儿就被逮了个正着。但阿切尔和他的黑人仆佣一直紧追它们不放,才及时制止了它们的进攻。现在,它们已经被送去了伦敦的动物园。"[18]

这些智囊们相聚一堂不过是逢场作戏，大家早就清楚会议的结果。"我们谈论着可以为那里的人们留下些什么，但最后我们什么也没留下。"劳伦斯后来写道。[19]

第二天，丘吉尔以一封发给首相的电报草稿开始了当天的会议。"我认为，我们应该达成一致结论……费萨尔是我们最佳、最省钱的方案。"他宣布，接着又补充，他很有信心劳伦斯能说服费萨尔出任现在这个被命名为"伊拉克"的国家的领导人。[20]后续讨论中，劳伦斯继续表达了应该支持费萨尔而不是他的哥哥——就像四年前一样。他坚称，费萨尔"个性活跃，总能鼓舞人心"，而阿卜杜拉"懒惰，毫无君王风范"。现场的其他人都不了解这对兄弟，只能频频点头。丘吉尔带上画具去了金字塔，他的一位副官报告："直到天黑我们才又见到他。"[21]

第二天，丘吉尔又外出画画，而他的官员们——他们组成了两个委员会，一个负责政治和军事问题，另一个负责财政问题——开始讨论方案的细节，怎样扶持费萨尔以及怎样削减英国在美索不达米亚的开支。"这是我有生以来经历的最漫长的两个星期。"劳伦斯说，贝尔也深以为意。[22]3月15日，她向考克斯争辩，伊拉克的领土应该包括以库尔德人为主的北部内地。丘吉尔从金字塔回来后，虽然对这个提议不满，却没有反对。3月16日，他再一次外出作画，这次去的是一座位于城市东部的修道院。回来后，他给劳合·乔治发了电报，说他的主要智囊们已经"在政治和军事上达成了完全一致的结论"，根据他呈上的防御方案，今年或许可以节省2000万英镑开支。在这套方案中，英国将主要依靠皇家空军来维持当地的和平。"请务必留意，"他多次提醒智囊们，"中东发生的一切都不及削减开支来得重要。"[23]

讨论现在进展到了巴勒斯坦和外约旦问题。英国很担心法国会在这两个内陆地区扩张自己的影响力。去年11月，费萨尔的哥哥阿卜杜拉的到任让情况变得更加复杂。赫伯特·塞缪尔从耶路撒冷赶来参加会谈，竭力游说丘吉尔正式拿下这块土地。他在之后几天提出，"犹太复国主义者和阿拉伯人多年来在巴勒斯坦的矛盾"如果可以放到更大的地区内解决，"将很有可能"平息犹太人和阿拉伯人之间的分歧。[24]

丘吉尔和劳伦斯都不同意塞缪尔的观点。丘吉尔不想引起阿卜杜拉的反感，劳伦斯却认为外约旦才是更好的缓冲地带，英国可以任命一位容易操控的领导人，遏制阿拉伯人反抗犹太人。劳伦斯认为理想的人选"不宜太强势，而且最好不是土生土长的外约旦人，还需要依靠大英帝国才能保住在当地的影响力"。[25]他头脑中打的算盘正是阿卜杜拉。内阁同意了劳伦斯的建议，因为成本相对较低。一位德高望重的官员抱怨："他们满脑子只想着钱钱钱。"[26]

到了3月20日，一切都已尘埃落定。丘吉尔和同僚们一起骑骆驼去了金字塔。途中，丘吉尔骑得那头骆驼不愿听从让它加快脚步的指令，直接把丘吉尔甩到了地上。在狮身人面像前，丘吉尔还和贝尔、劳伦斯等人合影。与会的所有成员在回到旅馆后一起拍摄了正式的大合照，人群把丘吉尔簇拥在正中，站得离他最近的就是劳伦斯。照片中最引人注目的是人群中只有两个阿拉伯人，而且只有一个来自伊拉克——费萨尔在战争期间的将军之一贾法尔帕夏（Jafar Pasha）。一脸尴尬的贝尔站在阿诺德·威尔逊的身边，威尔逊离开政府后马上加盟了英波石油公司。第一排前方的波斯地毯上，两头幼狮欢快地嬉戏着。

劳伦斯给费萨尔发电报,告诉了他这个好消息。"事情完全按照我们的设想进行,"他告诉费萨尔,"请立刻动身前往麦加……不要向媒体泄露任何风声。"[27]

3月23日,丘吉尔前往耶路撒冷。在加沙边界,迎接他的是一阵嘈杂的人声。示威者高喊着"打倒犹太人!"和"割断他们的喉咙!"[28]他在后来的行程中拜访了一处犹太定居点——他写道,"我们受邀品尝了定居点出产的上好美酒,视察了许多丰饶的果园"。丘吉尔对此行留下了十分深刻的印象,但他的当务之急是决定把外约旦交给谁。[29]劳伦斯提前一步见到了阿卜杜拉,说服他一起前往耶路撒冷会见丘吉尔。阿卜杜拉接受了丘吉尔的建议,同意执掌外约旦,还保证他会尽力平息大马士革的叛乱,让法国的日子不那么难过。英国为了确保他履行承诺,把他的首次"聘用合约"限制在了六个月。

起初,丘吉尔打算发表一份全力支持费萨尔的声明,好让考克斯迫使当地的两位竞争者纳基卜(Naqib)和赛义德·塔利布(Sayyid Talib)退出。纳基卜来自巴格达,是当地逊尼派德高望重的宗教领袖;而塔利布还很年轻,是来自巴士拉的野心勃勃的民族主义者。然而,身在伦敦的劳合·乔治担心,如果同时宣布在两个新的邻国任命费萨尔和阿卜杜拉,法国可能会认为"这威胁到了他们在叙利亚的地位,而我们就是背后的蓄意谋划者"。[30]他坚持,我们必须让外界看到伊拉克人的主观意愿。

因此,丘吉尔会见古罗的智囊罗贝尔·德·凯时,只能无奈地搬出一套出人意料的说辞——英国的政策"会视伊拉克和其他地区人民的意愿进行调整",尽管他承认这是一种"谢里夫式的解决方式"。[31]实际上,费萨尔在前往麦加征求父亲的同意时，丘吉尔派考克斯和贝尔在1921年3月回到了巴格达。他戏称这项任务是"在美索不达米亚发动一场支持费萨尔的自觉运动，令它成为费萨尔效忠大英帝国的序曲"[32]。

贝尔和考克斯接到任务时，情况已经变得十分棘手。他们在开罗开会期间，纳基卜和赛义德·塔利布一直卖力竞选。塔利布现在已经决定支持年迈的纳基卜，想着等到纳基卜去世就能继承他的衣钵。留给考克斯的时间相当有限，因为费萨尔被告知可以在4月23日这天宣布他愿意领导伊拉克。无奈之下，考克斯邀请塔利布一起喝茶，却在他离开时悄悄绑架了他。塔利布先是被秘密带到了巴士拉，后来又被转送到了锡兰。接着，英国地方总督就开始全力对付纳基卜。考克斯满怀深情地告诉面前这位德高望重的宗教领袖，作为他的朋友，他有义务说出这番话，"考虑到他年事已高，身体又每况愈下，实在不太可能获得当地人的支持出任这个国家的领导人"。[33]

法国对英国心仪的候选人祭出了最后一招。临近4月末，法国大使会见了柯曾，向他透露去年费萨尔曾表示愿意与古罗合作，从英国手上夺走摩苏尔。但法国的做法完全没有取得预想的效果。丘吉尔把这则情报泄露给了劳伦斯，以证真伪。劳伦斯告诉他，这并非不可能——为了在1919年漫长的谈判中争取和法国达成协议，他曾让费萨尔向法国做出同样的保证。法国总理得知费萨尔最终还是出现在巴士拉后召见了英国大使，表示英国竟然扶持一位刚被古罗抛弃的阿拉伯领导人，"令他们十分难以接受"。[34]

6月21日，费萨尔抵达巴士拉。他沿幼发拉底河而上，进行了一次皇家出巡般的旅行。考克斯因为与他同行，被一位记者形容成是费萨尔的选举代理人。费萨尔在什叶派腹地受到的对待十分冷淡,这令考克斯很失望,他本以为什叶派会接受一位来自巴格达的谢里夫。[35]与此同时,贝尔在巴格达的主要工作是应付相对容易沟通的逊尼派信徒。"和他们在一起时,你从不会迷失方向。"她写道,"因为他们总是受到明灯的指引;但和什叶派在一起时,无论他们抱着怎样的善意,总会有某个狂热的'阿里木'(alim)[①]突然蹦出来告诉大家,根据神的旨意和他的旨意,他想分享一个与众不同的想法。"[36]英国在那段时期的困境在于——如同早前奥斯曼帝国的经历——如果建立一个逊尼派的政府,伊拉克人口中占多数的什叶派信徒就会认为自己被边缘化了。

丘吉尔回到伦敦后愈发不安起来。他在中东期间,财政大臣奥斯汀·张伯伦(Austen Chamberlain)已经取代安德鲁·博纳·劳(Andrew Bonar Law)当上了保守党主席。作为劳合·乔治的得力助手,他的调动产生了令丘吉尔垂涎的空缺。丘吉尔无疑希望被任命为财政大臣:当他的希望落空,张伯伦形容他就像"一头被激怒的狗熊"。[37]丘吉尔已经厌倦了在伊拉克事务上没完没了地消耗时间,于是给考克斯发了电报,让他加快行动。他再次提醒这位高级专员,他们的目标"是让一大拨英国士兵撤出这个国家,减轻英国纳税人的负担"和"尽快让费萨尔登基"。[38]

全民投票在8月上旬举行。很快,考克斯从选举代理人摇身一变成了选举监察人。他告诉丘吉尔,选举结果显示"高达96%的选民赞成埃米尔费萨尔出任伊拉克国王",并在8月15

[①] 阿里木,伊斯兰教的专家。——译者注

日公布了选举结果。[39]

直到八天后,费萨尔才在巴格达市中心举行的仪式上正式登基,成为伊拉克国王。显然,英国人——而非伊拉克人——才是真正的造王者。英国人设计了装饰仪式现场的红、白、黑、绿相间的旗帜;因为没有伊拉克国歌,英国军乐团演奏了《天佑国王》(God Save the King)①。尽管如此,费萨尔在就职演说中坚决否认拥有最高权力的人是考克斯。格特鲁德·贝尔记录道,他的发言"十分简洁、优美、触动人心"。她坐在观礼席的第一排,大大松了口气,"看到所有的伊拉克人,从南至北汇聚到一起",拥戴他成为国王,"实在太激动人心了"。[40]

根据事先的"导演",费萨尔的登基典礼只具有象征意义。但是在中东,这却成了一道重要的分水岭。它再次恶化了英国和法国的关系。正如法国担心的那样,英国决定启用一位刚被法国踢出叙利亚的阿拉伯领导人,迅速激起了其他地方的阿拉伯人希望自治的呼声。一位恼羞成怒的法国亚洲委员会前总书记写道:"叛徒、伪证犯、法国士兵的刽子手,就是这么一个男人,刚得到了我们的英国盟友的提拔,登基成了国王!"[41]

---

① 《天佑国王》,英国、英国的皇家属地、海外领土和英联邦王国及其领地作为国歌或皇家礼乐使用的颂歌。——译者注

第 10 章　德鲁兹派叛乱

"快跑，伙计！快踩油门！"亨利·古罗朝他的司机大喊。此刻，子弹正在他们的身边呼啸而过。[1]那是1921年6月23日，他们中了埋伏，对方是一群伪装成叙利亚宪兵的杀手。事件发生在库奈特拉省（Qunaytirah）境内，从大马士革前往戈兰高地（Golan Heights）的一条蜿蜒狭窄的小路上。古罗的随行翻译已经倒在后方的土路上，气绝身亡——从汽车中射出的子弹直接击中了他的头部；大马士革的地方长官阿基·贝·阿泽姆（Hakki Bey al-Azm）也受伤了，但所幸不严重；先后有三颗子弹射穿了古罗空荡荡的右臂衣袖，但他侥幸毫发无损；他那能干的驻大马士革代表、一直坐在他身边的乔治·卡特鲁亦幸免于难。讽刺的是，他们的库奈特拉省一行正是为了彰显如今法国的势力已经深入巴勒斯坦边界。

费萨尔在两天前抵达巴士拉，从那里去巴格达。在古罗看来，遇袭的时机证实他早在2月就向丘吉尔流露过的担心——由于决定支持费萨尔，英国正在"陪育一头像弗兰肯斯坦（Frankenstein）一样的怪物，我们最后都会被它吞了"。[2]卡特鲁认为自己应该对袭击负责，于是提交了辞职信，但古罗没有批准。相反，他要求卡特鲁找出背后的真正凶手。而这道命令最终将造成意义十分深远的影响。

卡特鲁的调查很快集中到了艾哈迈德·马拉维德（Ahmed Merawed）身上。伏击发生那天的早些时候，他曾扬言要了高洛德的命，得知预言差点儿成真后，他一路往南逃到了外约旦。出了法国的管辖区，卡特鲁声称，英国人对马拉维德"睁一只眼，闭一只眼"，后者在边界地区过起了安然自得的生活。[3]古罗告诉赫伯特·塞缪尔爵士马拉维德在英国的管辖区后，英国人谎称他们很快就会采取行动。9月，他们象征性地抓捕了一位可能参与谋杀法国高级专员的嫌疑犯，但阿卜杜拉得到风声后，英国人便不了了之了。[4]一位英国政治官沮丧地总结道，只要嫌犯得到阿卜杜拉的追随者们的保护，英国就不可能动真格，除非他们"真的打算解决这些麻烦"。[5]

英国政府当然不会。那年晚些时候，丘吉尔派劳伦斯去外约旦协助处理当地的局势。他建议告诉法国，"尽管抓捕暗杀者是我们义不容辞的任务，也是政府的职责所在……但我们在外约旦的第一要务是组建政府，接着才是公开反对政治暗杀行动"。[6]在丘吉尔看来，屈服于法国的压力，把精力投放在抓捕嫌犯上"很蠢"，因为法国人在当地本来就不受欢迎。支持法国政权不会给英国带来任何好处，法国人在当地的所作所为和残暴的奥斯曼帝国几乎没有差别。

早在1915年，曾提出法国应该主张叙利亚领土的律师埃蒂安·弗朗丹就明智地警告过法国政府，不要把叙利亚人视作野蛮人，还预言法国应该"用有效的管理、秉公无私的精神、司法公正和财政廉洁"来赢得他们的支持。[7]然而六年过去了，法国在叙利亚和黎巴嫩的统治愈发专横，充满压迫又腐败无度。

古罗在1920年成为大马士革的决策者后，他的秘书罗贝尔·德·凯就直言不讳地列出了可供将军斟酌的选项。罗贝尔·德·凯建议，法国可以"平息和弥补分裂……建立一个全新的叙利亚"，也可以"在建立法国的权威后，善加利用和维持当下的分裂局面。我必须说,只有第二种方式才能提起我的兴趣"。[8]古罗欣然应允。1920年8月,古罗为了讨好基督徒,重新划分了黎巴嫩的版图。他把叙利亚分成了四个独立省份,隔开了大马士革和阿勒颇,承认了少数族裔阿拉维派(Alawite)和德鲁兹派。

古罗宣布,划分主要依据国内宗教和民族之间的差异,但他的真实意图很快就暴露了:为了打散民族主义者的势力。这种做法完全背弃了委任统治的目的,法国本该在叙利亚和黎巴嫩协助组建自治政府。一位法国评论人士批评,"在不断进步和文明起来的叙利亚……(这种做法)就像对待阿特拉斯部落(Atlas tribes)或者苏丹的黑人"——他说的一点儿没错,古罗的方案正出自他的导师路易·赫伯特·利奥泰(Louis Hubert Lyautey)早年在北非的做法。[9]但因为他的做法激怒了当地人,又需要承担巨额支出,法国不得不在1922年把四个联邦省份中的三个合为一体,只有德鲁兹山依旧维持原来的分治局面。

乍一看,法国似乎从英国在伊拉克的教训中学到了宝贵的一课。与邻近的美索不达米亚地区不同,叙利亚的政府从一开始就启用了阿拉伯官员。古罗在每个省份都任命了一位阿拉伯地方长官,比如阿基·贝·阿泽姆。英国形容阿基·贝"聪明,但老态龙钟又懦弱",而且他们发现真正掌权的其实是每位地方长官的法国顾问。他们可以随时对付不利于自己的人,与英国政治官在美索不达米亚的工作没有差别。[10]英国解决美索不达米亚的麻烦后,开始攻击法国官员蓄意加重赋税;在法庭审判中有失偏颇;如果"行政处罚"无效,甚至不惜采取暴力。[11]"他们对待'当地人'的态度似乎还停留在18世纪或19世纪。"直到1945年,一位英国官员还在发出类似的讥笑,"他们'想用几发子弹就打发民众的反抗',看起来还死死抱着拿破仑式的行事方式,把它当作自己的基本教条。"[12]

卡特鲁否认古罗沦为了"自己信仰的囚徒",还说他"对伊斯兰教和发端于此的阿拉伯文明充满同情和敬意",但在当地审判牵涉基督徒的案件时,法庭从不采用穆斯林的证词,这充分反映了法国根深蒂固的成见。[13]法国人非常依赖黎巴嫩翻译——一位英国官员曾形容,法国在当地的政府系统就是"法国队长加上基督徒翻译"——这更加深了阿拉伯人的偏见,从而使他们疏远了大部分穆斯林。[14]

劳伦斯在战争期间的同僚沃尔特·弗兰西斯·斯特林认为,"法国正在榨取叙利亚最有利可图的资源"。他留意到,整个国家能够产生利润的公共事业和垄断企业都掌握在法国人手中,他们兴建基础设施时也完全凭"战略目的而不是公众利益"。[15]腐败层出不穷:不久前,一位英国外交官报告,法国官员们"满心期待着自己的岗位奉上的厚礼"。[16]卡特鲁甚至也表达过类似观点,"我们身在这个东方国家,根本没有免费的午餐"。[17]

劳伦斯到了外约旦后,宣称英国不会因为支持法国得到任何好处。不仅劳伦斯从来没想让法国控制叙利亚,他的同僚们发现,法国在叙利亚和邻国黎巴嫩的不利地位甚至可以为英国带来一些实质上的好处。法国在中东的横行无忌激起了阿拉伯人的愤怒,这反衬了英国委任统治的积极开明。英国驻巴勒斯坦高级专员塞缪尔相当讽刺地表示:"英国对巴勒斯坦的托管或许遭到了不少人的批评,但这些阿拉伯人中很可能没人希望法国取而代之。"[18]他总是提醒巴勒斯坦的阿拉伯人,英国如果撤军,法国必定会伺机而动。塞缪尔认为:"英国的委任统治还没有受到过致命挑战,正是出于这个原因。"

由于英国不愿协助调查古罗遇袭的事件，法国只能在自己的管辖地区内自食其力。1922 年，他们收到了一条新情报，提供者是古罗任命的德鲁兹山地区的阿拉伯人地方行政长官萨利姆·阿特拉什（Salim Atrash）。他告诉法国方面，另一名袭击者现在正和他的兄弟，亦是他的对手苏丹·阿特拉什（Sultan Atrash）在一起。法国突袭了苏丹的住处，抓捕了嫌疑犯，但护送囚犯返回大马士革的数辆装甲车中了苏丹设下的埋伏，一名法国军官因此丧生。人们不断对该事件添油加醋，传闻渐渐成了 31 岁的苏丹挥起一刀，直接砍下了那个不幸的法国人的脑袋。[19] 这拉开了法国和苏丹·阿特拉什之间血腥周旋的序曲，这个男人还会在接下来的五年中持续对法国死缠烂打。

即使时光流逝了二十年，苏丹仍是一副咄咄逼人的模样。1941 年，英国探险家，同时在英军服役的士兵威尔弗雷德·塞西杰（Wilfred Thesiger）见到这位"少年时代的英雄"时，十分欣喜地发现人到中年的苏丹仍远超他的预期。塞西杰回忆："他的脑袋包在一张白色的头巾中，脸色冷峻、威严；他的身上披着一张上好的黑色编织毯，身材挺拔又精干。"[20] 一张拍摄于 1920 年的相片上，当时仍戴罪的苏丹警惕地盯住照相机镜头。他在逃亡中一向精心打理、修剪那撮十分文雅的胡子，当时却冒出了一层细密的胡楂。

苏丹·阿特拉什的父亲在 1909 年的德鲁兹派叛乱中被土耳其人处决。他在阿拉伯民族主义运动的高潮时期投奔费萨尔和劳伦斯，把奥斯曼帝国逐出了大马士革。然而，德鲁兹人和贝都因人从来不是天生的盟友。1918 年 10 月 1 日，苏丹和阿拉伯人一起进入大马士革后，马上和费萨尔的贝都因主要支持者奥达·阿布·塔伊（Auda abu Tayi）起了冲突。劳伦斯劝开了两个扭打到一起的男人,但苏丹已经狠狠往奥达的脸上揍了一拳。在苏丹造成其他伤害前,劳伦斯设法让他离开大马士革,回到了德鲁兹山。

之后三年,阿特拉什族人仍是德鲁兹山地区规模最大、最有权势的家族。德鲁兹山位于大马士革以南丰饶的高地,得名于六百多年来一直顽强独立地生活在那里的人民。如果远观,可能会误以为那块土地不值一提,但实际上它是一道天然的屏障。那里从前遍布火山岩,南部侧翼是地势崎岖的熔岩地带拉哈(Laja),裂缝和沟穴纵横交错,为当地人提供了无数藏身之处,使他们轻易就能伏击冒失的闯入者。如今,德鲁兹山的南部与外约旦接壤,但一直没有清晰的领土分界。法国如果想接近那里,必须绕道英国管辖的领土,这么一来,就会演化为外交事件。夏季灼热的阳光和冬季凛冽又潮湿的天气更令入侵者望而生畏。德鲁兹人充分利用了山地严酷、阴暗与乱石林立的优势。曾有一位法国官员说:"没有任何人(比德鲁兹人)更擅长躲藏在岩石中设下埋伏,利用地形给敌人制造出其不意但绝对致命的一击。"[21]

德鲁兹这个名字来自一位名叫杜拉兹(Durazi)的传教士。他在一千多年前来到当地传教,说服人们相信什叶派法蒂玛王朝(Fatimid)的哈里发哈基姆(Hakim)① 就是上帝。其他穆斯林视德鲁兹人为异教徒,他们在黎巴嫩与世隔绝的山区一直生活到1860年代。后来,发生了德鲁兹人屠杀基督教马龙派教徒(Maronites)的事件,他们遭到法国的报复,便撤退到了德

---

① 哈基姆,第六任哈里发,他废除了之前的宗教宽容政策,残酷迫害犹太教徒和基督徒,并于1010年拆毁耶路撒冷的圣墓教堂(Church of the Holy Sepulchre)。——译者注

鲁兹山的腹地。尽管他们有时会向英国寻求保护,但德鲁兹人天生就有勇士和神射手的名声,令外人闻风丧胆。近千年来,他们发展着自己的神秘宗教,相信人死后会涅槃——至少外人以为他们对死亡毫无畏惧。一位经历过德鲁兹人攻击的幸存者形容,"整块大地都在颤动,五千人或骑马或徒步压境而来……他们挥舞着武器,发出震耳欲聋的咆哮声,头上扎着四道黑色的头巾,上面画着族中埃米尔的侧身像"。[22]德鲁兹人神秘的宗教和孤绝的地理位置相互作用。那里依旧是封建社会,一位当地族人的埃米尔甚至还在作战时身披锁子甲,尽管他手下的士兵早已换上了更加轻便的装备,拿着现代的来复枪和手榴弹。

奥斯曼帝国忌惮德鲁兹人可怕的名声,赦免了他们的税收和兵役。起初,法国也效仿土耳其的做法,但萨利姆·阿特拉什在1923年去世后,法国不得不收紧对德鲁兹山的控制。法国还知道,德鲁兹人和英国人之间一直沟通频繁。就在阿特拉什家族对继任者莫衷一是之际,法国派出了自己的地方行政长官,面相严峻、曾服役于法属西非军队的年轻军官加布里埃尔·卡尔比耶(Gabriel Carbillet)。

加布里埃尔有"没被送上断头台的罗伯斯庇尔"(Robespierre without a guillotine)之称。他热衷消除阿特拉什家族对德鲁兹山的控制,修建了公路、学校、灌溉系统,还在首府苏韦达(Suwayda)盖起了一座上诉法院。他采取强迫劳动的做法——甚至把阿特拉什家族的一名成员发配去做苦力。[23]风风火火的建设搞了将近一年,他在1925年初以休假的理由离开了那里——当时,他已经到了人心尽失的地步。苏丹·阿特拉什趁此时机,向新上任的法国驻贝鲁特高级专员强烈抗议法国人过分干涉当地事务的行为。

新到任的高级专员莫里斯·萨拉伊(Maurice Sarrail)时年

69岁。他曾带兵打过仗，面如砖色，是位好心肠的男士。他在1925年1月初抵达贝鲁特时，法国的外交政策正处于激烈的变动中。战争结束五年来，法国在1924年时的债务翻了一倍，已经影响到了法郎的稳定。金融危机导致了雷蒙·普恩加莱政府下台。普恩加莱政府的手段十分强硬：德国未能支付巴黎和会上商定的战争赔款后，他们直接出兵占领了鲁尔区（Ruhr）。5月，爱德华·赫里欧（Edouard Herriot）①领导的左派联盟凭着"为了和平"和"反对金钱势力"的口号赢得了选举，但这位前大学讲师并没能阻止法郎的颓势。

萨拉伊作为一名资深军官，竟一反常态地公开支持左派领袖赫里欧。他的许多政敌认为，萨拉伊之所以能够得到贝鲁特的任命是支持赫里欧的回报，但这种说法并不公允。萨拉伊一直严厉批评奉行国家主义的政府推行的叙利亚政策，认为它"只能令一小部分金融家和商人"受益，而且十分依赖天主教机构。如同许多法国的社会主义者，他从心底看不起这些宗教机构。[24]抵达贝鲁特后，他受邀参加一场弥撒，以示他蒙受了教会的恩惠。但他直截了当地告诉那位德高望重的修道院主事人，"我才不关心你和你的弥撒"。[25]

赫里欧派萨拉伊去贝鲁特是为了修正被抨击已久的政策、与穆斯林主流恢复友好交往。但问题同样显而易见，这是法国政策上的大转向，很可能会带来其他隐患。法国军队中的英国联络官盖伊·索尔兹伯里-琼斯（Guy Salisbury-Jones）写道："放弃支持在当地耕耘了多年的基督教徒，转而支持穆斯林，这种做法充满了不确定性，甚至不太具有可行性，很难称得上是

---

① 爱德华·赫里欧（Edouard Herriot），法国政治家、学者，激进党领袖，三次出任法国总理，但任期都很短暂。——译者注

明智的做法。"[26]萨拉伊突如其来的任命,更加剧了任务的难度。索尔兹伯里·琼斯认为,"萨拉伊来这个国家还不到24小时",就失去了大部分法国人和所有基督徒的支持。[27]

萨拉伊手忙脚乱地试图阻止任命一位保守的天主教徒出任黎巴嫩的地方长官。他要求黎巴嫩代表理事会(Lebanese Representative Council)——这个机构早年由古罗建立,但并没有实权——另外提交三位候选人的名单,但他随后又一一否决了这三人,其中包括聪明能干的黎巴嫩律师埃米尔·埃德(Emile Eddé),萨拉伊的理由是他与教会过从甚密。之后,理事会拒绝再与萨拉伊合作,他出于无奈只能任命一位法国人出任地方长官。他打算采取怀柔策略,允许民族主义者参加直选,但身在法国的赫里欧拒绝承认选举结果的合法性,于是这一尝试又告吹了。萨拉伊在2月访问大马士革时,恭迎他的仅有一片死寂。一位在场人士回忆:"人群中没有发出一声问候,没有一丝笑容,没有一点欢呼。"[28]赫里欧的短命政府下台后,萨拉伊就迅速被革职了。那时,他已经完全丧失了巴黎的支持,成了黎巴嫩基督徒和穆斯林的眼中钉,更糟糕的是连他手下的人都无法苟同他的观点。

苏丹·阿特拉什察觉到萨拉伊已经回天乏术,以为是时候抱怨卡尔比耶了。但在一位德鲁兹的代表到达贝鲁特后,高级专员却拒绝见他。当时,地位恐将不保的将军或许认为他是个小人物,于是摆出了一副想要挽回威信的姿态。毕竟,在布政司(chief secretary)① 罗贝尔·德·凯的眼中,德鲁兹山的地位

---

① 布政司,旧称辅政司(Colonial Secretary),是大英帝国殖民地不少政府的重要官职,地位仅次于总督(Governor-general)。而高级专员(High Commissioner)是大英帝国向成员国派出的最高外交使节,他们有时是联络官,有时是那些地区的高级行政官员。——译者注

"无足轻重","仅有5万人口"。[29]然而,法国在那时还未料到,日后他们中的1万人将被武装起来。[30]

1925年7月初,在苏韦达举行的德鲁兹派传统仪式上爆发了枪声,萨拉伊命令驻大马士革情报机构负责人汤米·马丁(Tommy Martin)调查此事。马丁认为,有充分证据表明那里即将爆发一场叛乱。于是,萨拉伊让他邀请四位主要的德鲁兹领袖来大马士革,其中三人接受了邀请,却发现一踏足首都就被逮捕了。唯一没有中圈套的是苏丹·阿特拉什——他的父亲曾有过相似遭遇,并为此付出了生命。

索尔兹伯里-琼斯认为,萨拉伊设下的骗局"只起到了煽风点火的作用"[31]。九天后,苏丹·阿特拉什攻下了德鲁兹山南部的村庄塞勒海德(Salkhad)作为报复。萨拉伊再一次轻视了对手。他不顾卡尔比耶的建议,让一位名叫诺曼德(Normand)的基层军官仅带了160人就向苏韦达进发,想要夺回塞勒海德。但诺曼德还未抵达目的地,在半路就中了苏丹的埋伏。法国人在身亡人士中十分惊讶地发现了一位经常给德鲁兹人看病的法国医生,另外还包括诺曼德的尸体——仅有不足半数的法国士兵幸存。[32]苏丹利用这次胜利继续向苏韦达北部推进,并在7月28日包围了周边地区。

坏消息接踵而至。五天后,罗歇·米肖将军(General Roger Michaud)带领一支军队从大马士革南部的铁路沿线出发,试图突破德鲁兹人的封锁。这支军队由3000人组成,规模远超上次,但他们也没逃过几乎全军覆灭的命运——仅有一支小分队抵达了贝鲁特。不仅如此,军队的庞大规模更加暴露了法军的弱点。那年的气候尤其干燥,法国人必须动用货车运水,因此前进的速度十分缓慢,而且行经的路线完全在德鲁兹人的意料之中。几位同情德鲁兹人的铁路工人泄露了军队的行踪，法国人很快就中了埋伏，运水车悉数报废。

米肖日后称，在他的整个职业生涯中都没见过士兵遭到毒辣阳光的此等折磨。军队中了埋伏后，米肖惊恐地看着众人奔向运水车，争先恐后地从被射穿的水箱外接水喝，而不是举枪回击。他在距离苏韦达仅6英里处发出了撤退的命令，但军队再次遭到伏击，本来计划的有序撤退彻底沦为了一场溃败。超过600名法国士兵在此役中丧生，德鲁兹人却缴获了2000支来复枪、大量机关枪和弹药。直到那年晚些时候，法国军队才终于跋涉到目的地。"那是一场灾难。"一位军官回忆，"黎凡特干涸的大地上四散着白骨和几乎成了木乃伊的尸体。掀翻在地的汽车轮胎被扎破，卡车被烧得仅余一架残骸。更远一些的地方是支离破碎的装甲车，附近横躺着曾驾驶它们的士兵遗体。"33

沉着冷静的莫里斯·甘末林（Maurice Gamelin）发起第二次进攻时——他在那时取代了米肖——才成功解围苏韦达。甘末林已近退休之年，依旧散发着精明能干的气息，为人还相当谦逊。1914年的马恩河战役（Marne）中，他带领法国军队阻止了德军向巴黎进发，经此一役后一战成名。他在9月中旬抵达德鲁兹山，在9月22日把指挥部建在了西部的铁路附近。第二天，他带着7000名精兵强将出征，包括一支能力出众的外籍军团分遣队（Foreign Legion）。第三天下午，他们没费太大力气就解除了苏韦达的封锁。然而由于食物和饮用水短缺，甘末林没有选择余地，只能在将当地夷为平地后撤退。随着冬季的来临，根本不可能在山区中心地带重建法国的防御工事，法军直到第二年春天才得以重返德鲁兹山。

法军暴露无遗的弱点使其他分裂分子蠢蠢欲动。如今，位于奥龙特斯河（Orontes）以北170英里的贸易城镇哈马（Hama）也遇到了麻烦。带领叛乱的是法齐·卡伍奇（Fawzi al-Qawukji），其外形十分引人注目，顶着一头金发，曾在1920年加入阿拉伯军队，在大马士革之外的麦塞隆被法军击败。如今，他受到阿拉伯叛乱分子的激励，入侵了法国在摩洛哥的势力范围，正在里夫山脉（Rif mountains）顽强抵抗法军。因此，卡伍奇联络了苏丹·阿特拉什。1925年10月4日，驻守哈马的阿拉伯宪兵发动了兵变。尽管法国靠大炮和空袭迅速平息了叛乱，但400位平民因此丧生。卡伍奇幸免于难，一直战斗至第二天，他树立的榜样很快引来了更多人的效仿。

卡伍奇不是唯一受到德鲁兹派反抗精神激励的民族主义者，阿卜杜勒·拉赫曼·沙班达尔（Abdul Rahman Shahbandar）也是其中之一。他以第一名的成绩从贝鲁特美国大学（American College in Beirut）的医学院毕业，但真正成就他的是雄辩才能。第一次世界大战期间，他获得英国方面的协助逃离了叙利亚，一直在埃及生活，直到停战后才返回祖国。他担任过美国专员查尔斯·克兰的随行译员，之后又短暂出任费萨尔政府的外交部长。1922年，克兰重返叙利亚，在大马士革发表演讲时，担任现场翻译的正是沙班达尔。他在美国人的中立发言稿中添油加醋，擅自改为对法国统治的强力抨击。沙班达尔由于散布谣言被投入狱，在1924年被驱逐。但是，他从没有放弃把法国逐出故土的决心。德鲁兹人爆发叛乱后，他看到了机会。沙班达尔联络了德鲁兹人，宣布承认苏丹·阿特拉什为叙利亚国王。那年夏天，他把遭法国排挤、四散各地的异见分子集中到大马士革近郊的姑塔（Ghouta）。那里是大片果园，极有利于藏身，众人主要靠着土匪强盗的行径为生。

这些危险分子开始频繁进出大马士革后,法国焚烧和炸毁了果园周围的村庄,试图把他们赶走。法国为了展示镇压成果,威慑大马士革其他的叛乱分子,把尸体运回了大马士革,在城里的大广场上示众。然而,这完全没有取得预想的效果。面对眼前的一整排尸体,旅居当地的法国人艾丽斯·贝鲁(Alice Poulleau)吓坏了,士兵、宪兵、警察局长全副武装地守卫在尸体附近。她一时语塞,好一会儿才回过神,形容所见的一切简直是"战靴统治"(the regime of the boot)。[34]

铁腕手段产生了后坐力,大马士革的人们愈发同情法国眼中的叛乱分子。贝鲁感觉到,城里弥漫着一股令人不安的气氛,许多叙利亚人相信,"如果人终有一死,不如光荣战死"。[35]

袭击法国士兵的事件不断发生。几天后,城市东门外出现了十二具被抛弃的法军尸体。10月18日,德鲁兹人的身影再次出现在城市南部的迈丹——汉志铁路附近乱糟糟的郊区。那里的局势已如离弦之箭:那天早些时候,两名法国士兵在一番争执中射杀了大马士革的一位穆斯林,随后一名儿童被电车撞倒,又激起了人们的抗议。德鲁兹人的出现令当地人兴奋异常。他们高喊着"快关门,德鲁兹人来了!"喊声回荡在整座城市。[36]在同情民族主义运动的前守夜人哈桑·哈拉特(Hassan Kharrat)的协助下,德鲁兹人试图在萨拉伊居住的阿泽姆宫(the Azm Palace)实施绑架,但高级专员在那天早些时候离开了官邸。到了夜间,阿泽姆宫陷入了交火,法国派出坦克碾压过白日的市场,子弹频频爆裂的声响伴随着祷告声响彻全城。

甘末林不愿部队冒"凶险"巷战的风险。第二天,他派出炮兵与叛乱分子在老城展开战斗。[37]接下来的24小时，法国的炮火摧毁了老城中许多古老的商业设施，尤其是城市东部围墙附近的迈丹遭到了致命打击。法国官方公布的死亡人数为150人，但一份支持共产主义的法国报纸称，实际死亡人数接近1400人。法国扬言，大部分破坏都是由叛乱分子造成的，但这种说法很快被《泰晤士报》记者的报道推翻。对峙开始不久后，这名记者就潜入了市中心。[38]他在文章中写道："房屋和商店纷纷坍塌，毫无疑问是遭到了大炮的袭击。"[39]很快，大马士革流传起一张漫画，身形巨大的萨拉伊追着驱赶卡拉特——那位把叛乱者引入城中的守夜人——随后肆意屠杀着妇女和儿童。

萨拉伊本想修补法国和叙利亚的关系，现在却酿成了不可挽回的破坏。正如英国驻大马士革副领事约翰·沃恩-拉塞尔（John Vaughan-Russell）所说："经过所有这些由法国挑起的仇恨和痛苦，很难想象委任政府能够找到愿意全心与他们合作、共同治理这个国家的叙利亚人。"[40]

萨拉伊的表现一败涂地，也把他自己推向了危险的境地。他手下的几名情报官向爱找茬的亨利·德·克里利斯（Henri de Kerillis）泄露了不少文件。冲突发生时，他正在叙利亚为支持国家主义的《巴黎回声报》工作。10月21日，克里利斯报道，驻黎巴嫩的高级专员曾无视德鲁兹人正在酝酿暴动的提醒。他谴责，法国的问题就在于"第一是萨拉伊，第二是萨拉伊，第三还是萨拉伊"。[41]

泄密事件后，身陷窘境的高级专员解雇了大部分情报人员，但他为了防止更多坏消息传回欧洲的努力并没有取得预期效果。《泰晤士报》报道了10月27日的轰炸，而法国政府刚在几天前签署了"致力保障和平"的《洛迦诺公约》（Locarno Treaty）。

萨拉伊被炒了鱿鱼。[42] 10 月 30 日，他颜面尽失地被召回了巴黎。

萨拉伊成了由法国一手酿成的诸多不幸的替罪羊，但解雇他依旧无法回答一些最基本的疑问。为什么德鲁兹人这么有组织？他们从哪里获得情报？怎么解决补给？又从哪里获得了埋伏法国军队的武器？为什么《泰晤士报》掌握了这么多情报？法国人只要仔细思考这些疑问，就不难将疑惑的目光投向同一个地方：英国人所在的南方。

第 11 章　重挫德鲁兹人

1925 年 7 月,叛乱刚爆发时,叙利亚就流传着一些说法,德鲁兹派叛乱有幕后黑手。到了 8 月,甚嚣尘上的说法将目标指向了英国。"大家都知道,"旅居大马士革的法国人爱丽丝·贝鲁写下,"英国正在向德鲁兹人提供物资,给他们运去了英镑、来复枪、上百发子弹和面粉。"[1]

法国收到了一份格特鲁德·贝尔的备忘录,她写道:"德鲁兹人会带领这个国家的人民一起把法国赶出叙利亚。"[2]法国人一直深信英国的当务之急是把他们赶出中东,现在又收到了贝尔的局势评估报告,更加有理由相信英国向德鲁兹人提供了协助。

"英国"——成了法国眼中被组织有素的德鲁兹人彻底击溃的简单借口。惊恐不安的驻黎巴嫩高级专员莫里斯·萨拉伊相信,叛乱爆发不久后,苏丹·阿特拉什就前往阿曼会见了英方人员。他告诉一位朋友自己掌握了英国搅和其中的证据,甚至把英国联络官盖伊·索尔兹伯里-琼斯的平易近人视作英国心怀鬼胎。[3]连头脑一向比较清醒的法国军官们,比如安德烈亚上校——甘末林在大马士革的得力干将,亦认为英国在暗中资助阿拉伯人的叛乱。"叛乱分子从不缺钱,"安德烈亚上校在回忆录中写道,"从边界附近运来了大量金钱。他们还获得了建议、鼓舞,这些都来自心心念念想把法国逐出叙利亚的人们。"[4]

英国驻大马士革领事沃尔特·斯马特(Walter Smart)十分清楚,"我们在那段时间面临一股非常强大的反英情绪"[5]。他是个身材高大、清瘦的男人，蓄一头长发，举止虽带着几分羞涩，观点却十分前卫。斯马特看起来不像外交官，但他展现的良好教养勾勒了鲜明的个人形象。他的一位朋友曾十分贴切地形容，斯马特就如"一只优雅的螳螂"[6]；还有人形容他"是极端的现实主义者，而且意志坚定如磐石"，将来一定会成为"英国在中东的领军人物"[7]。斯马特对反英情绪不屑一顾。他谴责，法国在政治和经济上的摇摆不定令"当今世界对法国产生了一种模糊又相当普遍的无助感……不可避免地动摇了盎格鲁－撒克逊（Anglo-Saxon）的主导地位"。

由于和法国的关系日益恶化，斯马特更加依赖德鲁兹人的情报，还在暗中接触组织起义的阿拉伯民族主义者。想与叛乱分子接头并不难，一位阿拉伯民族主义运动的主要领导人就住在英国领事馆附近。但是，索尔兹伯里－琼斯在读完斯马特交给他的那份"十分有趣的文件"后还是震惊有余——"英国在向德鲁兹人发号施令"[8]。斯马特的副手沃恩－拉塞尔甚至懒得掩饰他对叛乱分子的同情，形容他们"抗争顽强而英勇，置之死地而后生"[9]。一位亲法的英国官员曾谴责，他们两人正是因为"仇恨法国"才走到一起的。[10]

斯马特和德鲁兹人勾结并不会令法国意外。即使这不是真的，英国领事馆已经在叙利亚给法国制造了不少麻烦。斯马特的首要任务是阻止动荡向南扩散到巴勒斯坦和外约旦。于是，他决心把德鲁兹人的叛乱描绘成对法国政府恶劣行径的反抗。沃恩－拉塞尔在领事馆直言不讳地解释了这项策略。他最担心的是，"如果'英法在近东合作'的印象太过深入人心——法国媒体将不会放过任何机会宣扬这种友谊——这股对法国的憎恶情绪一定会扩散开来，影响到我们托管地区的穆斯林群体，再进一步恶化成反殖民情绪"。[11]因此，英法融洽相处的印象对英国并没有好处。

也许把线索泄露给《泰晤士报》记者亚瑟·默顿（Arthur Merton）的人就是斯马特，暗示英国和法国政府之间有了嫌隙。默顿亲自从开罗来到大马士革，考察城市被轰炸后的景象。他及时报道的斯马特对法国轰炸的批评，实则是表明英国领事馆拒绝承认法方的说法——德鲁兹人才是造成破坏的罪魁祸首。三天后，默顿又热情洋溢地称赞了斯马特"无畏的勇气"，为了保障城里基督徒的安全，他与"当地最有影响力的穆斯林领袖"展开了谈判。轰炸时，原本驻守在基督教徒生活地区的法国士兵为了逃命离开了岗位。[12]三天后，《泰晤士报》发表了默顿在位于老城边缘的灯塔上拍摄的一张照片，全景式地呈现了法国轰炸造成的损失。

法国对《泰晤士报》"傲慢的宣传"恨之入骨，更加紧盯斯马特不放。[13]这位英国外交官曾在1921年被逐出德黑兰，令法国相信他与让礼萨汗（Reza Shah）① 上台的军事政变有关，很有可能至今仍在从事秘密活动。在叙利亚，他们认为斯马特是阿拉伯民族主义组织"铁腕协会"（Iron Hand Society）的幕后人物。他们甚至肆意发挥想象力，指认该协会的目的是驱逐"一切外国势力"，令"英国全面执掌军事、经济和行政大权"。[14]

1925年11月19日，新上任的法国高级专员抵达伦敦，提及了斯马特从事的各种活动。亨利·德·茹弗内尔（Henri de Jouvenel）②

---

① 礼萨汗，伊朗国王。1921年2月，他在英国支持下发动政变上台，任首相兼国防大臣。——译者注
② 亨利·德·茹弗内尔，全名为贝特朗·亨利·莱昂·罗贝尔·德·茹弗内尔·德·于尔森（Bertrand Henri Léon Robert de Jouvenel des Ursins）。——作者注

不同于那些军人出身的前任们，他是一位政客。茹弗内尔生于1876年，时年49岁，早年修习法律，后来却选择加入《晨报》(Le Matin)做了记者。虽然这家报社已经倒闭，但它曾以敢言著称。德·茹弗内尔带着满腔的理想主义，文风尖酸辛辣，最后升职当上了编辑。其间，他和太太离婚，与丑闻缠身的作家夏洛特（Colette）交往。再后来，茹弗内尔上了战场，由于擅长运用媒体熟悉的语言，他比在巴黎时更受器重。法国交通部长起用他担任智囊，并鼓励他踏足政坛。

1921年，茹弗内尔在法国中部的农业省份科雷兹（Corrèze）当选参议员。后来，他又以法国代表的身份在国际联盟工作。他相当擅长为法国的殖民政策辩护，赢得了国联中其他代表的信任。1925年底，他当之无愧地取代信誉扫地的萨拉伊，出任驻叙利亚高级专员。那时，法国在叙利亚的所作所为已经引起国际关注，即将接受调查。尽管茹弗内尔可能十分乐意在这个时候被派往海外——他刚和夏洛特离婚，媒体爆出了她与茹弗内尔前妻所生的儿子乱伦的消息——他却视叙利亚的这份工作是条死胡同。他拒绝永久取代萨拉伊，只同意带领一支"考察团"前往叙利亚"评估状况"，而他会在此期间履行高级专员的职责。

茹弗内尔十分清楚，对付德鲁兹人的关键是英国，因为他们的补给都来自外约旦。因此，他在启程贝鲁特前需要先缓和与英国同僚的关系。他刚抵达伦敦就了解到，英国一定会为这次的资助付出代价：英国和土耳其在持续多年的摩苏尔争端中会需要法国的协助。几年来，伊拉克北部不时陷入动乱，得到土耳其支持的库尔德分离主义分子一直想在那里建立独立的国家，而英国刚要求国际联盟仲裁"摩苏尔问题"。事情的麻烦之处在于，法国为了攫取更多摩苏尔的石油——远远超过克列孟梭在战后争取到的份额，他们决定站在土耳其人一边。茹弗内尔直言不讳地指出斯马特在叙利亚的种种举动后，英国政府回击称，法国也允许土耳其人使用叙利亚和土耳其边界的铁路往伊拉克前线输送士兵。[15]

茹弗内尔立刻抓住了两者之间的关联。他同意以后不再允许土耳其人使用那段铁路，他明白如果不这么做，绝不可能让英国切断德鲁兹人横跨外约旦的补给线。正如索尔兹伯里-琼斯所言，当英国把摩苏尔和德鲁兹问题捆绑到一起，德鲁兹人的叛乱就变得极有利用价值，因为它"很快终结了他们（法国）可能和英国对着干的各种心思"。[16]1926年3月，英国人称心如意地解决了摩苏尔问题，他们直到那时都允许法国自行处理叙利亚的叛乱。

茹弗内尔在1925年12月抵达了叙利亚。他与前任不同，立刻给人留下了好印象。萨拉伊扔下货真价实的炮弹，茹弗内尔却选择了糖衣炮弹，采取了一系列怀柔手段。茹弗内尔的当务之急是阻止充满敌意的媒体报道。他邀请所有外国记者参加了周日在他的府邸举办的一次午宴，利用这个机会向媒体工作者呼吁，"为了叙利亚人好，为了国家好"，他们不妨与他合作，支持他制定一部黎巴嫩宪法，以及在没有受到暴力影响的叙利亚南部进行选举。[17]唯一令他有些不悦的是英国记者没有来，但他很快得知只是因为那位记者病了。此外，他还在暗中告诉德鲁兹的领导人，愿意和他们谈判。

当茹弗内尔为法国托管下的叙利亚吹起一股自由的清新之风时，甘末林在大马士革的指挥官夏尔·安德烈亚（Charles Andréa）却采取了人们熟悉的方式，不断加强对城市的全面控制。茹弗内尔会见记者四天后，安德烈亚——索尔兹伯里-琼斯曾说"他是我见过的最酷的法国人"——召集了城中的各位负责人，宣布将重启一项建造环城林荫道的计划。数年前，该计划曾因资金短缺而搁置。[18] 叙利亚人的态度不置可否，但安德烈亚锲而不舍。他表示会补偿房屋遭到破坏的人们，还会支付1500名工人的薪水。叙利亚人妥协了，工程立刻上马。

直到1926年林荫道建成，才暴露安德烈亚的真正目的。法国工程师在林荫道附近安装了一圈防御铁丝网。安德烈亚意图在老城外围打造一道铜墙铁壁，以隔开城里的商业中心和芜杂拥挤的郊区，斩断叛乱分子潜入市中心的通道。英国和美国领事馆都向他施加了巨大压力，还公开威胁将实施撤侨行动。[19]

大马士革中心地带的防御工事日渐牢固后，安德烈亚终于可以将注意力转移到无法无天的姑塔果园。他派出由切尔克斯人（Circassian）、亚美尼亚人和库尔德人组成的飞行别动队（flying columns），在年轻情报官亚历山德拉（Alessandri）的带领下，和叛乱分子打起了游击战。他们相当暴力、草率，做法很不光彩：洗劫"所有正在行走的目标"，炸毁所有他们认为藏匿叛乱分子的房屋，以及如果被抓获的嫌疑分子"想逃跑，就一枪毙了他们"。[20]

双方为了控制大马士革近郊愈战愈烈。英国驻大马士革副领事沃恩-拉塞尔写道："大马士革附近不断回响着大炮的爆裂声和轰鸣声以及炸弹爆炸的隆隆声，难以想象（我们）竟然挨过了这样的白天与黑夜。"[21] 他的同僚斯马特在2月12日记录道，自去年10月的轰炸以来，他第一次听到如此激烈的交火声响彻整个漫漫长夜，但所幸没有人丧生。然而，惨烈的激战并没有取得显著成效。接下来的一个月，沃恩-拉塞尔观察到，尽管法国牢牢控制了城市的中心地带，但大炮攻势没能帮助他们向城市外侧继续推进。因此，德鲁兹人并没有被逼到要放弃斗争的地步。茹弗内尔命令苏丹萨拉伊放弃抵抗时，遭到了断然回绝。作为回应，苏丹却要求叙利亚独立：他始终关心巴黎政坛的风云诡变，短命政府一个接一个倒台，如今极有可能迎来一个社会党人执政的政府，而他们一向是反帝国主义的忠实拥趸。不出意外，茹弗内尔拒绝了他的要求。

温暖的春日给了安德烈亚重返德鲁兹山的机会。整个冬季，他都在谋划重夺苏韦达，继续向北扩张，与反对阿特拉什的阿梅尔部落（Amer）联手。最后，他决定让重兵集结到德鲁兹山南部，阿特拉什大本营的所在地。

4月，安德烈亚的计划投入实施。尽管苏丹事先知道法国会发动进攻，屡次尝试切断大马士革以南的铁路，他还是没能阻止法军集结。4月22日，安德烈亚的先头部队出动，在苏韦达附近和德鲁兹人打了一场恶战，于三天后占领了这座重镇。不久后，安德烈亚就收到了北部数个德鲁兹村庄的投降信。他下令在苏韦达构筑防御工事，将这里打造成发起下一轮进攻的根据地。

与此同时，亚历山德拉的游击队从姑塔送来了一件很有分量的战利品——艾哈迈德·马拉维德的头皮，自1921年以来被法国通缉的袭击古罗的杀手。法国人在马拉维德身上搜到一封法齐·卡伍奇的亲笔信，抱怨不少叛乱分子"保持沉默，迟迟不愿行动"，证实了德鲁兹派内部出现分化的事实——一部分人希望通过谈判实现停战，但民族主义者坚决不从。[22] 茹弗内尔为了加深他们之间的分歧，做出了政治上的妥协。他在占领苏韦达两天后，突然宣布由达马德·艾哈迈德·纳米·贝（Damad

Ahmed Nami Bey）取代法国在大马士革的代表，出任总理。艾哈迈德·纳米·贝出身贵族，迎娶了奥斯曼帝国一位苏丹的女儿，他显然不会是被法国操纵的傀儡。

这个自治政府实验在初期取得了不错的成效，但艾哈迈德·纳米·贝就像六年前的费萨尔，很快因为同样的压力而下台。他在内阁中任命了三位民族主义者，他们很快就提出要求全面停战以及统一叙利亚和黎巴嫩——但这是茹弗内尔绝对不可能接受的。6月，艾哈迈德·纳米·贝在政府的重新洗牌中，启用温和派取代了民族主义者（他们被赶到了叙利亚内陆），但这么做既没有说服叛乱者放弃抵抗，也没有软化法国的强硬镇压。尽管如此，茹弗内尔还是在向巴黎述职时提到了自己的成就，但实际上他的方案已经造成了事与愿违的后果。7月，甘末林悲观地报告："这项政策完全没有达到设想的效果，反而全面暴露了我们的弱点。"[25]而此时在大马士革郊外，法国军队的进攻丝毫没有减弱半分。

但是，法国成功在摩洛哥镇压叛乱分子，大大鼓舞了叙利亚的法国士兵。直到那时，法国始终双线作战，而摩洛哥才是他们的重点。1926年5月，摩洛哥叛军领袖阿布德·克里姆（Abd al-Krim）被迫投降。之后，在资金上捉襟见肘的法国政府才向东转移了大量久经沙场的士兵和装备，摆平了叙利亚的麻烦。如今，可供甘末林调遣的士兵数量一下蹿升到了95000人——叛乱爆发初期，他手下仅有15000名士兵——他终于能够在叙利亚的多个战场同时作战。7月20日，他在姑塔发起一场长达10小时的全面轰炸，造成四百余名叛乱分子丧生。至此，法国牢牢控制了这片桀骜不驯的法外之地：他命令军队将果园夷为平地时仅遭到了零星的抵抗。之后，法军修建了一条通往德鲁兹山的单轨铁路,能够把更多增援部队运往山区,包括向地形复杂的火山地带拉哈发起远征。甘末林赶在国际联盟进一步评估叙利亚的局势前,乐观地向巴黎报告,当地情势在过去数个月得到了"彻底改善"。[24]他解释,最重要的原因在于叛乱分子已经无法获得必要的支持。

甘末林所言不虚,却没能反映全面局势。进攻德鲁兹山的总指挥官夏尔·安德烈亚认为,即使德鲁兹派叛乱开始显露疲态,叛乱分子还是能从邻近地区得到充足的补给和支持。他在日后写道:"如果叛乱领导人无法持续从外约旦获得资金、武器和弹药,事态早该平息了,而且他们不可能提出完全独立的要求,也不可能有余力谋划和支持德鲁兹士兵在乡下和浩兰(Hauran)①地区发起动乱。"[25]

6月时,甘末林就向英国驻巴勒斯坦高级专员普卢默勋爵(Lord Plumer)施压,要求他停止在边界地区玩猫捉老鼠的游戏,严厉打击叛乱分子。一脸尴尬的普卢默保证会全力提供协助,甚至暗示法国可以秘密越过边界打击叛乱分子,但两人的会面并没有实质改善当下的局势。法国认为,英国并不愿真正协助他们。普卢默手下的官员表示,他们没有权利满足法国提出的加强边界控制的要求,还坚持要把越过边界进入外约旦的德鲁兹人视作政治难民,此举又激怒了他们的法国盟友。

法国之前会选择和土耳其站到一起,意味英国根本不同情盟友在邻国的遭遇。[26]索尔兹伯里-琼斯的继任者、英国驻法国军队的新任联络官约翰·科德林顿(John Codrington)形容:"上至英国高级专员普卢默勋爵,下至驻扎阿曼的少尉们,大家

---

① 浩兰,位于德鲁兹山以南,土地十分肥沃,是叙利亚的小麦种植区。——作者注

都很反感法国人。他们简直是一群无赖（首相阁下也曾这么告诉我），完全不按规矩出牌。"[27]英国军官会不时调侃法国在战场上的窘况。科德林顿写道："'太好了！这场演出太精彩了，'他们嚷嚷着，'看那几个拿下了法国兵的阿拉伯人——他们一定是运动健将。'"

1926年7月，英国积极资助叛乱的传言再度甚嚣尘上。那时，法国抓获了一名关键的叛乱分子，透露出不少惊人的事实。这位嫌犯在审讯中供称，英国向德鲁兹人提供情报，协助他们在去年大举挫败米肖的军队。之后，他们又派出一名伪装成记者的情报人员潜入德鲁兹山，拍摄了大量法军尸体的照片。嫌犯还透露，德鲁兹人的补给通过铁路从阿曼运往英国管辖下的马夫拉克（Mafraq）。接着，它们被放到骆驼和骡子上，一路穿过边界运往德鲁兹山和阿兹拉克的沙漠——劳伦斯在第一次世界大战期间曾藏身于此，如今那里生活着约1500名德鲁兹人。法国军官重复问道："你的意思是如果英国想切断交通，他们完全办得到？""当然。"那个德鲁兹人回答。[28]

事实上，这个德鲁兹嫌犯透露的只是从苏丹和沙班达尔那里传出的谣言，主要为了鼓舞叛乱支持者的士气，抹黑英国和法国的紧张关系。但问题在于，法国相信了嫌犯披露的情报。9月，法国情报官员拿这些情报和英国官员对峙并驱逐了他们。那时，古罗的前助手乔治·卡特鲁已经回到了叙利亚，负责法国情报机构。几天后，他前往耶路撒冷，与普卢默的首席秘书斯图尔特·赛姆斯（Stewart Symes）商谈此事。他要求赛姆斯在"欧洲团结精神"的名义下保证，会驱逐阿兹拉克的德鲁兹人，不再支持叛乱。[29]赛姆斯拒绝了他的要求。"这个国家已经深陷泥潭……不容许我犯任何错误激化矛盾。"他告诉卡特鲁，

"我无法针对德鲁兹妇女和儿童采取行动,无法再冒激怒他们的风险。"[30]根据自己的见闻,身在贝鲁特的卡特鲁提交了一份悲观的报告。"除非彻底端掉他们的老巢,"他提醒巴黎,"阿特拉什极有可能在冬天卷土重来,遏制我们的下一步行动。"[31]

然而,卡特鲁的预言没有成真。尽管1926年至1927年的整个冬季,阿兹拉克都掌握在德鲁兹人手中,阿特拉什却没能重掌德鲁兹山。叛乱分子出现了资金和药物短缺,虽然法国无力染指阿兹拉克,那里彻底沦为了不宜居住的腐朽巢穴。11月底,英国驻大马士革领事馆报告,起义已经濒临失败边缘。"我认识的所有民族主义者都陷入了绝望。"他告诉伦敦,"他们已经不对英国或者国际联盟支持他们的事业抱有任何希望。"[32]

1927年1月,英国终于下定决心围剿德鲁兹人在阿兹拉克的营地。他们主要有两点考虑:其一,在南方,伊本·沙特(Ibn Saud)的势力在阿拉伯半岛崛起,已经把伊本·阿里驱逐出了汉志地区,英国担心前者的野心会扩张到将外约旦纳入自己的版图;其二,英国担心法国会放弃叙利亚的委任统治权。早前,国际联盟就要求法国人和叙利亚人在三年内就"组织法"大纲达成一致,法国显然没有完成这一目标。法国外交官费尔斯伯爵(Comte de Fels)公开建议把叙利亚让给英国后,更加深了他们的疑虑。费尔斯质问,计算过法国委任统治的成本后,还有什么理由"在饱受谴责的情况下,为了其他国家的利益继续斥重金、以身犯险地驻守在叙利亚边界?"[33]

法国可能撤出叙利亚令英国陷入了被动的境地。迄今为止,他们都在尽力阻止法国严厉镇压叙利亚的叛乱,但如果法国被迫离开,英国就要接过耗资不菲的委任统治叙利亚的重担,或者接受阿拉伯民族主义者成立自治政府——后者显然不是明智的选择。因为这必将触发邻国争取独立,在由英国委任统治的地区造成危机。沃尔特·斯马特十分贴切地形容了这种两难处境:"如果我们以现代十字军东征支持者的姿态出现显然十分不利。因此,把法国留在叙利亚在某种程度上更符合我们的利益。"[34]

于是,普卢默在1927年4月确认,将清缴阿兹拉克的德鲁兹人营地。他十分谨慎地阐释了行动目的——这是对当地政策的一次必要调整,因为德鲁兹领导人迟迟无法实现对英国政府做出的承诺,而非将它诠释为"英法在军事上的合作"。第二种说法,必定会引来大量批评。英国在6月中旬启动了清缴。[35] 6月下旬,监视英军动向的法国情报官保罗·贝内(Paul Beynet)报告,阿兹拉克营地中原先的15000名德鲁兹人,经围剿目前仅剩下48位男性和16支来复枪,行动结果令人满意。其他人要么投降,重新回到了德鲁兹山;要么被驱逐到了水资源匮乏的南部沙漠深处,无法再构成任何威胁。虽然捷报频传,贝内还是怀疑英国的诚意。他留意到,"(英国人)在行动中十分照顾德鲁兹领袖和元老"。[36]

尽管叙利亚的军事行动还要持续到第二年,阿兹拉克被围剿后的第二个月——1927年7月26日,乔治·卡鲁特就召开了新闻发布会,宣布德鲁兹人叛乱已经被全面扼杀。他还宣布法国会把德鲁兹山地区并入叙利亚王国,否认了法国会放弃委任统治的传言。"我们肩负使命,将协助在叙利亚和黎巴嫩建立独立的国家,拥护每位公民的基本权利,为他们提供人身保护。委任统治政府绝不会辜负众望。"卡特鲁坚称,暴力和叛乱只会减缓独立建国的进程,但不会影响大局。[37]

那年8月,法国驻叙利亚总司令莫里斯·甘末林称赞,在

"法国和英国政府的共同努力下",成功遏制了叛乱。[38]但他的手下中,渐渐蔓延起了一股仇恨情绪,尤其是在叙利亚工作的法国情报官员。他们坚信英国一直都在从中作梗,要把法国赶出叙利亚,才使叛乱一度陷入恶化的境地。叛乱后期,甘末林试探性地向卡特鲁表示,两国关系似乎已经改善。卡特鲁微微收紧嘴角,给了他一个"恶毒又冷漠的黎塞留公爵(Richelieu)[①]式"的表情。"不,"这位法国官员强调道,"情势当然没有任何好转。"[39]

[①] 黎塞留公爵,法国贵族。法王路易十三的宰相和天主教的枢机。——译者注

第 12 章 石油管线

1927年10月14日,伊拉克北部巴巴古尔古尔(Baba Gurgur)第一次喷射出石油时,因为压强太大竟然导致附近两名钻井工人死亡。之后的24小时内,这股黑泉源源不断地喷涌出了9万桶石油。巴巴古尔古尔是位于基尔库克西北十英里处的一片大草原。石油勘探始于六个月前,最后做出在这里开掘的决定十分明智。数千年来,天然气充涌地面的浅坑,熊熊烈火燃烧不止。然而,直到巴巴古尔古尔发生井喷事故,拥有独家开采权的土耳其石油公司(Turkish Petroleum Company)才宣布发现了高品质的石油,而且十分有利可图,"这座油田的储量相当丰沛,甚至可能发掘出更多油田"。[1]这个发现将触发公司的两大股东——英国和法国政府间的又一次冲突,石油应该经由哪条路线被运往市场。

尽管被命名为"土耳其石油公司",它其实和土耳其没有半点儿关系。公司的老板是约翰·卡德曼爵士(Sir John Cadman),他原来是位学者,后来投身商界做起了生意。英国那时的当务之急是勘探和开发石油,这令卡德曼成了公司负责人的不二人选。卡德曼生于一个以采矿为主的村庄,经过训练成了一名采矿工程师——和他的父亲一样。本来,卡德曼很有可能会在英格兰中部地区的煤矿度过一生,但在伯明翰大学任教授期间,他突然对从页岩中萃取石油产生了浓厚的兴趣。

其他学者都认为这是没有前途的研究,但卡德曼古怪的热情最终改写了他的命运。1913年，他受邀加入海军燃料石油委员会（Admiralty Fuel Oil Commission）。该委员会在温斯顿·丘吉尔的授意下成立，目标是"找到"能够驱动英国舰船的"石油"。[2] 卡德曼前往波斯调查后，委员会得出了波斯的石油储备足够英军消耗的结论。因此，英国政府做出重大决定，用石油取代煤炭，并获得了英波石油公司决定性的控股权。这一举动促使英国在一年后爆发的世界大战中，先是占领了巴士拉和附近的炼油厂，随后是巴格达，再进一步染指摩苏尔。

战争临近尾声时，卡德曼已经成了石油委员会（Petroleum Executive）的负责人，负责为战争采购和供应石油。如同政府的其他部门，该委员会在巴黎和会召开前就打好了自己的算盘。相关人士形容，目前"最令人担心"的状况是英国非常依赖美国的石油，因此敦促政府尽早控制巴格达和摩苏尔。他们坚称，"英国在调整叙利亚领土的控制权时必须考虑自身利益，确保从美索不达米亚或波斯通往地中海的输油管线在英国的势力范围内"。[3]

英国在巴黎的谈判大致遵循了这一建议。为了让输油管线从伊拉克的油田至地中海沿岸所经的领土归英国管辖，他们提出了巴尔米拉绿洲的主张，导致了与法国的分歧。僵局在1919年被打破。当时，效忠费萨尔的部落成员从英国手中夺下了幼发拉底河沿岸的代尔祖尔（Dayr az Zor）和阿布凯马勒（Abu Kamal）——英国在第一次世界大战之后就占领了这里。部落成员的行动在叙利亚东部边界地区形成了一块凸状地带，导致从伊拉克北部通往海洋的最短距离需要途经法国的管辖地区。这对日后产生了重大影响，尤其是在1927年巴巴古尔古尔石油大发现之后，产生了石油管线从油田运往地中海应该途经哪条路线的问题。

起初，英国希望可以独占在伊拉克北部干草原地底发现的石油，但法国愿意放弃摩苏尔的条件就是从开采出的所有油矿中分得一杯羹。卡德曼为了安抚法国，在 1920 年的圣雷莫会议场外和法国外交部的菲利普·贝特洛达成了一项协议，瓜分了一家在伊拉克北部油田拥有开采权公司的股份。这家公司就是拥有国际背景的土耳其石油公司。原先，英国和德国公司均有份参股。第一次世界大战前，外国投资者就得到了奥斯曼帝国大维齐尔（Grand Vizier）① 的批准，可以开采摩苏尔附近的石油。当时，英国政府通过控股英波石油公司获得了可观的实质利益，而且他们还是土耳其石油公司的创始人。法国在圣雷莫会议后也得以跻身其中。

不久后，美国——当时世界上最大的产油国——也想插足。美国认为，他们的控股比重被削弱了，担心伊拉克出产的石油会威胁到他们在市场上的主导地位。美国驻伦敦大使提醒英国，他所代表的政府希望英国在委任统治期间，"可以从法律上保障平等对待所有国家的商业贸易"。[4] 此外，美国还公开质疑了大维齐尔授权信的合法性。

英国起初并不想理会美国的施压，但 1920 年代早期一直无法解决的摩苏尔争端被迫让他们调整了策略。英国截获的情报显示，法国和美国都在暗中鼓动土耳其重新采取军事行动，夺回摩苏尔。因此，丘吉尔早在 1922 年就认定，"只要美国被排除在伊拉克油田的开采权之外，就永远不可能解决我们在中东面临的困境"。[5]

英国政府认为，拿下伊拉克北部石油的控制权比允许谁参

---

① 大维齐尔，苏丹以下最高级的大臣，相当于宰相职务，拥有绝对代理权。——译者注

股土耳其石油公司更重要。因此，卡德曼在1922年晚些时候前往美国时，精心设计了一份临时协议，让美国加入了土耳其石油公司。搞定这一切后，美国的批评声立刻烟消云散了。1926年，摩苏尔争议最终得到解决，并在1928年7月签署了协议。根据相应条款，四家公司——英波石油公司、荷兰皇家壳牌公司（Royal Dutch Shell）、法国石油公司（Compagnie Française des Pétroles，由法国政府控股），以及近东开发公司（Near East Development Corporation，它代表各家美国公司的利益）各自获得土耳其石油公司23.75%的股权。而该公司的创始人，被称为"5%股权先生"的卡洛斯特·古尔本基安（Calouste Gulbenkian）将获得余下股份。

担任英波石油公司主席的卡德曼同时兼任土耳其石油公司主席。早在1925年，他曾和伊拉克政府达成了一项有利于英国的交易。根据相关条款，土耳其石油公司必须在1928年11月前选定24处石油开采地，并修建一条从沙漠通往地中海的石油管线。在这之后，伊拉克人才可以邀请其他公司参与竞标想要的土地。

但是，土耳其石油公司仅拥有特许开发权，而且参与的四方各有利益冲突，不是秉持各自经营战略的独立公司。因此没过多久，股东间的分歧就暴露了。法国石油公司希望土耳其石油公司立刻投入开采，弥补他们的燃料短缺困境，但其他三家公司不同意。英波石油公司的处境引发了其他三家公司的担心。它拥有邻国波斯的石油开采权，并通过海路把石油运往欧洲——因此产生了航运成本，还要缴纳通航苏伊士运河的税金。而一条从伊拉克北部通往地中海的石油管线将使每吨石油的成本下降11先令，从而打击波斯石油在欧洲市场的地位。[6]不仅如此，储量丰沛的伊拉克油田还会压低石油的全球价格。卡德曼身兼英波石油公司和土耳其石油公司的主席，显然有利益冲突。

此外，土耳其石油公司的勘探作业令三家公司认为，英国在1925年与伊拉克政府达成的协议存在瑕疵。地质学家认为，伊拉克的油田可能是连成一片的。因此，后来才获得伊拉克政府授权的公司其实是在同一块油田中争夺有限的石油资源。这么一来，一定难以避免竞争。当源源不断的石油进入市场，必定会导致油价和利润的双降。1928年3月时，卡德曼认为修建输油管线的时机"还不成熟"，背后的真正原因可能就在于此。[7]

卡德曼希望可以推迟18个月再决定输油管线的路径，但在发现了储量可观的石油后，相关事宜就被提上了议事日程。当时的情况对法国最为有利。四个备选的终点港中，有三个在法国的管辖范围内——贝鲁特、的黎波里和亚历山大勒塔。这三个城市都靠近伊拉克北部的油田，因此运输成本比英国提议的海法港更低。

法国强调他们提议路线的经济性，英国则强调他们提议路线的安全性，但两个国家的动机本质上都出于纯粹的战略考虑。1928年早期，法国陆军部的官员在私下指出，操控"石油管线"和它的终点港与控制油田本身同样有利。"如果……英国向我们宣战，我们——至少可以在一段时间内切断他们的伊拉克石油供应，不得已时，让终点港和横贯叙利亚的石油管线报废。"[8]3月时，他们提醒法国总理，石油管线的路径非常关键，如果最终选择了海法，甚至会剥夺"法国拥有的唯一石油资源"。[9]

英国官员和他们的法国同僚一样，十分关心石油管线的走向。早在2月，他们就接到首相的命令调查相关事宜。6月，他们提交了报告，认为选择海法路线"具有极为重大的战略意义"，会大幅缩短英国和油田之间的距离，还可以使国家"在实质上控制这个世界上最丰沛油田的产出"。但是，如果事与愿违——他们警告——石油管线经过的是叙利亚的港口，大英帝国就要"靠法国的仁慈"为生了。[10] 考虑到法国方案具有的成本优势，他们建议让石油管线通过英国管辖地区的唯一方式是与土耳其石油公司合作，资助修建一条横贯沙漠的铁路，降低修建石油管线的成本。

当时恰逢土耳其石油公司股权的最终分配阶段，英国和法国为了避免"火上浇油"，都没有在石油管线问题上过分声张。因此，法国外交官菲利普·贝特洛在1928年7月访问伦敦后产生了错误的印象，以为英国已经放弃了海法方案，因为它的"缺点明显比优点多"。[11] 同样，卡德曼错误地以为法国会心甘情愿地接受海法作为终点港，只是当时还没到最终表态的时刻。直到10月，土耳其石油公司再次要求推后开采日期从而选择石油的理想开采地点，双方的误会才公之于众。土耳其石油公司保证会勘测一条有利于海法港的路线，费萨尔的政府才勉强同意再推迟两年启动开采。伊拉克支持这个成本更昂贵的选择是为了抵抗南部的沙特。他们认为，如果石油管线和铁路经过英国的管辖地区，可以加强他们与巴勒斯坦和外约旦之间的政治和商业联系。

卡德曼很快意识到，伊拉克政府的让步一定会激怒法国。他会见英国殖民地大臣利奥·埃默里（Leo Amery）时，两人讨论了该如何回应伊拉克的决定。卡德曼解释，考虑到法国政府的立场，应该把伊拉克政府的要求当作主协议的附加条款，仅表达伊拉克政府倾向路线经过"勘测评估的地区"就可以。[12] 但艾默里不喜欢这种模棱两可的表达，要求卡德曼明确表述勘测的就是海法港线路。卡德曼最终同意了。

11月初，卡德曼把修改好的草案交给法国，解释英国作为委任统治者需要获得当地的支持，因此必须做出一些调整。法国当然不会善罢甘休。卡德曼只争取到修改方案必须获得多数股东的支持：他已经有了美国和荷兰的支持。对这两个国家而言，任何关于石油管道路线的讨论都可以推迟伊拉克石油的出口。

八年前，卡德曼在圣雷莫会议上见到的菲利普·贝特洛现在已经是法国外交部长。贝特洛会见英国驻巴黎大使时气氛相当火爆。他叱责英国"严重干涉（事件进程）"，还暗示法国正在和美国谈判，将共同解决公司的自由决策问题。而卡德曼在圣雷莫会议期间已经向他做出过相关保证。[13]

法国可能和美国结盟的消息使英国外交部十分忧虑。1929年2月，外交部高层提醒殖民地事务处，他们和法国之间的一系列争端都会影响到英国保障海法路线的安全。殖民地事务处很快反驳，谴责外交部的同僚竟然会考虑向法国"全面妥协"。[14]他们指出，英国和法国的利益"完全背道而驰"，因此两国的争端不仅无法避免，甚至在法国和美国结盟前，这可能还是件好事。几个星期后，内阁在讨论相关事务时没有与殖民地事务处针锋相对，反而更加倾向于和这个盘根错节的难题尽量保持距离。他们要求驻巴黎大使尽可能消除英国严重依赖伊拉克人的印象。因此，大使在4月底有些出人意料地告诉法国，英国既无法改变土耳其石油公司的决定，也无法左右伊拉克人的想法。

接下来的几个月，英国看似已经输掉了这场交锋。英国大选即将在 5 月举行，保守党政府不愿投资建设为海法港路线配套的铁路，即使它将大幅削减修建石油运输管线的成本。法国则不甘沉默。法国高级专员在 1929 年 2 月告诉英国，为了让叙利亚路线更有竞争力，法国政府计划修建一条横跨叙利亚通往幼发拉底河的铁路，资金问题将由叙利亚和黎巴嫩政府发行的债券解决，并由法国担保。英国还得知，法国高级专员向土耳其石油公司保证，法国会在的黎波里建造一座"一流"的港口——"无论要投入多少资金，都会设法克服当地的劣势。"[15]这令英国人更加不安了。与此同时，耶路撒冷在 1929 年 8 月爆发了骚乱，阿拉伯人在希伯伦（Hebron）屠杀了犹太人，报复性袭击蔓延到了整个巴勒斯坦，最终造成 271 人死亡、580 人受伤。这一系列事件打破了英国的说辞——输油管线途经巴勒斯坦"会更安全"。又过了不到三个星期，英国在贝鲁特法国总部的联络官报告，伊拉克石油公司（Iraq Petroleum Company）——前身为土耳其石油公司——已经提交申请，决定勘测法国提议的路线。

5 月底，保守党输掉了大选，取代他们的工党政府很快重启了相关讨论。当时，人们最大的担心是失业问题——那时，华尔街危机甚至还没有爆发。新上任的殖民地大臣帕斯菲尔德勋爵（Lord Passfield）认为，内阁应该支持在海法修建铁路，因为 150 万英镑的成本可以带动英国国内 300 万英镑的相关产业，但内阁的其他成员对此不置可否。帕斯菲尔德的一位同僚认为，他们应该保持按兵不动，直到法国真的开工动土。另一位反对者则认为，这是"一场赌博，没人保证我们一定能获得商业回报"。[16]当时的整体氛围都倾向怀疑，做决定的时刻再一次被推迟了。

1930年3月20日，英国政府收到卡德曼的一封信，才令事件再次浮上水面。卡德曼在信中提醒政府，除非他们可以提供"财政或其他支持"，否则基于建造和运营成本的考虑，伊拉克石油公司已经决定选择北线——叙利亚路线。他提议，英国政府应该立刻和法国谈判，争取达成最有利的条款，并且成为这家新跨国公司的保证人，在法国的管辖地区内参与修建铁路和输油管线。几天后，内阁获得的情报显示，卡德曼并非夸夸其谈：法国的确在考虑修建一条铁路，从而影响伊拉克石油公司董事会的决策。

起初，英国内阁认为他们已经别无选择，只能听从卡德曼的建议。5月1日，他们得知，法国会在铁路和终点港的谈判中展示"极有诚意的态度"，因为他们需要英国政府协助说服伊拉克人。[17]然而，海军部却声称卡德曼的建议必将导致一场灾难，他们还有逆转的机会。于是，内阁同意暂时按兵不动，先征求伊拉克政府的意见。

此前将近一年，英国和伊拉克政府一直避而不谈石油管线的问题。5月13日，英国驻巴格达高级专员会见了费萨尔、伊拉克总理努里·赛义德（Nuri Said），以及陆军部长贾法尔帕夏，双方讨论了相关事宜的最新进展。英国提出会支持伊拉克独立，因此三位伊拉克政府高官的反应完全在英国的预料之内——均表态会反对叙利亚路线，并且同意中止谈判、变更相关条款。他们表示，无论法国政府如何努力，他们都不会同意的黎波里方案。

巴格达方面绝不妥协的态度设定了谈判的基调。那年夏天，卡德曼会见英国官员时，他的优先选项已经变成修订1925年的协议，避免伊拉克石油公司和其他争夺伊拉克北部开采特许权的公司竞争。他还在私下承认，他个人其实更倾向南线——海法线路。法国支持的线路虽然具有经济优势，但如果卡德曼能站在伊拉克政府支持的线路一边，也许会更容易说服伊拉克人修订早期的特许权条款。而如果伊拉克愿意重新讨论之前的条款，卡德曼估计伊拉克石油公司的董事们应该不会反对海法线路。

卡德曼以此为基础，在伦敦与费萨尔进行了谈判，一同现身的还有英国驻巴格达高级专员。经过英国高级专员的暗中调解，卡德曼在 8 月 13 日向伊拉克石油公司董事会提交了最终方案。但是，董事会的讨论还是被延期了。美国近东开发联合公司的代表宣布，他需要先获得纽约的指示。

局势的逆转令法国十分恼火，他们意识到美国还没有决定是否支持卡德曼的提议。8 月 16 日，法国资深银行家奥拉斯·菲纳利（Horace Finaly）接到外交部的指示，邀请新泽西标准石油公司（Standard Oil New Jersey）主席沃尔特·蒂格尔（Walter Teagle）共进午餐。蒂格尔也是近东开发联合公司的主要话事人，当时正好途经巴黎。9 年前，蒂格尔创立公司时曾得到美国国务院的大力支持。数年前，菲纳利的银行——法国巴黎银行（Paribas）——则为标准石油公司开设法国分公司提供了财务和政治上的支持。菲纳利语气强硬地告诉蒂格尔："在这桩石油管线的买卖上，如果标准石油公司不与法国针锋相对，就能得到许多好处。"然而，他实在高估了自己的影响力。[18]

两年前，法国政府开始实行石油进口配额，还成立了两家炼油公司，在法国做生意的外国公司必须和这两家公司合作。政府的目的是保护刚刚起步的法国石油工业，为将来从伊拉克获得石油培育一个有利的国内市场，但这种做法令在法国做石油生意的美国公司十分不满。蒂格尔对菲纳利的回应相当直白。在伦敦,法国绝不可能获得美国大型公司的"善意支持,因为他们在(法国)一直都受到不公平的对待"。[19]

蒂格尔离开巴黎后,与卡德曼在伦敦讨论了石油管线的问题。两人都清楚法国的执着——法国总理安德烈·塔尔迪厄谈到石油管线时曾说:"任何法国政府(都不会在这个问题上)让步"——因此他们必须寻找一个折中方案。[20]几个星期前,白厅在讨论时曾提议把输油管线分成两部分,同时在海法和的黎波里修建终点港。蒂格尔和卡德曼都很有兴趣进一步讨论该方案的可行性。蒂格尔联络了早前参与叙利亚线路勘测的美国调查员,让他评估这种做法;卡德曼则取消了会见其他英国政府官员,为蒂格尔争取时间返回法国同塔尔迪厄讨论相关事宜。蒂格尔告诉塔尔迪厄,支持这种做法可以减轻他在国内面临的压力。塔尔迪厄没有其他选择,只能同意。

法国十分恼怒事态沦落至此。菲利普·贝特洛在外交部的一次会议上抱怨,卡德曼竟然把修改特许权和输油管线两个问题联系到一起。法国威胁将采取法律行动以及发动得心应手的舆论战,他们甚至在暗中试探费萨尔是否有兴趣成为叙利亚国王。然而,他们还是没能阻止石油管线分段运营的方案。10月,该方案的主要条款获得通过,之后相关人士又讨论了局部细节,并在1931年3月正式通过了方案。美国得到了更多补偿:那年,法国宣布了新的进口配额,蒂格尔的公司获得的配额是英波石油公司的三倍。1934年,输油管线正式投入运营。正如一位石油地质学家所言:"它是近年来最蔚为壮观的工程。"[21]

英国达到了控制伊拉克石油的目的,却付出了与法国继续交恶的代价。殖民地大臣帕斯菲尔德勋爵指出:"我们标榜的绝不干涉和绝对中立已经成了法国政府眼中的一纸空文。除了英国政府从中作祟这个理由,法国绝不可能相信伊拉克政府是出于其他原因坚持选择海法线路。"[22]

争执显然是有价值的。到 1940 年,伊拉克的油田每年可以产出 400 万吨石油。英国从中获得的份额不仅解决了 5% 的国内需求,还驱动了所有地中海的舰队。因此,《泰晤士报》把这条输油管线称为"大英帝国的颈动脉"也就不足为奇了。[23] 1920 年,英国为了加强苏伊士运河以东的防御,争取到了巴勒斯坦的委任统治权。如今,巴勒斯坦的战略地位得到进一步巩固,成了伊拉克石油的出口港。这令英国政府更是对巴勒斯坦紧抓不放——尽管当地对委任统治的反抗日益加剧——无论他们将为此付出多少代价。

第 13 章 复仇！复仇！

1936 年 8 月 3 日，星期一。读者从英国报纸得知，在刚刚过去的那个周末，暴力事件在巴勒斯坦北部卷土重来。在位于拿撒勒南部的山区村庄阿弗拉（Afula），四位英国士兵在阿拉伯团伙发动的袭击中身亡；在位于西部的海法港，巴勒斯坦警察局的一名阿拉伯探警中枪身亡，另一名阿拉伯巡警负伤；在黎巴嫩边界附近的雷哈纳村（Rihania），两名犹太警卫员遭谋杀，另有一名犹太人在海法受伤；在外约旦边界处，连接伊拉克北部和海法的输油管线遭到了两处破坏，石油喷射四溢。《泰晤士报》报道，那里火光冲天，在二十英里开外都可以看见，并谴责另一个阿拉伯团伙造成了上述破坏。[1] 接下来三年情势的发展将令十年前的德鲁兹人叛乱相形见绌。然而这一次，反抗外国势力的阿拉伯人把叙利亚当作了他们的安全基地，接二连三地攻击邻近的巴勒斯坦。法国不愿协助英国，严重影响了英国镇压恐怖袭击。

如今为众人所知的 1936 年阿拉伯起义发端于四个月前。1936 年 4 月 15 日，一群阿拉伯土匪在从图勒凯尔姆通往约布卢斯的沿路，伏击了一辆搭载阿拉伯乘客和犹太乘客的公共汽车。他们谋杀了一位犹太乘客，并造成两人重伤，其中一人后来身亡。第二天，两名犹太人决定报复。他们来到佩塔提克瓦（Petah Tiqwa）附近一座孤零零的阿拉伯农夫的棚屋，杀害了两名住户。他们的行动在巴勒斯坦的主要港口城市雅法引发了一场暴乱。一位当时在现场的英国官员形容："小汽车被掀翻，公共汽车着火，到处都是鲜血、乱石和破碎的玻璃。"[2]阿拉伯人以惊人的速度组织起来，成立了阿拉伯高级委员会（Arab Higher Committee）。他们协调全国起义，反抗英国政府一直以来支持的犹太移民政策。

直到不久前，犹太移民才在巴勒斯坦成为政治议题。这个贫困、沼泽干涸、疟疾肆虐的国家本毫无吸引力可言。1920年代早期，愿意迁居到巴勒斯坦的犹太人屈指可数。1927年，英国委任统治下的巴勒斯坦地区，迁出的犹太人甚至超过了迁入的犹太人。同年，犹太人中的失业人口高达6000人，几乎占到全体劳动人口的10%。[3]

然而1920年代以来，美国和其他西方国家相继收紧了移民政策，令犹太人的选择日益捉襟见肘。从东欧移民到巴勒斯坦的犹太人怀抱着建立一个独立国家的野心，导致他们和阿拉伯人的关系日渐吃紧，尤其是在耶路撒冷西部的"哭墙"地区（Wailing Wall）——第二圣殿（Temple）①时期保留下的唯一遗迹。如今，哭墙附近有一个巨大的露天市场，而墙体本身只不过是一条单薄的狭窄通道。犹太人前往哭墙祷告，成了无数摩擦的导火索。1928年，穆斯林群体谴责犹太人在通道附近竖起一道屏障，隔离男性和女性祷告者。1929年8月，一位激进的年轻犹太人在哭墙附近引发了一场骚乱，波及了附近的城镇希伯伦和萨法德（Safad），271名犹太人和阿拉伯人因此丧生，

---

① 圣殿，古代以色列人最高的祭祀场所。第二座圣殿在公元前515年完工。公元70年，犹太人反抗罗马帝国暴政，提多将军（Titus）率军围攻耶路撒冷，圣殿被焚毁，仅留下了西边的一道围墙（后来被称为哭墙）。——译者注

超过580人受伤。如果没有一批富有同情心的阿拉伯人藏匿了一些犹太人,后者在希伯伦的伤亡将更加惨重。

起初,英国对化解阿拉伯人和犹太人之间的紧张关系十分自信,但他们渐渐无力阻止暴力,陷入了麻木又玩世不恭的境地。一位将军写道:"出身高贵的英国人究竟还能容忍那些自称上帝选民的犹太人多久,我对此深表怀疑。"[4]英国逐渐意识到,他们不仅无法弥合分歧,他们的政策甚至加深了两个族群间的仇恨。

1930年5月,英国驻巴勒斯坦高级专员约翰·钱塞勒爵士(Sir John Chancellor)坦白地告诉英国政府,支持犹太复国主义理想的政策显然是个"巨大的错误"。[5]他认为,只要犹太人继续向巴勒斯坦移民,并且不断从贫穷或负债累累的阿拉伯农夫手中购买土地,骚乱就不可能停止。因此,他建议政府同时干涉和限制这两种行为。如果英国无动于衷,钱塞勒预计巴勒斯坦将爆发更多骚乱。"今后一定会再爆发骚乱的,"他极有先见之明地提醒,"恶劣程度必定会超过8月的那次。双方现在都在暗中走私武器,所以下一次骚乱将更具组织性。而且,巴勒斯坦的阿拉伯人毫无疑问会得到邻近阿拉伯国家的物质支持,以及整个伊斯兰世界在道义上的支持。"[6]

在伦敦,工党政府一开始听从了钱塞勒爵士的建议,但很快就把它抛到了脑后。英国政府发表了一份将限制犹太移民的白皮书,但很快遭到犹太复国主义运动支持者的抨击,谴责政府违背了委任统治的相关条款。1930年10月,殖民地大臣帕斯菲尔德勋爵到访特拉维夫时遭到投石袭击,在议会中没能掌握多数议席的执政党突然慌了神。首相詹姆士·拉姆齐·麦克唐纳(Ramsay MacDonald)给魏茨曼写了一封信,向他保证政府不会将白皮书上升到法律层面。1931年2月,这封"黑色来信"(Black Letter,阿拉伯人的形容)在议会公开,其中提及犹太移民的确切数字将取决于巴勒斯坦的"经济吸纳能力"。这种说法最早来自丘吉尔,他在十年前负责巴勒斯坦地区时创造了这套听起来很有技术含量,但其实毫无意义的说辞。

英国对是否继续支持犹太人移民巴勒斯坦产生了动摇——它直接导致了1936年及以后的阿拉伯起义——而当时的社会背景则是希特勒已于1933年上台,前往巴勒斯坦寻求庇护的人数突然扶摇直上。1932年,仅9500名犹太人登陆巴勒斯坦,但到了第二年,这个数字整整增加了3倍。1934年,移民人数继续以50%的幅度增长。1935年,德国议会通过反犹太种族主义的《纽伦堡法令》(Nuremberg Laws)后,移民人数持续以相似幅度增长。那一年,超过61000名犹太人登陆巴勒斯坦,使英国委任统治地区的犹太人口总数达到了35.5万人——增长速度远远超出了英国的想象。如今,犹太人已经占到巴勒斯坦总人口数量的四分之一,而在15年前他们所占的比例仅为9%。

犹太移民的到来对土地产生了巨大需求,贫穷的阿拉伯人在日益严峻的生存压力下,不得不纷纷卖出土地。委任统治早期,犹太人主要向生活在叙利亚和黎巴嫩的富裕阿拉伯地主购买土地。阿拉伯人的一部分地产在领土分割中被划入了巴勒斯坦,才出售名下的土地。到了1920年代晚期,犹太人开始向阿拉伯的农民购买土地。根据驻巴勒斯坦高级专员钱塞勒的说法:"那些极度贫穷……靠借高利贷才能维持生计的人们已经走投无路,只能靠卖土地偿还债务。"[7]阿拉伯卖家和土地上原有的住户常常会被犹太买家驱逐。当地的英国警察鲁宾·基特森(Reubin Kitson)说:"非常不幸,我们的工作之一正是确保他们必须离开。"早先，基特森在英国时仅凭几条广告就决定去巴勒斯坦服役，他原本以为，"能去巴勒斯坦真好，没什么比这更好的了"。[8]

在巴勒斯坦北部修建输油管线进一步恶化了原本已经十分紧张的局势。伊拉克石油公司根据与英国政府达成的协议，可以按需求自由取用当地的水，这引发了和当地农民的冲突。不仅如此，当地人也对管线修建时破坏了他们的土地怨声载道。一位分析人士认为英国的所作所为十分值得商榷。他在1932年时写道："伊拉克石油公司最看重的是能够在巴勒斯坦肆意横行，并且不必担心为此付出合理的补偿，且从没认真考虑过当地人的利益，随意践踏着本属于当地人的权利。"[9]

如今，图谋善加利用犹太移民造成愤怒情绪的人是阿明·侯赛尼（Hajj Mohammed Amin al-Husayni）——耶路撒冷的大穆夫提。阿明身材矮小，看似孱弱，生性谨慎。他顶着一头红发，有一双蓝眼睛，说起话来有些咬字不清。他能够成为伊斯兰教法的"首席诠释者"，全凭他出生在巴勒斯坦最有权势的两大家族之一。他在埃及的爱资哈尔大学（Al-Azhar University）接受教育，其间成立了一个反对犹太移民进入巴勒斯坦的俱乐部。战争爆发后，他在奥斯曼帝国的军队服役。耶路撒冷沦陷后，他在1917年向英国投诚。战后的动荡年代，他通过金-克兰委员会（King-Crane commission）[①]和叙利亚国家大会表示支持费萨尔出任叙利亚及巴勒斯坦联合王国的国王。1920年4月4日，耶路撒冷在拿比牧撒节爆发骚乱时，站在阿拉伯俱乐部阳台上的人正是阿明。他高举费萨尔的画像，充满挑衅意味地

[①] 金-克兰委员会，1919年，美国总统威尔逊指派亨利·金（Henry King）和查尔斯·克兰（Charles Crane）两人组成调查委员会，走访奥斯曼帝国境内土耳其人居住的地区，了解当地人的民族自决意愿。——译者注

向底下的人群高喊："这就是你们的国王。"

阿明的这个举动并没有真的让他饱尝十年铁窗之苦。他一路逃往约旦，后来又得到了时任巴勒斯坦高级专员赫伯特·塞缪尔的赦免。当时，塞缪尔出于巩固英国对外约旦的影响力的目的，赦免阿明只是他付出的微不足道的代价。[10]

阿明被赦免不久后回到了耶路撒冷。他意外发现自己的兄弟——当时的大穆夫提凯末尔正挣扎在死亡边缘。尽管他的父亲也曾出任大穆夫提，但该头衔并非世袭制。为了与纳沙西比家族（Nashashibi family）竞争，阿明决定摘掉帽子效忠阿拉伯人。他摘下传统的土耳其毡帽（Turkish tarboosh）①，换上了阿拉伯头巾，还蓄起了像模像样的阿拉伯长须。次年3月，他的兄弟去世。

英国为了平衡侯赛尼家族（Husayni family）和纳沙西比家族的势力，把巴勒斯坦事务中的主要公职平分给了两家人。拿比牧撒节骚乱后，英国解雇了耶路撒冷市长侯赛尼，让纳沙西比取而代之。1921年5月，英国批准曾煽动骚乱的阿明·侯赛尼担任圣城的大穆夫提，这么做的部分原因在于此时恰好轮到侯赛尼家族的成员出任该职；同时，他们也希望肩上的重担会让阿明更加清醒。次日，英国又协助他取得了穆斯林最高委员会（Supreme Muslim Council）主席一职，该委员会主要负责处置什一税（tithe-like）②和瓦合甫（awqaf）③的收入，以及管理

---

① 土耳其毡帽，亦称菲斯帽，直身圆筒形，通常带有吊穗作为装饰，常见于土耳其和北非等奥斯曼帝国统治下的伊斯兰地区。——译者注
② 什一税，教区内的居民以年产量十分之一的比例缴纳教会的税。——译者注
③ 瓦合甫，伊斯兰法律中不可剥夺的宗教捐献，通常指为宗教或公益目的捐出的建筑物或田地。——译者注

执行伊斯兰教法的法庭（Sharia court）。

主席一职令阿明掌握了显赫的财政权，目前由他控制的预算高达 5 万英镑。他小心地把钱花在削弱纳沙西比家族势力、加强他个人统治的地方。阿明向整个伊斯兰世界呼吁修缮圣殿山山顶的圆顶清真寺（Dome of the Rock）和阿克萨清真寺（al-Aqsa Mosque），为此筹得了 8 万英镑基金。他的影响力至此达到巅峰。当时，土耳其已经废除了哈里发，沙特又将伊本·阿里驱逐出了麦加，阿明·侯赛尼成了伊斯兰世界的最高领导人。德鲁兹人发动叛乱反对法国时，他成立了紧急救援委员会、筹集捐款，以及向边界附近的反叛者组织输送食物和药品。法国方面相信，宗教机构之前吸纳的捐款都被用来购买了武器，以支持叙利亚的反抗势力。

阿明·侯赛尼在反法叛乱中扮演的组织者角色拉近了他与阿拉伯民族主义者之间的距离，但插足两派势力也使他面对不少冲突：一方面，英国向他提供资金，把他托上了带领阿拉伯人民的高位；另一方面，民族主义者为了获得资金也向他效忠。1935 年发生的事件迫使他必须在两者之间做出选择，也从此令他陷入了窘境。

1935 年 11 月，在加利利山（Galilee）附近，一名热情的叙利亚传教士男子伊兹丁·卡萨姆（Shaykh Izzadin al-Qassam）在与英国军队的一次小规模冲突中中枪身亡。卡萨姆在海法拥有大批幻想破灭的年轻拥趸。因此，他的死讯传出后，立刻在全城引发了骚动。一位当时在现场的阿拉伯记者记录道，当卡萨姆和他的追随者的尸体被抬回这里的街道，"一个声音高喊道：复仇！复仇！"因葬礼而聚集到一起的人们"报以异口同声的回应，如雷鸣般响彻天际"。

"复仇！复仇！"他们咆哮道。[11]

卡萨姆的死亡成了大穆夫提被迫在两大势力之间做出选择的转折点。阿明在阿拉伯运动中的地位常年受到纳沙西比家族的挑战，因此他认为以强硬姿态对付英国显然更加明智。在1936年4月公共汽车枪击事件后，多支民族主义运动派系的领导人征询阿明，是否愿意出任新成立的阿拉伯高级委员会的主席，他接受了这个提议。

那年夏天，大穆夫提领导的阿拉伯高级委员会号召了一场总罢工，令整个巴勒斯坦陷入了瘫痪。该委员会还纵容暴力。十年前，在哈马令法国头痛不已的法齐·卡伍奇重新现身巴勒斯坦。他带领一支由叙利亚、伊拉克和外约旦的阿拉伯人组成的约200人的军队，将犹太人和英国人作为袭击目标。他们设置路障，切断电缆，向人头攒动的市场投掷炸弹，突袭伊拉克石油公司新建的输油管线。他们造成的法律失序还让另一群当地人钻了乱局的空子。他们纯粹是一群土匪，根本不是理想主义者——是看准时机夸大自身影响力的投机分子，其中之一就有谢赫·优素福·阿布·都尔赫（Shaykh Yusuf Abu Dorreh）。早前，他是海法市场一名卖柠檬水的小贩。一位英国警察表示："他的家族中没有出人头地的人物，'谢赫'的头衔无疑是他自己封的。"[12]

起初，英国没把阿拉伯反对者放在眼里，对暴力事件也抱着一种隔岸观火的态度。其中的部分原因在于叛乱的领导者实在太业余，另外的因素则在于他们的首要目标是犹太人。"一切都很好玩。"另一位英国资深警员回忆，"我们追着他们跑，他们竭尽全力拔腿开溜……看到敌人你就追，他停下向你射击，你就回击。刚开始，根本不是埋地雷、发动埋伏攻击那回事。

可到了后来，一切都变了。"[13]

没多久，叛乱团伙就把"对自身肤色的焦虑"（英国人的形容）转化成了他们的优势。[14]阿拉伯人知道无力在光天化日下和全副武装的英国军队正面对峙，于是采取了游击战术，在夜间埋设地雷，袭击追踪他们下落的英军。"他们会在山脚的褶皱地带埋下地雷，"一位士兵回忆，"当车辆触动导火索，司机本能地会向爆炸的相反方向扳动方向盘，于是汽车就会冲出路面……导致翻车"[15]。当第二辆汽车因为相同的原因爆炸，后面车队的士兵就会发现他们就像被困在了同一只靴子里。[16]他陷入了一阵沉思："阿拉伯的劳伦斯还真的教会了阿拉伯人怎么制造爆炸。"

托马斯·爱德华·劳伦斯还教会了阿拉伯人一件事，就是决不要轻视游击队员，尽管他们都是冒牌"水牛比尔"。英国直到现在才尝到了其中的苦头。遏制叛乱需要调遣大量部队，但英国军队既无法派出足够士兵，移动也不够灵活。他们身穿深蓝色的哔叽呢制服，在几英里外就被人发现了，等他们赶到叛乱现场，"又往往已经满头大汗，浑身是泥"。[17]士兵靠人力负载着沾满沙尘的迫击炮和布朗式轻机枪，大大增加了自由移动的难度。一位英军情报官员发现，当他们好不容易追上目标，"一个小时前追着他们开火的人现在已经气定神闲地坐在咖啡馆休息，或者潜入了农田深处——男人和女人换上庄稼汉的衣服，根本无法分辨谁是谁"。[18]

阿拉伯人中有一些是叛乱的坚定支持者，但另一些人不与英国合作是因为他们担心这么做的悲惨下场。有一次，叛乱团伙首领、原来的柠檬水小贩阿布·都尔赫差点儿被英军逮住。他怀疑有人泄密，回到村里后找到村长，当着他家人的面将他一枪击毙。叛乱团伙还使用其他隐蔽的手段强迫当地的阿拉伯人向他们效忠。他们禁止男人戴塔布什帽、剃须,警告女人"不得露出胸部和手臂——她们的着装必须极端保守,而且不得露出膝盖"。[19]

英国军队的兵力不足、情报迟滞、装备落后,还不时担心地雷爆炸,他们被迫转为了防守。叛乱者在夜晚愈发嚣张后,英军停止了夜间巡逻,还放弃了边缘地带的哨所,因为那里已经成了危险地带。有英国军官在巡视警察局营房时发现,"大量时间和精力"如今都被"浪费在了'吐痰咒骂、擦洗枪支'以及案头工作上",他们已经不敢离开营房半步。[20]英国的退缩导致了致命的后果:叛乱者和叙利亚人、黎巴嫩人一起,可以在前线如若无人地自由穿梭,而不会受到任何惩罚。

1936年底,英国内部就如何应对叛乱发生了争执。9月,新上任的英军驻巴勒斯坦总司令约翰·迪尔爵士(Sir John Dill)带着2万名士兵履新。他建议实施戒严,但高级专员亚瑟·沃科普爵士(Sir Arthur Wauchope)不同意,因为他不愿认输。沃科普试图给人留下"凭我一己之力就可以让圣城重归和平"的印象,但他又同时向大穆夫提求助,许诺如果阿明·侯赛尼可以平息起义和暴力,他就会组建一个皇家委员会(Royal Commission)①倾听阿拉伯人的不满和怨气。[21]起义已经到了矫枉过正的地步,令巴勒斯坦的经济状况雪上加霜,而且收获柑橘的季节即将来临,大穆夫提因此在10月9日接受了沃科普的提议。鉴于英国已经失去了对巴勒斯坦众多地区的控制,高级专员提议停火七天,留出充分时间让这个消息传遍整个国家。在大穆夫提的号

---

① 皇家委员会,由于领导者为皮尔勋爵,该委员会亦被称为皮尔委员会(Peel Commission),目的是调查1936年巴勒斯坦发生大规模骚乱的原因。——译者注

召下，暴力事件立即消停下来。

那年，希特勒正在莱茵河重整军备，墨索里尼的军队已经染指亚的斯亚贝巴，暂时的休战让英国好不容易有了喘息机会。然而，迪尔将军却有一种不祥的预感。"也许你会觉得奇怪，"他在给一位伦敦同事的信中写道，"最令我感到不安的是，阿拉伯高级委员会的一句话就如此迅速、彻底地平息了全国的叛乱——仅仅靠一句话而已。"[22]

1936年11月11日，肩负重任的皇家委员会抵达耶路撒冷。这个由皮尔勋爵（Lord Peel）领导的委员会很快发现，犹太人和阿拉伯人之间的冲突"无法避免"。[23]次年7月，他们发表了长达400页的冗长报告，谨慎地建议在委任统治地区划分出一个犹太国家和一个阿拉伯国家。他们也明白这项建议存在许多不足，因为"它不符合任何一方的要求"，但皮尔希望外界明白，他们是在经过再三考虑后才给出了这个答案——分治"可能……是实现宝贵的和平"的唯一选择。[24]

一位伦敦的外交官写道："我们指望——还曾经相当乐观——委员会能带我们走出政治困境，但现在看起来不过是让我们陷入了更绝望的境地。"[25]皇家委员会不仅提出了分治建议，还在报告的最后附上了具体分治方案的地图。这张地图让报告煞费苦心的微妙措辞付诸东流，因为皮尔把整个巴勒斯坦的北部及沿海地区——包括生活在那里的阿拉伯人，一起划入了犹太人的国家。仅凭那一页纸，皮尔委员会就立刻让英国多出了25万仇敌。

英国军队在1936年的糟糕表现无法令阿拉伯人心甘情愿地接受皮尔委员会的裁决，反叛团伙再次挑起了暴力事端。去年的经历使他们信心大增——乃至过分自信——坚信必定能够取得胜利。正如迪尔的观察,六个月的抗争"史无前例地"让他们"了解了该如何进行有组织的抵抗",而且强化了阿拉伯领导人的形象,尤其是大穆夫提,如今他的地位"不断得到巩固……声望愈来愈高"。[26]

崇敬大穆夫提的不只是阿拉伯人。在英国,英军总参谋长迫于德国制造的威胁,也开始同情阿拉伯人,认为他们"只是为了保卫自己的领土而战"。[27] 7月末,《每日电讯报》(*Daily Telegraph*)提及阿拉伯叛乱背后的领袖时,使用了充满同情的措辞。"他有着明亮的双眸,不时闪烁出愉悦的光芒。从外表看,这位大穆夫提既不像政治鼓动家,也不像激进的宗教人士。"[28] 文章写道,"事实上,他掌管着巨额资金,是所有伊斯兰机构的最高领导人,负责任命所有宗教法庭的法官,还是如火如荼的阿拉伯政治运动的原动力。他才是巴勒斯坦阿拉伯人的最高权力象征"。

然而,英国对大穆夫提的亲善态度没有持续太久。9月26日,星期日。巴勒斯坦北部地区的助理专员刘易斯·安德鲁斯(Lewis Andrews)和保镖在前往拿撒勒一座教堂的途中,被阿拉伯杀手枪杀。这成了英国政府改变巴勒斯坦战略的转折点。之前,英国不太情愿镇压过火的暴力,但他们不得不在谋杀事件后采取强硬态度。三天后,英国废除了阿拉伯高级委员会。次日,大部分委员会成员都遭到逮捕,而大穆夫提却化装成女人的样子溜走了。

三个星期后,大穆夫提在黎巴嫩现身。这证实了阿拉伯人把叙利亚和黎巴嫩当作大本营,以摆脱英国的干涉。上一年的休战期间,法齐·卡伍奇和另一名臭名昭著的叛乱分子穆罕默德·阿什马尔(Muhammad al-Ashmar)在大马士革出现时都受到了人们的热烈欢迎。在那里，接过卡萨姆大旗的谢赫·哈利勒·穆罕默德·伊萨（Shaykh Khalil Muhammad Eissa）成了筹措资金和购买武器的主脑。一位英国官员抱怨，伊萨从不缺钱，买卖武器和把它们运往巴勒斯坦边界地带都是"公开进行的"。[29]

英国不得已向法国寻求帮助，但悉数遭到回绝。英国驻大马士革领事吉尔伯特·麦克勒思（Gilbert MacKereth）向当地的法国代表施压，要求他逮捕阿什马尔，但法国人拒绝这么做。他告诉麦克勒思，抓捕一位人气这么高的人物会引发骚乱。[30]英国驻巴黎大使向法国外交部的勒内·杜瓦内尔·康坦求助，亦空手而归。1936年底，法国正被迫与叙利亚签署一项协议，给予他们更多自治权，以配合英国在埃及的类似举措。尽管法国国会尚未通过这项协议——事实上，国会以后从不曾通过它——勒内·杜瓦内尔·康坦还是提及了此事。他耸了耸肩，无奈地表示法国已经尽力了。二十年前，劳伦斯在他面前掩饰起了英国对中东的野心，把他骗得团团转；二十年后，他丝毫无意向英国伸出援手。

麦克勒思明白这一点。他知道是当年的记忆而非即将签署的协议，让法国对英国的困境无动于衷。他回忆，当年阿什马尔在缺席审判中被认定在1925年枪杀了五名法国士兵，但英国借称他是政治难民，拒绝把他交给法国。"1925年至1926年间，我们没有对法国在叙利亚陷入的困境表露充分的同情。"麦克勒思写道，"甚至，英国在巴勒斯坦和外约旦的执政者还对叙利亚的土匪和叛乱者敞开怀抱。现在，我们不得不吞下当年的苦果。"[31]麦克勒思总结，当年的政策产生了后坐力，"那时从英国得到好处的人们为了继续恐怖主义事业，现在都在计划离开或者已经离开了巴勒斯坦。而这一次，他们都把枪口对准了英国政府"。

正如十年前法国疲于应付的德鲁兹人叛乱，英国如今十分确信，反叛势力生生不息是因为他们在边界附近得到了庇护和支持。1937年底，一位心情沮丧的英国军官评估了当时的局势："如果大马士革和贝鲁特继续成为恐怖主义活动的大本营，如果我们收到的情报正确，被驱逐的阿拉伯领袖拥有足够的资金支持，很难想象我们能够彻底铲除巴勒斯坦的恐怖主义活动。"[32] 他认为，由于法国不愿提供协助，此刻他和同僚们只能靠自己。他写道："除非某些因素导致叛乱分子的根据地爆发战争，否则我不认为我们能迎来和平。"

第 14 章　以恐制恐

一位同龄人曾语带嘲讽地形容英国驻大马士革领事吉尔伯特·麦克勒思"身材矮小、秃顶、外表毫不起眼"。但正是这样一个男人，在没有法国协助的情况下，尝试从叙利亚内部发动一场针对阿拉伯叛乱分子的个人战争。[1]吉尔伯特·麦克勒思将很快证明，外表只是一种伪装，他其实是个足智多谋又骁勇善战的男人。第一次世界大战期间，这位年轻的营长曾告诉一位将军，自己不愿参与他计划的攻击，因为攻击必将导致灾难性的后果。麦克勒思因此一举成名。类似反抗本可以将他送上军事法庭，或者酿成被解职的下场，但麦克勒思从不是个懦夫。短短18个月，他就被从陆军中尉提拔到了中校，还获得了一枚军功十字勋章——为了表彰他穿越重重火线，在一百码距离开外营救了一位落单的巡逻兵。正如当初麦克勒思对那位将军坦言时拥有的自信，他对作战计划的拙见都来自深夜只身一人潜入无人地带的侦查。[2]

和许多战争英雄一样，麦克勒思也遇上了令他烦心的问题：战争结束后，自己该做些什么呢？最后，他决定在领事馆服务。他在1933年被派往大马士革前，已经在法国管辖的阿拉伯地区拥有丰富的工作经验，但他很快就厌倦了"冷酷无比又虚伪"的委任统治体系。为了打发多余精力，他给伦敦发送了一系列报告，揶揄法国政府派往当地的那些举止滑稽的官员。[3]他在其中一份报告中生动地刻画了新上任的法国高级专员达米安·马特尔（Damien de Martel）。麦克勒思形容马特尔身着制服的模样就像马戏团的驯兽员，"或许这还是他亲自设计的"。[4]此外，他还饶有趣味地形容两位法国军官"缺乏经验但活力充沛，真是一对危险的活宝"。[5]

然而，他的尖酸嘲讽在白厅不太行得通。不久后就有人指责他反法，但麦克勒思很快反击了对自己藐视法国政府的谴责。"我和他们中的许多人都很熟，还经常和他们一起打桥牌。"麦克勒思回应，接着情不自禁地补充，"我喜欢他们中的大部分人"[6]。

皮尔委员会公布那份不受各方欢迎的分治方案前，麦克勒思拜访了叙利亚总理贾米勒·马尔丹（Jamil Mardam），试图弄清马尔丹政府是否愿意协助制服边界附近的阿拉伯团伙。1936年时，马尔丹以首席谈判代表身份与法国签订了《法叙条约》(Franco-Syrian Treaty of Independence)，是迄今为止最令人印象深刻的叙利亚民族主义者。马尔丹外表冷漠，脑袋长得像一柄阿拉伯弯刀。法国人对他的形容十分精辟和准确，"一个无所顾忌的骗子"。[7]麦克勒思很快意识到，想得到他的协助必须花上一番功夫。德鲁兹人叛乱期间，英国准许法国从雅法引渡他，让他在法国管辖地区的监狱整整蹲了一年。当麦克勒思称阿拉伯团伙的行径是"土匪行为"时，马尔丹圆滑地回应，他更愿意将此称为"阿拉伯爱国主义行动"。[8]

麦克勒思意识到法国政府同样不愿助他一臂之力后，决定独自应对叛乱分子。从此以后，如他在日后轻描淡写地形容，"我处理的大部分工作都很不寻常"。[9]

麦克勒思相信他可以凭一己之力力挽狂澜，因为他总能获得叛乱分子的准确情报。1937年9月，他雇佣的一名间谍参加了阿拉伯民族主义者在大马士革附近的卜卢丹大饭店（Grand Hotel in Bludan）举行的会议。这场为期三天的聚会由大穆夫提提议召开，还支付了所有与会者的交通费和住宿费：他希望调动整个泛阿拉伯地区人民的愤怒，共同反抗皮尔委员会的决议。麦克勒思给伦敦发了一份语气浮夸的报告，调侃地描述了众人离开时支付旅费的那一刻。"有些场面真是令人难过，几位与会者早就花光了津贴，根本无力付清饭店的账单。"[10]

为麦克勒思工作的一位消息人士发现，出席卜卢丹会议的约一百名代表均表达了对英国议会的不满，他们同意稍后在大马士革再次聚会，共同商讨针对英国的暴力行动。麦克勒思又派出了另一名间谍潜入他们的深夜会谈。为了迎接代表的到来，这位间谍瞧准时机，决定"伪装成一位冰块供应商"。[11]从不放过嘲笑荒谬现象的麦克勒思在报告中写道，"（他）借口为与会人士提供冰块，好让大家喝上冰冻果子露"，才见证了在第二天子夜一点召开的会议。这位间谍发现，纳布卢斯和图勒凯尔姆地区正在积极储备武器，众人还一致同意将与英国有染的阿拉伯人作为下一波"系统性人身攻击"的目标。这些情报的要点没错，但袭击目标的关键细节不准确。麦克勒思向伦敦通报相关情况的两个星期后，地区长官安德鲁斯在拿撒勒遇袭身亡。

安德鲁斯去世不久后，麦克勒思称新一轮全面抵抗行动一触即发。他告诉伦敦，"有理由怀疑叙利亚人已经形成了数个小团伙，每个团伙都有自己的领导人，还得到了一笔2～4巴勒斯坦镑（Palestinian pound）不等的准备金，还有来复枪、弹药、遮风保暖的阿拉伯斗篷[12]以及水壶"。他们正在等待信号，前往西岸的山区集合。

麦克勒思雇用了一名阿拉伯职业杀手，在边界地区拦截这些团伙。这位杀手的成果包括击毙了三名军火走私犯,缴获了四十支武器以及两箱炸药。[13]麦克勒思还组织洗劫了两名阿拉伯反叛活动的关键人物——负责筹集资金以及购买军火的哈利勒·伊萨和卜卢丹会议的发起人纳比哈·阿斯马(Nebih al-Asmah)——在大马士革的住宅。[14]英国人从阿斯马家中抄走了一本日记;他们还趁伊萨外出祷告之际闯入他的家中,发现了军火走私犯和安德鲁斯遇害之间的一连串线索——伊萨曾下令射杀一名巴勒斯坦警察局的阿拉伯警察,作案使用的武器正是谋杀安德鲁斯的枪械。[15]

麦克勒思指望,如果他可以证明阿拉伯民族主义者和巴勒斯坦谋杀案之间的关系,就会令马尔丹蒙羞,继而遏制恐怖行动。虽然叙利亚总理最终下令逮捕了叛乱首领穆罕默德·纳比哈·阿斯马,叙利亚政府最高层在暗中支持反叛的事实却一目了然。有一次,麦克勒思接到密报,一卡车武器正被运往边界地区。但向他提供情报的消息人士很快就被逮捕,叙利亚内政部长——阿斯马的兄弟——亲自参与了审讯,在大马士革的警察局把告密者毒打了一顿。

尽管如此,麦克勒思仍没有却步。他每年的情报津贴只有45英镑,但他似乎从中支取了一部分资金,用来贿赂与叙利亚宪兵有来往的法国军官。他很快向上级报告,金钱激励对维护边界地区安全具有重大作用。他在1937年10月底告诉伦敦,上个星期"最令人瞩目"的事件是"叙利亚宪兵有效阻止了30名年轻人进入巴勒斯坦投身反叛活动,而他们在上个月放过了所有人"。[16]

不过麦克勒思知道,叙利亚人多少已经了解他在暗中所做的手脚。那个月,他向英国外交部报告,他收到了年内的第三宗死亡威胁，最近一次的落款上写着"沾血的黑手"（Black Hand tinged with Blood）。[17] 麦克勒思也许堪称英勇无畏，但他并不蠢。他在几天后再次给上级写信，要求给他弄一件"防弹背心"。[18]

麦克勒思在英国外交部中东司负责人乔治·伦德尔（George Rendel）眼中并不受欢迎。伦德尔完全不同意他的观点——叛乱是由数个小团伙发动的恐怖主义袭击。伦德尔对阿拉伯人深感同情，而且十分在意英国和阿拉伯世界的关系。他认为，"凡使用阿拉伯语的国家都在对英国的巴勒斯坦政策表达不满"，而当地的暴力事件则是"由来已久的民族主义运动的一部分"。[19] 伦德尔视麦克勒思收到的死亡威胁为召回他的黄金机遇，而不是给他送几件防弹衣。即使麦克勒思"可以遏制骚乱，铲除每一位巴勒斯坦恐怖分子，甚至为此献出自己的生命——这不是没有可能，"伦德尔写道，他依旧坚信"动乱不会就此平息，还可能演变得更加激烈"。在他看来，麦克勒思并"没有触及麻烦的根源"——英国的犹太移民政策。

然而，麦克勒思成功避开了伦德尔想让他安分点儿的企图。他绕过伦德尔，直接给外交部常任秘书长写信，傲慢地向他保证死亡威胁"不是针对我个人的"，他的继任者也会面临同样的风险，而且只会更缺乏自我保护能力，也不可能像他一样，拥有常年以来在当地积累的人脉。他的后盾还包括英国驻巴勒斯坦的其他官员。"麦克勒思在大马士革收集了大量情报，在当地消息十分灵通。"被派往巴勒斯坦评估当地局势的资深警官查尔斯·特加特爵士（Sir Charles Tegart）写道，"不仅如此，他表现主动，倾尽所能地工作，向法国、叙利亚政府、外交部以及巴勒斯坦政府施加了尽快平息局势的压力。"[20] 麦克勒思终于保住了自己的职位。

1937年12月和1938年1月在巴勒斯坦北部发生的两起团伙性袭击，再次令特加特决定与法国政府接触，要求他们协助逮捕把叙利亚作为基地的元凶谢赫·穆罕默德·阿提耶（Shaykh Muhammad Attiyeh）。每隔五到六个星期，阿提耶就会组织一伙人越过边界，袭击不效忠自己并且投靠英国的阿拉伯村庄，之后再迅速撤回大马士革的安全地带。麦克勒思游说法国失败后，特加特形容局势已经到了"无法容忍"的地步，决定是时候前往贝鲁特，希望说服那里的同僚判处阿提耶"终身监禁"。[21]然而，这注定是一趟令人失望的旅行。

出生在伦敦德里郡（Londonderry）①的特加特时年五十多岁，刚在一片赞誉声中从印度加尔各答（Calcutta）警务处处长一职卸任。多年前，加尔各答充斥着一系列政治目的的暗杀，英国当局派特加特前往当地，希望他的爱尔兰血统能够助他从独特的视角洞悉恐怖分子。事实上，特加特的确凭借直觉、冷静、运气以及不拘泥陈规的表现扭转了加尔各答的局势。他身材高大、健硕，有着深蓝色的眼睛，肤色泛着凯尔特人特有的微红。但是，他在夜间执行收集情报的任务时却极善于伪装，有时扮成开出租车的锡克教徒（Sikh），有时扮成普什图人（Pashtun）。尽管收到了死亡威胁，他还是公开驾车在城内活动，身后蹲着他那只戴了头套的斯塔福郡斗牛梗（Staffordshire bull terrier）。

特加特的英勇无畏鼓舞了身边的同僚。他们相信，"无论如何他都不会失败"。特加特在躲过几次谋杀袭击后，更加深了同

---

① 伦敦德里郡，位于英国北爱尔兰的北部。——译者注

僚们的信念。[22]平时，他用一只小炸弹当镇纸。某日，他开玩笑般地把它掷向了对面墙上的地图。"一瞬间，"一位在场人士回忆，"传来了震耳欲聋的爆炸声，半边墙壁都被炸飞了。粉尘、各式碎片遍布整个房间，工作人员都以为发生了另一次谋杀事件。"[23]特加特从爆炸中幸存了下来，并在1926年获封了爵位，以表彰他在加尔各答挫败了革命者发起的运动，以及大幅改善了当地的非暴力犯罪状况。在1932年的一场演讲中，他明确阐述了自己的行事哲学："如果你在擒拿恐怖分子后不将他们置于死地，你就白白浪费了手中的武器。"[24]

为了铲除他口中的恐怖分子，特加特有过几次与法国成功合作的经验。1930年，他在印度服役的最风光时期，曾征求法国政府的同意，袭击躲藏在法国飞地金德讷格尔（Chandannagar）的反叛分子——那些人本以为逃到那儿就能摆脱特加特的追击。法国政府点头后，特加特亲自领导了进攻：一个夜深人静的夜晚，数位佩戴手枪的巡警在他的指挥下射杀了一名印度人，重创了另外两人，并在随后逮捕了他们。因此，他在抵达贝鲁特时，本满心希望得到法国的支持，制裁在边界地区频繁活动的阿拉伯反叛分子。

然而，特加特和法国军官在黎凡特会面后，才意识到这只是他的一厢情愿。在贝鲁特，当地法国情报机构的负责人、厚颜无耻的科西嘉人（Corsican）科隆巴尼（Colombani）告诉他，将无法助他一臂之力，只介绍了在大马士革的一位同事佩里塞（Perissé）给他。法国情报机构常在暗中与警方合作，但佩里塞告诉他，法国没有任何英国方面需要的巴勒斯坦叛乱分子的资料。很快，特加特就发现佩里塞"说话极其言简意赅，几乎无法沟通"。[25]

在大马士革，只有从事反间谍活动和负责国家安全的特别行动部门负责人给了特加特一线曙光。他主动协助特加特监视叛乱活动的首领，还解释了情报部门的其他同事谨慎行事的原因。他告诉特加特，进入大马士革郊外的迈丹地区十分危险。十年前，法国在德鲁兹人叛乱期间实施轰炸后，那里就成了法国人的禁区，迈丹因此渐渐聚集了大量叛乱分子。特加特询问是否可以在那里搜查叛乱分子的住宅，法国情报头子的答复十分直白："不可能。"对方告诉他，"这么做根本没用"，因为执行相关任务的通常是叙利亚警察，而他们都很同情叛乱分子。[26] 法国高级专员达米安·马特尔的态度同样生硬。特加特要求他逮捕主要煽动人士时，马特尔解释："如果我们在迈丹地区轻举妄动，必定会引发一场革命。"[27] 出于同样的理由，他也不愿制裁大穆夫提。当时，大穆夫提在黎巴嫩的沿海城市朱尼耶（Joûnié）生活，处于法国情报机构的监视之下。一位法国人形容，事到如今，这位阿拉伯领导人"已经大权旁落，仅成了一个象征"。[28]

身为大穆夫提，阿明将法国对英国的怀疑玩得游刃有余。他告诉法国人，英国人曾接近过他，建议阿拉伯人组成"大叙利亚"（Greater Syria），包括巴勒斯坦的阿拉伯人地区、外约旦，以及叙利亚全境。

早在第一次世界大战爆发前，许多煽动阿拉伯独立的年轻人就提出了"大叙利亚"的主张。劳伦斯以降的英国官员均支持这种主张，但法国表示反对的原因也一目了然。1933年费萨尔去世后，他的兄弟阿卜杜拉和曾担任总理的努里分别表达过统一阿拉伯的愿望，尽管他们的措辞不尽相同。阿卜杜拉希望统一——并且统治——巴勒斯坦、外约旦和叙利亚；努里却希望统一巴勒斯坦、外约旦和伊拉克。虽然英国政府多次拒绝了他们的主张,但两人和英国的关系以及该主张不利于法国的事实,都令法国人联想到他们受到了英国的鼓动。法国担心皮尔委员会的分治方案将导致巴勒斯坦的阿拉伯地区并入外约旦,从而成为建立阿拉伯联盟的契机,继而吞并叙利亚。如果落实分治方案,法国最后可能只剩黎巴嫩这一个桥头堡。

会面中,马特尔向特加特表达了上述担心。他解释了努里·赛义德的一番设想,然后问英国对巴勒斯坦的解决方案究竟是什么。特加特当然无法回答,一无所获地离开了大马士革。

特加特在令人失望的黎巴嫩和叙利亚之行后,于1938年2月19日写信给巴勒斯坦政府的常任秘书长,提议了两项遏制叛乱团伙从叙利亚发动袭击的新举措。其一,在巴勒斯坦与黎巴嫩和叙利亚的边境修建一道长达50英里的围墙,安装探照灯及配备警察巡逻——这道围墙后来被称作"特加特围墙"(Tegart's Wall);其二,降低警察招募考试的合格标准。他认为:"习惯随身携带笔记本的警察根本无法对付一群手持来复枪的土匪。"[29]特加特希望招募"个性凶悍的男性,他们不一定要有文化","但一定要懂得如何在目无王法的乡村作战"。[30]在外交努力失败——甚至麦克勒思的不正当手段亦不奏效的情况下,英国决定利用以上及其他一些有争议的手段冷酷镇压叛乱分子。

特加特早在1937年11月抵达巴勒斯坦时,根本没把非常规手段放在心上,但经过贝鲁特和大马士革一行,他下定了决心。亚历克·柯克布赖德(Alec Kirkbride)取代被谋杀的路易斯·安德鲁斯出任驻巴勒斯坦高级专员,他对修建围墙表现出了额外高涨的热情。特加特记录道:"(柯克布赖德)相信,从事石材生意的几位犹太承包商一定会把这当作上帝的旨意,给我们最好的价格。"[31] 不久后,柯克布赖德接到了一通来自海法的电话。随后,他向特加特建议了对这个项目很感兴趣的索莱尔玻恩公司(Solel Boneh)。

很快,相关人员就召集了一次非同寻常的露天会议。与会者除了特加特和柯克布赖德外,还有警察局总督察、英国驻当地军队的司令,以及索莱尔玻恩公司的负责人戴维·哈科恩(David Hacohen)。他们的面前站着一队皇家工程兵(Royal Engineer),还陈列着三款哈科恩的公司挑选的围墙样品,工程兵的任务是以最快速度从各个角度破坏围墙。工程兵证实了最后一件样品的耐受力最强——它由两道高6英尺的平行围墙,中间一道高3英尺的内墙,以及数道交错的铁丝网组成。尽管如此,他们只花了2分20秒就破坏了围墙。最终,索莱尔玻恩公司还是在这个方案的基础上修建了围墙。投入使用后,搭载聚光灯的车辆不间断地在围墙附近巡逻,令围墙完全暴露在白光之下,这大大提高了破坏它所需的时间。就像许多其他安全措施一样,它在人们的眼中不过是一道摆设。特加特形容,围墙更多起到的是"道德威慑效果",无法真正阻挡附近的阿拉伯团伙,经验丰富的当地警察从没想过能靠它解决问题。[32] 特加特早在年初就明白,"彻底解决问题的方法只有主动出击"。[33] 现在,他开始把注意力转移到了警察身上。

特加特提议彻底改革警察局,以夺回遏制土匪行为的主动权。警察的招募标准大幅降低,没有文化但熟悉地形的农夫也可以加入警队,行动方式也变得像对手一样更加灵活多变,[34] 招募对象还扩展到了已经退役的英国军人;极易暴露行踪的蓝色哔叽呢制服被替换成了"粗布、毫无特色的捕鼠装备式的制服",夜间巡逻的警察配备了霰弹枪;由于村民不愿声张,他们从南非引进了一条价值500英镑的杜宾犬(Doberman dogs)协助搜寻。以上策略勾起曾在爱尔兰服役的军官往日的记忆。有人写道:"这绝对是爱尔兰王室警吏团采用的招数。"[35]在警察局和近卫旅(Brigade of Guard)之间举行的一场橄榄球赛上,警察们以50比0完胜对手。[36]

数年后,警员鲁宾·基特森(Reubin Kitson)坦陈:"我们已经到了必须遏制恐怖主义的关键时刻。为了取得胜利,我们也在某种程度上变成了恐怖主义分子。"[37]警察局高层下达命令:为了应对路边炸弹的威胁,惶恐不安的英国士兵把阿拉伯人质绑在前导车的引擎盖上。[38]在50年后的一次访问中,曾在曼彻斯特军团(Manchester Regiment)服役的亚瑟·莱恩(Arthur Lane)依旧对这批被戏称为"吉祥物"(mascots)或"扫雷舰"(minesweepers)的阿拉伯人记忆犹新。"司机会猛打方向盘,车身剧烈左右摇晃起来,坐在前面的那些可怜的中东佬就被甩下了引擎盖。运气好的人,会落得个缺胳膊断腿的下场;运气差的人,则直接被后面的汽车碾过,但没人会停下来查看发生了什么。"[39]莱恩的指挥官最后中止了这场"游戏",原因却不是做法太过残暴,而是"用不了多久,他们就已经找不到可以被绑在引擎盖上的叛乱分子了"。

1936年,皮尔委员会和国际联盟先后谴责英国政府迟迟不肯颁布戒严令,但鲜有人指责英国的残酷战术。此时,希特勒重新占领莱茵地区,吞并了奥地利,国际注意力已经被引向了其他地方。1938年,英国政府再次收紧巴勒斯坦的法律。除了纵火、破坏和恐吓行径外,持有武器、破坏围墙、未经授权穿着军队或警察制服的行为均可被判处死刑。由于在法庭外采集的口头陈述也可以被当作证据,检方起诉的成功率大幅提升。

1938年5月,英国军队涌入巴勒斯坦北部,再次充满热忱地展开"包围与搜索"行动。他们一旦发现有人持有枪支,等待他的就是死刑。在一队士兵包围村庄后,会由另一队士兵出发搜寻可疑分子和武器。一位士兵写道,这项任务"在生理上和心理上都让人极为厌恶"。他曾参加过一次搜寻行动,剿杀了五名阿拉伯人。[40] "那种气味、尘土、热气,到处扩散的恐慌情绪不禁令我感到,多数时候我们霸凌的只是一群无辜的平民,而那少数几个恶棍却退缩到了人群深处,拼命把其他人往前推。"

英国士兵逮捕了协助叛乱者的可疑分子,炸毁或用推土机夷平了他们的房屋。在一些村庄,如果他们无法分辨罪犯,全村人都必须接受集体惩罚。亚瑟·莱恩参与过一次行动,怀疑有人在一个村子里协助叛乱分子。于是,莱恩和另一名士兵一起冲进村长家里,迫使他缴纳了一笔罚款。村长在莱恩面前使劲关上前门,他那愤怒的妻子则举着一只木汤匙追赶莱恩的同伴。莱恩对接下来发生的事至今记忆犹新:"我们一把火烧了他们的房子。"[41]

基特森说:"我们把村子搞得一团乱,在乡下遇到大规模抵抗就不出人意料了。"他是少数几个意识到英国军队的做法正令事态每况愈下的人。[42] 由于受挫和对叛乱分子的恐惧,英国才采取了这种严苛且无差别对待的做法,它现在已经无可挽回地陷入了恶性循环。集体连坐催生了支持叛乱的新势力,零星的土匪行径也扩散成了大规模叛乱行动。它还影响到了情报的准确性。巴勒斯坦警察局的阿拉伯警员受到鼓舞,为了得到好处相继告发叛乱者,有些人甚至为了赚外快和叛乱团伙串通。然而,情报不足又进一步使军队采取无差别对待的行动。

很快，英国就发现阿拉伯警员的地位"十分尴尬"，决定尽量不让他们执行前线任务，但又不能解雇他们，因为英国担心一旦这么做，他们就会全身心投入叛乱活动中。[43]然而，阿拉伯人在警察中所占的比重高达60%，这意味英国必须招募更多本国警察和犹太警察填补空缺。英国的辅政司认为犹太人值得信任，他们唯一的问题就是经常"急于射出手中的子弹"。[44]

一位年轻气盛、出身名门，还有些狂妄的军官认为他可以解决问题。前英国驻埃及高级专员的侄子奥德·温盖特（Orde Wingate）在1936年抵达巴勒斯坦。那时，英国政府已经收紧犹太移民政策，心力交瘁地避免为阿拉伯叛乱活动火上浇油。1935年，德国犹太人被剥夺身份后，英国立即限制犹太人移民巴勒斯坦。他们的借口是"巴勒斯坦的形势一片混乱，工业、商业和通讯都中断了"，还大幅提升了申请入境许可证的资金门槛。[45]因此，1936年移民到巴勒斯坦的犹太人数量仅为上一年的一半。

"我的老天！让我们做些公平而且值得尊敬的事吧。"温盖特写道，"让我们重拾对犹太民族的承诺，邪恶的纳粹主义、法西斯主义和我们的偏见让人把脸都丢光了。"[46]他对犹太人的理想事业心怀崇敬（一个犹太人抵得上"20个、30个，甚至100个阿拉伯人"）。他情不自禁地同情犹太人的遭遇，因为他本人也一直被视为局外人。[47]温盖特出身在一个普利茅斯兄弟会（Plymouth Brethren）①教徒的家庭，常在寄宿学校受排挤。他是学校里少数几个走读生，又不喜欢团队运动，绰号是"小臭鼬"。直到开始军事训练，温盖特才意识到可以把他那副紧张兮

---

① 普利茅斯兄弟会，基督教新教派别之一。——译者注

兮、惨白的外表转化为优势——在赤裸上身的交叉射击训练中，温盖特挨个走到其他学生跟前，挑衅地质问谁敢朝他射击——他最后完好无损地结束了训练。"他的眼光炽热、敏锐，不含一丝笑意——那对深陷的双眸可以直视人的内心，你脸上任何一丝多余的表情或者多说的任何一个字都无法逃过这双眼睛。"为特加特修建围墙的大卫·哈科恩说，"他是个狂热的男人。"[48]在耶路撒冷与温盖特同一间办公室的同事回忆，"我很喜欢他，我们相处得很好，但我不得不承认，他是个狂热分子。"[49]

为了在遏制叛乱中反败为胜，温盖特主张英国必须组建一支由英国士兵和犹太临时军共同参与的"夜间特别巡逻队"（Special Night Squads），其成员必须会讲阿拉伯语，熟悉本地的情势，只有这些人才能从阿拉伯叛乱分子手中扭转颓势。[50]巡逻队队员必须个个身形健硕，执行任务时沉默寡言。他们将接受严格的伏击战术训练，"说服阿拉伯团伙成员，只要继续发动掠夺式袭击，政府军队随时可能将他们一举歼灭。如果双方发生对峙，绝不会是隔开一段距离互射子弹，政府军会用刺刀和炸弹与他们近身肉搏"。[51]

温盖特很有信心，用不了多久，阿拉伯团伙的首脑就会在夜间安分下来，"就个人而言，他们不过是些懦夫，拥有的唯一作战理论只是撒腿就跑。正如所有的愚昧之辈和原始人，他们尤其容易掉进恐慌的陷阱"。[52]如果可以消除阿拉伯团伙的威胁，村民就没有理由继续保持沉默。温盖特扬言，英国到了那时候就可以顺理成章地向他们施压，因为不合作就表明他们在暗中和叛乱团伙串通。

时局变化助了温盖特一臂之力。欧洲的局势前途未卜：奥地利被德国吞并后，轮到了捷克斯洛伐克陷入危局。捷克危机一触即发，恐将爆发战争，因此英国在整个 1938 年都不可能向巴勒斯坦派出增援部队。在这种情况下，温盖特的方案成本低廉，很快打动了当局。他得到批准，可以组建三支巡逻队打击土匪行动，并且包围巴勒斯坦北部耶斯列谷地（Jezreel valley）附近的输油管线。为了尽可能减少暴露和泄密，温盖特在谷地南部挑选了三个犹太定居点作为营地，并把大本营设在了艾因哈罗德（Ein Harod）。选择艾因哈罗德在犹太人中激起了共鸣。《圣经》中记载，基甸（Gideon）正是在此地挑选了三百名勇士，在战争中击退了米甸人（Midianites）。那时，温盖特正利用《圣经》自学希伯来语，他本想将部队命名为"基甸师"，因为上级的干预才打消了这个念头。

温盖特招募的士兵中包括摩西·达扬（Moshe Dayan）——日后以色列的著名将军。那时，刚过二十岁的达扬已经是哈加纳成员，还是英国许可持枪的后备警员，但就连他都对温盖特的计划大感吃惊。达扬后来道："我们往往出于自卫才在定居点附近设埋伏，从没想过成为向阿拉伯村庄发动袭击的恐怖主义基地。"[53]温盖特令他感到既振奋又畏惧。起初，温盖特用支离破碎的希伯来语向他发号施令，一手举着左轮手枪，一手挥舞着《圣经》。"后来我们要求他还是用英语，"达扬接着写道，"因为我们根本不习惯他奇怪的希伯来语口音，只能听懂一些知名的《圣经》语录。"

1938 年 6 月，"夜间特别巡逻队"开始投入行动。温盖特以此证明自己是一位既要求苛刻又野蛮的领导人。当一名巡逻队员没能射中远处若隐若现的阿拉伯骑马人时，温盖特一巴掌往他的脸上掴去。在一次审讯中，他随手抓起地上的沙砾塞进被捕的阿拉伯人口中。当这位囚犯选择继续保持沉默，他转向身边的一名犹太士兵。"杀了他。"他命令道。那位士兵显出了片刻的犹豫。"没长耳朵吗？杀了他。"那位士兵只得从命。随后，温盖特面朝另外三名囚犯，咆哮道："现在就给我开口！"[54] 在营地，巡逻队成员都对温盖特的举止感到十分困惑。他会浑身赤裸地坐在自己的帐篷里，一边读《圣经》，一边用一柄刷子上下擦洗自己的身体，或者生吞洋葱，就好像那是苹果。

输油管线附近的袭击次数大幅降低，但"夜间特别巡逻队"的好景不长。7月上旬，温盖特从三支巡逻队中派出八十人，决定袭击占领了拿撒勒的一个阿拉伯团伙。但是，他错误估计了自己的实力，行动出师不利——搞错了设下埋伏的村庄。意识到问题后，他转而领导士兵进攻叛乱团伙正在修整的营地。然而，在这个一片混乱的夜晚，温盖特的部队因为误射炮火而遭到重创。一位同僚形容，这简直是"一流部队的一场抱头鼠窜"。[55]温盖特在医院撰写了这次行动的报告。他承认："必须考虑得更加周全、更加谨慎。"[56]

伤势痊愈后，温盖特再次领导"夜间特别巡逻队"展开行动，但他们却在年末受到了另一次打击。当时，温盖特拒绝透露自己的计划——说是为了保障行动安全——惹恼了另一位英国军官，沦为了英国中东政策失利的替罪羊。一位资深警官形容温盖特"碍手碍脚"。[57]他"完全不顾法律和秩序，拒绝与其他政府军队合作"。另一位军官认为，"夜间特别巡逻队"采用的战术断送了英国人公平作战的好名声。[58]但事实上，英国早就不顾这一套了。

1938年8月，英国驻巴勒斯坦高级专员哈罗德·麦克迈克尔爵士（Sir Harold MacMichael）一针见血地指出，英国在委任统治地区的严苛作风已经产生了反作用。他认为，"两年前的骚乱中，推手主要来自外国势力，巴勒斯坦人只是施以援手，而如今的状况完全调转了过来"。[59]英国人直到那一刻才意识到，如果欧洲爆发战争，他们迫切需要一个局势稳定的巴勒斯坦。为了达到这个目的，他们只能采取政治，而非军事手段。

第 15 章　安抚阿拉伯人

英国没能遏制巴勒斯坦的叛乱行径离间了阿拉伯群体，犹太人插手此事后更导致了暴力全面升级。直到1938年初，犹太社区伊休夫（Yishuv）①主要实行自制政策（self-restraint）②。然而，犹太人逐渐明白英国其实无力保护他们，因此在内部引发了对自制政策的争议。日后将出任以色列总理的伊扎克·沙米尔（Yitzhak Shamir）形容，"自制政策"是"一场灾难"。沙米尔坚信："（这种政策）短视、自欺欺人，只基于一种不明确……而且没有根据的想象——只要我们尽量克制不惹怒英国，他们迟早会兑现对我们许下的承诺。"因此，他决定拿起武器，与英国对抗。[1]

1938年4月12日，"自制"共识第一次出现了动摇的迹象。那天，两名英国巡警在一次勇武但冒失的行动中死亡。他们试图拆除犹太人安装在一列火车上的炸弹，平时乘坐这列火车的主要是在海法港工作的阿拉伯工人。那年6月，"自制"共识进一步崩塌。英国军事法庭判处两名向阿拉伯公共汽车射击的犹太年轻人死刑，其中一人获得了减刑，另一人的死刑则如期执行。6月29日，年仅23岁的什洛莫·优素福（Schlomo Yousef）被送上了绞架。他的死亡引发了一波愤怒，不仅因为

---

① 伊休夫，字面意思为屯垦区、居住区，以色列建国以前，巴勒斯坦犹太人社区的名称。——译者注
② 自制政策（self-restraint），希伯来文英译为havlagah。——译者注

他是英国驻巴勒斯坦当局处决的第一名犹太人,还因为英国一向允许犹太人利用自己的防卫组织伊休夫自卫。[2]哈加纳中的右翼分支伊尔贡(Irgun Zvai Leumi)因此展开了一系列报复性袭击,优素福曾是该分支的成员之一。

7月6日,两枚炸弹在海法市场爆炸,造成21名阿拉伯人、3名犹太人死亡和受伤。7月15日,另一枚炸弹在耶路撒冷的大卫王街爆炸,造成10名阿拉伯人死亡、30余人受伤。当地人侥幸避过了第三次爆炸:有人发现一名犹太人留下了一只装满蔬菜的篮子,下面藏着15磅炸药,原本设定在那天早晨8点引爆。7月25日,又一枚炸弹在海法市场爆炸,导致53名阿拉伯人死亡、37人受伤。警察和军队迅速封锁了该地区,但根据英国的报告,他们依旧"未能阻止一波阿拉伯人的报复,4名犹太人死于投石、暴击和刺杀,13名犹太人受伤"。[3]8月底,海法市场的另一次爆炸造成24名阿拉伯人死亡,受伤人数达35人。上述报告形容,突然发出的声响,比如"轮胎爆炸或者在拥挤的电影院中掉落书本"都会引起人群的恐慌,"无人认领的包裹均被视为疑似爆炸物;从汽车里随意扔出一只烟头也可能遭到逮捕"。

阿拉伯人和犹太人之间日益升级的对抗把英国推入了无法挽回的境地。二十年前,艾伦比进入耶路撒冷城时,《泰晤士报》曾预计英国将在巴勒斯坦建立"一套全新的秩序",并且"为正义和公平的理想奠定根基"。而如今,文章形容这里已经成了一场噩梦,警察"必须自我保护,免遭暗杀;温和派的阿拉伯人必须远离极端分子;犹太人和阿拉伯人势不两立;无辜的阿拉伯人必须时刻提防有预谋的袭击,而这令每一个人看起来都像是犹太复仇者"。[4]到了1938年9月,当地的高级专员认为有必要提醒伦敦,情势正在急转直下,叛乱首领"甚至比我们更受尊重"。[5]

在伦敦,殖民地总督马尔科姆·麦克唐纳(Malcolm MacDonald)正面临两大困境。其一,捷克危机在苏台德地区继续发酵,欧洲的战争一触即发,英国政府不可能派出部队巩固巴勒斯坦的防卫;其二,即使苏台德地区危机过去,派出增援部队加强兵力,也不能真正解决问题。正如他在那年晚些时候所说,"巴勒斯坦的真正问题不是军事问题,而是政治问题。我们的部队可以恢复当地的秩序,却无法带来永久的和平"。[6]

这个"政治问题"最早由《贝尔福宣言》引发,后来为了解决问题而成立的皮尔委员会只是让问题更加恶化了。只要皮尔的分治方案依旧摆在台面上,即使是最温和的阿拉伯人也不会和英国谈判。1938年8月,麦克唐纳秘密飞往耶路撒冷,更强化了他的这种印象。他原本希望可以同时会见犹太领导人和阿拉伯领导人,但当地的高级专员告诉他这根本不可能。高级专员解释,只要英国支持分治方案,没有一个阿拉伯人愿意和他谈话,因为担心被误以为是叛徒而遭到谋杀。[7]除此之外,他还担心谈话如果在当下的氛围中进行,一定会出现众人不愿看到的尴尬局面,这也是他想竭力避免的。

随后,英国政府派出了第二个调查委员会,由能干的约翰·伍德黑德爵士(Sir John Woodhead)带领,试图解决皮尔委员会造成的混乱局面。他们的任务之一,是评估皮尔的方案是否具有可行性。委员会成员花了三个月游历巴勒斯坦各地,亲眼见证了各地暴力状况的恶化。伍德黑德在贝尔谢巴参观一所学校时,递给一个阿拉伯男孩一块巧克力。男孩把巧克力扔在地上,说自己绝对不会接受伍德黑德的礼物,因为他意图分裂巴勒斯坦，还要把属于男孩的祖国最好的土地拱手让给犹太人。实际上，犹太人通过辛勤的劳动，正把乱石遍布的山区和疟疾横生的沼泽改造成适宜耕种的肥沃土壤，但英国逐渐意识到，阿拉伯人并没有对犹太人的劳作生出任何感激之情。10月，伍德黑德向政府提交自己的方案时，毫不意外地否决了皮尔委员会的分治方案，但他同时提及，他和同事们其实无法在这两个方案中挑出哪个会更胜一筹。英国政府借此把皮尔的报告抛到了一边，但没有立刻公布他们的决定。英国不想让阿拉伯人以为暴力团伙的行动制约了他们的战略，因此决定推迟宣布废除分治方案，"直到军事局势表明我们占了上风"。[8]

张伯伦喊出那句著名的"和平时代"后，欧洲各国在9月底共同签署了《慕尼黑协定》（Munich Agreement）。为了避免战争爆发，他们决定牺牲捷克斯洛伐克的利益，把苏台德地区割让给纳粹德国。英国政府因此得到了可贵的喘息时机。10月，内阁决定向巴勒斯坦增兵，还决定将在11月宣布伍德黑德委员会（Woodhead Commission）的决定。增援部队的第一个任务就是恢复英国对耶路撒冷的控制，阿拉伯叛乱分子移师海法前已经控制了耶路撒冷老城。

指挥这次行动的是彼时仍鲜有人听闻的少将——伯纳德·蒙哥马利（Bernard Montgomery）。他的观点与麦克勒思、特加特、温盖特等人类似，认为一小撮捣乱分子应该为暴力事件负责。因此，英国军队的"第一个任务，而且最重要的任务"就是"打击并且摧毁这些武装团伙。他们必须被赶尽杀绝，双方一旦陷入缠斗，就应该直接将他们击毙"。[9]之后三个月，叛乱力量遭到了残暴的镇压。最新的学术研究显示，1936～1939年，共有约5000名阿拉伯人死亡，近1万人受伤。临近叛乱尾声，有约10%的巴勒斯坦成年男子被杀害,或受伤,或被投入监狱,或遭到流放。[10]一名英国资深官员深表欣慰地记录道,塔布什帽——曾被叛乱者禁止——又重新出现在了大街小巷上。

即将在欧洲爆发的战争迫使法国必须与英国修补关系。巴黎的政府首先向伦敦发出讯号,就潜在的危机寻求军队之间的高层谈话。直到此时,法国政府一直搁置议会已经批准的一项协议——法国已经在1936年签字,将加强叙利亚的自治。政府的理由是,"叙利亚如果突然加快独立进程,难免会受到德国的影响"。[11]此外,法国为了应对其他冲突还展开了秘密谈判,把叙利亚北部的亚历山大勒塔港割让给了土耳其。11月,英国外交部长哈利法克斯勋爵(Lord Halifax)在巴黎的一次会议上见到了大穆夫提阿明。法国人向勋爵保证,阿明"正受到严密监视",而且"他对任何人都没有利用价值了"。[12]英国有些将信将疑,但身在大马士革的麦克勒思察觉到,法国镇压叙利亚叛乱活动的态度明显更积极了。[13]

叙利亚的民族主义者对法国拒绝给予他们更大自治权深表愤慨,亦相当不满亚历山大勒塔港被割让给土耳其,这股情绪也帮了英国。阿拉伯人现在相信,英国的压力来自法国不愿提供协助的强硬态度,如果有英国援手相助,他们就可能从法国手中争取到独立权。于是,他们逐渐停止支持巴勒斯坦的叛乱势力。多年后解密的英国档案显示,麦克勒思当时每月都在暗中向叙利亚总理贾米勒·马尔丹提供一笔资金,直到战争爆发前才终止。[14]伦敦在那时认为,"为了避免引起法国的疑心,所有超出领事范围的活动都必须尽快停止"。

与此同时,英国内阁为巴勒斯坦问题制定了一套新政策。他们很清楚,考虑到战争随时可能爆发,最好尽可能从战略角度解决此事。起初,他们担心疏远犹太人会引起美国的反感,因为美国的犹太人很可能会煽动那里的公众情绪。然而事态紧急,英国更加担心阿拉伯世界人多势众,这种考虑最终战胜了犹太人的政治影响力。"在中东,只要阿拉伯世界爆发任何危机,"一位内阁大臣警告同僚们,"我们在军事上就会陷入疲于应付的境地。"[15]如今,苏伊士运河以及源源不断从伊拉克运往海法的石油的价值,都远远超出了22年前一个男人向犹太复国主义者许下的承诺,更遑论那个人已经去世十年。此外,他们还可能需要调回在巴勒斯坦前线镇压叛乱的2万名增援士兵。

1939年4月20日,英国内阁开始讨论撰写一份新的白皮书,调整巴勒斯坦的政策。麦克唐纳身为方案的主要提议者,承认它包含了"一些有失偏颇的内容,称不上是建设未来巴勒斯坦政府的最佳方案,但我们不得不考虑其他因素"。[16]白皮书提议,今后五年会将犹太移民的数量控制在每年15000个配额,并且限制犹太人购买阿拉伯人的土地。在更加私密的内阁成员会面中,麦克唐纳坦率地解释了以上两项措施的必要性。他承认,这是为了"安抚阿拉伯人"。

英国首相内维尔·张伯伦同意麦克唐纳的观点,敦促同僚们"多从国际局势出发考虑巴勒斯坦问题",尤其对英国而言,让伊斯兰世界"站到我们这边十分重要"。[17]二十多年前,他的前任亚瑟·贝尔福曾宣称,如果争吵在所难免,更加明智的做法是"和阿拉伯人而不是法国对着干"。如今,张伯伦把同样严酷的抉择摆在了同僚面前。"如果我们必须冒犯一方,"他总结道,"就让我们冒犯犹太人而不是阿拉伯人。"

之后,在伦敦举行的一场会议上,调解阿拉伯代表和犹太代表的一系列努力均告失败。尽管如此,英国还是在5月17日公开发表了白皮书。7月,麦克唐纳宣布,将在今后六个月中完全停止犹太人向巴勒斯坦移民。三个月后,国际联盟常任理事会(Permanent Council of the League of Nations)就英国的这项政策举行投票,结果以4比3的票数裁定白皮书违反了委任统治的相关条款。因此,白皮书并不具有法律效力,但那时的国际联盟早已成了空壳机构,不再有实际影响力。十五天后,希特勒入侵了波兰。

英国支持阿拉伯的决定完全是出于算计。第一次世界大战期间,阿拉伯人态度强硬,坚决不与协约国结盟,而希特勒的满腔仇恨则令犹太人别无选择。"犹太人?"英国驻埃及大使轻浮地反问,"让我们实际些吧。事到如今,他们不过是政治游戏中的筹码。但是,我们不应该抛弃他们。犹太人为了建设自己的'家园'已经等待了2000年。我想,他们不会介意再多等一段时间,等我们自己的情况好转,再向他们伸出援手……迄今为止,我们其实对他们不坏。他们应该明白,光知道哭天抢地是无法实现任何理想的——尤其在这个世界上,我们是他们仅有的伙伴。"[18]

1939年,第二次世界大战全面爆发,犹太人别无选择,只能等待。但同时,他们会结交新的伙伴,慢慢消化从过去三年中吸取的最大教训:和英国人打交道,暴力说了算。

第三部分
秘密战争：1940~1945 年

第 16 章　被流放的国王

1940年6月18日夜晚——法国政府公开向入侵的德国军队寻求停火协议的第二天——BBC报道了一位刚逃亡到伦敦的法国准将发出的疾呼。"难道就这样了吗？已经没有希望了吗？注定是失败的结局吗？"他煞有介事地连连发问，伴着这种独特的生硬语气，他最终成了家喻户晓的人物。"绝不！……法国不是孤军奋战！它并不孤独！它的身后有一个庞大帝国的支持。它和征服了海洋的大英帝国有着共同的事业，并且会持续为之奋斗……在法国发生的一切无法决定这场战争的最后走向。这是一场世界大战……世界的命运到了关键时刻……无论发生什么，都无法，也不应该压制法国抵抗运动的燎原之火。"[1]如今，德国已经占领了法国三分之二的国土，另外三分之一的国土由傀儡菲利普·贝当（Pétain）领导的维希政府统治。为了换取部分自治权，维希政府同意与希特勒狼狈为奸。发言者夏尔·戴高乐口中的"庞大帝国"将是日后发动反击的原动力，而黎凡特地区，正是这项战略的核心。

49年前，身材高大、生性冷漠的夏尔·安德烈·约瑟夫·马里·戴高乐（Charles André Joseph Marie de Gaulle）出生在一个日渐凋敝的普通中产阶级家庭。戴高乐家族曾是小贵族：他的父母亨利（Henri）和让娜（Jeanne）虽不富贵，却过得十分体面。他们都是虔诚的天主教徒，热心君主制，因此从不高唱《马赛曲》（Marseillaise），也不会庆祝每年的巴士底日。

亨利·戴高乐参加过普法战争，但没能升任军官。他曾在内政部工作过一段时间，直到政府不再容忍他的信仰。之后，他在巴黎的两所耶稣会学校担任校长，学校为了摆脱教会机构的操控，都以私人性质经营。亨利·戴高乐是新右派日报《法兰西行动》(Action Française) 的热心读者，真诚地呼吁恢复君主制，抵制法国国内的国外势力、犹太人、新教徒（Protestant）和共济会（Freemasonry）成员。他对在祖国历史上交替上台又下台的贵族君王们心怀崇敬，而且对国家日益衰落的景况直言不讳。因此，夏尔·戴高乐首先想到的政治事件之一就是在"法绍达事件中蒙受的屈辱"。[2]戴高乐的家中，常年弥漫着一股对宿敌英国的怀疑情绪。"背信弃义？"据称，亨利·戴高乐曾如此评价英国，"这个词远不足以表达我的愤慨之情。"[3]

生长在这样的家庭，夏尔·戴高乐毫不犹豫地参军。1912年，他被编入第33步兵团，部队的指挥官正是擅长挖苦人的直肠子陆军上校菲利普·贝当。1914年，戴高乐在战争期间负伤，顺理成章地将此归咎为英国没能及时参战。从法国圣西尔军校（St Cyr）毕业时，他被形容是"军官学校里极具天赋的学员"，但他在战争中一直没有机会展示军事才能。戴高乐再次负伤后，在休养中度过了余下的大部分时光。1916年，他在凡尔登（Verdun）被捕。[4]他曾五次尝试越狱，均以失败告终。

停战协议签署后，戴高乐协助过波兰军队与苏联红军作战。后来，他回到圣西尔军校教历史，并在1922年考入高等军事学院。从此，外界渐渐形成了对他个性的两方面评价。他是一位"聪明又博学的军官"，而且"足智多谋、才气逼人"，但同时"又过分自大，经常轻视别人的意见，犹如一位被流放的国王"。[5]戴高乐凭借过人的天赋，成了1940年自由法国运动当之无愧的领导人。

戴高乐深受贝当元帅的器重——贝当曾形容他是法国军队中最有才华的军官——让他对一切批评视而不见。"这个男人的举止极为自大、狂傲、冷酷,而且诡计多端。"[6]戴高乐在1932年出版的一本书中写道:"他手下的人偷偷抱怨他的高傲和下达的各式命令,可一旦开始行动,所有的议论都会烟消云散。他们的意志,他们的希望,就像铁块受到磁石的吸引,不由自主地向他靠拢过去。"

戴高乐在他的第二本书中提议,法国军队应该转型为机械化的移动装甲部队,这使他得到了"机动上校"(Colonel Motors)的绰号。然而,法国政府没有采纳这个建议,反而在静态防御战术上斥重资——修建了马其诺防线(Maginot Line)。但正如戴高乐所料,这道树立在法国东部、号称坚不可摧的防御堡垒既没能推迟也没能遏制德国的推进。1940年5月,他指挥法国第四装甲师出战时,又遇到了燃料短缺的困境。对于法国的节节败退,戴高乐的心中充满苦涩,只有不曾动摇的正义信念才能带给他一丝安慰。

6月6日,法国总理保罗·雷诺(Paul Reynaud)从前线召回了戴高乐,任命他为国防次长兼陆军次长。三天后,雷诺派他去伦敦向就任首相不足一个月的温斯顿·丘吉尔寻求更多援助。在贯穿1930年代的政治动荡中,丘吉尔终于证明自己的父亲错了。如今他功成名就,只不过多少凭了些运气。敦刻尔克大撤退大获成功。其间,丘吉尔义正词严地向英国人呼吁"冲上沙漠英勇奋战";此刻,他又埋首于德意志国防军即将发动的不列颠战役,与对方争夺英国的制空权。

这是戴高乐第一次踏上英国领土。他问丘吉尔,究竟有多少架飞机会参与作战,但没有得到答案。戴高乐明白其中的原因,平静地告诉英国首相,这是个正确的决定——丘吉尔从未忘怀戴高乐向他表达肯定的这个时刻。戴高乐回到法国后,雷诺被迫辞职。戴高乐看明白了局势,他曾经的导师菲利普·贝当即将继位,向德国俯首称臣,领导声名狼藉的"维希政府"。他决定离开自己的国家。那天,他在丘吉尔的朋友、英国议员爱德华·路易斯·斯皮尔斯(Edward Louis Spears)的陪同下,踏上波尔多机场的柏油碎石路,与祖国告别。戴高乐几乎是被斯皮尔斯拖上飞机的。日后,他罕见地袒露过那一刻的脆弱与无助:"我感到浑身被剥个精光,就像一个站在沙滩上准备纵身跃入大海的男人。"[7]

在斯皮尔斯眼中,戴高乐是个"生性坦率、直截了当,甚至有几分粗鲁……又有些怪模怪样的男人","他在身高上凌驾众人"[①],还"相当精明"。[8]戴高乐还没在伦敦安顿下来的那段日子,斯皮尔斯不时把他挂在嘴边吹嘘,而他的朋友丘吉尔则认为应该把这个法国人打造成法国抵抗力量的象征。英国首相透露,他被戴高乐的个人品质打动——"他年轻、精力充沛,给我留下了很好的印象,"丘吉尔写道——但事实是,那时他没有选择,因为根本找不到其他适合人选。[9]法国的溃败令丘吉尔急欲物色一位有担当的法国人向他保证,英国其实并不孤单。起初,他正是出于这个理由坚持——不顾内阁其他成员的反对——让戴高乐在 6 月 18 日发表广播讲话。丘吉尔的策略取得了成功。那年 9 月的一项调查显示,戴高乐一跃成为在英国最受欢迎的外国人,尽管他并没有遇到什么竞争。而在法国,他

---

① 戴高乐身高约为 196 厘米。——译者注

依旧是个默默无闻的人物。

戴高乐发表广播讲话后,向所有法国殖民地的高级军官发送电报,号召他们投身抵抗运动,但突如其来的呼吁几乎全部石沉大海。他尝试游说的人们大多已届退休之年,或者还有家眷留在法国。据斯皮尔斯观察,那些人"不愿牺牲服务了一辈子才换来的安稳生活,投入前方的冒险行动,不管这是项多么崇高的事业。"[10]

对于年轻军官而言,加入自由法国也要冒巨大的风险。"你考虑过这对我意味着什么吗?"一位法国人在英国同僚提及相关话题时反问,"如果我被逮捕,等待我的就是死亡;我在法国的财产会被悉数剥夺;而我也将违背成为一名军官时向法国政府做出的庄重承诺。我不赞同现在的这个法国政府,但这并不重要,因为我并没有宣誓一定会效忠我认同的政府。"[11]最后,他补充道,他的两个儿子目前正在法国军队服役,他的背叛必将摧毁儿子们的毕生事业。

戴高乐给贝鲁特发了电报,号召那里的高级专员和总司令带领 37000 名黎凡特大军,"捍卫法国和海外殖民地的荣誉和领土完整",但遭到了断然回绝。[12]黎凡特大军的总司令不愿听命于一个地位比自己低的年轻军官,而且戴高乐此时还身在英国。不久后,有人谴责他和高级专员背叛了贝当,于是他们迅速投靠了维希政府。[13]两人都认为这种做法情有可原。几天前,丘吉尔下达了一条非常激进的命令,炸沉了停泊在法属阿尔及利亚米尔斯克比尔(Mers el Kébir)军港的法国舰队,以免它们落入德军手中。轰炸共造成 1300 名法国海军死亡,黎凡特地区的法国人再次怀疑起宿敌英国的真正目的。[14]这让戴高乐陷入了更加孤立的境地,只有独臂将军古罗的前助手乔治·卡特鲁和法属印度支那的高级专员热情地回复了他的电报。卡特鲁在之前的战争中被捕入狱时就结识了戴高乐。

丘吉尔得知戴高乐联络法军的失望结果后,有些猝不及防。"只有你一个人?"他狐疑地问道,过了一会儿才平复过来:"好吧,我知道了,你只有一个人。"[15]丘吉尔突然决定支持戴高乐令他的一些同僚惊愕不已。他们不愿招来维希政府的反感,认为还有可能把维希政府争取过来。因此,英国政府在第二天确定支持戴高乐时,十分注意措辞。他们没有称戴高乐(他的准将头衔已自动失效)是法国流亡政府的领导人,而是"所有自由的法国人的领导人——无论他们身在何处,只要心系同盟国的共同事业"。[16]

英国人十分欣赏戴高乐不愿承认战败的固执劲儿,可一旦法国人把这股脾气对准他们自己,英国人就感到了难堪。卡特鲁的形容相当准确,英国把自由法国视作"为他们的政策服务的一个机构",而自由法国的愿景却大相径庭,将自己视为"法国精神的延续"。[17]戴高乐认为,他拥有国家代理人的权力,因为在法国国内,最高领导人贝当已经"疯了"。[18]6月19日,戴高乐在发表广播讲话的第二天宣布——"本人,戴高乐将军、法国士兵以及领导人,以法国的名义在此发表讲话"。[19]然而让人气愤的是,丘吉尔后来向他提及大叙利亚和黎巴嫩独立问题时,这位法国将军像是早有准备,又推说他没有决策权。

法国的溃败已经够让人颜面扫地的,但对戴高乐而言更大的耻辱在于,他现在必须依靠自幼便被教导不能信任的国家。他暗下决定,掩藏内心不安的最佳方式就是假装法国——尽管它如今命运陷落——还是像以前一样,是一个伟大的国家,它必定会勇往直前地顽强抵抗一切羞辱。戴高乐在日后写道,他只能摆出一副"不屈不挠的国家和民族领袖"的模样，才能赢得"法国人的支持和外国人的尊敬"。[20]

他的英国同僚大多不愿采取咄咄逼人的方式，但戴高乐没有太多顾虑。"你必须跟他们拍桌子，"他揣测该用什么方式和英国人打交道，"这样他们就老实了。"[21]就连他最忠实的支持者斯皮尔斯都发现，戴高乐"很快摆出了一副讨厌被人喜欢的姿态，好像那是种弱点似的"。[22]戴高乐在回忆录中提到了一件逸事。一次，英国外交部长安东尼·艾登（Anthony Eden）问他，是否知道他搞出的麻烦"比我们所有欧洲盟友制造的麻烦加起来还要多？""我不会否认。"戴高乐回答，"法国是个伟大的国家。"[23]

戴高乐从小就幻想能够带领一支2万人的部队冲锋陷阵。1940年夏末，他终于梦想成真。起初，事情的进展相当不错。地位崇高的乍得（Chad）① 地方长官宣布会支持戴高乐，促使法属刚果和法属加蓬也发表了类似声明。戴高乐的自信迅速膨胀起来。远征西非海岸的达喀尔之前，他在伦敦的一家百货商场买了一套热带制服。这次行动以惨败告终——戴高乐违反了一系列安全守则，这套制服就是其中之一。尽管发生了这样的事，令他懊悔地只想用子弹直接崩了自己的脑壳，他却从没有对英国失去信心。之后，他再次把目光投向了叙利亚，如果他可以赢得黎凡特大军的信任，就会拥有让英国不可小觑的实力。

英国对戴高乐的野心深表支持。黎凡特的法国当局表示效

---

① 乍得，非洲中部的一个内陆国家。——译者注

忠维希政府后，他们就知道有了新麻烦。无论如何，黎凡特都会成为德国在巴勒斯坦从事间谍和颠覆活动的桥头堡；而过去三年来，巴勒斯坦又一直饱受叛乱的折磨。不仅如此，它还可能成为轴心国轰炸苏伊士运河或者伊拉克油田的基地。那年夏天，白厅秘密撰写了一份备忘录，指出英国如果无法直接控制叙利亚和黎巴嫩，或者找到有效的方式与当地人打交道，英国在中东的地位将"岌岌可危"。[24] 不久后，英国报纸就会刊登文章，讲述黎巴嫩突然掀起了一股旅游热，许多持匈牙利或者保加利亚护照，讲着无懈可击的德语的游客源源不断涌入该地。[25]

英国也知道，解决黎凡特问题十分棘手。他们很清楚如果试图直接控制黎巴嫩和叙利亚，只会再度暴露他们的真正野心——把法国逐出中东。军事局势的发展又进一步加重了政治上的算计。9月中旬，意大利开始从利比亚向埃及推进，英国没有多余兵力可供调往叙利亚和黎巴嫩。他们曾一度谨慎地维持着与黎巴嫩和叙利亚维希政权的关系，尝试赢得他们的信任。但努力宣告失败后，英国政府中的强硬观点开始占上风。1940年8月底，英国政府决定支持自由法国发动军事政变，推翻黎凡特的维希政府。他们选择了熟知当地事务的乔治·卡特鲁指挥这次行动。

卡特鲁已经在该地区积累了丰富的英法对抗经验，十分赞同英国政府的观点，即自由法国最好在不依靠英国的情况下，赢得叙利亚和黎巴嫩的主动权。然而不幸的是，这种决心美化了他对当地局势的评估。他在那年秋天抵达埃及后相信，发动军事政变只不过是时间问题。"如果我可以调动三分之二军队和大部分空军，就会毫不犹豫地接掌叙利亚的大权。"卡特鲁告诉戴高乐，并再次提醒他，"为了避免引发人们的厌恶情绪，英国军队不会向他提供任何协助。"[26]

卡特鲁有些过分自信了。英国驻贝鲁特的领事形容，他误以为黎凡特地区的人们会"热情拥戴"自由法国，完全没有预料到叙利亚的维希政府会镇压他们的法国同胞。[27]当时，法国驻当地的情报机构负责人科隆巴尼——1938年特加特会见他时，他曾拒绝向英国提供阿拉伯人叛乱的情报——似乎更了解法国同胞。自由法国的一名特工贿赂他，让他推翻维希政府时，科隆巴尼直接找到了上司，向上司泄露了对方的阴谋，以此换取了更高的职位。[28]维希政府军队中同情戴高乐的可疑分子迅速被遣返回国，就连自由法国在当地的谍报网络也随即遭到了破坏。贝鲁特的高级专员和黎凡特大军的总司令都被召回了法国。德鲁兹人叛乱期间，在萨拉伊手下担任情报主管的亨利·登茨（Henri Dentz）取代了他们的职位。登茨和萨拉伊一起拜访了维希政府官员，开诚布公地表明了他们的态度。"英国人，"萨拉伊深信，"和伤害我们的其他人——民主-共济会的政客、犹太-撒克逊的银行家——是一路货色。他们是旧时代的象征，是毫无建树的一丘之貉。"[29]

到了12月，卡特鲁已经接受现实，黎凡特不可能爆发军事政变。他在发给戴高乐的一份电报中形容叙利亚是"一颗久久不愿瓜熟蒂落的苦果"，承认"我们只能靠武力解决它"。[30]但是这两个男人都明白，他们没有足够人手发动武力攻击。

连英国都在拆东墙补西墙，勉强应付人手不足的困境。英军驻埃及总司令阿奇博尔德·韦维尔（Archibald Wavell）的压力倍增，"除了勇气，我们什么都缺"。他绝不愿意在与意大利作战的同时，再开辟一个新战场，意大利军队此时正从利比亚和阿比西尼亚（Abyssinia）①侵犯埃及。[31]然而，即使韦维尔可以从两面同时击退意大利军队，他也反对进攻叙利亚。实际上，他百般拖延，推说意大利的溃败可能会在叙利亚"鼓舞一群低级军官，让他们做出投靠自由法国的决定"。[32]

戴高乐担心卡特鲁会篡夺自己的地位，于是在1941年4月1日抵达埃及，亲自评估当地的局势并巩固自己的权威。与他一同前往的还有英国联络官、他的坚定支持者斯皮尔斯。斯皮尔斯很快得出结论，韦维尔一直在做"黄粱美梦"，竟然相信维希政府不会协助德国。[33]他和戴高乐都认为有必要提高警惕，维希政府随时会向德国投诚，允许纳粹德国空军使用法国在黎凡特地区的机场。

斯皮尔斯对韦维尔的尖锐批评传回伦敦后，发生的一系列事件让人们将目光集中到了他的呼声上。纳粹德国对伊拉克进行了数个月的舆论轰炸。4月2日，阿拉伯民族主义者拉希德·阿里·盖拉尼（Rashid Ali al-Gaylani）成功在巴格达夺权。第二天，希特勒那位拥有卓越军事指挥才能的将军埃尔温·隆美尔（Erwin Rommel）就占领了利比亚的沿海城市班加西（Benghazi）。4月6日，德国第六集团军入侵了希腊和南斯拉夫。没过几天，南斯拉夫即告投降。到4月24日希腊宣布投降时，英国之前向这些国家派出的55000名增援士兵中，有近四分之一成了俘虏。

斯皮尔斯希望4月15日在埃及召开会议时可以评估叙利亚的局势，加强黎凡特地区海岸线的封锁。然而，他的计划落空了。更令人担心的是，卡特鲁提议派两个陆军师攻下贝鲁特和

---

① 阿比西尼亚，非洲东部国家。——译者注

大马士革。一位与会者形容,在英国兵力吃紧的情况下,卡特鲁的提议是"画饼充饥,空中楼阁",而且完全没有考虑自由法国的因素。不仅如此,这还给了韦维尔的总部更多借口搁置叙利亚问题。[34]

除此之外,伊拉克的局势愈发牵动人心。拉希德·阿里·盖拉尼发动军事政变后,英国驻巴格达大使馆被包围,哈巴尼亚(Habbaniyah)的皇家空军基地——位于伊拉克首都和通往海法的石油管线之间——也被虎视眈眈的伊拉克军队围困。韦维尔希望政府能够和拉希德达成交易,这样他就不用出兵,但在空军基地爆发战斗后,英国立刻驳回了他的建议。"我们无法(和伊拉克人)达成共识。"伦敦在5月4日传来回应,命令他立刻增兵。[35]韦维尔从各支军队中调兵遣将,组建了"哈伯军"(Habforce)①,突破了哈巴尼亚的封锁——他们甚至征用了耶路撒冷和海法的公共汽车——立刻向沙漠深处推进。对丘吉尔而言,最重要的就是"尽一切所能保住哈巴尼亚,并且控制通往地中海的输油管线"。[36]

德国同样明白伊拉克对英国的重要性。拉希德向德国求助后,柏林命令维希政府允许纳粹德国空军在叙利亚的机场补给燃料,继而飞往伊拉克。英国情报机构拦截了维希政府向登茨下达的准许德国军机使用机场的命令,伦敦立刻拉响了阵阵警报。迄今为止,丘吉尔仍没有向韦维尔施压,命令他彻底解除当地的危机,现在他开始担心德国可能凭"一支小规模的空军及一小撮游客和反叛分子"就占领了叙利亚和伊拉克。[37]丘吉尔形容,只有向叙利亚发动"一场政治武装侵袭"才能解开他的

---

① 哈伯军,1941年,在英国-伊拉克战争中组建起的英国军队。第二次世界大战爆发后,继续在叙利亚-黎巴嫩地区的战场作战。——译者注

心结。于是，他在5月9日向韦维尔下令，为卡特鲁提供交通便利，以及命令英国皇家空军轰炸叙利亚的机场。[38]然而，韦维尔身边的军官却认为——事实将证明他们的判断没错——德国更可能会在希腊的克里特岛（Crete）先发制人，随后才会处置叙利亚问题，因此英国应该先关注其他更加迫切的威胁。他们还担心如果执行丘吉尔的轰炸命令，会把维希政府进一步推向轴心国。5月12日，英国驻贝鲁特的领事报告那天早晨听见德国的轰炸机从东部上空压境而来，韦维尔方面才被迫与维希政府正面对峙。5月15日，英军轰炸了叙利亚的主要机场，摧毁了停机坪上的数架德国军机。

到了5月20日——那天，德国向克里特岛投放伞兵——压力铺天盖地地袭来，英国必须采取行动了。斯皮尔斯向伦敦发去电报，提及了当时的传言——登茨正把部队从叙利亚撤回黎巴嫩，给阿拉伯的民族主义者和德国人制造了有机可乘的真空地带。斯皮尔斯提议："如果可供我们调遣的只有自由法国军队，为什么不让他们上场作战呢？"[39]他相信，维希政府在面对同胞和被德国占领的选择时，不可能顽强抵抗。

一位逃出贝鲁特的法国海军军官称，最宝贵的是时间。他力劝英国政府抓住轰炸制造的混乱局面，迅速采取行动。"如果再等两个星期，"他说，"一切都为时已晚。"[40]身在伦敦的总参谋长对不断蔓延的紧迫情绪感同身受。他也认为"这个时机不容错过"，于是告诉韦维尔向自由法国授权，在局势有利的情况下挺近叙利亚。"时间很宝贵，但他们的进攻应该制造出政变的效果，而不是一场军事行动。"[41]不过，自由法国的兵力不足，最终他们只能采取一种更加激进的做法。

第 17 章　龌龊的一幕

乔治·卡特鲁提议自由法国可以向叙利亚和黎巴嫩承诺独立,以减轻入侵黎凡特时的阻力。正如第一次世界大战期间,英国为了让阿拉伯人起身对抗土耳其人,向他们许下了一个巨大的承诺,卡特鲁希望这个独立的承诺可以让叙利亚的阿拉伯人起身对抗维希政府。然而,他很清楚这个提议的风险。卡特鲁警告戴高乐,这一定"会激起黎凡特地区人民的愤怒,也许还会造成我们无法摆平的麻烦"。[1]他说的没错:未来五年,它将持续在英法关系中作梗。

身为戴高乐的联络官,斯皮尔斯认为这个主意好极了,它"毫无保留地向叙利亚做出了最庄重的独立承诺"。他一度担心自由法国军队在跨过边界时,会遭遇叙利亚军队的顽强抵抗。[2]5月19日,在斯皮尔斯的支持下,卡特鲁告诉戴高乐,一旦自由法国的军队进入叙利亚,他就会"宣布委任统治结束,叙利亚实现独立"。[3]

卡特鲁起草声明的那天晚上,承认这只是他和戴高乐讨论的附加交换条件。声明中,他还提及自由法国将"承担法国在黎凡特地区的责任"。他期待叙利亚和黎巴嫩将在盟友协议的指引下,"紧紧"与法国站在一起。[4]但斯皮尔斯表示不满意,读完卡特鲁的草案后,他满腔热情地起草了一份自己的草案,并在5月20日凌晨12点45分将它发往了伦敦,只比卡特鲁晚了三十分钟。

正如25年前麦克马洪和侯赛因·伊本·阿里在关键时期的通信意外，如今种种情报都令英国人和法国人相信，他们这一次必须对阿拉伯人更加慷慨。5月20日深夜，卡特鲁在叙利亚前线秘密会见了一名同情自由法国的维希政府军官，他正打算叛逃至戴高乐的麾下。然而，菲利贝尔·科莱上尉（Captain Philibert Collet）给卡特鲁带来了一个坏消息。[5]与卡特鲁的预期相反，科莱十分确信维希政府一定会顽强抵抗。于是，卡特鲁提醒戴高乐光有舆论宣传还不够，他现在必须依靠英国军队的协助。[6]

起初，斯皮尔斯不相信科莱的情报，直到他会见了一名带着两百名士兵叛逃的法国老兵，才改变主意。他从科莱处得知自由法国在叙利亚"一点儿也不受欢迎"，英国人反而可能更有人气。[7]科莱还告诉他，卡特鲁在法国士兵和军官中几乎不得人心。斯皮尔斯就此得出结论，光有卡特鲁的保证远远不够。

斯皮尔斯的脑海中浮现了一幅噩梦般的景象。英国必须摆出一副样子，让自由法国自行领导军队占领叙利亚，以避免造成英国抢走了法国的"盘中餐"的印象。但是，情报人员认为自由法国肯定会引起叙利亚人和维希政府的不满，前者希望由英国出手相救，后者则视自由法国为英国的幌子。不仅如此，有流言传出叙利亚人和伊拉克人将在德国的支持下联合起来，组成阿拉伯联盟。这么一来，卡特鲁的一家之言可能真的无法阻止事态的继续发酵。

伦敦不断地收到令人不安的情报。丘吉尔要求一向彬彬有礼的外交部长安东尼·艾登，立即评估英国在阿拉伯世界的政策。5月27日，艾登在内阁成员之间传阅了一份简短但十分关键的备忘录。他承认阿拉伯人不满的根源是"巴勒斯坦问题"，但如果自由法国一直保持沉默——拒绝做出承诺或者无法兑现承诺——仅靠英国承诺叙利亚和黎巴嫩独立,将不足以平息当地人的愤恨之情。[8]艾登提议:"我们应该允许自由法国自行接触叙利亚的阿拉伯人。"此外,他还支持英国政府公开表态支持阿拉伯人结盟,尽管他本人并不相信阿拉伯联盟真的能够落实。艾登得到内阁的批准后,于两天后在伦敦市长官邸(Mansion House)发表演说,宣布英国政府将支持阿拉伯人的理想事业。[9]

这意味着英国政府会用实际行动支持黎巴嫩和叙利亚独立,但阿拉伯人的愤怒最早正是由英国对巴勒斯坦的委任统治点燃的。

戴高乐很快察觉到,英国政府将牺牲法国的利益促成阿拉伯国家结盟。他对此十分反感又别无选择,只能接受卡特鲁的提议。英国已经承诺让黎凡特地区独立,如果他不像英国人一样给一些甜头,阿拉伯人根本不会买账。因此,他想方设法在声明公开前,让自己多沾上一些承诺独立的光彩。5月31日,他在信中告诉自由法国的支持者,叙利亚马上就会成为战场,但阿拉伯人没有法律权力"简单地宣布废除委任统治",因此黎凡特地区需要"一个权力交接的过渡时期"。[10]戴高乐写道:"我想说的是,委任统治时代即将结束,我们需要缔结条约保障当地的独立和主权。"但在谈到独立所需的时间时,戴乐高的盘算显然远远超过英国的时间表。这位法国司令在一年前就曾说过,"最严重、最紧迫的危机可能来自整个伊斯兰世界,从摩纳哥的丹吉尔(Tangiers)一直延伸到印度"。[11]

斯皮尔斯猜到了戴高乐的心思,提出英国会为自由法国的声明背书,防止后者的小动作,甚至透露将支持戴高乐出任自由法国的领导人。虽然斯皮尔斯苦口婆心地游说法国承诺叙利亚和黎巴嫩独立会树立戴高乐的权威，戴高乐还是认为承诺本身十分脆弱。斯皮尔斯立刻接话："这样的话……如果英国不为自由法国的声明背书呢？"不久后，丘吉尔再次在信中向戴高乐保证，他无意"为了英国的利益，取代法国在当地的战略地位"，催促这位将军尽快宣布独立的承诺。"我知道，我们不该为了解决叙利亚问题而引发中东地区的动荡。但在这个前提下，我们必须尽一切可能消除阿拉伯人的顾虑，协助实现他们的理想。"[12]

因此，英国和自由法国军队在6月8日一同跨过了边界，卡特鲁宣布他是来"废除委任统治的"，叙利亚和黎巴嫩从此实现了"自由和独立"。与此同时，英国政府还发表了一项声明，表明清楚并支持卡特鲁将军的说法。[13]声明中没有使用"保证"（guarantee）一词，但它的含义一目了然——事实上，媒体正是如此报道声明的。这一举动把英国推到了一个十分不利的位置。行动一旦结束，他们就必须保证法国遵守承诺。

6月9日的黎明破晓之际，三支英国特种兵部队——500名脸被软木炭熏黑的士兵——潜入了黎巴嫩南部沿海地区，就在利塔尼河（Litani river）的入海口附近。二十年前英国和法国在此草草划下巴勒斯坦和黎巴嫩的北部边界，蜿蜒的河流正从中贯穿而过，形成一道天然的屏障，维希政府派驻了重兵把守此地。

这支特种部队的代号为"Z"，任务是占领边界附近横跨利塔尼河的卡斯米耶大桥（Qasimiye），并等待澳大利亚第七师的增援。起初，他们计划在河的北部登陆，这样就能从后方进攻维希政府的防御军队。但他们在制定行动计划时太草率，航拍侦查图没有拍到预定的登陆地点。因此，特种部队的南翼在真正登陆时其实入侵了利塔尼河的另一侧——他们没有出现在维希军队的后方,而是正前方,立刻遭到了密集的火力攻击。

这支部队的中翼由总司令理查德·佩德上校(Colonel Richard Pedder)指挥,他们也遇到了激烈的抵抗。戴高乐几天前现身海法暴露了他们的意图,特种部队冒着枪林弹雨在海滩登陆。行动刚开始时,特种兵设法逮捕了几名还穿着睡衣的维希军队士兵,之后他们继续向内陆挺进,深入对方的兵营和炮兵连。他们打响第一枪后,周身立刻枪炮声大作。佩德上校在带领部队向南撤退时,被躲在树丛中的狙击手袭击,中弹身亡,另一名军官身负重伤。最后,左翼部队突破封锁向南推进,才迫使利塔尼河上的维希政府军队投降。特种部队在进攻中损失了四分之一兵力,第二天,幸存的士兵才终于等来澳大利亚人的增援。

澳大利亚军队是"输出行动"(Operation Exporter)的一部分。韦维尔计划双管齐下,绕过有黎凡特地区背脊之称的主山脉,同时夺取贝鲁特和大马士革。几个星期前,韦维尔东拼西凑起一支部队,成员包括澳大利亚人、英国人、印度人和自由法国的士兵,并任命亨利·梅特兰·威尔逊(Henry Maitland Wilson)为指挥官。威尔逊在军中人气很高,绰号是"巨人"(Jumbo),他的身上总是绑着一根山姆布朗武装带(Sam Browne belt)。他在抵达耶路撒冷后不失乐观地表示:"先生们,情况恐怕相当棘手啊!"接着,露出了一个柴郡猫式(Cheshire Cat)的微笑。[14]他正是凭着一股冷静,才能够指挥打赢这场硬仗。

进攻中,左翼部队主要由韦维尔拼凑的澳大利亚士兵组成,他们的目标是直捣贝鲁特——维希政权在中东的首都;而右翼部队——由两支印度旅、第一骑兵师（First Cavalry Division）的部分士兵以及自由法国的六个营组成——则在法国将军保罗·路易·勒让蒂约姆（Paul Louis Le Gentilhomme）的带领下，将目标瞄准大马士革。路易的副指挥官皮埃尔·柯尼希（Pierre Koenig）因名言"该死的英国人"①而为人所知——据说，这是他唯一认识的两个英文单词。[15]柯尼希当然是在开玩笑，但英国因为运输能力不足，导致自由法国最终只派出了计划兵力的一半。

英国没有预料会碰到顽强抵抗。戴高乐告诉他们，维希政府军队不会殊死应战，那些士兵"很快就会放弃"。[16]英国不仅向卡特鲁保证会为当地的独立背书，为了释放善意他们还秘密给了叙利亚境内的德鲁兹和贝都因部落首领20万英镑好处费。6月8日，当这支混编部队的两翼进入维希当局的管辖地区时，士兵们"尽可能掩饰了真正意图，伪装成在街上派发信件的邮递员"。[17]澳大利亚士兵被要求脱下头盔，换上了宽边软帽。

起初，部队的推进如戴高乐所料，没有遇到明显阻力——澳大利亚人跨过边界，在前线的警察局见到第一个法国人时，他甚至还没起床。同时，右翼部队在第一天的午餐时间抵达了德拉。按照计划，德鲁兹人迅速向他们提供了支持，原本负责看守尘土飞扬的铁路枢纽的法国军官很快投诚了。那个法国人解释，他准备向北逃跑时汽车的一只前轮胎竟然掉了下来。他的选择再清楚不过，"我们立刻成了自由法国军队的一员！"[18]

参与了"飓风行动"（Hurricane）的飞行员罗尔德·达尔（Roald Dahl）在回忆录中证实，维希法国政权对进攻猝不及

---

① 原文为"Bloody English"。——译者注

防。他被派往轰炸维希政府在里亚格（Rayak）的空军机场。达尔记得，他驾驶战机低空飞经跑道时，意外看见"一群身穿亮丽裙装的法国姑娘。她们站在战机附近，手中端着酒杯，正和一群法国飞行员谈笑逗乐。我还记得飞机从他们身边掠过，酒瓶还整齐地排列在一架飞机的机翼上"。[19]那是一个星期日的早晨，"这些法国人显然正和姑娘们打成一片，向她们炫耀自己身后的战机。战争期间，在前线机场撞见这种场面真是极富法国特色。随后，我们开始向最近的停机坪发射子弹，滑稽地望着姑娘们扔掉手中的酒杯，惊慌失措地蹬着高跟鞋，朝最近的建筑物飞奔而去……我们一共摧毁了停机坪上的五架飞机"。

然而，当威尔逊的两翼部队遭遇顽强抵抗后，原先的乐观情绪立刻烟消云散了。在左翼，澳大利亚士兵挺进靠近迈尔季欧云（Marjayoun）——利塔尼河南端最大的内陆城镇——的宽阔河谷前，他们只遇到些零星的抵抗，但他们为夺下谷地进行了一番殊死对抗。在其中一个村庄，他们刚扔出的手榴弹"立刻就被投了回来"。[20]在右翼，英国军队在挺进大马士革的一路上都遭遇了激烈抵抗。一位英国资深军官报告："维希政府的装甲车寸步不让。"[21]

这大大出乎了英国的预料。斯皮尔斯曾预计，维希政府只会被动地允许德国使用他们的机场，从没想过他们会拼死抵抗英国和自由法国的行动。事实是，维希政府向士兵下达了坚决抵抗的命令，要求所有同胞与"宿敌"奋勇作战，以挽回他们的国家已经晚节不保的军事声誉。[22]一位为维希政府工作的知名记者写道："我们保卫的每一寸叙利亚领土，都是法兰西共和国的胜利；我们在叙利亚洒下的每一滴热血，都是对国家荣誉的效忠。"[23]同样的舆论战在敦刻尔克大撤退和米尔斯克比尔战役中曾大大鼓舞了军人的士气，黎凡特的法国大军如今也在媒体的煽动下顽强回击。

让自由法国军队参与进攻同样是个巨大的失误，它不可避免地造成了两败俱伤的局面。一位自由法国的军官认为，戴高乐在维希政府眼中就是"魔鬼的化身"，他成了过去一年来，"从意识的阴暗角落中迸发出的所有愤恨、怨怼和软弱情绪的替罪羊"。[24]只要有自由法国军队参战的现场，战斗都格外激烈。在黎巴嫩南部的吉尔贝村（Khirbe），一位自由法国的军官劝说维希政府军队投降无果后，在转身返回自己部队的前线时被射杀。还有一次，一位自由法国的军官驾驶摩托车赶上了维希军队中的一名同胞，邀请他加入自己的部队共同抵抗德国，那名维希士兵直接举起手枪要了同胞的性命。绰号"巨人"的威尔逊在回忆录中写道，这次进攻是"最令人悲伤的一次行动"。[25]

6月15日，英国军队发动进攻一个星期后，维希政府的司令登茨发起了一场全面反攻。在黎凡特的主山脉西部，维希军队在一阵枪林弹雨后重新夺回了迈尔季欧云和杰津（Jezzine）两地，迫使澳大利亚军队向后撤退。在山脉东部，他们从大马士革南部袭击了英国的先头部队，造成了对方重大伤亡，而且重新占领了戈兰高地所在的库奈特拉省。维希军队的飞行员还发现了保罗·路易将军的临时总部，并一举炸毁了它。当时在附近汽车中的路易因此负伤。

不到24小时，英国军队又重新反攻进入库奈特拉省。他们身后留下的依旧在烈火中熊熊燃烧的法国坦克、被掀翻的卡车、残破不全的装甲车和死去的战马，共同诉说着战斗的惨烈。然而，英国没有更多火力和兵力把维希军队彻底驱逐到西部。英国人发现，他们的反坦克机枪不但无法穿透维希军队的坦克，坚硬多石的路面反而造成了子弹反弹，伤到了他们自己。在夏日的高温下作战也让人筋疲力尽。维希政府的海外退伍军人部队中，士兵的枪法"十分精湛"，英国军队常常在烈日底下被死死压制数个小时。[26]许多士兵都中暑了，夏日蒸腾的热气令确定目标和瞄准射击更加困难。只有澳大利亚士兵配备了测距仪，他们发现对面谷地的敌人所处的实际位置还不到原先估计距离的一半。6月18日夜晚十点，部队司令联络总部，请求增援。

韦维尔决定投入更多伊拉克的印度士兵和外约旦的阿拉伯军团，尝试把登茨的军队往东逼。印度士兵从阿勒颇沿着幼发拉底河一路而上，阿拉伯军团则在英国司令约翰·巴戈特·格拉布（John Bagot Glubb）的带领下，同时向巴尔米拉挺进。出发前，阿卜杜拉亲自为阿拉伯军团送行。韦维尔认为，阿卜杜拉的现身十分具有象征意义，表明是由阿拉伯士兵解放了叙利亚。格拉布一路贿赂了幼发拉底河沿岸的部落，希望他们抵制维希政府。数个部落回应了他的请求，他们狙击维希政府的前哨站，攻打补给军队，切断了电报电缆和道路。"他们这么做也许只是为了掠夺，"格拉布在日后回忆，"而不是欢迎我们的到来。"[27]响应格拉布号召的人中，有一位名叫扎尔（Zaal）的部落男子。他如今已届中年，满头灰发，而在四分之一个世纪前，他曾陪伴托马斯·爱德华·劳伦斯出征亚喀巴，从此得到了"神枪手"的称号。

部队在东线的突破为整体局势提供了助力。一系列激战后，英国和自由法国军队终于在6月23日抵达了大马士革。年轻记者理查德·丁布尔比（Richard Dimbleby）见证了维希政府向自由法国军队移交钥匙、宣布投降的一幕。他代表BBC报道了当天的情况，形容整场仪式"十分讽刺"，"因为两位陆军上校曾是圣西尔军事学院的同窗，早就认识对方"。[28]为了防止英国占便宜，戴高乐立即封了卡特鲁一个极为华丽的头衔——驻黎凡特地区总代表、全权大使及总司令，命令他马上与叙利亚人和黎巴嫩人就独立展开谈判，并且要同时"确保法国在当地的地位"。[29]他会这么做，是因为确信英国不敢公开谴责他。

现在，黎巴嫩成了两军对峙的焦点。澳大利亚士兵在沿海地区茂密的香蕉林中遭遇了顽强的抵抗。当英国军队从大马士革一路向贝鲁特挺进，澳大利亚士兵正努力捣毁黎巴嫩首都附近的最后一座堡垒——达穆尔河（Damour river）。达穆尔河位于利塔尼河南部，同样戒备森严。侦察兵花了四个晚上探查最适宜渡河的地点。7月6日凌晨，两支澳大利亚营队在夜幕的掩护下出发。他们穿越重重火线，历经了一番艰难险阻才终于抵达北岸。两天后，登茨投降。

自行动开始已经过去了一个月，世界局势发生了巨大变化，希特勒的部队入侵了苏联。一位叙利亚政客形容，国内的人们普遍支持德国，揶揄英国在跋涉到贝鲁特之前纳粹军队可能早就进入了莫斯科。幸运的是，他们的预言并未成真。7月12日，英国军队终于到达贝鲁特。至此，英国和自由法国军队已经损失了4500名战士，而维希政府的损失更加惨重，约有6000名士兵阵亡。

戴高乐尽力美化了当时的局势，声称"无论是怎样的革命事业"，"战斗再次展现了同胞们的英勇无畏"。但在私下，他却谴责正是英国"懦弱，缺少必要的资源"，才把战线拖得这么长。[30]另一方面，英国却认为如果没有自由法国，他们本可以更快战胜登茨的部队。一位英国外交官的评价十分直白："在军事上，他们就是个障碍。"[31]

战争结束后不久，在挺进大马士革的途中负伤的英国军官约翰·哈克特（John Hackett）见到了一位同时负伤的维希政府军官。他们在贝鲁特的圣乔治大饭店（Hôtel St Georges）详细回顾了当时的交锋。法国人说，他的军队其实更胜一筹。"好吧，雅克（Jacques），但最后是我们赢了，是我们取得了胜利。"哈克特回答。"当然，"他的同伴露出了一副痛苦的表情，"那是整场龌龊的战斗中最令人悲伤的一刻。"[32]

那时，德国已经占领了希腊的克里特岛和罗兹岛（Rhodes）①。因此，英国需要尽快和登茨达成停战协议，才能抽调军队应付德国在其他地方制造的威胁。然而，登茨拒绝在与"巨人"威尔逊将军谈判时有自由法国的相关人士在场。威尔逊担心如果无法达成协议，双方会再次开战，于是把戴高乐的自尊放在一边。丘吉尔支持了这个决定。他被戴高乐任命卡特鲁一事惹恼了，强烈赞成谈判不该"仅仅因为登茨该向谁投降"而破裂。因此，威尔逊没有让自由法国直接参与停战谈判，但会及时向卡特鲁通报谈判进展。[33]

如此一来，英国将军才能在巴士底日这天——7月14日——与登茨在阿卡签署协议。停战协议包括一项秘密条款，即禁止自由法国私下接触维希政府。卡特鲁没有拒绝。"签字当天，法国军官们热泪盈眶，"威尔逊在第二天写道，"但香槟酒很快就让他们重新振奋了起来。"[34]然而，停战协定的影响显而易见，暂时的和平马上引发了后遗症。

---

① 罗兹岛，希腊东南端佐泽卡尼索斯群岛中最大的岛屿。——译者注

第 18 章　决不妥协，粗鲁至极

戴高乐复兴战略的中心是自己重新挂帅黎凡特大军。因此，他发现 1941 年停战协议的附加条款后，震怒不已。7 月 21 日，戴高乐抵达开罗——"我从没看过他脾气这么坏"（斯皮尔斯语）——威胁要公开威尔逊和登茨之间的秘密协议。[1] 同一天，他还会见了丘吉尔派来与自由法国维护关系的奥利弗·利特尔顿（Oliver Lyttelton）。戴高乐交给利特尔顿一封信，扬言自由法国从 7 月 24 日起将不再听命英国政府，因为他无法接受停战协议以及协议的秘密条款。他的威胁换来了英国的巨大让步。

利特尔顿与戴高乐截然不同。他曾是个商人，战前靠买卖金属发了财，人们常称道他的沉着冷静以及恰到好处的幽默。利特尔顿摆出一副姿态，从容地从将军手中接过那封信，当着他的面把它撕了个粉碎。那天晚些时候，戴高乐在另一次会面中逐渐冷静下来，才拉近了两人之间的距离。戴高乐知道必须无缝交接叙利亚的权力，而这也是英国最关心的问题。于是，利特尔顿建议，如果登茨违反停战协议中的任何条款，附录中禁止自由法国接触维希政府战犯的条款也将被视为自动作废。

晚餐期间，利特尔顿尽情向斯皮尔斯发泄了一通情绪。他还讲了个有意思的故事。有一次，他收到一封信，信的最后矫揉造作地用经典式叠句写道："我别无选择，只能把权利交给我的捐客。"[2] 利特尔顿回信："不管你是自作聪明，还是参谋他人的意见，我完全不反对你拱手让出自己的权利。"但是，利特尔顿和斯皮尔斯都在私下认同，戴高乐可能会发出最后通牒，不管他是否拥有足够在人们面前虚张声势的信心。英国人最担心的是德国是否会入侵叙利亚，因此安全是他们的第一要务，而想要安全，必须要有稳定的局势。在大马士革，斯皮尔斯亲眼见证了叙利亚人对法国人的恨之入骨。这种险恶的氛围，再加上自由法国的领导人可能会发动"参孙式行动"（Samson act）[1]，都令他感到了不安。戴高乐在那天早些时候"决不妥协又粗鲁至极的态度"让斯皮尔斯十分烦恼，他担心自由法国的领导人"会在叙利亚意气用事，一夜之间令场面完全失控"。[3]

利特尔顿同意斯皮尔斯的想法，他们没有其他选择，只能尽量缓和将军的情绪。为了缓解危机，利特尔顿提议发表一份"关于停战协议的进一步解释"，悄悄改写威尔逊签署的相关条款。这么做可以在维希政府的军队被遣返回法国前，为自由法国争取到与他们接触的机会，还可以厘清未来英国和法国在叙利亚和黎巴嫩分别承担的责任。根据这份"解释"，英国由于在兵力上更胜一筹，将负责在该地区应对德国的威胁，而自由法国将负责黎凡特地区的内部安全事务，即当地的特种部队、安全部队和警察队伍。[4]7月24日至25日，利特尔顿和戴高乐之间交换了多封信件，两人达成了一致意见。利特尔顿为了不让法国担心，再次重申"除了赢得战争"，英国"无意染指叙利亚和黎巴嫩"。

显然，戴高乐十分满意这个靠撒一通气就换来的成果。几天后，他向利特尔顿告别时情不自禁地表达了诚挚的谢意，感

---

[1] 参孙，生于公元前11世纪的以色列，天生力大无比。参孙以徒手击杀雄狮，并只身与以色列的外敌非利士人（Philistines）争战周旋而著名。——译者注

谢他理解"在允许叙利亚和黎巴嫩独立的前提下，法国必须维持在黎凡特地区的主导地位"[5]。根据英法责任分担的相关条款，未来还存在不少弹性空间，如果法国军队的数量超过英国，他们也可能负责维护叙利亚的安全。

不久以后，利特尔顿亲访黎巴嫩，体察当地局势，才意识到责任分担条款存在致命的漏洞。他承认局势太过复杂，其实很难真的区分"什么是军事需求，什么是民事需求"[6]。他告诉丘吉尔，自己曾在著名惊悚小说家 E. 菲利普斯·奥本海姆（E. Phillips Oppenheim）的书中读到过类似场面。奥本海姆描述的贝鲁特大饭店的大堂里，"充斥着来自各国的将军、叙利亚的政客、维希政府的军官、自由法国的军官、阿拉伯人、几个第五纵队（fifth column）①的人、一位德鲁兹王子，再加上巴西尔·扎哈洛夫爵士（Sir Basil Zaharoff）②，才凑成一副完整的画面"[7]。

维希政府的军官因为戴高乐的关系，才可以继续在黎凡特地区出现。英国在讨论停战协议时把自由法国排除在外已经触怒了戴高乐，他现在下定决心在壮大自由法国时绝不依靠英国。戴高乐尝试说服黎凡特大军加入他的军队，但不幸失望而归。如今，他已经没有其他选择，只能恢复维希政府中大部分官员的职务以确保当地的行政运作，尽管他们中的多数人都拒绝效忠自由法国的事业。

英国对戴高乐的这个决定大吃一惊。他们现在不仅被迫要

---

① 第五纵队，起源于西班牙内战，先指在内部进行破坏，与敌里应外合，不择手段颠覆、破坏国家安全的团体。——译者注
② 扎哈洛夫爵士（Sir Basil Zaharoff），臭名昭著的军火大亨，死于1936年。——译者注

为了避免紧张关系威胁到《英法协约》,马克·赛克斯爵士提议,"从阿卡至基尔库克之间划一条线,与法国一起瓜分中东"。
ⓒTPG

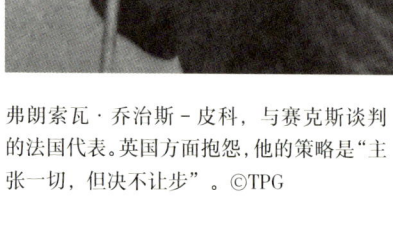

弗朗索瓦·乔治斯-皮科,与赛克斯谈判的法国代表。英国方面抱怨,他的策略是"主张一切,但决不让步"。©TPG

《赛克斯－皮科协定》，1916年英法之间的秘密协定。©TPG

上图：1917年12月11日，英国在耶路撒冷宣布执行戒严。数天前，英国当局为了确保在中东地区的利益，公开表明支持犹太复国主义运动。©TPG

下图：1918年10月，劳伦斯在大马士革。劳伦斯希望阿拉伯人能够在战争结束前进入大马士革，造成既成事实，使《赛克斯－皮科协定》失效。©TPG

1919年，克列孟梭和劳合·乔治在巴黎和会上。两位领导人在中东问题上产生了巨大的意见分歧。©Getty Images

丘吉尔和他的妻子克莱门汀（左）、顾问格特鲁德·贝尔，以及T.E.劳伦斯（右）。丘吉尔于1921年3月在开罗召开会议，使费萨尔成为伊拉克的新任掌权者。©TPG

1925年10月，苏丹·阿特拉什，德鲁兹抵抗法国叛乱中的领袖。法国人总是怀疑阿特拉什的成功离不开英国的秘密资助。©TPG

上图：1937年8月，大穆夫提。由于协助在叙利亚抵抗法国，1930年代，他又将注意力转向针对英国在巴勒斯坦的统治。©TPG

下图：1938年，巴勒斯坦，站住搜身。如果巴勒斯坦人非法持有武器，很可能会被判处死刑。但是，阿拉伯人利用叙利亚和黎巴嫩作为掩护，在巴勒斯坦挫败了英国对暴动的镇压。©TPG

奥德·温盖特。英国未能让法国协助打击阿拉伯反叛势力后，温盖特提议成立"夜间特别巡逻队"，由当地犹太人组成，并使用十分激进的策略。©TPG

1943年11月，由于受到强硬派顾问的挑唆，让·埃卢逮捕黎巴嫩民选政府官员，触发了一场影响深远的政治危机。©Getty Images

1944年，停战纪念日，丘吉尔和戴高乐在巴黎。莫因勋爵被暗杀后，戴高乐坚称法国没有在巴勒斯坦阴谋针对英国，但在接下来的三年中，法国却为犹太复国主义分子提供了打击英国的安全港。©TPG

莫因勋爵。莫因是英国"大叙利亚计划"的最坚定支持者。1944年11月,他被斯特恩帮谋杀,当时正值该方案开花结果之际。
ⒸGetty Images

1946年1月,贝文与艾德礼。"克莱门特,"贝文某天对艾德礼说,"关于巴勒斯坦问题,根据外交部里那群年轻人的说法,我们可能搞错了。是时候该重新考虑这个问题了。"©Getty Images

1946年7月,大卫王酒店爆炸案之后。©TPG

布痕瓦尔德集中营的犹太幸存者。1945年6月,他们搭乘船只从法国离开,前往巴勒斯坦。战后,法国政府没有遵守对英国的承诺,未能阻止大量犹太人前往巴勒斯坦。图片右侧,带肩章的人是法国犹太慈善机构儿童援助组织(Oeuvre de Secours aux Enfants)的代表。©TPG

马龙·白兰度、保罗·穆尼(Paul Muni)和西莉亚·阿德勒(Celia Adler)在《国旗的诞生》中的剧照。该剧1946年9月首演，当时即将举行中期大选。百老汇的演出为伊尔贡募款，并使巴勒斯坦问题成为美国的一大政治议题。©Getty Images

上图：1947年7月20日，海法，犹太难民被迫离开"出埃及号"。船上搭载了大量孕妇和年轻母亲，以突显英国在巴勒斯坦执行严厉移民政策的残酷。©Getty Images

下图：1947年9月，乔治·比多（中）在联合国。为了报复战争期间英国在黎凡特地区的阴谋，法国外交部长授权向伊尔贡运输武器。©Getty Images

1948年6月，阿卜杜拉国王（白衣）访问耶路撒冷。英国在巴勒斯坦的地位岌岌可危之际，便将希望寄托在"贝文先生的小国王"身上，以此维持在中东的影响力。©Getty Images

和"公开渲染反英情绪"的法国军官一同工作，而且根据卡特鲁的声明，他们还要为法国人的所作所为负责。[8]后果立竿见影。阿拉伯军团的指挥官格拉布抱怨："我们不久前才敦促阿拉伯人尽快与我们合作，一起对抗维希政府。现在我们却允许那些人留在政府中，还要卑微地祈求他们不要破坏阿拉伯人的未来，而阿拉伯人刚在我们的授意下向他们举起过手枪。这简直是一场噩梦！"[9]

维希政府军官的所作所为证实了格拉布的担心——全力追捕与英国合作的阿拉伯人。法国在德拉的地方长官——那位因为逃跑时汽车轮胎脱落才加入自由法国的军官——重新回到了自己的岗位，直接解雇了当地的阿拉伯人市长，怀疑他是英国的特工。在叙利亚东部的重要省份代尔祖尔，新上任的自由法国的政治官——在维希政府警察局长的授意下——执行的第一项任务就是惩罚当地的部落成员，他们曾在格拉布的煽动下，在沙漠袭击维希政府的军队。这位法国政治官认为，部落成员"用行动证明了他们根本不会效忠原来的法国政府。毫无疑问，他们现在也不会向另一个法国政府真心投诚"。[10]

叙利亚人意识到赶走法国人的愿望永远不可能实现后，迅速向英国施压，要求英国介入。他们知道如果没有英国的协助，法国不可能在叙利亚重振雄风。在代尔祖尔省，怀着满腔愤怒的谢里夫们召见了一位英国政治官，痛斥了他一番。谢里夫们告诉他，如果英国不作为，他们就要求"实现独立的承诺"。[11]这位英国政治官预计，他很快就会被迫做出艰难的选择："要么眼睁睁看着阿拉伯人割断法国人的喉咙，要么以维护遭人憎恶的法国政府的名义将阿拉伯人一枪击毙。"[12]

叙利亚东部随时可能爆发部落起义，让英国陷入了深深的不安。他们知道，与贝都因人保持良好关系是控制沙漠的关键，而控制沙漠对保卫叙利亚至关紧要。在叙利亚东部平坦、多石的干草原的另一侧，就是虎视眈眈的德国军队。如果苏联投降，德国就会越过高加索山脉，大开杀戒。英国驻代尔祖尔的官员竭力主张："我们必须控制沙漠，不仅是为了保障军事通讯，更是因为谁控制了沙漠，谁就控制了燎原之火的火种。"[13]他提议采取强硬措施应对当下的紧急局势。"法国人……从不'遵守游戏规则'，他们也从不相信我们会遵守游戏规则。我认为，我们这次不得不辜负他们的期望，为了我们军队的安全，用尽一切手段禁止他们染指沙漠事务。"

格拉布对此深以为意。他火速赶往代尔祖尔省，试图安抚火冒三丈的部落首领。[14]他给贝都因人送去了更多的真金白银，还亲自诠释了利特尔顿与戴高乐之间的协议，向他们保证英国一定会控制住沙漠地区，因为它极具战略意义。格拉布明白与谢里夫们打交道"可能会触怒法国人"，但他并不在意。[15]"我最担心的是，"他告诉一位同僚，"德国入侵时，这些阿拉伯人会采取什么态度。"[16]

格拉布的举动很快就传到了戴高乐耳中。消息称法国人口中的"格拉布少校"开启了一趟沙漠之旅，期间向部落成员大把撒钱，还保证英国一定会控制局势——这一切都再次唤醒了法国人的疑心，英国一定想把他们赶出沙漠。戴高乐认为格拉布是"英国军中狂热的亲阿拉伯主义分子"，而"叙利亚危机是把法国逐出此地的最佳时机"。他坚持要求解雇格拉布，解散阿拉伯大军，并且免除另外两位英国军官肯尼斯·巴斯（Kenneth Buss）和杰拉尔德·德戈里（Gerald de Gaury）的职务——他们都曾在"输出行动"中为赢得德鲁兹人的支持做出过卓越贡献。[17]尽管利特尔顿料到戴高乐是"雷声大,雨点小,主要是为了少受些损失",但英国军官和法国军官在基层的关系已经彻底破裂。利特尔顿别无他法,只能解除了三人的职务,也同意解散阿拉伯大军。[18]8月28日,利特尔顿写下一段话为这个决定辩护:"我们必须抛弃根深蒂固的怀疑。过去三个星期来发生的一切表明,我们(英法)在安全、舆论和其他一切最基本的事务上都无法达成令双方满意的共识。"[19]

与此同时,英国首相在驻叙利亚的英国官员间传阅了一份寻求谅解的倡议书,鼓励大家更加设身处地地考虑戴高乐主义者们的处境。"永远不要忘记,与我们并肩作战的自由法国不仅只是我们的盟友。"[20]他提醒,"他们是站在道德高地,在国家溃败之际依旧选择挺身而出的一群人。他们冒着家人和亲人遭报复的风险,冒着所有财产被没收的风险,冒着监禁和死亡风险。他们就是这样一群人。"丘吉尔十分乐观地在结尾处写道:"良好的教养和审慎的判断力终将助我们渡过难关。"

但戴高乐得出了截然相反的结论,那就是英国是因为不堪被他粗暴的举止和火爆的脾气折磨,才屡屡做出重大让步。他在离开中东,前往自由法国治下的其他法属殖民地的途中告诉卡特鲁,不要和利特尔顿或者斯皮尔斯打交道,无论法国和阿拉伯人讨论什么协议,他们都将以英国代表的身份列席。如果当年戴高乐从法国逃亡时曾对英国生出过一丝感激之情,如今也早已烟消云散了。他相信斯皮尔斯——和他的许多英国同僚一样——在中东政局中扮演着一个"口出恶言、引人不安"的角色。[21]他后来在返回伦敦的途中接受了《芝加哥日报》(*Chicago Daily News*)的采访,谴责英国政府畏惧维希政府,还声称他们利用维希政府当中间人与希特勒对话。

丘吉尔得知采访内容后震怒不已。他下令任何人都不准在戴高乐回到伦敦后与他接触——英国首相怒斥："他纯粹是自作自受"——当时，丘吉尔正在准备一份英国在叙利亚政策的公开声明。下议院进行相关讨论后，他就会以此为基础会见自由法国的领导人。[22]

丘吉尔的强硬态度增加了他正在促成的另一项任务的难度。四个星期前，为了说服美国参战，他前往纽芬兰会见了美国总统富兰克林·德拉诺·罗斯福（Franklin D. Roosevelt），并且同意由双方共同起草《大西洋宪章》。该宪章——类似伍德罗·威尔逊在第一次世界大战期间向协约国发出的呼吁——将承诺英美两国"不会寻求领土或其他方面的扩张"，"会尊重所有民族自愿选择政府形式的权利"。而英国对叙利亚的政策，将成为考验丘吉尔对《大西洋宪章》态度的第一块试金石。那一年，日本偷袭珍珠港，美国能够与英国并肩作战，《大西洋宪章》也发挥了十分关键的作用。

《大西洋宪章》中明确提及会确保叙利亚实现独立。但到了1941年9月，戴高乐在法国人中的人气直升，丘吉尔无法承担英美声明一旦公开，会对英法关系造成的巨大撕裂的后果。因此，9月9日他在下议院发言时宣布了一套截然相反的政策。他虽然声称"叙利亚理应归还给叙利亚人，我们早就向他们承诺了主权独立"，但他刻意提及战争结束后，"我们应该在所有欧洲国家中尽力维护法国在叙利亚的独特地位。目前，许多欧洲国家都可以对叙利亚施加影响，但只有法国的地位是超然的"。[23]

"凭什么？"几位议会成员问。

"因为，"丘吉尔回答，"这正是我们打算采取的策略。"

三天后的9月12日，丘吉尔在私下会见戴高乐时，才采取了较为强硬的态度。他提及听到"一些英国人"之间的传言，说自由法国的领导人"愈发具有法西斯主义倾向"。丘吉尔谴责戴高乐给人造成"仇英的印象"，如果他不多加收敛，英国就不会再继续支持他。[24]当他面前的法国将军被迫为《芝加哥日报》那篇极具煽动性的采访卑躬屈膝时，丘吉尔立刻把话题引向了叙利亚。他明确表示，英国绝不允许黎凡特地区阿拉伯人的不满情绪蔓延到邻近的巴勒斯坦。[25]为了"真正让阿拉伯世界满意"，英国首相继续道，"法国必须把手中的诸多权力移交给叙利亚人"。戴高乐别无选择，只能接受。

然而，戴高乐一离开唐宁街10号，就立刻改变了行动方针。他明白，只要他和英国在叙利亚和黎巴嫩问题上达成共识，法国对这两个国家的托管就到了寿终正寝的时候。因此，他要想尽一切方法拖延。幸运的是，阿拉伯民族主义者至今都不愿加入对话，因为他们不承认戴高乐身份的合法性。戴高乐出于狡猾的天性——而非报复，看准了自己的时机。10月1日，他在会见丘吉尔时表示，无法与他协商叙利亚和黎巴嫩的协议，因为自由法国运动"不具备国际地位，因此没有权利参与中止委任统治的谈判"。[26]

戴高乐的突然转变，彻底惹恼了丘吉尔——这个一直以来口口声声说自己是法兰西共和国象征的男人，一直喋喋不休抱怨黎凡特的自由法国军官饱受英国军官"羞辱"的男人，竟然在这个时候出尔反尔。更加棘手的是，戴高乐在法律层面上并没说错。尽管如此，英国首相依旧坚持，任何"法律地位上的借口"都不应该阻挡黎凡特地区独立，他还表示希望立刻启动谈判。[27]

卡特鲁为了避免英国干扰，在那年秋天抢先宣布了叙利亚和黎巴嫩独立，但两个国家并没有因此获得更大的自治权。两个国家的总统都是法国挑选的。与此同时，叙利亚东部的局势在格拉布被革职后每况愈下。骚乱源自法国征税时枪杀了一名村里的谢里夫，谢里夫所在的部落展开报复，交火造成了30名法国士兵死亡。卡特鲁宣布，英国的政治官对当地人向法国缴纳之前规定的四分之一税款表示赞成。接着，英国派出了两位军官——一个英国人，一个法国人，前往代尔祖尔省调查。英国官员后来报告，那里"正逼近暴动的边缘"。[28]

10月初，身在安曼（Amman）①的格拉布接见了一位代尔祖尔省的谢里夫的代表，对方向他证实了叙利亚东部的紧张局势。一位谢里夫曾告诉这位代表，如果贝都因部落在德国入侵时支持英国，那么英国军队会"像在不列颠群岛一样，完好无损地保存通信网络"。[29]而如果英国坚持"要让自由法国肆意破坏叙利亚"，他继续道，"英国军队的通信网络就会落入敌军手中"。

在开罗，克劳德·奥金莱克（Claude Auchinleck）取代韦维尔出任了中东总司令。奥金莱克十分重视来自叙利亚的报告。他在10月6日会见了卡特鲁，开始筹划新一轮进攻，阻止隆美尔接近贝鲁特。两小时的谈话中，卡特鲁谴责英国曾鼓动一位谢里夫挑起事端，还故意利用一位没有经验的法国军官犯下的错误而大做文章。奥金莱克对这两项指控火冒三丈。"法国人曾有过各式各样的机会，"他向伦敦报告，"但他们辜负了当地人，辜负了与我们的合作。他们实在很缺人，因此只能派出素

---

① 安曼，现约旦首都。——译者注

质极差的军官顶上。"[30]

整个夏天以来,英国对法国的不满日益增长,终于到达爆发的临界点。英国显然无法消除法国的疑心。说到底,"自由"法国和"维希"法国在这一点上并没有本质上的分别。格拉布一针见血地指出:"(他们)似乎忘了我们要和德国作战这件事,总是念念不忘地要把英国排除在叙利亚事务之外。"[31]阿拉伯人对法国的怨恨进一步升级后,英国对支持法国留在黎凡特地区的决定更加感到不安。一位英国官员写道:"这种感觉就类似于我们按住了黎巴嫩人,随意让自由法国强奸他们。"[32]那年11月,格拉布就当地局势撰写了一份冗长的报告。他提出,既然英国和法国对帝国主义统治的认识截然不同,那么我们"努力促成英法合作、共同统治和管理阿拉伯人的策略必会失败"。[33]

正在英国政府对如何缓解局势犹豫不决之际,黎凡特的英国官员们在1941年底又收到了当地人送来的老生常谈的请愿信。英国政府建议,如果叙利亚人谴责法国利用叙利亚和黎巴嫩的傀儡来统治国家,当地的官员可以回答,"现在的两个政府并不是高枕无忧的。只要出现适当的时机,英国很乐意扶持其他领导人上台";英国政府还建议,如果阿拉伯人提出他们没有真正独立,当地的官员可以回答,"我们已经与卡特鲁将军确认,他一定会给你们带来真正的独立",并且要记得提醒他们是在"只要情况允许"的条件下。[34]

可是到了现在这个地步,英国开始怀疑卡特鲁是否会真心和戴高乐对着干?利特尔顿在11月底写给外交部长的信中引用了斯皮尔斯的话。"最近,卡特鲁将军的态度似乎发生了巨大的变化",因为英国不断给他出难题,常常令他不能站在戴高乐的立场处理问题。[35]斯皮尔斯认为,卡特鲁已经"放弃挣扎了","他现在完全采取了(对戴高乐)谄媚的态度"。

明眼人都知道,法国在黎凡特地区的政策非但没能平息阿拉伯人的愤怒,反而令局势更加恶化。英国意识到单靠信任乔治·卡特鲁已经不够:他们必须不断向他施加压力,不断让他履行曾做出的承诺。于是,英国政府决定派戴高乐的联络官斯皮尔斯亲自监督卡特鲁。虽然利特尔顿警告,卡特鲁会认为任命斯皮尔斯"十分不妥",但斯皮尔斯还是向贝鲁特出发,开始担任英国驻黎凡特地区的地方长官。[36]他的任务是"在保住自由法国面子的前提下,敦促黎凡特地区实现独立"。[37]斯皮尔斯告诉一位已经在贝鲁特工作的同事:"等我到了那儿,我们一定能找到许多乐子。"

第 19 章　特命公使

1942年3月21日,刚受封为准男爵的爱德华·路易斯·斯皮尔斯身穿光彩照人的白色外交官制服,顶着"特命公使及全权公使"的头衔,踏上了贝鲁特的大地。他原本担心自己的头衔太花哨,可能无法引起当地人的重视。实际上,他的职责十分清晰。作为特命公使,他会以自由法国联络官的身份继续为开罗的英国当局工作;作为全权公使,他则对伦敦的外交部负责。现在,斯皮尔斯已经是英国驻黎巴嫩和叙利亚的第一位大使,他下定决心要从法国人手中为当地争取到货真价实的独立。在伦敦期间,他暗中取得了不少其他权限,多少暴露了他此行的目的。他将决定英国人和法国人之间如何分配责任,如果发生节外生枝的情况,他可以随时向英国驻埃及的军方机构报告。[1]然而,在那个贝鲁特的春日清晨,斯皮尔斯对工作的狂热尚不为人所知。他看起来——蒙蔽了所有人——就像刚从一出喜歌剧(comic operetta)①中跨出来的人物。

朋友常称斯皮尔斯为"路易斯",而敌人则喜欢叫他"爱德华"。他是个"矮胖又结实的男人……头上只剩屈指可数的几根灰发,鼻子坚挺,嘴巴生得一副捕鼠器的模样"。[2]时年55岁的他,并不喜欢用"联络官"(liaison)②一词形容他的工作。

---

① 喜歌剧,又称"谐歌剧",与正歌剧相对。它盛行于18世纪,题材取自日常生活,音乐风格轻快幽默,结尾往往是团圆或胜利。——译者注
② 联络官,还有"私通"的一层意思。——译者注

他不喜欢这个词引申出的"两性之间非法关系"的含义（也许因为他当时正和秘书发展一段婚外情）。斯皮尔斯认为这个词大大贬损了他的工作价值，"就像……军队之间的邮递员"。[3]然而，早在第一次世界大战期间，出生在巴黎、从小在英法双语环境中成长的斯皮尔斯就曾担任过英军和法军的联络官。战争爆发之初，他救过英国远征军一命。他提醒当时的远征军司令，法国正在暗中从侧翼撤军。斯皮尔斯在前线负伤四次后，于1917年被调往后方更安全的岗位，担任英国驻巴黎军事代表团负责人，主要与法国陆军部联络。当时，《赛克斯－皮科协定》的争议刚告一段落，英国政府相信，为了赢得战争必须与法国维持良好的关系。

斯皮尔斯早前的一段珍贵友谊，改变了他的整个职业生涯。1915年，年仅39岁的斯皮尔斯在前线结识了刚从加里波利之役惨败归来的温斯顿·丘吉尔。当时，斯皮尔斯刚因英勇无畏的表现而获得了一枚军功十字勋章，给那位特立独行的政客留下了极其深刻的印象。丘吉尔建议斯皮尔斯在战争结束后参选议员，斯皮尔斯照做了。他曾短暂出任过拉夫堡（Loughborough）的自由党议员，后来跟随丘吉尔加入了保守党，并在1931年当选为卡莱尔（Carlisle）①的议员。

此后，斯皮尔斯常年担任这座边境附近的贸易城市的议会代表。尽管他"头脑精明，灵活又带点儿刻薄"，却没能在威斯敏斯特的权力阶梯上爬得更高。由于他亲法，常被人讽刺是"巴黎的人"，与丘吉尔唱反调，且不喜欢息事宁人。这一切，都令斯皮尔斯成了政府中的一位少数派。[4]他从未放弃好斗的心

---

① 卡莱尔，英国英格兰西北部城市。——译者注

态，即便现在他只是政府里的一位文官。"政府的机制会出问题是因为人们总是打定了主意就不再犹豫，无论后果如何都直接向前冲。"一位同僚曾如此提醒斯皮尔斯，"正是这种态度导致了白厅从骨子里透出来的那股敌意。"[5]

斯皮尔斯被派往黎凡特地区前，在政府担任的最后一个职务是私人联络官——当时丘吉尔已经当上首相，他十分信任斯皮尔斯，于是把他派去了四面楚歌的法国。斯皮尔斯日后回忆，那时的情况非常危急，"我——和身边的几乎每一个人都相信，如果不能把友好、强大的法国拉到身边，根本不可能打赢与德国的战争"[6]。法国的溃败彻底击碎了英国的执念，但斯皮尔斯同时也从戴高乐那股不服输的劲儿中获得了力量。那年6月，正是斯皮尔斯把戴高乐护送上了飞往伦敦的班机；正是他组织了法国的有志之士逃往英国；同样也是他——在和戴高乐一起抵达英国首都时——成了自由法国领袖最坚定的支持者。[7]斯皮尔斯在1940年底时说过："无论我们采取什么舆论攻势，都应该强化戴高乐的权威，因为法国人只会信任自己的同胞。"正如丘吉尔后来所说："没有斯皮尔斯将军，就不可能有戴高乐将军。"[8]

如今随着戴高乐站稳脚跟，斯皮尔斯那举足轻重的地位开始动摇。1941年上半年，斯皮尔斯还强烈支持自由法国推选一位强势的领导人。他在维希政府投降后拜访了大马士革，与戴高乐就黎凡特地区的未来争论了一番。戴高乐挑衅地说道："你以为我真的会关心英国能否赢得战争吗？不，我不会——我只关心法国能否取得胜利。"[9]"那是同一回事。"斯皮尔斯反驳。"当然不是。"戴高乐回应道。"连我都感到大吃一惊……"斯皮尔斯日后在提到这次不安的谈话时坦陈道。

戴高乐后来的所作所为证实他不是闹着玩的。斯皮尔斯失望地意识到,自由法国的领导人和卡特鲁都认为"法国主张叙利亚的领土比赢得战争更重要"。[10]他更预计——事实将证明他是正确的——自由法国"如果察觉到英国会侵犯法国的军事安全,必定会奋力抵抗、战斗和百般阻挠,无论法国的声望还残存几分"。戴高乐的态度再三惹恼丘吉尔后,斯皮尔斯对这种背叛产生了难辞其咎的愧疚。"是我制造了这个弗兰肯斯坦般的怪物。"他向一位同僚吐露心声,"我能一把扼住他的喉咙吗?还是我终将成为它的牺牲品。"[11]

斯皮尔斯重新把目光投向了贝鲁特,立志要赢得这场斗争。他的一位同僚写道,他原来"不知道有些动物会吃掉自己的孩子究竟意味着什么……直到眼看斯皮尔斯生生蚕食了自由法国运动"。[12]4月2日,斯皮尔斯在会见卡特鲁时表示,他很快会告诉艾尔弗雷德·纳卡希(Alfred Naccache)——卡特鲁指派的黎巴嫩总统——英国政府将支持黎巴嫩全面独立。斯皮尔斯利用自己刚远道而来,以及与英国首相的亲密关系,让面前这个法国人感受到英国和戴高乐之间的关系正濒临破裂。卡特鲁日后回忆,斯皮尔斯声称"(伦敦)已经没有人再相信自由法国运动的实用性和有效性了"。[13]

斯皮尔斯抵达贝鲁特后没有马上会见卡特鲁,这已经惹恼了后者。卡特鲁立刻明白了这位英国对手的策略。他向戴高乐汇报,斯皮尔斯"试图让我感到不安,利用自由法国的处境令我无法插手他在这里的计划"。[14]然而,卡特鲁在回忆录中承认了斯皮尔斯的这番话对自由法国造成的巨大困扰。"我们担心他的报复,他好斗的个性,他对权威主义的怀疑,以及他的雷厉风行。所有这一切都令我们担心,因为他是丘吉尔身边的人。"[15]

戴高乐告诉卡特鲁，斯皮尔斯描述的自由法国的处境"完全是一派胡言，还带着偏见"，并向他保证斯皮尔斯口中的叙利亚全面独立还没有获得英国外交部的支持。[16]两人虽然都担心把矛头对准首相的朋友会惹来麻烦，但他们知道，斯皮尔斯被任命为英国驻黎凡特地区首席外交官一事在伦敦存在很大争议。如果他们决心阻挠这位对手，就必须强化英国外交部对这位首相心腹的疑心。戴高乐要求卡特鲁"继续向他汇报"斯皮尔斯在贝鲁特的一言一行。[17]

斯皮尔斯开始向纳卡希施压。[18]见过卡特鲁后，他去见了总统，提议在年内就进行各政府层级的选举——这大大超出了斯皮尔斯作为外交官的职权范围。纳卡希向卡特鲁报告了这次会面的情况，但法国将军早就在纳卡希政府的内部安插了一名间谍。根据这名间谍的情报，卡特鲁得知斯皮尔斯还告诉纳卡希，如果卡特鲁拒绝履行去年承诺的叙利亚独立，英国可能会插手干预。[19]卡特鲁希望戴高乐在不透露身份的情况下，试探斯皮尔斯所说的"驱逐我们的想法"是否来自英国政府。他的直觉告诉自己不是：英国外交部如果知道斯皮尔斯的所作所为，就会削弱他的地位。

然而，无论斯皮尔斯是否违背了英国政府的命令，卡特鲁迫在眉睫的难题是这位英国官员鼓动的民主选举，大大激励了黎巴嫩和叙利亚傀儡政府中的异见分子。卡特鲁当初任命这些官员时只想"给人造成一个民主政府的印象……没有赋予他们选举权"。[20]卡特鲁早就心知肚明，纳卡希和叙利亚总统塔杰丁·哈桑尼（Tajeddin Hassani）不受人拥戴，如果举行大选，他们必输无疑。

塔杰丁的麻烦更大，因为叙利亚的面包价格正不停飙升。战争爆发前，叙利亚是小麦净出口国，但1939年以来，国内的半封建地主和贵族们不断囤积粮食，从价格战中攫取暴利，因此他们根本不希望战争尽早结束。去年，斯皮尔斯从澳大利亚进口了大量谷物，试图干预当地市场，但没有取得明显成效。囤积粮食的人们迅速购买了新运来国内的谷物，令小麦价格持续上涨。

斯皮尔斯在1942年重新回到贝鲁特时，面包价格引发的骚乱使得抗议投机者的行动更严峻。"除非吊死几个人，否则情况不会好转。"斯皮尔斯写道，尽管他希望"自由法国能自己意识到该对此事负责"。[21]

卡特鲁提议让法国垄断整个国家的小麦销售，实行价格补贴，但塔杰丁不愿成立类似公司，因为这与贵族们的利益相左，而贵族仍是他的主要支持者。斯皮尔斯看准了干预的时机，威胁塔杰丁的总理胡斯尼·巴拉齐（Husni al-Barazi）必须支持这个方案，否则就把他驱逐到红海上荒无人烟的卡马兰岛（Kamaran）。他在随后告诉卡特鲁，英国必须参与该方案，英国不仅会提供财政支持，"巨人"威尔逊还会带领第九集团军出手相助。5月，双方在开罗讨论了数天后，卡特鲁妥协了。这是一次重大让步，他被迫接受了英国干预当地事务。在利特尔顿与戴高乐的协议依旧有效的情况下，法国必须为这次让步承担全部责任。

利特尔顿在此时已经卸下了国务大臣（minister of state）[①]一职，由理查德·凯西（Richard Casey）继任，凯西成了斯皮尔斯的上司。凯西是个样貌英俊、个性直爽的澳大利亚政客。

---

① 国务大臣，官职比主管大臣（Secretary of State）低一级。以外交部为例，即低于外交大臣。英国外交部有数位国务大臣，分管不同事务，但外交大臣只有一个。外交大臣是内阁成员，外交国务大臣不是。——译者注

他在5月5日抵达开罗后，立即主导了有关小麦价格的讨论。戴高乐抱怨了斯皮尔斯的所作所为后，外交部天真地以为任命凯西就能阻止斯皮尔斯。但凯西令外交部失望了。这个举止温文尔雅的澳洲人和斯皮尔斯一样位高权重，"他不遗余力地破坏戴高乐对付英国的一项基本策略——找办法让英国各政府部门针锋相对——只是当时还不为人所知"。[22] 凯西是斯皮尔斯的坚定拥趸，这令斯皮尔斯一阵窃喜。

小麦危机谈判期间，斯皮尔斯抓住机会把凯西的协助和选举捆绑到一起，两人联手逼卡特鲁让步，使其同意在1942年底前举行黎巴嫩和叙利亚大选。为了缓解其他国家阿拉伯民族主义者的压力，埃及和伊拉克也会在同一时期举行选举。卡特鲁整整花了十天时间才鼓起勇气告诉戴高乐，他向凯西——英国外交部声称派来牵制斯皮尔斯的那个人——妥协了。斯皮尔斯满怀感激之情地写道："凯西真是个地道的靠山。"[23]

不出意外，身在伦敦的戴高乐对卡特鲁报告的消息暴跳如雷。他回复，但愿卡特鲁还没有到屈服的地步，必须尽力确保不要让英国占选举的便宜。戴高乐希望尽可能推迟发布选举的消息，因为这必将打击塔杰丁和纳卡希政府的权威，"是个人都知道，他们不可能获胜"。[24]

最后，隆美尔给戴高乐创造了暂时的喘息之机。5月26日，这位德国将军进攻了利比亚的沙漠，试图占领港口城市托布鲁克（Tobruk）。一个月后的6月21日，英国由于没能组织起有效的反攻而让隆美尔达到目的。6月底，英国军队撤退到事先准备好的防御基地阿拉曼（Alamein）①，他们此时距离隆

---

① 阿拉曼，埃及北部村庄。——译者注

美尔驻扎在亚历山大勒塔的非洲军团（Afrika Korps）仅60英里，距离埃及仅125英里。"你在中东拥有70万兵力，"丘吉尔提醒英国驻中东总司令奥金莱克，"每一位士兵都应该奋起作战，不惜为胜利献出自己的生命。"[25]

虽然这座利比亚港口城市的沦陷对丘吉尔而言是一场灾难——他曾多次强调，无论如何必须守住托布鲁克，阻止隆美尔的军队向埃及挺进——这却给戴高乐带来了意外的好运。两天后，卡特鲁告诉凯西，戴高乐不愿"在军事局势明朗或战争结束前，让黎凡特地区的国家卷入风云变幻的政治斗争"。[26]之后，戴高乐多次将这种说法挂在嘴边，把它当作托词。

那年夏天，还有一个原因增加了戴高乐的底气。不仅德国军队逼近埃及推迟了黎巴嫩和叙利亚的大选，自由法国的军队——在号称只懂两个英文单词（"该死的英国人"）的柯尼希的带领下，在托布鲁克的战斗中表现得异常神勇。如果没有他们在南端的比尔哈基姆（Bir Hakim）奋勇作战，隆美尔也许会在更短的时间内占领托布鲁克，这么一来，英国的损失将更加惨重。因此，自由法国的领导人盛气凌人地表示，如果没有他们，德国军队可能早已长驱直入埃及了。战争还没结束，丘吉尔就认可了柯尼希的实力，称赞自由法国"是一支充满战斗力的军队"。戴高乐在回忆录中写道，他得知柯尼希守住比尔哈基姆后，回到自己的办公室锁上大门，泪流满面。

戴高乐暂时摆脱了1940年5月以来就阴魂不散的麻烦，于1942年8月初前往中东，计划在那里停留一个月。他在开罗会见丘吉尔时破口大骂，要求在托布鲁克失利后必须撤换奥金莱克，还让英国首相好好评估叙利亚的局势。当时，丘吉尔有其他更重要的事务缠身，没有拒绝这位法国人的要求。第二天，戴高乐避开了凯西迫使他确认将在黎凡特地区举行大选的企图。"作为委任统治政府,"他语气冷淡地告诉凯西,"我们不会在隆美尔盘踞在亚历山大勒塔的关口,要求人民站出来投票。现在,埃及、伊拉克和外约旦的大选还会如期进行吗?"[27]8月14日,他在抵达贝鲁特后给丘吉尔发信抗议,"英国当局的代表"在黎凡特地区"不停插手当地事务","这不符合大英帝国在黎巴嫩和叙利亚事务上的政治中立态度,同时冒犯了法国在中东的地位"。[28]

戴高乐的指控并非毫无根据。斯皮尔斯来到贝鲁特后,他的活动范围不断扩张,包括当地的政治、经济、金融、海陆空三军、媒体和宣传,以及遍及黎凡特地区的120名政治官员组成的网络。被拍下的一组外出活动照片显示——法国对斯皮尔斯的活动进行了整理归档,一直持续到1943年底——衣着朴素的斯皮尔斯被包围在70名身穿卡其布衣服的男人正中。[29]法国的怀疑没错,英国对他的公开任命成了一系列秘密活动的掩护,包括训练德国入侵后留下作战的抵抗者,还大幅升级了间谍活动。"我的确参与过一些斯皮尔斯下达的任务。"直到1983年,才有人因不堪压力透露了曾在战时扮演的角色。[30]

斯皮尔斯尽管孤立无援,但下定决心要维护祖国的地位和名誉。戴高乐的怨言传到开罗后,斯皮尔斯表示:"他无疑是想从我们这儿套取另一份用来针对我们的文件。"[31]戴高乐没有马上得到答复。丘吉尔那时正在秘密访问莫斯科,这让斯皮尔斯相信首相没有把戴高乐的怨言放在心上。

丘吉尔回到开罗后,立刻站到了斯皮尔斯一边。"路易斯·斯皮尔斯有许多敌人。"他在埃及首都的一次午餐时说道,随后狠狠拍了拍自己的胸脯,"但是,他有一个朋友。"[32]丘吉尔不理会戴高乐的做法，相当于授权斯皮尔斯继续干涉。"我们在政治上的最大顾虑，"他告诉戴高乐，"就是确保绝不采取危害军事安全和影响战争立场的政策。因此，我们希望（你们）在颁布任何重大政治举措前都能够先和我们商量。"[33]

戴高乐怀疑——他的直觉没错——丘吉尔和斯皮尔斯打算利用军事安全和小麦短缺作为干涉黎凡特内政的借口。于是，他采取了另一种策略。[34]如果英国想用军事安全当管闲事的借口，就应该由法国负责控制黎凡特的军事安全。根据一年前他和利特尔顿的协议，英国负责保卫叙利亚的安全是因为他们在兵力总数上超过了法国。[35]如今，戴高乐将黎凡特地区的各种部队人数相加，包括叙利亚宪兵和法国士兵（约2万名法国特种兵），法国在黎凡特地区的兵力已经超过了英国。因此，他给丘吉尔写了一封信，要求拿回军事权。

英国人起初十分重视戴高乐的要求，但这位自由法国的领导人后来在黎巴嫩发表演讲，公开宣称不需要大选，这再次惹恼了他们。于是，英国改变了主意。[36]在开罗，得到丘吉尔公开支持的斯皮尔斯适时抓住戴高乐演讲的时机向外交部报告，不举行大选的消息令黎巴嫩人"陷入了彻底的绝望"，并且提醒凯西，这种不利于民主的举动会煽动阿拉伯人投入希特勒的怀抱。[37]他只是再一次肯定了凯西的想法：外交部国务大臣早就怀疑牺牲斯皮尔斯是否能换来局势稳定，他现在更加意识到外交部的做法只是在迎合戴高乐的火爆脾气。凯西告诉伦敦，戴高乐就是黎凡特的"巨大威胁"，这位法国将军正在利用英国军队在利比亚沙漠受挫，"到处跟人说英国政府虽然希望举行大选，但鉴于目前沙漠西部的军事局势，今年已经不可能举行选举"。[38]

为了让戴高乐闭嘴以免进一步激怒阿拉伯人，丘吉尔要求戴高乐回伦敦。戴高乐一开始不愿意，推说当地公务繁忙。于是英国首相下令如果他不回来，就会中断每个月发给驻叙利亚法军的补助。戴高乐在心怀不满地离开贝鲁特之前，接受了美国记者温德尔·威尔基（Wendell Willkie）的采访。威尔基写道："我们在将军的私人房间里交谈了数个小时。那里的每一个角落、每一面墙上都装饰着拿破仑的半身像或全身像。"威尔基问戴高乐是否知道当地人对法国人恨之入骨。[39]"是的，我当然知道。"戴高乐承认，"但我现在是委任统治政府的负责人，我绝不会交出托管权，也绝不会把它让给其他人，除非等到法国政府恢复在国际上的正常地位。"威尔基又提到了叙利亚。"我不可能在基本原则上做出任何妥协或牺牲。"这位自由法国的领导人回答。"就像圣女贞德一样。"他的助手略带奇怪地补充道。

9月28日，戴高乐和丘吉尔在唐宁街10号会面，场面比一年前的那次更加激烈。戴高乐再次重申他就代表法国，且断然拒绝在黎巴嫩和叙利亚举行大选，英国首相突然咆哮道："你说你代表法国！你根本不是！我不承认你是法国！法国！现在的法国在哪里？你倒是说来听听！"

"如果你认为我不能代表法国，"戴高乐毫不示弱，机智地接话，"你现在为什么以及凭什么要和我谈论它在全世界各地的利益？"[40]

根据戴高乐的说法，丘吉尔当时哑口无言。但丘吉尔有其他方式制服这个法国人，英国切断了戴高乐与世界各地前哨部队联络的电报网。通讯中断一个星期后，法国驻伦敦的外交代表莫里斯·德让（Maurice Dejean）告诉英国外交部，自由法国将在年底前宣布在明天春天举行大选。[41] 11 月 27 日,自由法国履行了承诺。

"如果戴高乐懂得适可而止,"英国外交部的一位官员写道,"考虑到不断涌来的抱怨,我们本已经解雇了斯皮尔斯。但戴高乐玩得太过火,把绳子套到了自己的脖子上。"[42] 戴高乐的心愿落空,斯皮尔斯依旧心安理得地行驶着全权大使的权利。丘吉尔为斯皮尔斯挡下了外交部中的不满之声,而如今,他必须开始准备第二年的大选了。

第20章　卑鄙的勾当

直到1943年春天，斯皮尔斯最关心的是确保法国无法对即将举行的大选造成决定性影响。年初，他和新上任的美国驻贝鲁特领事乔治·沃兹沃思（George Wadsworth）有过一次不安的谈话。曾在贝鲁特美国大学担任讲师的沃兹沃思告诉斯皮尔斯，曾听说法国打算操纵选举，还会迫使新选出的国会同意法国留在黎巴嫩和叙利亚。斯皮尔斯对这些传言十分忧心，因为他本人也听到过。[1]而且，这些说法相当符合英国人的预设——法国绝不会轻易放弃当地的影响力。一位英国官员听说将进行选举后，当即表示："天知道会有些什么卑鄙的勾当。"[2]

斯皮尔斯必须成功。他的压力很大，因为他的上司、外交部国务大臣理查德·凯西认为，黎凡特地区这两个国家的全民公投对进一步平息阿拉伯世界的愤怒极为关键——不仅是叙利亚和黎巴嫩，还包括临近的巴勒斯坦，那里的局势正急剧恶化。1942年11月英国在阿拉曼取得决定性胜利，以及英美联军攻占法属北非后，纳粹德国将卷土重来的压力再起。"任何知情观察者……只要在过去十二个月持续关注巴勒斯坦都会明白一件事，"凯西在1943年4月21日写道，"这个国家正处在爆发有史以来最严重的骚乱和暴力事件的边缘。至于爆发的时间，可能是等欧洲的战争一结束，甚至还可能提早数个月。"[3]

到了1943年春天，英国在1939年时为安抚阿拉伯人制定的限制犹太人移民巴勒斯坦的严厉政策已经岌岌可危，犹太人准备为自己的身份而抗争。第一个信号出现在一年前的5月，在纽约比特摩尔酒店（Biltmore Hotel）召开的一次会议上。那时，犹太复国主义运动的代表们强烈抨击移民限制政策"十分残忍，完全站不住脚"。他们呼吁让犹太事务局（Jewish Agency）——成立于1929年，是在英国托管的巴勒斯坦境内代表犹太人利益的机构——负责控制巴勒斯坦的移民数量，为迎合"世界民主潮流、建立犹太共和国"做准备。[4]

1942年底，德国屠杀犹太人的消息传到了巴勒斯坦，激发了犹太人的好战精神。随着德国实力的式微，犹太人渐渐抛弃了先前的想法——与英国作对就是自掘坟墓。凯西留意到，犹太事务局如今把100万英镑预算中的15%投入了训练和武装自卫组织——哈加纳。他引用犹太复国主义左翼工人组织以色列总工会（Histadrut）[①]一位成员的说法，曾经的右翼观点现在已经成了社会主流。"我们都知道，终有一天要使用武力解决犹太复国主义者的问题。"埃利亚胡·戈隆布（Eliahu Golomb）在一次秘密会议——英国窃听了这次会议——中宣称，"我们不可能使用政治手段解决问题，只能战斗。我们必须提前做好准备，思想上的、物质上的，为了最后的殊死一搏"。[5]

为了平息"巴勒斯坦的犹太人和阿拉伯人之间的公开仇视"，凯西和同僚们想到了一个新主意。[6]当地人可以成立一个阿拉伯联盟政府（Arab federation），借此让阿拉伯人接受犹太人，英国政府早在1941年就有过类似提议。凯西等人明白，英国在中东的存在已经引发了越来越多的反对声音。他们相信，成立

[①] 以色列总工会（Histadrut），建立于1920年，是当今以色列最大的社会经济组织，与基布兹（Kibbutz）和国防军（IDF）一起被称为以色列的三大支柱。——译者注

这样一个联盟政府将在外部形成阿拉伯圈——而犹太人则会形成内部圈，就像环绕靶心的同心环，从而在战争结束后确保英国在苏伊士运河两岸的地位。

1943年5月，中东战争委员会（Middle East War Council）——由英国在中东地区的主要军官组成——在埃及的一次会议上评估了这项建议。该委员会的主席是凯西的副手莫因勋爵（Lord Moyne），他本人正是这项计划的忠实拥趸。会议期间，众人一致认为该方案能否成功主要取决于叙利亚和黎巴嫩的大选结果。法国"只要在政治和军事上继续向叙利亚和黎巴嫩施加直接影响"，阿拉伯国家间就"不可能组建任何政治联盟"。只有通过选举，才能把法国逐出民族主义情绪和反法情绪激烈的叙利亚和黎巴嫩的权力中心，从而避免在巴勒斯坦爆发骚乱。[7]

卡特鲁在贝鲁特疲于奔命，想尽一切方式避免出现"大叙利亚"的结局。整个1942年，他都一口咬定在德国危机没有解除的情况下就举行大选极不明智，现在则继续辩称："轴心国的威胁进一步加深，选举不是迫在眉睫的事。"[8]不出所料，斯皮尔斯激烈抨击了他的态度。于是，卡特鲁只能面对现实：大选不可避免，而且最终上台的很可能是一个由民族主义者组成的政府。出于现实考虑，他认为最好支持愿意与法国政府签订优待条款的候选政府。卡特鲁深信，阿拉伯人一定会在选举结束后为由谁领导阿拉伯联盟争得不可开交。其实英国也知道，阿拉伯联盟可能会成为维护地区稳定的致命缺陷。

在卡特鲁的心目中，可能会在叙利亚问题上与法国达成优待条款的候选人是哈希姆·贝·阿塔西（Hashim Bey al-Atassi），而且他极有实力赢得大选。阿塔西是叙利亚一个民族主义政党的领导人，经验十分丰富。尽管他在1920年出任费萨尔短命王国的总理一职时表现得"非常反法"，但他深知与法国和解的必要性。[9]他支持已经流产的1936年协议，形容协议签署当天"使叙利亚对法国有了全新的认识"。[10]卡特鲁希望，阿塔西可以让他带领的民族主义者们支持类似的新协议。卡特鲁认为，"阿塔西拥有高尚的品格，他的英勇姿态值得他人的尊重"，而且阿塔西曾在私下向他保证，只要他不插手叙利亚大选，就会满足他的要求。[11]卡特鲁在3月底卸任地区总代表一职前同意，法国不会干涉大选。选举时间最终被定在1943年7月。

然而，这种将权力"拱手让人"的协议却不适用黎巴嫩，法国决定要把它牢牢控制在自己手中。他们自1943年初起就试图操控选举，卡特鲁还意图同时控制叙利亚的选情。法国不仅精心挑选了中意的候选人，还详细列出了亲英和阿拉伯民族主义者候选人，想方设法干涉他们。斯皮尔斯在日后表示，法国"用尽了一切威胁手段，从控制发放食物配给券到逮捕（异见人士）"，以增加他们的候选人获胜的机会。[12]那年4月，英国第一次意识到法国的触手伸得多长。那时，英国宪兵在的黎波里发现了一个毒品走私集团，首领拉希德·穆卡丹（Rashid Mukkadam）正是在即将到来的选举中被"法国"收买的候选人。法国得知此事后，多番劝说英国"考虑当地的安全影响"，推迟逮捕穆卡丹，但英国完全没把这当一回事。[13]

根据利特尔顿和戴高乐的协议，国内的刑事审判由法国负责，因此英国只能把穆卡丹移交给法国。尽管有充分证据显示穆卡丹贿赂英国士兵协助自己从埃及偷运鸦片，法国对他的审判却草草了事，最后钻了个法律条款上的空子无罪释放了他。尽管英国成功说服法国软禁了穆卡丹，他还是参加了那年的大选。斯皮尔斯认为,"穆卡丹是法国在黎凡特地区政治运作模式的绝佳例证"。如今,他正尽可能利用该事件为英国牟利。[14]

斯皮尔斯认为,新上任的法国地区总代表让·埃卢(Jean Helleu)"算是识时务的法国佬",看起来"不难相处"。他满心期待如果向埃卢抱怨法国当局让穆卡丹参选,对方很快就会屈服。然而,埃卢无动于衷,甚至怀疑英国逮捕穆卡丹的时机是为了妨碍他参选。[15]埃卢曾担任维希政府驻土耳其的大使,被维希政府解雇后主动向自由法国请缨。至于被解雇的原因,用斯皮尔斯的话来说,是因为埃卢"常常一大早醒来就沉溺在酒精中",还总在危难时刻躲进大使官邸,酗酒度日。[16]

埃卢遇事逃避的作风事出有因,他的背后有一支秘密的强大智囊团。英国尤其怀疑名字押头韵的"三寡头"——博埃涅(Boegner)、巴伦(Baelen)和布朗谢(Blanchet)①。英国驻黎凡特地区的反间谍机构领导人认为,他们"公开或秘密……背叛我们,总在给英国捣乱"。[17]与埃卢一样,博埃涅和巴伦也曾是维希政府驻安卡拉大使馆的雇员,而布朗谢一直为维希政府作战,常"公开表达仇英情绪"。[18]斯皮尔斯通过不法手段,得到了布朗谢依旧在与维希政府联络的证据。他相信,布朗谢的两位同事和其他法国军官也是如此。

越来越多的证据指向这个"野心勃勃,从骨子里憎恨英国的小团体",令人相信他们从无能的埃卢手中篡夺了掌控政治事务的权利。凯西介入了。[19]5月初,由他担任主席的中东战争委员会作出结论,鉴于法国"不合作又不可靠",他们在黎凡特地区的存在已经"不符合我们在中东的政治和军事利益,还危

---

① 博埃涅(Boegner)、巴伦(Baelen)和布朗谢(Blanchet)三人姓名的开头均为 B。——译者注

害到了阿拉伯国家的和平进程与健康发展"。[20]该委员会提议，英国应该积极干预法国与叙利亚或黎巴嫩签署的任何协议。

这项建议完全和英国外交部支持自由法国在黎凡特地区统治的立场相左。于是，凯西主动提议和斯皮尔斯一起返回伦敦，进一步讨论相关事宜。6月底，两人在英国外交部有过一次十分尴尬的会面［中东事务部的一位负责人在私下说，他很遗憾凯西"以浮士德博士（Doctor Faustus）① 的方式，把自己出卖给了爱德华·斯皮尔斯爵士"］。随后，他们拜访了首相的契克斯庄园（Chequers）。[21]虽然丘吉尔现在对戴高乐厌恶之极，却不愿采纳中东战争委员会的建议。同盟国在北非取得了一连串胜利，英国政府对阿拉伯人的兴趣正急速消退。丘吉尔在与凯西和斯皮尔斯会面的第二天宣称，尽管他很想"在叙利亚决一胜负"，却"不愿听到我们在黎凡特地区占了法国的便宜……我们必须让世界明白，英国只是为了荣誉而战，没有其他企图"。[22]

丘吉尔的这番讲话含义十分复杂，但这只让斯皮尔斯紧张了一阵。他在会见另一批外交部官员时受邀撰写一份针对法国的报告。这对他而言完全不是难事，更像是一种个人兴趣。7月5日，斯皮尔斯提交了一份备忘录，形容黎凡特的法国当局"日渐独裁，甚至超过了维希政府的底线"。他还列举了穆卡丹事件和法国插手选举的事，指出埃卢"已经丧失了勇气，在态度上愈来愈向激进分子靠拢"。[23]斯皮尔斯想让大家知道，当地人普遍认为是英国在支持自由法国。他知道丘吉尔也会看这份备忘录，因此劝首相采取措施挽回他不断崩坏的声誉。斯皮尔

---

① 浮士德博士，英国作家马洛（Christopher Marlowe）在1588年创作的话剧中的人物。——译者注

斯断言，英国是否迫使法国允许叙利亚和黎巴嫩独立"已经成了《大西洋宪章》的诚信试金石"，而丘吉尔早就在上面签上了自己的大名。

丘吉尔读完斯皮尔斯的报告后写道："我完全没想到法国人这么残暴、专政。"[24] 外交部长艾登试图驳回斯皮尔斯的建议，但被丘吉尔拒绝了。"我很清楚法国过度利用了我们的好意。我们必须在叙利亚问题上强硬起来……我们对叙利亚人和黎巴嫩人的承诺是认真而严肃的，也需要看到好的结果。"[25]

两天后的7月17日，凯西和斯皮尔斯会见了自由法国的外交代表勒内·马西利（René Massigli）。丘吉尔的回应给了两人底气。他们抱怨了博埃涅和布朗谢，斯皮尔斯还提及只要这两个人不走，英法之间就不可能开展有效的合作。马西利原本打算抱怨斯皮尔斯的，现在意识到他们一定得到了丘吉尔的支持，只能吞下了嘴边的话。谈话中，没有人考虑对方的立场，只是一味地各执其词。

斯皮尔斯在伦敦期间，埃卢异常忙碌。为了干涉5月底的选举，他批准了基督徒黎巴嫩总统提出的建议——增加新议会的议席，这样基督徒议员的人数就会超过穆斯林议员的人数。同时，他还准许当地数量庞大的基督徒黎巴嫩移民参与投票。阿拉伯人当然不同意，威胁会抵制选举，以及破坏法国希望在叙利亚和黎巴嫩同时进行大选的计划。

埃卢还在埋首黎巴嫩的争端之际，叙利亚的投票开始了。大选结果不出意料，阿拉伯民族主义运动的领袖赢得了胜利，但结果与法国的设想背道而驰。哈希姆·贝·阿塔西突然在最后一刻神秘退出了，新当选的叙利亚总统舒克里·库瓦特里

(Shukri al-Quwatli)立刻宣布,他不会遵守前任做出的承诺。尴尬的法国官员只能徒劳地"美化"选举结果。他们担心,议会中民族主义者的议席大幅增加或将导致政局不稳,许多新当选的议员"尤其容易受到外界的影响"。[26]

这个结果不仅对自由法国而言是个重大挫折,它还鼓舞了即将开始投票的黎巴嫩选民。在那场法国人口中"意识形态高于个人魅力的对峙中",总统之位的角逐在两名候选人之间展开。[27]法国的心仪人选是头脑敏捷的贝鲁特律师埃米尔·埃德(Emile Eddé)——"他有能力推行绥靖政策,会坚决抵制盎格鲁-撒克逊人的野心,以及捍卫法国的地位"——曾有过一次出任总统的经历。[28]埃德和法国的联系可以追溯到多年之前。他曾是1919年巴黎和会的与会代表,为法国委任统治叙利亚进行过冗长的游说,还曾担任过弗朗索瓦·乔治斯-皮科的智囊。埃德的对手也是律师,是曾出任过黎巴嫩总理的贝沙拉·扈利(Beshara al-Khoury)。扈利曾是埃德的部下,但他的支持者更加广泛,不仅包括马龙派教徒,还有许多逊尼派穆斯林。扈利公开支持阿拉伯联盟和新的叙利亚政府,无疑是英国的理想人选。

扈利曾与埃德在1936年的总统大选中展开了激烈竞争,但法国那时选择了埃德。因此,斯皮尔斯提议扈利可以引导公众辩论他的上司是否有权参加这次竞选。法国政府在1937年通过的一项法律中规定,退休总统必须经过六年才能再次竞选总统。扈利指出,在1936年至1941年期间担任总统的埃德显然违反了相关条款。

埃德出于律师的机敏回应道,当时黎巴嫩宪法还没有生效,因此他执政的早期不应该被计算在内。但是,这么做只是让更多选民知道了他和法国的亲近关系。埃卢当局的法律顾问不出意外地接受了他的解释，但斯皮尔斯明确表示，埃德的候选人身份存在法律争议，即使他当选，英国也不会承认选举结果。[29]因此，埃德的竞选活动注定没有出路。

与此同时，身在的黎波里的拉希德·穆卡丹依旧处于软禁之中。即使是在奉行金钱政治的黎巴嫩，监禁还是大大限制了他影响选举的能力。于是，法国尝试说服他的女婿穆斯塔法（Mustapha）参选，但穆斯塔法早就摸准了当时的风向，已经在岳父的宿敌阿卜杜勒-哈米德·克拉梅（Abdul-Hamid Kerameh）的身边为自己谋得了一个职位。几个月来，克拉梅到处声张他一定能够当选，因为他得到了英国的支持。克拉梅一向坚定地反对法国，也支持泛阿拉伯联盟，但斯皮尔斯矢口否认曾属意克拉梅，认为他的声誉还不及穆卡丹。[30]

尽管英法先后发表声明，决不允许出现选举舞弊现象，但投票期间还是发生了大规模贿赂和恐吓事件。在乡下，穆卡丹的支持者明目张胆地拿着其他村民的身份证登记投票。一位英国在场人士回忆："许多人都会把选票交给出价更高的人，然后兴高采烈地拿回自己的回报。"他还听说，"有些候选人甚至……会付英国基尼（British gold guineas）①，让村民以为他们得到了英国的支持"。[31]斯皮尔斯谴责法国当局只向支持自己的媒体提供纸张——当时属配给供应——印刷报纸，甚至指控法国情报机构的特工在票站谋杀了一位选民。[32]法国否认了上述指控，称是扈利的支持者试图偷走一些票箱，他们必须"武装干预"。[33]相反，法国指责斯皮尔斯手下的英国官员公开协助心仪的候选人。这种说法并非空穴来风。凯西后来承认，斯皮尔斯

---

① 英国基尼，英国旧时的金币。——译者注

是民族主义者获胜的"最大功臣"。[34]

埃卢意识到,斯皮尔斯"明目张胆的干预"令埃德完全没有当选的机会。他尝试组织一场谈判,呼吁双方各让一步,好在新议会和新总统诞生之际使自己看起来依旧拥有左右政局的能力。[35]他分别向两名候选人建议可以寻找一名同时支持双方的第三者,成立一个由双方政党成员组成的联合政府。

让扈利妥协的唯一条件是允许臭名昭著的反法斗士卡密拉·夏蒙(Camille Chamoun)出任总统,但埃卢绝不可能接受一名为英国情报机构服务的叙利亚人成为总统。埃德的总统之路已经被斯皮尔斯断送,因此他别无选择只能说服扈利——两害之中较轻者——重新投入竞选。扈利照办了。9月21日,他在议会选举中当选新一任黎巴嫩总统。除了埃德和七名议员没有投票,其他人都把票投给了扈利。

这个结果并不像法国想象的那么糟。埃卢试图说服自由法国的领导人,扈利的当选"从法国的立场而言……远不像某些人以为的那么糟糕"。斯皮尔斯也在某种程度上同意这个观点。[36]英国全权大使还不清楚新当选的总统在捍卫黎巴嫩独立时究竟有多坚决,扈利在任命总理期间,斯皮尔斯更是疑虑重重。根据黎巴嫩复杂的宪法条款,担任总统的一般是基督徒,而担任总理的一般是逊尼派穆斯林。当时,黎巴嫩有四位总理人选。其中之一是在的黎波里击败穆卡丹的克拉梅,但令斯皮尔斯印象最深刻的是里亚德·索勒赫(Riad as-Sulh),一位来自黎巴嫩南部港口赛达(Saida)的富有又聪明的律师。斯皮尔斯决定,一定要把索勒赫推上总理之位。

1941年时,里亚德·索勒赫因支持德国干预拉希德·阿里-盖拉尼(Rashid Ali al-Gaylani)在伊拉克发动的军事政变,差点儿被英国投入监狱。此后，他开始逐渐参与斯皮尔斯的任务。早在1915年，他在为费萨尔和黎巴嫩南部的阿拉伯领袖当信使时，被奥斯曼帝国的人逮捕。如果不是因为他的家世显赫，可能早就被送上了绞刑架。"阿拉伯民族主义运动最有影响力的领导人之一"——他的这个名声可谓当之无愧。[37]索勒赫后来迎娶了新上任的叙利亚总理萨阿杜拉·贾比里（Saadallah Jabri）的侄女，英国满心期待他会因此支持黎巴嫩和叙利亚合并。与此同时，他还是坚定的反法分子。为了避免再受牢狱之灾，他主动要求和英国做个交易。索勒赫告诉斯皮尔斯的政治智囊杰弗里·弗朗（Geoffrey Furlonge）："如果你协助我们推翻法国的委任统治，我们就会站到你的这边。"[38]

扈利当选那天，索勒赫再次告诉杰弗里，如果有一天他能自行组建军队，马上要做的就是召见埃卢，"通知他现在是时候离开了"；以及会见斯皮尔斯，"请求英国人的支持和指导"。[39]

起初，其他三位候选人都不支持索勒赫。于是，斯皮尔斯插手了。他把四个人召集到一起，成功说服了其他三个人支持索勒赫出任总理。众人离开后，三个人中的一人见了他的朋友。"已经结束了，"他告诉那位朋友，"我们已经被迫做了决定要支持里亚德。斯皮尔斯将军明确这么告诉我们。"[40]

斯皮尔斯一阵狂喜。他向凯西吹嘘，索勒赫的当选"意味一切都以超出我预想的满意方式结束。一直以来，我都觉得自己在建一栋纸牌屋，而手中多出的那张牌很可能让整项工程功亏一篑。但是，现在一切都摆平了"。[41]

索勒赫和扈利都认同他们将携手打造"一片不仅保持阿拉伯的面貌，而且汲取西方文化精华的土地"。10月7日，索勒赫把计划告诉了几个阿拉伯兄弟国家，黎巴嫩将修订宪法，以适应这个重新获得主权的国家——单纯宣布法国的委任统治结束还远远不够，黎巴嫩还将废除作为官方语言的法语。法语是法兰西帝国文化输出的重要元素，索勒赫等人的做法相当激进，一定会引起法国的强烈反弹。[42]

埃卢知道，斯皮尔斯一定会全面干预索勒赫组建新政府，有一个中间人"在共和国总统和斯皮尔斯将军之间来回奔走，传达斯皮尔斯挑选的合适部长人选，以及保证组阁过程得到他的全面认可"。[43]埃卢的背后有精明能干的政治智囊支持，再加上烈酒的作用，他决定是时候站出来了。10月13日，埃卢向他驻黎巴嫩和叙利亚的行政长官们扬言，"这个国家不可能真正独立，除非我们确信它的独立能让黎凡特地区支持法国权力集团"。[44]他在八天后给亯利写信，声称他的政府将实施的政策不符合法国委任统治的利益。

然而，里亚德·索勒赫立刻向埃卢表示，他不会退缩。10月28日，他在私下告诉法国当局，黎巴嫩政府会解除法国驻黎巴嫩总代表的所有权力。两天后，他正式告知埃卢——同样是在私下场合，法国总代表的立场不符合两年半前乔治·卡特鲁的声明。索勒赫还威胁会公布埃卢拒绝履职的消息。

埃卢急忙赶往阿尔及利亚寻求戴高乐的建议。留在当地代埃卢处理公务的伊夫·沙泰尼奥（Yves Chataigneau）对局势有一番自己的评估。他在给自由法国外交部发言人马西利的信中写道："严格说来，英国（和黎巴嫩）政府勾结根本不是问题"，黎巴嫩政府"堪称英国政策的奴仆，而阿拉伯人只想从中攫取个人利益"。[45]基于以上分析，他十分乐观地估计现在反转法国被逐出黎巴嫩的危机还来得及，只要法国对纯粹在金钱上依赖英国的黎巴嫩官员采取积极措施。

"毫无疑问，"沙泰尼奥在结尾处写道，"如果我们在这个国家展现出坚定的决心，必定会受到大多数黎巴嫩人的热情欢迎。"[46]然而之后发生的一切将证明，他实在错得离谱。

第 21 章　另一次法绍达事件

1943 年 11 月 11 日黎明破晓前，黎巴嫩总统的儿子倒在血泊中的消息惊醒了斯皮尔斯。贝沙拉·卡利尔·扈利告诉斯皮尔斯，法国安全局特工在凌晨 4 点闯入了他家，并且绑架了他的父亲。他说他的头部受伤，那些特工用枪托把他赶到了地下室，一边猛击他的头部，一边向他叫嚣："狗娘养的！英国走狗的崽子。"[1]

当其他政府部长陆续聚拢到他家门前，斯皮尔斯才知道扈利不是唯一的受害者，总理里亚德·索勒赫和妻子也在熟睡时被人拽下了床。除了两名内阁成员，其他人都遭到了袭击。很快，埃卢发表了电台讲话。他用"一种前所未有的刺耳声音，严厉地"宣布废除宪法、解散政府，并任命埃米尔·埃德为总统。[2]政变引发了一场长达 11 天的危机。其间，英国政府一直犹豫不决，是该默许埃卢的行动，还是如果他继续强硬，就动用武力恢复黎巴嫩的民主政府。"到了这次事件的尾声，在黎巴嫩和叙利亚，要么是你们，要么是我们，将彻底威望扫地。"一个法国人颇有先见之明地预计道。[3]

法国会对新组建的黎巴嫩民主政府采取军事行动的谣言流传了数天。第一个信号是从阿尔及利亚传来的。埃卢"为了显示坚定的决心"，前往那里寻求戴高乐的支持。

戴高乐那时正在全力争取控制法兰西民族解放委员会

(French Committee for National Liberation)①。该委员会在英国的鼓动下成立,主要是为了牵制自由法国运动的实力,淡化戴高乐的个人影响力。戴高乐的竞争对手是美国心仪的委员会主席人选亨利·吉罗上将(General Giraud)。当时的局势需要戴高乐出风头,以尽量争取外界注意力。在这种情况下,他绝不会逆来顺受地让黎巴嫩独立。

直到那时,法国和黎巴嫩之间的讨论都是秘密进行的。然而到了11月5日,法兰西民族解放委员会公开了分歧,并发表了一份公报,强调黎巴嫩还处在托管状态中,没有权利单方面修改宪法。同一天,黎巴嫩就对这份措辞强硬的声明做出了回应,声称议会将在11月8日讨论新宪法的草案。法国和黎巴嫩之间的关系已经不可挽回,冲突在所难免。

法国尝试抵制议会的议程,但是失败了。同一天,黎巴嫩人不顾埃卢发出的推迟请求,坚决通过了经过修订的宪法。11月9日,埃卢回到贝鲁特,他以为如果形势需要,戴高乐"会愿意看到他采取强硬举措"[4]。他企图审查贝鲁特的所有当地媒体,避免议会的决议公之于众,还宣布已经撤回了向黎巴嫩政府发出的每年休战纪念日游行的邀请。游行原定在两天后的11月11日举行。11月10日,斯皮尔斯堵下埃卢向他求证络绎不绝的传言,埃卢"看似摆出了一副誓死抵抗的架势"[5]。尽管他借着酒劲不小心透露会在第二天发表广播讲话,但他"用名誉"向斯皮尔斯保证,"不会发动破坏公共秩序的行动"[6]。

第二天凌晨,斯皮尔斯在得知政变的消息后决定,负面舆

---

① 法兰西民族解放委员会,1944年6月3日,该委员会宣布成立临时政府。1944年夏天,巴黎解放后,临时政府接管了法国,并由戴高乐统领。——译者注

论宣传是打击法国最好的"大棒"。英国政府在先前与自由法国的争执中只会在私下谴责对方,但斯皮尔斯认为这么做反而鼓舞了戴高乐的嚣张气焰。那年夏天,他在伦敦时考虑过资助一些英国媒体记者前来黎凡特地区,"把法国的斑斑劣迹……展现在全世界面前,从而达到遏制法国的效果"。现在,他给英国驻开罗的国务大臣凯西打了电话,又向他提起了这个想法。[7]凯西批准了他的方案,还准备让英国的代表给埃卢送一封抗议信。斯皮尔斯对写抗议信的任务乐此不疲。他用煽动性的话语谴责这位总代表"(采取了)肆无忌惮的独裁手段"。考虑到两人前一天晚上的谈话,他又顺带贬损了对方的名誉。[8]

斯皮尔斯那一天在贝鲁特无论走到哪儿,都受到了黎巴嫩人的热情欢迎,这令他信心倍增。尽管他已经做好准备和法国对着干,心中却明白外交部的同僚不会同意。他在那年早些时候拜访伦敦时,立刻就对中东事务局的两位主要官员心生厌恶。他形容局长"身形巨大、优柔寡断、眼窝深陷,隐隐带着挥之不去的敌意",而其副手则"是个完全没有经验的新手"。[9]此外,同盟国在占领北非并登陆意大利后,战争的威胁已经从中东蔓延到了欧洲,英国的外交团队如今更是担心怎么才能不惹恼法国,而不是信守一个在两年半前做出的承诺,何况他们认为黎巴嫩还没到生死攸关的时刻。正如第一次世界大战时,阿拉伯人不再具备诱人的利用价值时,英国政府轻松地就把对他们的承诺抛到了一边。

外交部试图缓和黎巴嫩的局势,谴责在危机中"双方都犯下了严重的错误,而且缺乏判断力"。斯皮尔斯揶揄,黎巴嫩人就是因为"犯下了严重的错误"(你们的原话),才会以为"拥有主权和独立的人民"(我们的原话)可以在适当的时候自由修改自己的宪法。[10]

外交部一向清楚斯皮尔斯反感法国，于是忽略了他的报告，选择对每况愈下的情势视而不见。在英国政府中，负责与身在阿尔及利亚的戴高乐维护关系的哈罗德·麦克米伦（Harold Macmillan）更倾向法国的说法——主要来自埃卢的保证——斯皮尔斯和凯西过分夸大了贝鲁特的危机。"我认为斯皮尔斯是自找麻烦和为了邀功，而凯西又实在太过软弱，总是被人牵着鼻子走。"他写道。[11]麦克米伦曾在第一次世界大战中身负重伤，因此更倾向通过谈判解决问题。"斯皮尔斯想要重演法绍达事件，"他在日记中写道，"而我全无此意。"[12]

尽管麦克米伦对斯皮尔斯意图的猜测完全没错，但斯皮尔斯对黎巴嫩局势的判断亦相当准确。11月13日，法国的塞内加尔士兵在的黎波里驾驶装甲车，镇压了一起当地人的抗议——抗议民选政府被法国绑架。镇压造成7人被碾死亡，1人中枪身亡；在赛达——总理里亚德·索勒赫的故乡，法国地方长官为了驱散暴乱分子下令军队开火，共造成4人死亡，50至60人受伤；在贝鲁特，一个男孩在撕去戴高乐的海报时遇袭身亡。凯西亲自前往各地评估了局势，认为紧张关系日益严峻，"情况十分危险"。[13]

斯皮尔斯曾在两年前声称，"黎凡特人民和他们背后数量庞大的阿拉伯人民，只能通过我来传达他们的愤怒和恐惧"。如今，他倾情担纲起了这个角色。[14]他在一次抗议中发表讲话时，根据一位在场人士的说法，黎巴嫩女性"被他的魅力折服"。[15]他还走访了贝鲁特各地爆发抗议的现场，称在柏油碎石路面上发现了弹孔，证明法国并不像他们狡辩的那样是朝天鸣枪示警。外交部不采信他的说法，于是他协助受凯西邀请来到贝鲁特的记者将报道发回英国，还实行了他所谓的"为了确保客观的非官方审查"。[16]不仅如此，他甚至说服了两位曾与他共事的内阁成员，在伦敦就黎巴嫩危机抛出数个令人尴尬的提问。

在外交努力彻底宣告失败的情况下，斯皮尔斯那无畏的勇气突然成了他的政治资本。当一位法国士兵用枪口对准他乘坐的汽车时，他从车上一跃而下，用自己的轻便手杖猛敲那位士兵的头顶。他手下的一位官员——之前曾形容他"无比自大、自私，充满政客的狡诈"——如今却成了他的拥趸。[17]"斯皮尔斯将军就如同一头咆哮的雄狮，"他写道，为他"亲自加入战斗，并不惜折断自己手杖"的勇气而深深折服。[18]

凯西再次助了斯皮尔斯一臂之力。11月15日，法国将军乔治·卡特鲁从开罗来到贝鲁特化解当下的危机，却在凯西处碰了一鼻子灰。卡特鲁"提起了许多旧事"，唠叨了戴高乐转达的种种不满，威胁法国军队将因为英国的干涉而全面撤出黎凡特地区——戴高乐认为，英国其实不想投入更多资源保卫和维持这里的地区安全。[19]凯西全程都摆出了一副无动于衷的表情。他坚称，法国必须尽快释放被捕的黎巴嫩官员，恢复民选政府的运作，在黎巴嫩爆发动乱前解雇埃卢。卡特鲁在第二次私下会谈中态度有所缓和，表示如果解雇埃卢和恢复黎巴嫩的民选政府，法国会"颜面尽失"。[20]凯西在日记中记录了自己的回答，"我告诉卡特鲁，我完全不在乎"，"对他（卡特鲁）而言，这当然不是什么美好的画面，但我早就说过，复杂的局面不是由我一手造成的"。[21]

斯皮尔斯成功解除了法国对黎凡特"纯粹出于勒索"的威胁，为了争取时间，他还刻意表现得十分愤怒。[22]早前，斯皮尔斯就告诉伦敦，有两位黎巴嫩的内阁部长躲过了法国的抓捕，他们正在贝鲁特郊外的山区组织武装抵抗。他指出:"英国绝不该只为了法国的'面子',让这些国家陷入浴血混战,这么做完全不符合我们在世界上建立的好名声。"

丘吉尔决定在这个关键时刻支持麾下爱将。英国首相不会允许法国为所欲为,因为现在已经到了维护他名誉的危急关头。丘吉尔签署的《大西洋宪章》中有一条明确表述,"希望曾被武力剥夺主权及自治权的民族重新获得原有的权利"。他虽然有些不情愿,但还是想说服心存疑虑的罗斯福承认法兰西民族解放委员会为法国的临时政府。这意味戴高乐将成为临时总统,而那时他已经在谋略上胜过了吉罗上将,成了委员会的一把手。

罗斯福认为黎巴嫩政变的背后肯定有戴高乐的支持,因此担心他有独裁倾向,而这也是丘吉尔最不愿看到的局面。他得知自由法国的领导人再次公开反对黎巴嫩政府修宪,还在私下以辞职相威胁,英国首相决定是时候向他摊牌了。在丘吉尔的坚持下战时内阁告诉凯西,如果到11月18日当地局势仍未有明显改善,就要凯西在第二天亲自飞往贝鲁特向卡特鲁下达最后通牒:法国要么在11月22日上午10点前释放所有内阁部长,要么英国就会宣布军事管制。

凯西对这道命令大感惊讶,尽管它没有提及内阁部长们是否会官复原职。他猜想是麦克米伦在尽力维护戴高乐的面子,于是直接向丘吉尔和艾登表达了反对之意。起初,艾登还想将错就错,提出让部长们官复原职只会导致死局,但丘吉尔站在了凯西的一边。他在同一天再次重申:"那些部长们被释放了吗?他们官复原职了吗?"[23] 战时内阁承认早前的说法是为了逃避责任,认可仅释放部长还远远不够,但他们要求凯西尽量不要对官复原职做出明确指示。

11月19日下午，凯西在贝鲁特会见了卡特鲁。面对凯西亮出的最后通牒，卡特鲁称："这是另一次法绍达事件。"[24]正如当年爆发的法绍达事件，法国这一次也别无选择，英国的武装集团军已经集结到了贝鲁特的高尔夫球场上。第二天早晨，卡特鲁会见了斯皮尔斯，告诉他法兰西民族解放委员会已经同意释放总统，允许他官复原职，还包括总理及内阁成员们。那天晚些时候，委员会投票罢免了埃卢。只有三个人投票反对里亚德·索勒赫官复原职，英国认为其中一人必是戴高乐。

与此同时，艾登改变想法，站到了首相的一边。他对无法控制麦克米伦深感不满，后者负责同在阿尔及利亚的自由法国进行联络。现在艾登趁机让自己的副部长回到位子上。就在同一天，他坦率地告诉麦克米伦，释放内阁但不恢复民选政府的主意"根本称不上解决方法"，还安抚凯西，法国当局"毫无疑问"会配合建立一个合法的新政府，而且这也符合戴高乐的期望。[25]

英国政府内部的分歧消失了，法兰西民族解放委员会没有其他选择，在11月21日这天屈服。法国发表声明将召回埃卢，释放并且允许总统贝沙拉·扈利官复原职。第二天，4万人在贝鲁特庆祝了总统和内阁部长获释。

麦克米伦形容，法国的声明在涉及内阁地位时留下了一些"蓄意的歧义"，保留了总统无法官复原职的空间。[26]但是，扈利拒绝任命一个新政府，卡特鲁只得不顾戴高乐的命令宣布恢复内阁，连埃卢的智囊们也迅速离开了。

卡特鲁依旧希望法国可以与黎巴嫩达成协议，一向亲法的艾登没有表达异议。英国外交部告诉斯皮尔斯，要他致力确保法国在黎凡特地区的地位与英国在伊拉克的地位相同，但被斯皮尔斯一口回绝。他认为这实在"太讽刺",迫使黎巴嫩签署一项协议——允许"他们常年以来恨之入骨并心生畏惧的权力集团在自己的领土继续享有战略优势"。[27]事实上,接受过严格法律训练的崑利在会见卡特鲁时给出了更冠冕堂皇的理由。这个理由更加客观,但带着一丝羞辱的意味。崑利援引了戴高乐的说法——自己没有权利宣布委任统治结束。崑利的说法是,"既然这个机构都无法代表未来的法国政府",黎巴嫩政府不会和法国的委员会磋商。卡特鲁回到了阿尔及利亚,"身心俱疲"。[28]

斯皮尔斯高兴地向伦敦报告了崑利的无礼行为。他成功地提醒了外交部,戴高乐三次虚张声势,三次均不了了之。他还称,黎巴嫩政府如果受制法国将十分羞辱。圣诞节前夜,他的情人(也是他的秘书)偷偷在一封家书中总结了当时的形势。"如今,英国在中东的声誉简直飞上了天,人们都说斯皮尔斯将军取得了比劳伦斯更高的成就——一手促成了阿拉伯联盟。"[29]这种说法显然有些夸张,但的确反映了斯皮尔斯对自己的认识。

法国虽然仍控制着黎巴嫩和叙利亚的安全部门,但到了1944年1月1日,已经把对内行政职能转移给了当地政府。1月晚些时候,《泰晤士报》记者杰拉尔德·诺曼(Gerald Norman)发表了一篇黎凡特地区的事件及其深远影响的评论文章。他没有直接点名斯皮尔斯,但在行文中流露出英国特使在积极鼓励媒体报道一事上扮演了英国和美国政府都不容忽视的角色。两国政府"显然都担心会破坏同盟国在其他地方的信誉,因此媒体曝出(黎巴嫩和叙利亚)危机才触怒了他们。这种做法清楚表明,他们真正把谁的诉求放在了首位"。[30]

斯皮尔斯大获全胜,但为胜利付出了沉重的个人代价。危机过后,黎凡特地区的其他英国官员开始指责他越权。有人认为,斯皮尔斯"至少该为这里75%的麻烦负责";还有人则为英国特使在当地煽动的激烈情绪烦扰不已,"我们在这里太受欢迎了,简直到了该引起警惕的地步"。[31]《泰晤士报》记者诺曼同样为英国驻黎凡特地区高级代表的言行感到不安。他的几篇文章由于审查未能公开发表。诺曼告诉英国在法兰西民族解放委员会的新任联络官达夫·库珀(Duff Cooper),斯皮尔斯夸大了危机的严重性,而且法国已经视这位英国特使为"眼中钉"。[32]但诺曼不知道的是,法国政府中的一些人已经结成同盟,将联手发起报复。

第22章　患难见真情

1944年2月29日，法国驻耶路撒冷领事居伊·杜士兰（Guy du Chaylard）告诉上司勒内·马西利，两个犹太恐怖组织伊尔贡和斯特恩帮（Stern Gang）联系了他。伊尔贡成立于1930年代，早期主要为了抵抗阿拉伯人，后来内部出现意见分歧，才分裂出斯特恩帮。两个恐怖组织都刚在巴勒斯坦向英国发动了暴力袭击。伊尔贡给杜士兰发来一份针对英国的"宣战书"副本，他们接连轰炸了耶路撒冷、海法、特拉维夫的海关和税务署。斯特恩帮亦"不甘示弱"，在海法射杀了两名警察。杜士兰将描述近来袭击事件的信寄往了自由法国位于阿尔及利亚的总部。

杜士兰从斯特恩帮处收到了他们出版的时事通讯《右翼》（*Hechazit*），其中有一篇关于黎巴嫩危机的文章。为独立而战的恐怖分子会对黎巴嫩感兴趣并不让人意外，但那篇文章选择了同情法国的视角。文章谴责英国是酿成危机的罪魁祸首，称赞法国"及时并积极"地逮捕了许多"为英国服务"的"黎巴嫩内阁成员"。[1]文章在结尾处指出："犹太复国主义抵抗运动和自由法国拥有许多共同利益，法国迟早会明白这一点。"虽然斯特恩帮的这种猜测十分大胆，但当下的局势让他们有足够信心做出上述判断。那时，黎凡特的法国行政机构中已经有一些人在暗中资助犹太复国主义恐怖分子，共同推翻英国在巴勒斯坦的统治。

两者的渊源可以一直追溯到1940年9月。戴维·哈科恩——他的公司早年修建了"特加特墙"①——同意在海法的家中为三名自由法国的活动分子提供庇护。当时，叙利亚和黎巴嫩还在维希政府的控制下，自由法国和犹太秘密抵抗组织哈加纳都认为英国没有严肃应对威胁。英国拒绝自由法国在叙利亚开展广播舆论战后，身为哈加纳成员的哈科恩允许那三个法国人在自己家中架设秘密发射装置，播出"黎凡特自由法国"（Levant France Libre）的节目。犹太复国主义者愿意提供协助的原因不难猜测。正如犹太事务局政治部负责人所说："尽管自由法国如今深陷困境，但他们将来一定会在法国扮演重要角色。我们深信，他们不会忘记耶路撒冷的犹太人在困难时期给予他们的同情和帮助。"[2]

哈科恩的住宅面朝海法港，因此，三个法国人在1940年11月25日亲眼见证了一场悲剧。那天，停泊在码头的大型客船"祖国号"（Patria）正要驶往毛里求斯，但乘客们很不甘心，因为他们都是刚从德国逃到巴勒斯坦寻求庇护的难民。早前，英国按照1939年白皮书中的移民限制条款扣留了"祖国号"，声称难民中可能混入了德国特工，会在巴勒斯坦挑起种族冲突。

但是，"祖国号"未能驶离港口。25日早晨，当最后一名被驱逐的难民登上舷梯，立刻传来了爆炸的巨响，船的一侧顷刻间就倾覆到了海里。英国人在一片混乱之中拼命抢救困在船舱的难民，可死亡人数依旧高达263人。

---

① 特加特墙（Tegart's Wall），1938年，为了防止黎巴嫩和叙利亚的叛乱蔓延到巴勒斯坦，在查尔斯·特加特爵士的授意下修建，后被称为"特加特墙"。——译者注

很明显这次爆炸事件是有预谋的,哈加纳反对英国遣返犹太难民的立场众所周知。哈科恩承认,引发爆炸的是雷管,哈加纳成员混上了船故意不让它起航。"我们张大了嘴,惊得目瞪口呆。"三个法国人中的雷蒙·施米特莱因(Raymond Schmittlein)回忆道。[3]接着,哈科恩问三个法国人,现在还觉得现代犹太人缺乏参孙的勇气吗?"(你们)比我们更加勇武。"施米特莱因说,"拥有如此意志,这个国家必定勇往直前。"

沮丧地依赖着英国并为各自自由奋斗的两股弱势力就此联合了起来。自由法国使用哈加纳在叙利亚的情报网,获得了许多有价值的情报,直到一名重要的特工在维希政府官员、法国驻黎凡特安全局长科隆巴尼面前露出了马脚。哈科恩则亲自把自由法国的消息带到了大马士革,怂恿城里的主要法国官员叛变。1941年,入侵黎凡特已成定局后,哈加纳派出了精锐的特种部队——帕尔马奇(Palmach)作为6月8日进攻的先锋。摩西·达扬回忆,"我们都不了解叙利亚",于是帕尔马奇雇了一名阿拉伯人带路。但这些都不重要,重要的是哈加纳采取了行动。[4]在法国遭遇一系列危机期间,犹太复国主义者热情地向他们伸出了援助之手。

自由法国和犹太复国主义者的关系在第二年得到了进一步巩固。那时,由于英国的移民缩紧政策,另一艘满载犹太难民的"斯特鲁玛"号(Struma)被拒绝进港,激起了犹太人的愤慨。"祖国号"船难发生后的1941年12月,英国再次拒绝从罗马尼亚驶来的超载的"斯特鲁玛"号靠近巴勒斯坦海岸。那艘船在伊斯坦布尔的港口停泊了整整八个星期,其间英国政府迟迟不肯公布处置方案,尽管他们那时已经知道犹太人在欧洲的悲惨遭遇。英国最后宣布不会允许船只靠近巴勒斯坦,它必须调转方向驶回黑海（Black Sea）。"斯特鲁玛"号刚起锚离开伊斯坦布尔港，就发生了爆炸，导致悲剧的是来源不明的雷管或水雷。"斯特鲁玛"号上的769名乘客除一人外，悉数遇难。不出意外，巴勒斯坦爆发了一场群情激愤的抗议。

就在英国就"斯特鲁玛"号闪烁其词之际，有一个男人决定采取行动。34岁的亚伯拉罕·斯特恩（Avraham Stern）是个典型的纨绔子弟式的学者和诗人，奉埃利译·本·亚伊尔（Eliezer ben Yair）为心目中的英雄。公元1世纪罗马人攻来时，亚伊尔坚守在马察达要塞（Masada），并因拒捕而参与了集体自杀。以前，斯特恩主要负责伊尔贡的对外关系，但他不满组织早期与英国合作的策略，愤而割席。他认为除非英国允许犹太复国主义者独立，否则犹太人就不该在战争中为英国卖命。得知英国根本没有类似打算后，斯特恩在1940年给叙利亚的维希政府带去口信，如果希特勒支持"在历史原址上重建犹太国家，以民族主义和极权主义作为统治基础，并且允许犹太国家与德意志帝国结盟"，他就愿意为德国而战。[5]斯特恩的奇怪提议引起了科隆巴尼的注意，于是转告了德国驻安卡拉的大使馆。

斯特恩徒劳地等待着希特勒的回复，但一直杳无音信。于是，他在1942年发动了一次短命的暴力运动，希望迫使英国政府让巴勒斯坦的犹太人独立。他的团伙因为资金短缺，洗劫了与他们意识形态相左的以色列总工会的一家银行，还导致了两名无辜的犹太人死亡。几天后，他们在巴勒斯坦警察局谋杀了三名警察，其中也有两人是犹太人。因此，这个团伙在短时间内树敌众多。警察局悬赏捉拿他们后，立刻收到了十分有价值的情报。银行抢劫案发生一个星期后，警察突袭了特拉维夫的一栋房屋，导致两名男子死亡，另有两人受伤，其中一名男子在病床边无意透露了斯特恩的藏身之地。

2月12日,警察在特拉维夫一间公寓的衣柜里发现了斯特恩,滴水的剃胡刀暴露了他的行踪。他边穿衣服边跳上窗台逃跑,指挥官杰弗里·莫顿(Geoffrey Morton)一枪击毙了他。他在斯特恩的一份手稿——他在搜查房间时获得的——中找到了开枪的充分理由,上面写着,"除非在战斗中倒下,否则我绝不保持沉默"。[6]正如莫顿在日后解释,"我不是个脱离现实的警察"。[7]

巴勒斯坦的警察迅速收拾了斯特恩帮的余部。充满个人魅力的领袖死后,众人乱作了一团。警察在接到另一宗情报后,于4月底逮捕了另外12名成员。到了5月19日,警察局负责人开始自满松懈,认为仅剩两名"重要"团伙成员在逃。[8]斯特恩在生前几乎没有朋友。但是,他极具争议的死况以及死后引发的骚乱,似乎为他的满腔愤怒找到了理由。警察局负责人认为,一些犹太复国主义者因此开始"思考斯特恩的'理念'是否真的完全没有价值"。

在此期间,英国警察发现正在认真考虑斯特恩帮手法的人不只是一些犹太复国主义者。1942年春的一天,随着斯皮尔斯回到贝鲁特,英国和法国之间的关系再度恶化。巴勒斯坦刑事侦查局长阿瑟·贾尔斯(Arthur Giles)踱着步子,走进英国驻黎凡特地区反间谍行动负责人帕特里克·科格希尔(Patrick Coghill)的办公室。"我的上帝,"贾尔斯一阵惊呼,"这些法国人真让人无法忍受。你知道他们至今都做了些什么吗?"[9]科格希尔被问得一头雾水。于是,贾尔斯娓娓道来。

三天前,贾尔斯手下一名资深探员收到一则爆料,一辆出租车正载着三名斯特恩帮成员驶离耶路撒冷。他的探员们在太巴列（Tiberias）追上了这辆车，一直跟踪它到黎巴嫩的边界。在那里，他们看到三名犹太人在法国官员的热情欢迎下进入了黎巴嫩。科格希尔立刻明白了贾尔斯的意思，"似乎法国正在协助和利用斯特恩帮——鉴于事态的严重性，我们绝不能掉以轻心。贾尔斯恶狠狠地咒骂了一番"。[10]

然而，贾尔斯并没能把令人震惊的结盟扼杀在初期，因为科格希尔需要为一桩自己的尴尬事打掩护。与贾尔斯的盛怒不同，科格希尔却暗中窃喜这个发现简直是天赐良机。他和法国安全局同僚的关系——原本就够尴尬的了——现在正进一步恶化。法国安全局刚逮住英国特别行动处（Britain's Special Operations Executive）的一名特工越权行事——怂恿一名法国士兵向他非法销售武器。这件事不仅坐实了法国对英国阴谋的指控，更糟糕的是这名士兵在几天前还拍摄了卡特鲁专车的照片，当时卡特鲁正前往大马士革畅饮狂欢。科格希尔暗中希望法国不会将两者联系起来，如果他们这么做，必定会谴责英国参与了谋杀卡特鲁的行动。

科格希尔瞧准了时机，在法国驻黎凡特地区情报局长恩布兰科上校（Colonel Emblanc）面前抛出了贾尔斯的大胆断言。恩布兰科显然受到了惊吓，连连否认他知道此事，还保证会进行相关调查。"第二天，"科格希尔回忆，恩布兰科"满脸堆笑地来见我，宣布会立即移交英国特别行动处的探员，没有说更多"。[11]法国情报局长解释，法国正在犹太人中招募留守的特工，就像英国特别行动处一样，英国目击的三名跨过边界的犹太人恰好是他们的特工。

科格希尔为"避免了一次重大摩擦"而大松一口气。之后，他说服巴勒斯坦刑事侦查局，那三名在太巴列下车的斯特恩帮成员是法国的特工，因为他们乘坐同一辆出租车被送到了边界。这个牵强附会的解释实在不足为信，因为不久后三人中的一人就在叙利亚境内被捕了。[12]

一位前斯特恩帮成员早在数年前就证实，贝鲁特的维希政府"十分乐意为我们提供各种武器，因为知道我们会和他们的敌人英国作对"。[13]然而令人意外的是，此类协助在1941年英国入侵黎巴嫩后仍未停止：在戴高乐的默许下，履行旧职的前维希官员还在延续这个"传统"。事实上，直到法国安全局中仇英的军事智囊布朗谢的行动引发抗议，导致前维希官员恩布兰科上校辞职，英国才第一次意识到前维希官员在法国黎凡特政府中造成的恶劣影响。1942年底，英国军情五处在当地的代表认为，是法国政府内"一小撮心怀不轨又狡猾的维希分子"，而不是德国人，才是英国在黎凡特地区的"最大威胁"。[14]

1943年底，博埃涅和巴伦因埃卢调职离开了黎巴嫩，因此斯特恩帮在1944年初才不得不求助法国。[15]1942年，他们差点儿被英国警察全面剿杀，但到了1943年11月法国深陷黎巴嫩危机时，他们的处境出现了重大转折。二十名斯特恩帮成员在耶路撒冷以西15英里的拉特伦（Latrun）监狱挖出一条地道，成功越狱。但是，他们在次年1月恢复恐怖活动时，还是没有解决根本问题。后来，斯特恩帮的重要成员伊扎克·沙米尔回忆，"为了活下去，我们急需资金援助来建设根据地、购买武器、印刷传单和播送广播"。[16]抢劫似乎再次成了他们的唯一选择，但正如沙米尔所知，"无论抢劫对维持组织运作如何重要，这只会增加公众对我们的愤怒，我们不会得到人民的任何同情"。[17]

斯特恩帮决定为了解决问题向法国求助。他们寄希望近来在黎巴嫩屡屡被英国羞辱的法国，也许会为了对付共同的敌人伸出援手。他们先派居伊·杜士兰撰写了评论黎巴嫩危机的文章，接着又在1944年4月推出了法语出版物《希伯来前线》（*Front de Combat Hébreu*）。该刊物形容他们的目标读者是"生活在以色列边界附近的法国人和深受法国文化影响的人"，还将"随时挥舞着民主大旗的英国人"视为"我们最主要的敌人"。[18]斯特恩帮知道，生活在黎凡特的法国人肯定会打心底认同这种论调，而且他们还会发现时事通讯的文章都出自母语是法语的作者之手。

斯特恩帮不断强调自己和法国抵抗运动之间的共性。《希伯来前线》的第二期，报道了一位来自法国马基群落（*maquis*）——那是地中海沿岸的一片灌木丛林地带，法国南部人民曾借用这个名字组成"马基游击队"——的犹太复国主义者；还有一篇文章提到了有共产党背景的法国抵抗团体——法国游击队（Francs-Tireurs Partisans）[①]，称英国在巴勒斯坦"强力打击"斯特恩帮没有出路，"因为他们就像游击队员，总是打一枪换一个地方"。[19]斯特恩帮在法国发行的出版物，更加明显地强调了两个组织的共性。"我们的方法很简单，在一个被占领的国家展开秘密行动：发动一场地下战争，善于隐藏的士兵终将击碎庞大的帝国主义机器。"[20]

那年6月，为了博得法国好感的努力变得公开化。两名斯特恩帮的年轻成员在特拉维夫被捕。审判吸引了许多公众的注意力，因为首次有女性站在被告席上。但是，在她的男性同伙身上搜出的文件更加致命。这份文件以法文写成，解释了斯特

[①] 法国游击队（Francs-Tireurs Partisans），以1870年普法战争中的非正规军命名。——译者注

恩帮的目标，并向"与他们有着相似诉求的外国势力"发出呼吁。[21] 法官没能让被告供认文件的收件人是谁，但它使用的语言已经说明了一切。

在几天后的另一场庭审中，被告也暗示了法国正在支持斯特恩帮。英国恢复 1938 年的持有武器可判死罪的法律后，24 岁的拉斐尔·伯恩鲍姆（Raphael Birnbaum）是因此被逮捕的第一人。伯恩鲍姆拒绝聘用律师，在一次意味深长的自我辩护中说道，他深信如果他是黎巴嫩人而不是犹太人，英国一定会强迫他拿起武器对准黎凡特的法国当局。"如果法国委任统治的是巴勒斯坦或其他国家，"伯恩鲍姆说，"我十分确信你、你们英国人，一定会让我举起武器。"[22] 最后，伯恩鲍姆的死刑被改判为终身监禁。

7 月，忧心不已的杜士兰再次给马西利写信，提醒他在希伯来语出版物中，斯特恩帮几乎承认他们得到了外国势力的支持。[23] 他还"不时"听到传言，说法国正在资助巴勒斯坦的犹太恐怖分子，并指责斯特恩帮的法语宣传引发了这些传言。斯特恩帮完全不在意和法国扯上关系。当时，他们在行动中辨别敌友的接头旋律便是《马赛曲》。[24]

随着自信心的膨胀，斯特恩帮展开了迄今为止最冒进的行动。8 月 8 日，他们试图谋杀即将离职的驻巴勒斯坦高级专员哈罗德·麦克迈克尔爵士（Sir Harold MacMichael）。那天，麦克迈克尔爵士会在海边参加一场阿拉伯人组织的告别派对。[25] 他的这项行程早就被公开，还在前一天受到了右翼犹太报纸的批评。因此，斯特恩帮有足够时间策划行动。

他们计划在出了耶路撒冷，道路迂回的山区下坡路段设下埋伏。在一个大转弯处，他们先朝行驶在最前方的摩托车警卫和殿尾的警车射击，并同时点燃事先撒在路中的汽油。麦克迈克尔乘坐的劳斯莱斯顿时被困在了正中间，无处藏身——左侧正在发生事故，右侧则是悬崖。麦克迈克尔的司机救了他一命。他把车转向左侧道路，刚好避过从前方射来的子弹，然后在车身刚擦出悬崖边缘时拼命向右打方向盘。麦克迈克尔的一位朋友回忆，"他们真算是死里逃生"。[26]

或许是因为麦克迈克尔没有死，或许是因为他即将卸任，英国驻巴勒斯坦的首席代表在处理此事时有些意兴阑珊。警察要求附近的犹太定居点缴纳 500 英镑罚款，但三个月后仍未执行相关判罚。虽然袭击带有明显的政治目的，英国却并没有制裁当地的犹太群体，即使犹太事务局在谴责暗杀时使用了拐弯抹角的说法。

在埃及，凯西的继任者、英国外交部国务大臣莫因勋爵指出，这种做法太不明智。"1937 年安德鲁斯先生遭暗杀时，（英国）立即采取了针对阿拉伯人的严厉行动。与这次的处理方式相比，阿拉伯国家的人民很难不注意到其中的区别。"然而，他的报告在伦敦石沉大海。[27] 几天后，他又追发了一封电报。为了充分传达他的恐惧，莫因这一次引用了大卫·本-古里安（David Ben-Gurion）刚发表的演讲。这位犹太事务局主席提到："我们应该继续向巴勒斯坦移民，直到在这里占多数。如果有必要——我们可以采取武力；如果国家太小——我们可以扩张领土。"

莫因担心本-古里安的讲话"实际上是在煽动暴力"。[28] 而他不知道的是，他很快就会成为这轮暴力袭击中最知名的遇害者。

第23章 玩火上身

"身材矮小，戴领结，穿一件埃尔特克斯面料衬衣的这个男人"几乎对所有东西都感兴趣，"野生植物、动物、殖民地政府、新几内亚（New Guinea）①、游艇……"莫因勋爵看起来并不像犹太复国主义和法国理想事业在中东的最大威胁。[1]然而直到莫因于1944年8月去世，他一直都是"大叙利亚"方案的中坚倡导者。如同斯皮尔斯，他能够晋升驻开罗的外交国务大臣一职主要因为和丘吉尔是老朋友；但不同于如今信誉濒临破产的斯皮尔斯，莫因是内阁成员，具有实质上的影响力。他出于维护英国利益的考虑，主张在阿拉伯建立独立国家，同时致力于平息阿拉伯人和巴勒斯坦犹太复国主义者之间的紧张关系。这都使他得到了同僚们的尊重。

尽管莫因是位谦逊的绅士，身上却透着大英帝国的自信。[2]1880年，他出生在一个酿造吉尼斯黑啤酒（Guinness）的家庭，事业的发展循规蹈矩。从伊顿公学毕业后，他加入了英国军队，在南非服役一段时间后进入了议会。莫因爱好狩猎和探险。他的讣文作者语带诧异地写道："好几次，他竟然只在当地人的陪同下旅行。"[3] 1929年保守党在选举中失利后，莫因离开议会，回归探险，给伦敦动物园带去了活生生的科摩多龙（Komodo dragons）②。

---

① 新几内亚，澳大利亚北方岛屿。——译者注
② 科摩多龙，世界上最大的蜥蜴。——译者注

莫因和丘吉尔的情谊可以一直追溯到1920年代,那时他在财政部履职,而丘吉尔是时任财政大臣。两人都热爱探险,因此相处得很好。1941年,丘吉尔用尽了甜言蜜语把他"最认同、最聪明、最与众不同的朋友"召回政府,出任殖民地事务大臣——负责巴勒斯坦事务。[4]

1941年9月,莫因以殖民地事务大臣的身份传阅了一份关于"犹太政策"的备忘录。他在其中探讨了英国支持"大叙利亚"方案是否能缓和阿拉伯人和带着理想使命来到巴勒斯坦的犹太新移民之间的关系。"我十分同情犹太人的处境,而且十分赞同应该严肃思考怎么解决他们的问题,"莫因写道,"但我思考得越深入,越认为仅凭巴勒斯坦一地无法给出答案。"[5]英国为了缓解不断涌入的犹太移民带来的压力,艾登在那年5月的演讲中提及成立阿拉伯联盟可以作为他们的选项之一。尽管莫因不认为这是个完美的解决方式,但认同这个想法"很有吸引力"。

三个月后,他没有对"斯特鲁玛"号上的犹太难民心软,坚称允许他们从伊斯坦布尔来到巴勒斯坦"完全与政府的政策对立"。[6]从殖民地事务处离职后,他在议会发表了一次讲话,提及了犹太人的种族纯化倾向,因此被贴上了反犹的标签。[7]然而,这完全偏离了莫因讲话的主旨——犹太复国主义者的"目光太过短浅",英国政府应该研究黎巴嫩、叙利亚和外约旦是否可能为犹太移民提供庇护。[8]"如果那些国家愿意吸收数量众多的犹太移民,将对双方都有好处,也不会威胁他们在政治上实现独立。"莫因说道。因此,他提出"组建北部阿拉伯国家联盟或许是一种解决方式"。

莫因借此公开了对"大叙利亚"方案的支持。他的演讲带有强烈的种族色彩,虽然不太具有可行性,但并非纯粹空想。

他关于让巴勒斯坦周边的阿拉伯国家吸收犹太移民的设想，或许听起来有些一厢情愿，但耶路撒冷希伯来大学（Hebrew University of Jerusalem）的校长和一些犹太学者曾在同一年告诉英国政府，他们支持在更广泛的阿拉伯联盟中实现犹太人自治。[9]

莫因被任命为理查德·凯西的副手后，有了更多空间思考阿拉伯联盟的可行性，何况他也没有其他事务缠身。"白皮书的唯一替代方案，"他在1943年初思考，"似乎是和阿拉伯国家讨价还价。除非把巴勒斯坦的（犹太）定居点和法国治下被驱逐的叙利亚人放在一起思考，否则我们没有太多选择。"[10]那年5月，由他主政的中东战争委员会决定，法国在中东的存在已经不再符合英国的利益。

当时，英国支持"大叙利亚"方案还不是官方政策。但那年7月，莫因获邀加入了丘吉尔组建的一个内阁秘密委员会，重新考虑1939年白皮书在1944年4月失效以后，英国政府在巴勒斯坦的政策。该委员会在5个月后提议，一旦德国战败，巴勒斯坦应该依据七年前皮尔委员会建议的边界，分割成一个阿拉伯国家和一个犹太国家。为了平息分治方案将不可避免导致的"不满和失望"情绪，委员会还建议英国表态支持成立大叙利亚，其领土应该包括"叙利亚、外约旦、阿拉伯人的巴勒斯坦、黎巴嫩南部的一部分领土以及西顿（Sidon）① 东部"——该报告带有明显的莫因印记。[11]然而这么做一定会导致英法关系破裂，正如该委员会另一名成员在交给莫因的信中所写，"只有完全消除法国的影响，才能给中东带来真正满意的解

---

① 西顿，现黎巴嫩西南部港口城市。——译者注

决方案"。[12]

1944年1月，该方案终于进入内阁的讨论程序。莫因坚持立刻开展建立大叙利亚的工作十分关键。会议的录音记录了他的发言："时机非常重要。如果我们拖拖拉拉，错过了把巴勒斯坦的部分领土并入大叙利亚以作为对阿拉伯人的补偿，就实在太可惜了。我们绝不该等到火烧眉毛才行动。"[13] 尽管内阁同意了这个方案，还制定了"其他必要的预备行动"辅助它的实施，他们一直十分担心方案的细节如果泄密一定会引发中东地区的骚乱，到了那时他们就束手无策了。殖民地事务局临时批准了一些犹太移民申请，希望战争会在年内结束，给英国的政策转向留出一些时间。

1944年初，莫因接替凯西出任国务大臣后，任务更繁重了。他把"其他必要的预备行动"视为自己的"宠物计划"，但由于不得透露半点风声，不免令他有些束手束脚。他还很快意识到，许多在中东服务的同僚对这个方案心存疑虑。英国驻开罗和巴格达大使在艾登的数番劝说后才接受他们的新使命，就连艾登本人现在仍对大叙利亚政策不够坚定。此外，巴勒斯坦的哈罗德·麦克迈克尔担心，叙利亚人不会接受阿卜杜拉成为他们的国王。

莫因理解同僚们的忧虑。他在4月时告诉麦克迈克尔，他们应该继续支持大叙利亚方案，但在法国在黎凡特地区的地位更加明朗之前，不需要大力推动它。为了防止法国可能利用"大叙利亚"方案把影响力"进一步延伸到苏伊士运河"，他们还决定分两步实现方案：[14] 第一步，在阿卜杜拉的领导下合并巴勒斯坦的阿拉伯地区和外约旦；第二步，促进该地区更大范围的合并，包括叙利亚和黎巴嫩。两人都担心法国会借此扩张势力,因此默认实行第二步的前提是先驱逐他们的宿敌。但是,莫因勋爵并没有因为担心而慌了手脚或者动摇决心。据称,"为了扩张巴勒斯坦犹太人的定居范围",他甚至愿意"把法国人扔去喂狼,或者任由阿拉伯人宰割"。[15]

很快,黎凡特的英国当局开始评估局势,鼓励阿拉伯人支持两步走的"大叙利亚"方案,尽管这个计划在伦敦并不深入人心。沃尔特·弗兰西斯·斯特林——25年前,在托马斯·爱德华·劳伦斯的感召下投身大马士革的那个年轻人——加入了这项计划。1941年,他以政治官的身份回到叙利亚工作,并在1944年初被提拔为驻大马士革的沙漠和边疆地区指挥官(Commander of the Desert and Frontier Areas),还担任英国军队和叙利亚总统舒克里·库瓦特里的联络官。[16]他与谢里夫、劳伦斯的亲密关系令法国相当不安。斯特林上任后不久就和叙利亚总理共进晚餐。一份当地报纸还称他是"叙利亚和外约旦的部落总指挥"。[17]

近期解密的法国档案显示,法国特工曾严密监视斯特林的行踪,留下了关于这位英军上校的厚厚一本记录。他们的怀疑相继得到证实,斯特林的活动远超过其职务所需。他在与叙利亚高官的一系列会面中,不时提出诸如你如何看待阿拉伯国家统一,如何看待现任政府,如何看待叙利亚的未来等问题。[18]据法国观察,斯特林得到的回答常常是需要英国的协助。

斯特林向一位谢里夫——位高权重的宗教领袖——提出的问题还暗示,英国有意直接和叙利亚达成协议以维持其在当地的影响力。"如果阁下需要寻求有效或有建设性的合作者,"斯特林问,"大英帝国可以信赖您的影响力,保证既为您的国家服务又维护英国的利益吗?"[19]

"如果大英帝国真诚地认可这个国家的法定权利和它的独立地位……我想,所有诚实的人们都会愿意伸出忠诚的手。"谢里夫回答。[20]

英国政府的机密档案——同样刚于近期解密——解释了斯特林提问的原因。[21]斯特林在抵达大马士革前几天收到了叙利亚外交部长贾米勒·马尔丹的一封信,后者提议叙利亚和英国签订一份"官方协议",防止法国重新篡夺黎凡特地区的控制权。[22]

贾米勒·马尔丹写这封信是因为他认为总统舒克里·库瓦特里简直是"殖民地的产物"。[23]正如法国所料,新成立的叙利亚政府陷入了痛苦的分裂局面,双方就如何建立阿拉伯联盟争执不休。如果英国想尝试把巴勒斯坦的阿拉伯地区并入外约旦,继而合并叙利亚和黎巴嫩,亲沙特的库瓦特里——哈希姆家族(Hashemites)的死对头——就是他们的潜在障碍。另一方面,马尔丹还支持哈希姆·阿卜杜拉出任伊拉克、叙利亚和外约旦联合王国的君主。那年4月,他已经和伊拉克总理签署了一项声明,表明两人"会一同为实现包括叙利亚在内的阿拉伯哈希姆王国而努力"。[24]因此,马尔丹此时急需英国的协助,而斯皮尔斯也乐意伸出援手。"我的目的很明确,"据称,英国特使当时告诉一位记者,"就是把法国逐出黎凡特地区。法国已经没救了,相信战争结束后还可以和他们共施德政的想法简直蠢透了。"[25]

1944年6月5日(诺曼底登陆日的前一天),斯皮尔斯秘密会见了马尔丹和叙利亚总理萨阿杜拉·贾比里。他告诉两人,如果同意和英国签署协议,英国政府就会支持一切他们设想的阿拉伯联盟的形式。他还保证为了对抗通货膨胀——当时已经是个严重的社会问题——维护英国公司在当地的利益,叙利亚可以继续流通英镑。最后,斯皮尔斯还提到未来双方可以讨论更多议题,包括外国公司享有的权利以及如何重整叙利亚军备。[26]同一天,马尔丹再次表示热切地盼望着双方可以达成协议,他正满怀期待地等待一个答复。

7月9日,法国得知了这次秘密会面。他们从特工那儿搞到了马尔丹写给英国特使的两封信,以及斯皮尔斯向马尔丹做出承诺的一份简报。当时,斯皮尔斯正向法国施压,要他们向叙利亚游击队提供更多武器。解密的档案显示,斯皮尔斯的这两个动作都是为了给叙利亚创造更多动力和手段,使他们可以凭一己之力把法国逐出叙利亚。保罗·贝内接替了整日酗酒的让·埃卢,出任法国驻黎凡特地区总代表,他曾在德鲁兹人叛乱期间担任过黎凡特地区的情报长官。他提醒法兰西民族解放委员会,如果叙利亚人真的打算这么做,他将无法派出足够兵力回击。[27]贝内回绝了斯皮尔斯的要求后,后者成功说服了英国军队向叙利亚提供了7000支来复枪——是叙利亚人要求的7倍之多——还有几百其他自动武器。

法国收集到的其他情报证实了欧洲的战争已经进入尾声,即将迎来最后的高潮。在此之际,叙利亚外交部长贾米勒·马尔丹公开表示阿拉伯联盟"即将实现"。一位潜伏在英国驻贝鲁特公使馆的法国间谍发现,英国正不断向叙利亚和黎巴嫩施压,让它们接受合并方案。[28]8月5日,当时已经加入斯皮尔斯任务团队的吉尔伯特·麦克勒思给身在大马士革的黎巴嫩总理里亚德·索勒赫写了一封信,回应马尔丹在6月发出的请求。马尔丹曾呼吁英国从外围向叙利亚提供协助,保证"完全中止犹太人的复国事业",并且公开支持叙利亚、外约旦和巴勒斯坦在国王阿卜杜拉的名义下实现统一。[29]四天后，亲犹太复国主义者的报纸《巴勒斯坦邮报》（*Palestine Post*）刊登了一篇文章，提及阿拉伯国家的数位代表即将在亚历山大港（Alexandria）会面，讨论一项秘密的决定。尽管叙利亚政府否认了这篇报道的内容，但文章与法国情报机构收集到的信息吻合。他们发现伊拉克总理努里·赛义德在7月底会见了叙利亚和黎巴嫩总理，还有一些民族主义者代表。其中，有人提议乘英国军队还在叙利亚并"还支持该方案"之机，尽快实施原定计划。[30]贝内拼凑了这些零散的情报，向新就任总代表一职的马西利汇报，阿拉伯联盟的设想"最初来自英国"。[31]

在伦敦，尽管英国外交部长知道叙利亚的局势令马西利"十分头痛"，但他并不清楚实际发生了什么。[32]"我毫不怀疑，"他告诉新上任的英国驻法兰西解放委员会大使达夫·库珀，"马西利一定深信——不管对错——我们正在当地抓紧一切机会，不遗余力地破坏法国在叙利亚的地位。"

艾登还不知道马西利对此深信不疑的理由，但他知道法国已经掌握了关于斯皮尔斯的一些尴尬证据。那年2月，斯皮尔斯给达夫·库珀寄了一封生动的信，声称驻贝鲁特总代表办公室的新顾问斯坦尼斯拉斯·奥斯特罗罗（Stanislas Ostrorog）沉迷鸦片，而博埃涅和其他几名成员在战前曾是蒙面党徒（Cagoulards）①。然而，最后读到这封信的是勒内·马西利。库珀发现后，不禁悲伤地感慨："这真是落到法国人手中最不堪的一封信。"[33]

但斯皮尔斯对此毫不在意。从很久以前起，他就不再介意

---

① 蒙面党，得名于他们连帽外套的穿着。这是个极右翼组织，在战前曾参与谋杀法国的共产党人。——作者注

公开表露蔑视法国。第一次世界大战期间，身为联络官的他深信与法国结盟是击败德国的唯一方式，但近几年的经历让他对早年的观点进行反省。诺曼底登陆一个月后，同盟国协力在诺曼底建起了第一座桥头堡。斯皮尔斯告诉一位朋友，过去四年发生的一切证明，"原来我们可以和心怀敌意的法国一起赢得战争，至少是仍与我们处在敌对状态的法国"。[34]他认为再也不需要"不计代价地争取法国的友谊"，不用时时惦记着安抚戴高乐。他强调，法国人"根本不可靠，只要他们还在，黎凡特地区就不可能真正安全。而如果黎凡特局势不稳，必将威胁我们在苏伊士运河的利益"。

艾登一直挣扎着想摆脱斯皮尔斯这个外交包袱，但丘吉尔仍愿意维护这位朋友。艾登提醒丘吉尔，法国截获了一份"斯皮尔斯迄今为止最尖酸刻薄的报告"。英国首相却在十天后回应，他认为斯皮尔斯的工作"意义重大"。[35]"我希望终有一天，我们能够和正直又诚实的法国同僚一起共事，而不是什么戴高乐主义分子。"

斯皮尔斯宣布英国会为叙利亚游击队提供武器后，艾登抓住机会指出他没有提前知会伦敦。艾登阻止了武器转运并公开向马西利承认，他在几天内已经两次建议丘吉尔召回斯皮尔斯，还做出了部分妥协——只向叙利亚人提供2000支来复枪，而不是之前保证的7000支。又过了几天，他终于说服丘吉尔把斯皮尔斯召回伦敦训话。

马西利知道，英国外交部在解雇斯皮尔斯上面临许多压力，同时也清楚为了在黎凡特地区建立阿拉伯联盟英国付出了艰辛的努力。于是，他决定是时候向艾登公开英国特使参与的秘密活动了。8月21日，马西利为了与英国讨论黎凡特地区的问题抵达伦敦。他在巴黎解放前几天提交了一份报告，谴责英国正在利用法国暂时的虚弱扩张自己的地区影响力。他拒绝参与下一步议程讨论，除非艾登承认英国官员插手当地事务，还要英国（再一次）认可战后法国将在黎凡特地区享有独特地位。

完全没有意识到这是马西利设下的陷阱，艾登否认了法国同僚的指责。"按照英国政府的现有政策，"艾登告诉马西利，"不会排挤法国在黎凡特地区的影响力。"为了使他的说法更加合理，艾登表示政府也"不愿"看到相关人员被利用，做出不利法国利益的举动。[36]对艾登的回应大感不满的马西利炫耀般地拿出了马尔丹的信，以及斯皮尔斯向叙利亚总理做出的保证，向艾登证明"斯皮尔斯——在反对法国和叙利亚签署协议的情况下，亲自参与了英国和叙利亚签署协议的讨论"。[37]艾登被弄得一头雾水，拒绝承认斯皮尔斯的行动获得了官方授权。为了避免此事造成的恶劣影响，他再次表明英国支持法国的努力，希望法国能够尽早和黎凡特地区的国家签署协议。会面后，艾登立刻给斯皮尔斯在贝鲁特的办公室发了电报，命令他们不准满足贾米勒·马尔丹的要求。

"斯皮尔斯已经被人抓住了把柄。"第二天，艾登提醒丘吉尔，"我们不能再指望法国会信任他。"[38]最后，丘吉尔同意了。英国首相在那年早些时候就警告过斯皮尔斯，尽管他十分欣赏老朋友的"工作效率和警惕性"，"但也别玩得太过火"。现在，他只能怪斯皮尔斯没有接受自己的建议，即"把反法情绪控制在合理的范围之内"。[39]在丘吉尔明确感受到"法国的愤怒"后，他只能告诉斯皮尔斯，"你在那儿的任期只剩下最后两三个月"。

丘吉尔说到做到。斯皮尔斯在9月回到贝鲁特后，已经无法再为所欲为。随着巴黎顺利解放,法国和戴高乐都沉浸在复苏的喜悦中。斯皮尔斯接到艾登的指示,要他协助法国与叙利亚和黎巴嫩达成协议。不仅如此,趁着他在伦敦之际,他的任务被副手麦克勒思大幅削减。斯皮尔斯对此暴跳如雷,与麦克勒思发生了正面冲突,但后者寸步不让。如今,在许多同僚眼中,斯皮尔斯已经成了一个碍眼的角色,即使那些认同他理念的人也不例外。11月底,他于24日提交的辞呈获丘吉尔批准。

与此同时,英国外交部急于澄清夏天时斯皮尔斯和马尔丹的那次会面。"我总情不自禁地想,阵阵浓雾背后一定发生了某些电光火石的交锋。"一位外交官写道,他怀疑中东事务局在寻找平息事态的最佳方式时一定绞尽了脑汁。[40]的确,他们曾考虑不告诉斯皮尔斯拿到文件的途径,直接批评他的做法;但又担心斯皮尔斯会狡辩,说解雇他是因为外交部采信了法国的虚假谴责。最后,外交部决定还是先将此事放一放。尽管不回应马西利的指责有些不地道,但正如另一位外交部官员所说:"我认为,法国比较能够在心理上接受英国政府对那年6月的谈话完全不知情,因为那已经不再是我们的政策。"[41]

1944年底,斯皮尔斯回到了英国。日后将证明,这正是离开的好时机。

第24章　谋杀莫因勋爵

1944年11月6日午餐时分,莫因勋爵乘坐的汽车驶入了开罗家中的大门。两位等候他归来的年轻人从外墙跳下,挡下了身后的汽车。车停在他们跟前,莫因的副手和司机已经下车:那位副手正跑向官邸的前门,司机则绕到汽车后方,打开车门让国务大臣下车。

"不许动。待在原地。不许动。"其中一个年轻人埃利里胡·哈基姆(Eliahu Hakim)告诉莫因的副手,并向他挥舞手中的长柄左轮手枪。[1]不远处,他的同伴埃利里胡·贝特·图索里(Eliahu Beth Tsouri)一枪击毙了司机。接着,哈基姆把枪筒插进打开的车窗,指向莫因,扣动了三次扳机。根据莫因秘书的说法——当时她正坐在莫因身边,"莫因勋爵用手按住自己的喉咙,说着'天哪,他们在向我们开枪'"。[2]大臣留下了最后一句话,"医生什么时候来?"尽管医务人员采取了输血等救治方法,那天夜里8点,莫因勋爵还是死了。[3]

那时,哈基姆和贝特·图索里已被警方扣留。他们企图逃跑时,莫因的副手跟着他们追了一路,拦下了一辆埃及警察驾驶的摩托车。警察调转车头朝他们驶去,撞翻了这两名嫌犯。哈基姆爽快地承认自己谋杀了英国内阁成员。"我接到组织发出的特别命令,要除掉莫因勋爵,"他告诉警察。[4]他口中的组织即斯特恩帮。

英国驻戴高乐政府的大使达夫·库珀在盟军解放巴黎后回

到了法国首都。三个星期后,他接到伦敦的一封重要电报,指示他不要让法国派军舰去黎凡特。库珀一头雾水。"他们很担心,"库珀写道,"因为'贝尔汀号'(Emile Bertin)轻巡洋舰正在贝鲁特访问。而莫因勋爵刚被杀,这么做可能会让东部地区的局势更加紧张。"当他语带不满地回复"(我)完全看不到犹太恐怖分子在开罗谋杀英国内阁成员,和法国向叙利亚派军舰之间有什么联系",他很快就收到了回信,艾登拐弯抹角地表示他照做便是。[5]而这其中的关联,可以在最新解密的英国军情六处的档案中找到答案。

八个星期前,巴黎刚解放没几天,军情六处驻黎凡特办事处首次发现了三宗关于法国情报官员亚历山德拉上校的报告。德鲁兹人叛乱期间,当时还年轻的亚历山德拉曾在叙利亚服役。战争爆发初期,他以军队随员的身份为维希政府驻德黑兰大使馆服务。如今,他改变了立场,负责领导自由法国的情报部门分支"黑局"(Bureau Noir),监控英国在中东地区的一举一动。起初,军情六处以为亚历山德拉和其部下只是在煽动巴勒斯坦阿拉伯人的愤怒情绪,报复去年11月英国插手黎巴嫩危机。

英国人对亚历山德拉并不陌生。他曾扬言叛逃到自由法国只是为了"在叙利亚得到法国女人的垂青"。1943年,他和一位英国政治官在叙利亚东部重镇代尔祖尔爆发冲突,两人为谁该拥有当地的控制权争执不休。[6]亚历山德拉和戴高乐的论调如出一辙,争辩只要法国在当地的军队数量超过英国,就该由他们说了算,但英国人不同意。根据那名英国人的说法,亚历山德拉"是个短视的男人",不仅"不关心世界正在爆发大战",还公开发誓"会寸土不让,即使要付出生命代价",而背后都是为了维护法国的利益在作祟。[7]亚历山德拉似乎总在敏感的沙漠地区故意侵犯英国的权利。1943年4月,英国曾要求当时的总代表埃卢罢免他的职务。

埃卢清楚,亚历山德拉一向"对英国恨得牙痒痒"。[8]他很想从代尔祖尔省调走这位仇英的陆军上校,却迫于背后势力庞大的智囊团的压力,无法把他赶出黎凡特。因此,亚历山德拉得以留在中东,在黎巴嫩率领一支山地旅。也正因为此,他的命运不同于以前的"靠山"——1943年埃卢被解职后,亚历山德拉没有受到牵连。法国军队1944年的档案显示,他是法国驻黎凡特的两位情报机构负责人之一。[9]英国早在1943年8月就注意到,他"毫无疑问是我们的名单中'不受欢迎的法国人'"。[10]

当时,军情六处还无法确定亚历山德拉是否有"黑局"支持。斯皮尔斯的副手吉尔伯特·麦克勒思也曾协助该局工作。战争爆发前,麦克勒思就已经熟知大马士革的秘密工作。他后来写信给英国外交部,称察觉到了一丝异样的氛围。"从我们的一位法国熟人处得知,(法国)总代表完全知道并批准了(亚历山德拉的)这些行动。"他告诉伦敦,"我们应该明确(向法国)表示……我们不在意他们这些鬼鬼祟祟的勾当。"[11]

麦克勒思在外交部的同僚认同这个看法,但不敢立刻向法国撒怨气。一个星期前,马西利刚和艾登对峙过,质疑斯皮尔斯和叙利亚政府间的秘密通信。英国方面清楚,法国一定不会理会他们对亚历山德拉的抗议,除非他们先替换行为不轨的驻贝鲁特总代表;而法国一旦知道斯皮尔斯很快将被解雇,紧张的气氛就会大为改善。因此,外交部要求军情六处"在此期间尽量多收集相关情报"。[12]

随着调查的深入,军情六处发现亚历山德拉的活动不限于鼓动阿拉伯人找麻烦。他们从一位法国官员处得知，"黑局"还同时支持犹太恐怖分子。亚历山德拉不仅向犹太抵抗组织哈加纳出售武器，从1944年11月起——莫因被杀的那个月——他还开始向斯特恩帮提供资金援助。这个发现极为关键，因为莫因的凶手之一贝特·图索里曾承认，"他的组织面临的最大困境就是资金短缺"。[13]过去两年来，军情六处和巴勒斯坦警方都知道，斯特恩帮和伊尔贡的成员之所以把黎巴嫩和叙利亚当作安全基地，"当中即使没有法国的纵容，也肯定得到了他们的默许"。

军情六处认为，亚历山德拉的目的是"支持任何反对'大叙利亚'方案的行动，因为一旦这个方案顺利落实，必将削弱法国的影响力"。[14]他们基本确认了亚历山德拉的情报主要来自安插在英国公使馆内的间谍。配合其他情报，军情六处相信斯皮尔斯——不顾命令——依旧在不遗余力地阻挠叙利亚总统舒克里·库瓦特里和法国签订协议，而且"大叙利亚"的构想即将成为现实。[15]9月15日，英国试图在亚历山大勒塔召开的阿拉伯代表大会上协调各方利益。正如一位叙利亚代表所说，"我们的国会里都是英国人，而不是阿拉伯人"。[16]莫因勋爵多次会见了贾米勒·马尔丹和伊拉克总统努里·赛义德。两人都秘密承诺同意在哈希姆君王的名义下合并两个国家，把"叙利亚从殖民者手中解放出来"。[17]同时在大马士革，一场如火如荼的运动正在将阿卜杜拉推向联合王国国王的宝座。[18]

1944年9月，亚历山德拉的同僚、法国军事情报机构的负责人在评估了上述事件后提醒，英国的政策正在发生重大转变，需要引起注意。他相信，英国"不顾法国、土耳其和苏联的威胁"正在把自己打造成"确保叙利亚实现独立的唯一势力"。

他们还不停向阿拉伯人施压，促使成立阿拉伯联盟。[19]这正是"大叙利亚"方案最积极的倡导者在11月6日被斯特恩帮成员谋杀的背景。值得注意的是，当时亚历山德拉正好身在开罗。[20]

由于莫因和"斯特鲁玛号"船难的关系，他在犹太人中早就不受欢迎了。但当时的证据显示，支持"大叙利亚"方案才是导致他丧命的真正原因。莫因遇害前一个星期，不时有传单谴责他授权"武装阿拉伯人"，以便他们向犹太人发动攻击。[21]这显然与几个星期前英国决定向叙利亚游击队员提供武器有关。这宗情报，以及莫因支持"大叙利亚"方案，很可能都出自法国内部，因为他们当时和犹太复国主义者分享了从英国公使馆内流出的情报。更吊人胃口的是，情报可能来自莫因的办公室。那年5月，英国军情五处发现了一个设在开罗的情报网，它的特工包括数名在莫因办公室总机室工作的法国侨民。这个情报网在理论上是无害的，但军情五处怀疑，"由于目前英法关系受挫，以及未来我们和戴高乐的关系仍前途未卜"，都可能让使用这个情报网的法国人把消息透露给犹太人。[22]他们已经确认，犹太事务局截获的一份英国最高机密文件正来自国务大臣的办公室。

英国会怀疑法国和莫因的死有关并不令人意外。因此，外交部才做出奇怪的决定，要求英国驻巴黎大使反对法国的轻巡洋舰"贝尔汀号"停靠贝鲁特港口。几天前，军情六处刚发现了亚历山德拉和斯特恩帮的关系。五天后，戴高乐在巴黎会见丘吉尔时一反常态地极力维护法国在黎凡特的种种活动。他告诉英国首相："我们没有，也不会在伊拉克、巴勒斯坦或者埃及和你们作对。"[23]

莫因的死令丘吉尔十分震惊。1921年，丘吉尔在巴勒斯坦见到犹太人种植的鼓舞人心的"美丽的树林"后，一直支持犹太复国主义事业。他与戴高乐见面后，回到伦敦就发表了一项声明，指出他朋友的遇难是英国和犹太人之间彼此支持的试金石。"如果我们对犹太复国主义理想的支持换来的只是手枪的一缕青烟，我们就亲手制造出了一群堪比纳粹德国的流氓。如此一来，许多人都会像我一样重新评估英国一如既往的立场。"[24]丘吉尔在下议院表示，"如果犹太复国主义事业想要拥有和平美好的未来，这种不道德的行动就必须停止，那些该为此负责的人必须被革职，以永除后患。"

丘吉尔虽然没有掩饰语气中的愤怒，却没有宣布任何制裁措施，因为他的选择十分有限。英国的中东官员想要犹太人血债血偿，要求展开大规模武器收缴，以及进一步收紧犹太移民。然而，其他地方不停攀升的军事需求，以及考虑制裁可能产生的后坐力，都令丘吉尔望而却步。伦敦的参谋长们表示，"武器收缴带有强烈的军事意味，只会用在针对德国的行动中"，而丘吉尔也认为中止犹太人移民"很容易被极端分子利用"。[25]他还担心受到美国犹太复国主义者的批评，更倾向在私下提醒哈伊姆·魏茨曼，如果恐怖活动继续，英国就会暂停犹太人向巴勒斯坦移民。

忧心忡忡的魏茨曼因此向犹太事务局施压，后者当即表示会铲除巴勒斯坦的恐怖分子。那年夏天，犹太事务局主席发现，越来越多的年轻人愿意支持恐怖组织的活动，间接削弱了他们的影响力。于是，他们和巴勒斯坦警察局展开了合作。警察局在斯特恩帮和伊尔贡中没有眼线。这两个组织都采用三人小分队的形式行动，而且为了防止被渗透，近期主要从东欧移民中招募成员。基于以上原因，警方主要依靠犹太事务局的联络官、日后耶路撒冷市的市长特迪·科莱克（Teddy Kollek）提供情报。

从数字而言，双方的合作取得了令人瞩目的成果。军情五处认为斯特恩帮约有 500 名成员。在莫因勋爵去世一个月内，犹太事务局就向警察局提供了 500 个名字以供抓捕。然而，军情五处的资深军官亚历克·凯勒（Alec Kellar）在评估了警方的调查进展后大失所望。他发现许多人是无辜的，这意味着犹太事务局只是在"利用机会清理旧账，而更多时候是出卖他们讨厌的人"。现实对英国方面十分不利。[26] 警察局的档案不全，罪案调查局下设的政治情报处又人手不足，而且英国探员中几乎没有人懂希伯来语——早在 1939 年，伊尔贡就谋杀了罪案调查局里一名最精通希伯来语的探员。警方在这种情况下别无选择，只能抓捕犹太事务局名单上的嫌疑犯。

警察局和军情五处都希望获得更多伊尔贡和斯特恩帮的资料，但犹太事务局不愿配合。除了名字外，科莱克没有提供任何有价值的信息，尽管他声称哈加纳已经开始逮捕行动，还形容他们采用了"'非同一般'但颇有成效"的审讯手段。[27] 科莱克的缄口不言是故意的。他试图在利用警察局权力的同时，让英国相信犹太事务局和哈加纳都与伊尔贡和斯特恩帮没有关系。然而，他没有骗过军情五处的亚历克·凯勒。凯勒回到伦敦后总结，犹太事务局"显然更在乎自己的利益，而不是我们的"，除非英国能够最终确保建立一个犹太国家，否则他们不会真心与我们合作。

科莱克最终还是证实了军情六处的推断。他透露："法国确实在与犹太右翼分子合作，而且恐怖分子还曾和亚历山德拉上校共进午餐。"[28] 科莱克声称，犹太事务局没有早一些公开这宗极具价值的情报是因为担心英国会立刻与法国正面对峙，从而暴露贝鲁特的情报来源。

斯皮尔斯去职的日期一经确定，英国外交部终于在1944年12月找到机会要求法国解雇亚历山德拉。然而，法国在那时已经知道"黑局"行动引起了英国注意，神秘的背后黑手突然销声匿迹了。军情六处掌握的最后一宗关于上校的情报是，他在1945年3月回到了巴黎，继续在那里从事间谍活动。[29]

随着莫因勋爵去世，他曾竭力鼓吹的方案如今不再有人问津。1945年4月，新上任的国务大臣爱德华·格里格爵士（Sir Edward Grigg）指出，英国应该抛弃分治方案并修正目前的托管策略，将巴勒斯坦打造成一个"种族融合的和平国家"。[30]格里格形容，"凯旋的大英帝国比战前享有更高的威望"，因此他的方案更具可行性。但事实上，英国的地位一向岌岌可危，而英国不再支持分治方案和"大叙利亚"方案的真正原因在于，阿拉伯联盟明确表态会反抗犹太复国主义分子。1945年3月22日，阿拉伯国家联盟（League of Arab States）① 在开罗成立，但它并没有按照英国设想的路线发展。联盟成员不仅没有足够的气量接纳一个犹太人的国家，联盟内部还陷入了各种分裂。据英国驻开罗大使观察，阿拉伯人一致同意的政策只有"把法国逐出叙利亚……防止犹太复国主义者占领巴勒斯坦"。[31]因此，联盟发出了明确的威胁信号："巴勒斯坦始终是阿拉伯世界重要的组成部分，绝不允许以维护阿拉伯世界和平稳定的名义剥夺（巴勒斯坦）阿拉伯人的权利。"[32]

英国曾热心促成"大叙利亚"方案，认为它是说服阿拉伯

---

① 阿拉伯国家联盟，目前仍在运行，成员国已经从最初的七个（埃及、伊拉克、约旦、黎巴嫩、沙特阿拉伯、叙利亚、也门）增加到了二十余个。——译者注

人接受犹太人在巴勒斯坦建立永久定居点的一种可行方案。而现在,这项策略却导致了事与愿违的效果。1945年4月,艾登重新评估了英国在巴勒斯坦的政策,指出莫因本人可能也对他提倡的策略没有十足的信心。"已经过世的莫因勋爵曾提醒我……我们必须面对新的现实,阿拉伯联盟领导人的主要想法是在遭受任何形式的侵犯时能够形成统一战线。"[33] 鉴于阿拉伯联盟不再符合英国的利益,艾登认为协助实现"大叙利亚"方案已经"不再是当下的政策"。

就在阿拉伯联盟成立的同一天,谋杀莫因的凶手被处以绞刑。然而,英国的弱点在此事上暴露无遗。先是英国的内阁成员在光天化日之下被杀,英国首相只是威胁会重新考虑对犹太复国主义运动的支持;后来,巴勒斯坦的英国当局在收集凶手的情报时,又只能严重依赖犹太事务局提供的信息。一位长期效力英国政府的官员预计,犹太复国主义者根据英国摇摆不定的政策很可能会得出以下结论:"只要英国政府按兵不动,英国驻中东地区的官员就更难应对恐怖主义活动造成的影响。而只要这样的压力持续,一个犹太国家——整个犹太复国主义运动的终极目标——就快实现了。"[34]

第四部分
退场：1945～1949 年

第 25 章　发号施令

　　1945 年 4 月 5 日，夏尔·戴高乐召集了外交部长乔治·比多（Georges Bidault）和驻黎凡特总代表保罗·贝内，共同讨论叙利亚政府发来的最新请求——移交仍在法国控制下、由 2 万名精悍的叙利亚民兵组成的特种部队（troupes spéciales）。尽管有英国军官贬称他们是"一群穿着军装但一无是处的中东佬"，但他们对法国相当重要，因为法国当时在那里的全部兵力仅有 3200 名装备拙劣的殖民地步兵——所有精良的装备和人员都被征调去解放巴黎。[1]这支特种部队是"我们仅剩的可以调遣的部队"，[2]而叙利亚人也知道这一点。法国截获了贾米勒·马尔丹的一份报告。他在其中写道："如果我们能掌握军事权，法国人在我们国家根本什么都不是。"[3]戴高乐因此下定决心，绝不交出军事权。

　　戴高乐在 1944 年 8 月回到刚解放的巴黎时，受到了英雄凯旋般的欢迎。此后，他一直致力重建法国的大国地位，争取使自己的国家获得和美国、苏联、大英帝国那样的同等对待。法兰西全国抵抗运动委员会（Conseil National de la Résistance）主席比多曾建议，戴高乐可以在市政厅（Hôtel de Ville）的阳台宣布法兰西共和国成立——正如历史上那样。但是，戴高乐完全没把这个建议放在心上。"我们为什么要宣布共和国成立？"他反问比多，"它从来就没有灭亡。"[4]

　　"戴高乐满脑子胡思乱想，双脚却踩在一只屎盆子里。"巴黎一位涂鸦画家曾如此形容这位法国将军不愿面对国家的悲惨现状。[5]戴高乐在分析黎凡特局势时也抱持同样的态度。他告诉比多："我们在叙利亚还有很多牌可以打。"4月5日的会议上，他再次强调最近几个月发生的事证实了自己的想法。[6]斯皮尔斯已经被去职；英国——主要因为法国支持巴勒斯坦的犹太恐怖分子——正在劝告黎凡特地区"少安毋躁"；[7]叙利亚人不再和黎巴嫩人吵吵闹闹；而"大叙利亚"方案似乎已经被永久搁置。[8]

综合上述情况，戴高乐认为应该立刻回绝叙利亚的要求。他在那年4月的会议上声称，叙利亚人已经错过了"心理上的最佳时机"——英国现在需要在欧洲与法国维护关系，平息巴勒斯坦的局势，因此一定会牵制叙利亚人。戴高乐说："我们可以放心，他们一定会谨慎行事。"[9]就是这个误判直接导致法国被迫离开黎凡特地区。

虽然乔治·比多公开承认他对外交政策"一无所知又完全没有经验"，但他还是预见到了不幸的下场。[10]他在勃然大怒的上司处碰壁后，只能借酒浇愁。他知道拒绝移交特种部队一定会招来麻烦，为了延续法国在黎凡特地区"千年以来的传统"，可以采取更加巧妙的策略。[11]比多认为，法国应该提议推迟移交部队的时间，最好是在战争结束六个月或者英国撤军一个月之后。这么做可以迫使叙利亚人要求英国撤军，而英国一旦离开，法国就重新掌握了筹码。

驻黎凡特总代表贝内立刻对戴高乐的决定感到不安，相信这必定会触发危机，因此请求增兵以应对局势变化。过去一整年，他都致力重塑法国在黎凡特地区的影响力，但仍没能说服叙利亚和法国签署协议。[12]贝内对局势的判断比戴高乐悲观得多，认为如果法国不尽早提出移交特种部队的时间表甚至会导致兵变。而如果叙利亚拒绝接受法国的提议或爆发兵变,他又不清楚英国会是什么态度。

过去数个月来,英国在是否容忍法国继续留在黎凡特地区问题上不断释放自相矛盾的信号。那年1月底,英国外交部通知达夫·库珀离开法国。"我们不准备为了法国招来更多针对我们的仇视和不信任,以致威胁到英国在中东的地位。"[13]但一个月后,如今担任法国驻伦敦大使的勒内·马西利留意到丘吉尔的一次演讲,英国首相似乎不愿再协助叙利亚和黎巴嫩争取独立。丘吉尔表示:英国不可能"凭一己之力动武,以确保法国在中东的独特地位或让叙利亚和黎巴嫩独立。我们希望平衡各方影响,但认为已经不存在协调的空间。因此,大英帝国不该把更多责任揽到自己肩上"。[14]

法国用秘密手段截获的一份机密电报更加深了他们的怀疑,英国由于分身乏术,已经无力插手黎凡特地区的事务。英国驻中东总司令伯纳德·佩吉特爵士(Sir Bernard Paget)在电报中明确表示,尽管外交部希望他在危机中"身体力行地干预"法国,他却"对能否实现当局的意图没有太多信心"。[15]他接着解释,巴勒斯坦的局势每况愈下,他无法只是为了制造外交威胁而调遣更多兵力。法国向驻伦敦大使馆的武官求证了这宗情报。尽管那位武官在英国陆军部的线人当时正告病假,但他还是向巴黎报告,佩吉特的忧虑并非空穴来风。他认为英国的立场是:"我们不会故意挑拨叙利亚局势,因为这对整个阿拉伯世界造成的影响将危害我们在中东的安全,甚至一路波及印度。"[16]

根据上述缺乏可靠情报的评估,法国错误地以为即便拒绝移交特种部队而爆发冲突,英国也不会插手。就连卡特鲁——当时他正准备出任法国驻莫斯科大使——也同意这个观点。他在前往履新的途中经过贝鲁特时提议，法国应该向黎凡特派出更多军队，确保落实政府的意志。"毫无疑问，（这么做）一定会造成严重的国际影响，但对当地的好处也显而易见。"[17]以前，英国曾嘲笑卡特鲁"只是个为了保住面子的过气大使"，但1943年11月他在黎巴嫩受到了热烈欢迎，使他生出了打一架的想法。[18]

戴高乐作出拒绝移交叙利亚特种部队的决定后批准了贝内的请求，向叙利亚派出了三个战斗营以应对可能出现的麻烦，还计划向贝鲁特调遣更多士兵。戴高乐在军队启程前告诉比多——当时他正代表法国前往旧金山出席酝酿联合国成立的大会——他们的出征将标志"法国的重生和英国霸主地位的终结"。[19]为了强调其中的重大意义，戴高乐建议士兵们应该搭乘法国最大型的海军舰艇"蒙特卡姆号"（*Montcalm*）前往贝鲁特，还告诉比多不用理会英国的不满。"轮到我们发号施令了"，戴高乐如此说道。

800名由塞内加尔人组成的军队正在朝贝鲁特进发的消息传到伦敦后，英国要求戴高乐把"蒙特卡姆号"立刻调往亚历山大港。但是，达夫·库珀直到4月30日才告诉戴高乐这件事，且他私下认为"我们也在当地驻扎了数量庞大的军队，因此很难对法国说不"。[20]戴高乐察觉到了英国大使的犹豫，发表了措辞强硬的长篇演说，针对他们共同的敌人——斯皮尔斯。他表示，英国政府显然和之前的那个总代表同一个鼻孔出气，想方设法要把法国逐出黎凡特地区。戴高乐甚至辩解，出兵正是为了把特种部队移交给叙利亚政府。

库珀向白厅报告了戴高乐的强硬态度后，丘吉尔试图缓和双方的局势。他在5月4日给戴高乐发电报，称英国愿意在战争结束后立刻撤军，还同意法国与那两个阿拉伯国家签署协议。

然而，法国情报机构收集到的信息却令电报中的友好语气大打折扣。情报人员认为，英国仍没有放弃"大叙利亚"的野心。无独有偶，当时英军总司令佩吉特刚好派出巴勒斯坦阿拉伯大军中的一个旅开往黎巴嫩休整和训练。[21] 丘吉尔得知佩吉特的举动后暴跳如雷。他向同僚们抱怨："为什么非要趁现在采取这种会导致巨大政治后果的行动？为什么都没问过我的意见？"英国军队大量驻扎在黎凡特的事实很容易给戴高乐制造借口。[22] 6日，法国领导人回复了丘吉尔的电报，称已经派贝内与大马士革和贝鲁特的政府商讨协议——还补充说很可能已经签署完成。戴高乐挑衅道，一定会令两国政府无法妄想"依靠英国和我们（法国）作对。非常不幸，你们在那里驻扎的军队和英国特工的态度在这次政治博弈中帮了倒忙"。[23]

"蒙特卡姆号"停靠贝鲁特的港口放下塞内加尔士兵的当天，英国没有立即发表评论。法国因此沾沾自喜起来，以为英国的沉默会让叙利亚人和黎巴嫩人感觉更加孤立，从而放弃他们的诉求。法国趁着英国没有抗议以及德国在7日宣布投降之际，一夜之间把戴高乐的海报贴满了贝鲁特的大街小巷。欧洲胜利日当天，他们把几卡车士兵运往城内，一路高喊着"戴高乐万岁！我们都是您的子民！"以及"这是您的国家，戴高乐！"[24]

第二天，阿拉伯民族主义者组织了一次示威游行，他们高举大穆夫提的画像，佩吉特手下的一些阿拉伯士兵也参加了。大穆夫提在战争期间逃往德国，为希特勒服务。当一颗石头砸中他的画像，游行队伍爆发了骚乱。示威者毁坏了附近的一座修道院，扯下了遍布城市的法国三色旗。法国借此事件称，挥舞纳粹"卐"字符的阿拉伯士兵正是导致叙利亚和黎巴嫩局势紧张的罪魁祸首。

戴高乐口口声声表示向黎凡特地区增兵是为了填补移交特种部队的空缺,但他同时向贝内下达了清晰的指令,除非从叙利亚得到法国想要的军事基地,否则不准移交这批叙利亚民兵。5 月 12 日,贝内抵达贝鲁特。他很快发现只要法国不撤军,黎巴嫩和叙利亚政府都不愿和他谈判。但是,法国总代表拒绝让步。5 月 17 日,另一艘巡洋舰"圣女贞德号"(Jeanne d'Arc)载来了另外 500 名法国士兵。贝内辩称,这是因为英国刚向黎凡特派出了一个旅。

5 月 20 日,三名法国士兵在阿勒颇遇害给佩吉特制造了插手的借口。法国把士兵死亡归咎于叙利亚宪兵无力维持秩序。英国总司令在两天后会见了贝内,表明英国将向叙利亚宪兵提供更多武器和补给。贝内没有接受英国的好意,但他这么做证实了佩吉特的怀疑,那就是法国的真正意图是改善他们在黎凡特的处境而不是维护当地安全。

5 月 27 日,大马士革和阿勒颇之间的两座重镇霍姆斯和哈马爆发了战斗。在哈马,法国和叙利亚宪兵之间的铁路控制权之争迅速升级。叙利亚人在城外伏击了一队正在交班的法国士兵,夺走了他们的大炮和装甲车。法国很快搬出了迫击炮和机关枪进行报复,还炮轰了整座城市,造成了 80 人死亡。

"如果大马士革不跟着暴乱,那简直就是奇迹。"1944 年底,接替斯皮尔斯出任驻黎凡特地区总代表的特伦斯·肖恩(Terence Shone)说。[25] 作为一名职业外交官,肖恩的经历与斯皮尔斯相比堪称平淡无奇。但他和前任一样,都对局势有着极为敏锐的把握能力。他换上一个老派的领结,带上了太太的手枪——因为他一时找不到自己的。"他似乎有些犹豫,不知道怎么使用它,"他的太太写道——驾驶一辆装饰着英国国旗的装甲车,前往大马士革会见叙利亚总统库瓦特里,尝试说服他对法国的挑衅保持克制。[26] 与此同时,他的助手格里·扬(Gerry Young)再次会见了贝内。他发现法国总代表"心情平静、愉悦",但明显带着一股好斗的情绪。法国人宣称:"我们必须刺破大马士革这块大脓疮。"似乎这个比喻还不够,他又补充道,"酒桶已经破了洞,就让我们畅饮美酒吧。"[27]

"是苦酒也未可知。"扬说道。

29日晚上7点,贝内在大马士革的代表费尔南·奥利娃·罗热将军(General Fernand Oliva-Roget)下令轰炸大马士革。当时,库瓦特里的英国联络官沃尔特·弗兰西斯·斯特林正在城里。据他描述,大炮和机关枪的轰鸣声同时响彻整座城市,很快又传来了重型炮和迫击炮的开火声。短短数分钟,"天下大乱"。[28] 夜幕降临后,斯特林看见投弹手包围了旧城,开始向宪兵队的总部投掷炸弹。

斯特林在家中避难时,财政部长哈立德·阿泽姆(Khalid al-Azm)正在几个街区外的政府大楼里努力弄清楚发生了什么,但他办公室的电话断线了。当他得知法国的塞内加尔士兵正在近距离射击政府大楼,还举起砍刀屠杀守卫的士兵时,立刻明白最明智的选择就是尽快离开。阿泽姆和几位同事用办公室的家具设置了简单的路障,随后一起逃往老城大清真寺附近的家。

直到贾米勒·马尔丹尝试使用贝·阿泽姆家中的电话,才暴露了他们当时的确切位置。正在窃听这条电话线的法国人立刻通报了内阁成员的所在地。1925年时,德鲁兹人曾在叛乱期间袭击过贝·阿泽姆的家,现在轮到法国轰炸这栋建造于18世纪的典雅建筑。很快,炮弹就纷纷落在了宅邸的院子里,贝·阿泽姆和同伴们不得不四处躲藏。

但是,并非所有电话线路都中断了。虽然英国领事馆也遭到了机关枪射击,肖恩还是设法联络上了身在贝鲁特的杨,告诉他这里发生的一切。杨又把消息传到了开罗。当天夜晚,佩吉特从总部向伦敦报告,法国"在大马士革挑起了骚乱,他们对市区实施无差别射击和轰炸"。此外,埃及方面还称奥利娃-罗热将军似乎"是个不负责任的人,法国军方要么不想管他,要么根本管不住他"。[29]

正如斯特林在日后所说,"也许我们永远不会知道戴高乐向奥利娃-罗热将军下达了什么命令"。[30]奥利娃的职业生涯从德鲁兹山起步,之后几乎都在黎凡特地区。他个性乖戾、死板,告诉众人他有明显的俄狄浦斯情结(Oedipus complex)。[31]英国首席情报官科格希尔形容他是"法国殖民地军官中最不堪的那种人"。[32]虽然身为贝内在大马士革的首席代表,奥利娃-罗热直到1945年5月都称不上是个重要人物。他长期对叙利亚的局势持观望态度,而且总在生病,饱受疼痛的困扰——英国人从他泛黄的脸色推断他的肝脏出了问题。到那个月底,他似乎终于撑不住了。

英国一向对奥利娃-罗热有疑心。英国在1941年入侵叙利亚后,他曾和秘密为德鲁兹人提供武器的英国军官亚历克·柯克布赖德共进午餐。奥利娃-罗热直言不讳地询问柯克布赖德是否给德鲁兹人偷运了来复枪。柯克布赖德否认道,"没有。但是,我们最近向他们提供了一批轻机枪"。[33]柯克布赖德后来得知奥利娃-罗热私下向贝鲁特报告,一口咬定他在走私军火。

法国最新解密的文件显示，奥利娃-罗热格外鄙视一个人。斯特林刚在大马士革会见总统库瓦特里，奥利娃-罗热就向法国政府抱怨根本看不上这位人微言轻的资深军官。他派情报人员跟踪这个"总是跟狗一伙的男人"（奥利娃-罗热称呼斯特林的方式，因为斯特林的身边总跟着一条黑色巨型犬）。他很快得出结论，斯特林和路易斯·斯皮尔斯是一路货色。[34]他提醒同僚们不要被斯特林"和善的外表"蒙蔽，认为这位上了年纪的陆军上校是"叙利亚最危险的英国特工"，他的公开职务只是幌子，其真正任务是协调英国各方实现"大叙利亚"方案。[35]不仅如此，法国人凡在简报中提及斯特林的名字，都会补充另一个事实：他和托马斯·爱德华·劳伦斯之间的友谊。

奥利娃-罗热相信，正是由斯特林一手酿成了大马士革的紧张局势，于是宣布要好好给叙利亚人"一个教训"——批准将袭击一直持续到5月30日。[36]身在现场的人们形容火力无比凶猛。当时，一个经历过斯大林格勒战役（Stalingrad）的俄罗斯人躲在东方皇宫酒店（Orient Palace Hotel），表示"从没经历过如此凶险的场面"。[37]斯特林参观这家大马士革最豪华的酒店时记录道："所有的玻璃窗都被震碎了，地上到处都是玻璃碴；餐厅的所有桌子都留下了弹孔；几乎所有水管都被子弹射穿，正在往外漏水；卧室房间的外墙上布满了弹坑。"[38]整整两天，酒店的客人都畏缩在地下室。一位法国士兵向酒店投掷了一枚手榴弹，当场杀死了一名英国军官。

当天，拖着病体又深陷绝望的库瓦特里召见了肖恩，询问他英国究竟打算让戴高乐"肆无忌惮地发泄多久"。[39]他抱着破釜沉舟的决心催促英国必须采取行动，还撰写了数份简报保证会促成阿拉伯联盟，以及保障英国在叙利亚的独特地位。[40]肖恩在打给贝鲁特的电话中要求向身在伦敦的外交部长转达,"法国正在大马士革实施恐怖统治。除了无差别射击外,无论白人还是黑人都像疯了般用机关枪扫射汽车和大楼"。[41]肖恩还透露法国开始出现食物短缺,只能向士兵发放酒类饮品,劝说政府立刻让佩吉特插手。[42]

丘吉尔担心插手会显得莫名其妙。他在那天的内阁会议上提议让美国先伸出援手。丘吉尔的老朋友富兰克林·D. 罗斯福刚在八个星期前去世,接替他的是其副手哈里·S. 杜鲁门(Harry S. Truman),但杜鲁门没有立即答复丘吉尔的请求。但是无论如何,丘吉尔打算先向戴高乐放话,他的语气无异于直接下令。丘吉尔告诉法国领导人,考虑到佩吉特插手的可能,"为了避免英法军队的正面冲突,我们要求你立刻命令法国军队停火,将军队撤回大本营"。[43]电报还没传到巴黎,艾登就向议会宣布了这个消息,好让全世界都知道英国正在发出最后通牒。

英国驻大马士革的官员在当天下午6点收到了丘吉尔的指示。他们向奥利娃-罗热转达了佩吉特的停火命令,但法国将军没有接受,直到他在第二天一早接到贝鲁特的指示,才终于下令停火。为了鼓舞大马士革人民的士气,英国的坦克和装甲车在当天下午就开进了市中心。

短短三天,轰炸就夺走了800条叙利亚人的生命,对首都的破坏更是惨不忍睹。议会大楼还在冒着浓烟;市中心的一大片区域都被炮火摧毁,街道布满弹坑、破碎的玻璃和凌乱的石块;在法国机场发现了20名叙利亚宪兵的乱葬岗——他们在死前都遭到了肢解。"这一代叙利亚人,"总统库瓦特里在日后预言,"绝不可能容忍哪怕一个法国人走在大马士革的街道上。"[44]他视贝内和奥利娃-罗热为战犯并以此对他们进行审判。

法国人一手制造的混乱，英国人却费了好一番功夫才摆平。1943年11月，佩吉特向所有法国公民下达了宵禁令：所有法国船只和飞机均不准移动；法国士兵除非出于自卫否则不得开枪。科格希尔认为宵禁令其实保护了法国人，"如果不是我们在这里，很可能每个法国人都没命了"。但是，这些严厉举措却加倍侮辱了肇事者的自尊。[45]贝内形容，这"就像往我们的背上捅了一刀"。[46]

比多召见了达夫·库珀，告诉他"无论法国犯下多么恶劣的错误，都不该遭到如此侮辱的对待"。[47]库珀心软了。他承认佩吉特的命令"更像是惩罚战败的敌人，而不是协助我们的盟友"。很快，奥利娃–罗热被送回了巴黎。当被问及停火后英国怎么对待他时，奥利娃–罗热讽刺地回答："他们对我很好，用机关枪抵着我的后背护送我离开了那儿。"[48]

6月2日，戴高乐在巴黎匆忙召开的一场新闻发布会上谴责"英国特工在黎凡特地区的一系列活动"才令他们做出了轰炸的决定。[49]他含沙射影地表示那年早些时候，英国故意向叙利亚宪兵提供武器，让他们有能力与法国士兵正面对峙，还声称法国在英国干涉前就已经停火。这次，就连总把法国往好处想的达夫·库珀也形容戴高乐"在部分真相中夹杂连篇的谎话，回避不堪的事实，实则在暗中和英国作对"。[50]第二天，他见到这位法国领导人时发现"他竟然真的相信"整件事"英国都在一手操控，一心一意只是为了把法国逐出黎凡特地区，填补他们留下的空缺"。[51]奥利娃–罗热支持了戴高乐的说法。他表示是叙利亚宪兵在英国特工的唆使下做出挑衅行为才迫使他采取行动，而且我们对英国特工的身份"了如指掌"[52]——奥利娃–罗热补充——其中就包括英国陆军上校沃尔特·弗兰西斯·斯特林。

英国军队给斯特林放了一个月探亲假。他在日后写道,"在每个法国人眼中,我和劳伦斯就是一路货色,总是想方设法破坏他们的利益"。[53]斯特林为了反驳奥利娃－罗热的指控,称没有证据表明是英国先发动袭击。他曾在轰炸后巡视大马士革,发现"法国代表处、法国参谋部",甚至法国代表的官邸,均没有一块玻璃破损,没有留下一处弹坑,而叙利亚银行(Banque de Syrie)和英国军官俱乐部的大楼则几乎被子弹射穿。[54]

库瓦特里也直言,把斯特林抹黑成暴力行径的幕后主脑"简直是可笑的谎言"。[55]他形容法国污蔑英国特工捣乱已经是"过去25年来的老生常谈",只要他们"想压迫我们,或者英国妨碍到他们",法国就会这么做。但是,叙利亚政府的确曾向斯特林和他的同僚们征求意见,如果发动政变推翻法国统治,英国是什么态度。一位英国官员告诉他们,"只要我们还在叙利亚一天,就会守卫这里的安全。至于政变,可以先放到一边"。[56]然而,这种答案显然只会促使叙利亚采取冒进政策。尽管丘吉尔在那年早些时候表示过,英国不会为叙利亚和法国的治安关系负责,但叙利亚的每一位英国官员都相信,只要爆发冲突,英国一定会在骚乱扩散前插手。科格希尔认为,如果英国不愿挺身而出,"数以千计的叙利亚人会因此丧生;而伊拉克和外约旦或许会步他们的后尘,整个中东地区会陷入混乱;至于巴勒斯坦的犹太人,他们一定会把这当作他们的机会"。[57]

叙利亚人毫不掩饰乐见事态恶化,这更加深了法国对英国动机的怀疑。6月4日,戴高乐在会见库珀时暗示自己正考虑报复。"我承认,现在或许不该向你宣战,但你侮辱了法国,背叛了西方国家。我们会记住一辈子。"[58]

戴高乐的严厉谴责完全没有出乎英国的预料，倒是比多心中的怨恨过了一段时间才彻底爆发。6月中旬，法国外交部长被迫发表了一份尴尬的声明，解释两个星期前突然在黎凡特地区集结兵力的情况。"总之，"乔治·比多说，"整个世界——尤其是东方国家都在哄堂大笑，嘲笑我们付出的代价。因此我有理由相信，一定有人从中得到了好处。"[59]他否认了英国政府的说法——法国的困境完全与他们无关——并以赤裸裸的威胁作结。他扬言道："Hodiemihi, crastibi。"这句拉丁文常被镌刻在墓碑上：今天这是我的命运，但明天就会轮到你。

法国在叙利亚的影响力迅速崩坏。一位贝鲁特的法国军官在那个月底写道，无论是他还是他的同僚们都担心被谋杀而不敢在无人"护驾"的情况下前往任何主要城镇。第二个月，法国向叙利亚和黎巴嫩移交了特种部队的指挥权，但两国都不愿满足戴高乐的要求，充当法国在中东地区的军事桥头堡。英国和法国费劲设计了一套同时撤军的方案——英国外交部长乐观地以为，"这会终结法国在巴勒斯坦的阴谋"——双方约定在1946年4月从叙利亚撤军，同年8月从黎巴嫩撤军。[60]26年后，法国在中东的委任统治正式宣告结束。

失去了对黎巴嫩和叙利亚的委任统治，法国就此倾向犹太复国主义的全新政策道路。1945年6月底，法国驻黎凡特地区总代表保罗·贝内在信中向戴高乐指出，整场大马士革危机中"只有巴勒斯坦的犹太人"支持过法国。[61]他解释，许多巴勒斯坦的犹太人都为邻国黎巴嫩生活着基督徒而感到安心，犹太人知道基督徒和他们一样，都担心被数量庞大的穆斯林包围。如今，他们警觉地意识到法国可能被逐出黎凡特地区，因此犹太事务局和犹太恐怖组织都与他取得了联络，"试图提供协助"。贝内说："我已经下令继续和他们保持联络。"[62]

起初，犹太人并不贪心。贝内告诉戴高乐："只要在口头上答应，而不需要实质支持犹太复国主义运动。法国只要不采取敌对态度——尤其是在巴勒斯坦的移民问题上——就已经足够了。"[63]他个人认为，"法国的犹太人在德国占领期间受到的不公平和残忍对待，让我们很难对他们说不"。犹太复国主义者不仅接触了贝内，还联络了法国驻华盛顿大使亨利·博内（Henri Bonnet）。博内报告，"犹太复国主义组织一再向我们表达支持之意，是一支不可忽视的力量"。[64]一位曾拜访过法国驻华盛顿大使馆的犹太复国主义运动代表十分简洁地指出："犹太人和基督徒必须自我保护，以免受到英国支持的阿拉伯人的威胁。"

两个月后，图维亚·阿拉齐（Tuvia Arazi）在法国外交部会见了欧洲事务处负责人弗朗索瓦·库莱（François Coulet）。会议记录显示，这次会面是为了重续双方自 1940 年以来的友谊。[65]阿拉齐曾是维希政府执政叙利亚期间，哈加纳的主力间谍；而库莱则是戴维·哈科恩在海法庇护的三个法国人之一，曾亲眼见证搭载犹太移民的"祖国号"轮船倾覆的全过程。

阿拉齐追忆了早年为了躲避维希政府安全局的追捕从四楼窗户跳下逃命的往事，接着把话题引向了未来法国和犹太国家的关系。他提到斯皮尔斯在几个月前发表的一次演讲——这位英国政治家口口声声地将法国和犹太复国主义者视为英国中东政策的最大障碍。阿拉齐认为犹太人和法国结盟不是出于对英国的仇恨，而是他们存在更多积极的共识。他强调，犹太复国主义者不同于中东地区对法国普遍抱有反感情绪的阿拉伯人，他们不仅认可法国在当今世界的地位,并且热心期盼法国能尽早恢复昔日的荣耀。

虽然戴高乐本人不怎么同情犹太人,但他无法忘怀那年6月受到的"侮辱",而且很快发现犹太复国主义者可以在复仇时助他一臂之力。那年晚些时候,他在巴黎会见了犹太复国主义运动的法国代表马克·贾尔卜卢姆(Marc Jarblum)。他当时琢磨着,"唯一能把英国逐出中东的人只有巴勒斯坦的犹太人"。[66]

过去数个月来,法国外交部长乔治·比多一直坚持应该抛弃已经在黎凡特地区证明失败的策略——他称之为"大政策"(grand policy),尤其是法国的北非阿拉伯殖民地不该重蹈覆辙。[67] 犹太复国主义者的建议启发了他,即法国不仅可以利用犹太复国主义者让英国在巴勒斯坦尝尽苦头,还可以瓦解以巴勒斯坦事务为中心的阿拉伯联盟,毕竟,当时阿拉伯民族主义者已经在法国的北非殖民地形成了一股强劲的势力。

11月10日,比多在私下告诉大卫·本-古里安,法国将支持犹太复国主义者的事业。18个月前,本-古里安曾公开呼吁,犹太人希望在战争结束后看到一个"对我们态度包容"的新法国。[68] 如今,他的祈祷得到了回应。而法国从"大政策"转向支持犹太复国主义运动后,英国人会很快发现比多早前援引的碑文针对的就是他们。

第 26 章　三思而行

战争留给了欧洲一场前所未有的人道主义灾难，近 25 万"无家可归"的人生活在遍及欧陆各地的难民营中。有些人——那些被迫为纳粹德国工作和与父母失散的孩子们——迫切想要回家；其他人，比如逃离苏联统治的东欧人和在集中营幸存下来的犹太人则已经一无所有。很快，犹太复国主义者提议，他们有权前往巴勒斯坦生活。

新当选的英国政府似乎对此不置可否。1945 年 7 月的大选中，克莱门特·艾德礼（Clement Attlee）带领工党以压倒性优势击败了丘吉尔所在的保守党。两个月前，工党曾宣布巴勒斯坦理应成为犹太大屠杀幸存者的安身之地。那年 5 月，如今担任财政大臣的休·道尔顿（Hugh Dalton）指出，"在德国和其他被占领的欧洲国家中，犹太人无法言说的恐怖经历"意味着"任何阻止犹太人移民巴勒斯坦的政策，在道德上和政治上都站不住脚"。[1] 工党的其他成员亦表示同意。当时，他们希望采纳的策略是"在犹太人涌入的同时鼓励阿拉伯人离开"。[2] 工党成员认为阿拉伯人本质上属于游牧民族，随时都可以离开。

实施这项新策略成了摆在新任外交部长欧内斯特·贝文（Ernest Bevin）面前的任务之一。与彬彬有礼的艾登不同，贝文 11 岁辍学，借助工会运动取得的胜利一路从农场"爬"到了外交部。他的仕途转机出现在 1940 年。当时，贝文反对工会的和平主义主张和他的工作狂作风都给丘吉尔留下了深刻的印象。于是,丘吉尔邀请贝文进入内阁担任劳工部长。丘吉尔评价称,贝文是自己任期内"工党迄今为止推举的最杰出人才"。[3] 起初,外交部的官员们都对新主管心怀恐惧,但他们很快就明白前首相是正确的。贝文的常务秘书写道:"他相当博学,总是在不断学习新知识,还不惮于把它们应用在实际情况中。他有自己的想法,而且会坚持己见。"[4]

对现在的英国外交部而言,这是一种极为宝贵的无形资产。英国正面临美国政府的巨大压力,后者要求放宽犹太人移民巴勒斯坦的限制。美国前总统罗斯福曾秉持平衡路线,令英国受益不少,但现任总统哈里·杜鲁门认为在政治上含糊其辞不是明智之举。如今,犹太大遭屠杀已经是众所周知的事实。500万身强力壮的美国犹太公民在犹太复国主义运动领导人的带领下,不断要求总统立即行动。[5]

杜鲁门早年当过农夫,后来经商失败,从没念过大学。因此,他本能地不信任出身常春藤联盟、"刻板又形式主义"的国务院官员提出的建议。传统精英认为从长期而言,亲阿拉伯人——而非犹太复国主义者,将更加符合美国的利益,因为他们需要中东的石油。日后,杜鲁门声称是出于人道理由才决定支持犹太人的。他曾写道:"我们应该考虑国家的长远利益,但同时也应该为大屠杀的不幸受害者寻找新的家园。"[6] 然而在那个时间点上,他考虑更多的其实是赢得大选。"对不起,先生们,"杜鲁门告诉一群抱怨美国政策偏袒犹太人的阿拉伯大使,"我现在必须回应成千上万急切盼望实现犹太复国主义事业的人们,而我的选民中没有成千上万的阿拉伯人。"[7]

1945年8月中旬,杜鲁门刻意在一场新闻发布会上公开了自己的立场。一位记者提出了事先安排好的问题,杜鲁门借此宣称他的目标是"在维持国内和平的前提下,尽可能让更多犹太人进入巴勒斯坦"。[8]根据他收到的有关流亡者的报告,以及英国政府即将用完巴勒斯坦移民配额的消息,他希望可以提出一个具体数字以解决目前的困境。两个星期后,他在写给艾德礼的私人信件中表示,美国认为巴勒斯坦不应该关闭移民的大门,提议英国政府应再多签发十万张签证。最早提出这个数字的是犹太事务局——它将在之后的事态发展中屡屡成为受人瞩目的焦点——据估计,25万流离失所的人中约有13.8万是犹太人。

杜鲁门可能从没想过他的提案会被否决,因为工党在英国大选初期明显倾向犹太复国主义者。然而,贝文进入外交部工作后——和杜鲁门不同——却受到了身边智囊的影响。"克莱门特,"有一天,他告诉艾德礼,"关于巴勒斯坦问题,根据外交部里那群年轻人的说法,我们可能搞错了。是时候该重新考虑这个问题了。"[9]

贝文的同僚们告诉他,不要屈服接受大量犹太移民——犹太人一定会争取独立,从而导致阿拉伯人发起反抗——他们认为,英国与民族主义者领导的埃及政府的关系每况愈下,这更加突显了巴勒斯坦的地位。过去五十多年来,埃及一直是英国在中东势力的大本营,但新上任的埃及总理伊斯梅尔·西德基(Ismail Sidqi)似乎决心终结这样的时代。西德基的努力愈见成效,英国就愈发认为应该出于战略考虑保住巴勒斯坦。英国可以从那里继续掌控苏伊士运河,而巴勒斯坦的托管政府还会成为向世界展示英国实力的可靠大本营。

但这项宏伟计划的根本缺陷在于,巴勒斯坦目前的局势极不稳定。8月底,巴勒斯坦当局的布政司警告,紧张局势令委任统治正濒临崩溃。他解释,杜鲁门在新闻发布会上的讲话

"加深了阿拉伯人的恐惧",而犹太领导人似乎正在"刻意把局势逼到绝境,毫无顾忌地利用欧洲犹太人的窘迫处境作为他们的主要政治筹码"。[10]然而,饱受厌战情绪困扰的英国没有足够资源应对骚乱:巴勒斯坦的警力严重不足。贝文对此表示理解,给出了一个方案,"尽量等我们先恢复实力,在此期间尽可能依靠美国协助,维持(我们)的重要地位"。[11]

艾德礼向杜鲁门坦白,允许十万犹太人涌入巴勒斯坦一定会"点燃整个中东的局势",并且"将严重伤害我们两国的关系"。之后,贝文开始致力于转变美国政府的观点。[12]英国驻华盛顿外交官指出,让英国继续委任统治巴勒斯坦符合两国政府的利益,因为我们正在努力应对苏联造成的威胁。几个星期后,贝文提议成立英美调查委员会(Anglo-American Committee of Inquiry),勘查适宜安置流离失所者的地点。同时,他还向两国政府提出了一个过渡方案,直到联合国就此问题做出最终裁决。杜鲁门提出只要重点勘查巴勒斯坦是否最佳安置地点,他就会支持这个方案。他虽然谴责了英国的"拖拉战术",但大致满意这样的结果。[13]他不愿在纽约市长选举前让人以为他没能迫使英国转变移民政策,否则城市中的大量犹太人可能会做出过激反应。

实际上,犹太人早就从法国处获得情报,清楚英国不可能在政策上做出根本性调整。1945年10月,犹太事务局执行主席大卫·本-古里安私下告诉哈加纳的领导人摩西·斯内(Moshe Sneh),直接与伊尔贡和斯特恩帮合作,组成犹太抵抗运动(Jewish Resistance Movement)。他认为战争已经结束,现在没必要再缩手缩脚。在法国首都,本-古里安公开宣布1939年限制移民的白皮书完全不具备道德和法律基础。"犹太人不会接受两件事：在自己的国家成为少数民族，以及被拒绝移民巴勒斯坦。在祖国，犹太人不希望生活在外国势力的控制下。"[14] 新上任的英国驻巴勒斯坦高级专员戈特勋爵（Lord Gort）在给前任的信中写道："我担心魏茨曼博士和他的温和建议已经落伍。现在，本－古里安和更加激进的人们掌握了权力。"[15]

斯内会见了伊尔贡的领导人梅纳赫姆·贝京（Menachem Begin）和斯特恩帮的领导人拿单·弗里德曼－耶林（Nathan Friedman-Yellin），协调了两者的工作。他们决定不等贝文将于近期正式发表针对巴勒斯坦的新政策，就在10月31日晚发起了首次联合袭击，破坏了巴勒斯坦铁路沿线150多个目标，还包括海法的炼油厂。袭击造成了4人死亡，但这并不是他们的初衷。空前的袭击规模只是为了警告英国政府，三方势力联合究竟可以产生多大能量。

贝文选择对威胁视而不见。11月13日，他在下议院宣布美国政府已经接受邀请加入英美调查委员会，评估犹太人移民巴勒斯坦的局势。台下因此爆发了热烈的欢呼声。贝文希望通过发言传达，他不会迫于外界压力改变英国的移民紧缩政策：犹太复国主义者不行，美国人也不行。贝文不太能理解犹太大屠杀幸存者的真正感受，认为他们都应该早日回到原来的家中。他在随后的新闻发布会上表示，如果向犹太人应该得到区别对待的压力屈服，可能会导致"另一波反犹行动"，因为其他流离失所的人们也希望能早日回家。[16]这个理由听起来相当符合逻辑，甚至很有说服力——英国不愿意区别对待战争的所有受害者。但是，贝文没有直接讲出他的真正目的：犹太人大规模移民巴勒斯坦只会进一步削弱英国的委任统治。因此，他绝不会让步。

贝文的发言以及他那听起来事不关己的评论立刻在美国引发了骚乱,又突然升级成暴力事件。一位斯特恩帮的成员写道,"我们的基本方针就是:铲除越多的英国官员、士兵和警察,就能越快地让外国占领者离开我们的土地"。[17]接下来的 8 个月中,犹太恐怖分子共造成 27 人死亡、超过 164 人受伤,以及 400 万美元经济损失。[18] 11 月底,犹太抵抗运动成员引爆了两个边防站;12 月底,他们的注意力转向了警察局,引爆了耶路撒冷警察局总部和雅法的一座警察分局。当幸存者们从岌岌可危的大楼里四散逃出时,恐怖分子又向他们举起了机关枪。本-古里安毫不费劲就找到了理由为袭击辩护。他声称,"巴勒斯坦的英国当局经常违反委任统治的基本法律,因此很难说服伊休夫要遵纪守法"。[19]

暴力事件一直持续到 1946 年。1 月 12 日,一些战前接受过波兰军官训练的伊尔贡成员伏击了一辆火车,截获了支付给铁路员工的 35000 英镑薪酬;7 天后,他们摧毁了耶路撒冷的一座供电站。第二天,他们又再一次袭击了海岸警卫队巡逻站;2 月,犹太恐怖分子抢劫了一个军用仓库,缴获了更多武器。他们还袭击了警察局、军事营地、飞机跑道,破坏了 12 架英国飞机,共造成 75 万英镑损失。两位袭击了警察局的犹太人不幸丧生,超过 5000 人出席了他们的葬礼。[20]

在此期间,一位法国记者在特拉维夫的咖啡馆碰巧听到了以下对话。那时,他身边的一个年轻人刚吃完午餐,准备付账离开。

"你知道他是谁吗?"他的向导、犹太事务局的一位工作人员问他。

"不知道。"那位记者回答。

"他是温特尔（Untel），伊尔贡的成员，英国刑事调查局正在悬赏买他的人头。"

"每个人都知道他是谁？"

"是啊，我、其他客人、服务员，每一个人——现在你也知道了。他每天都在这里吃午餐。"

"没有人把他交给警察局？"

"没，没有人。"[21]

一位英国官员试图为军队没能控制住局势辩护："他们从不穿制服，很难从守法的市民中分辨出他们。因此，他们完全掌握了主动权。"[22]

伦敦政府坚持要在英美调查委员会得出结论前保持克制，于是当地的英国军队只能以自嘲的态度应付眼前的暴乱。有一次，英国第六空降师的官兵接到通知，全体穿便服搜查特拉维夫的一个非法无线电发射处。英军现身时，每个人"都经过了'精心'伪装。他们上身穿统一的轻便短上衣，下身穿法兰绒长裤，但事实很快表明这个决定相当明智"。[23]搜查的收获颇丰，发射无线电信号的建筑物被找到和包围，电台和全副武装的发报员被当场收缴和逮捕。"十分凑巧，当时电台里正播出十分应景的一段——广播员发誓一定会坚守阵地直到最后一人。一语成谶。"[24]

英军这种小打小闹式的胜利屈指可数，但同时，他们的死亡人数不断攀升。3月初，伊尔贡袭击了沙拉番德基地（Sarafand base）的英国军火库，一名警察因此丧生；为了缴获更多武器，他们在4月底袭击了拉马特甘（Ramat Gan）的警察局，导致三名警察死亡和四名己方人员死亡和受伤；4月24日晚，斯特恩帮将目光瞄准了特拉维夫的伞兵团（Parachute

Regiment)。在至少有六名女性参加的行动中,斯特恩帮谋杀了六名士兵,其中两人当时正躺在床上。

英国第六空降师的一位军官回忆:"犹太人,尤其是伊尔贡成员,是我见过最勇敢、技巧最娴熟的游击队员。"[25]然而,英国空降师阻击他们的能力却每况愈下。这个师完全由普通军官和自愿加入伞兵队伍的士兵组成。战争结束后,英国士兵按照"最早入伍,最早退伍"的原则开始陆续复员。服役最久的士兵最早回家,而取代他们的是一些经验不足的士兵。这些士兵不像前辈那样受到尊重,当他们也开始等待复员时,军队纪律渐渐不起作用了。伞兵团遭到袭击后,甚至爆发了一场小型兵变。即将卸任的英军总参谋长阿兰布鲁克爵士(Lord Alanbrooke)担心,如果此类冷酷袭击继续,而军队又不许反击,很可能会"丧失对士兵的控制"。[26]

与此同时,英美调查委员会的结论并不符合贝文的心意。十二名委员会成员中有六个美国人。他们丝毫不同情英国的处境,认为只要接受杜鲁门的要求,允许十万犹太移民入境,就能解决巴勒斯坦问题。委员会中的英国代表虽然不赞同这项建议,但尽力说服了美国同僚一致强烈批评本-古里安。他在去年12月谴责警察局袭击案件时表现得毫无诚意。委员会还呼吁犹太事务局继续与英国政府合作,遏制恐怖主义和非法移民。报告特别强调,必须"全面镇压"恐怖主义。[27]

杜鲁门没有与艾德礼交换意见,就表示支持委员会的移民提议。但是,就如何落实提议,他表示美国不会提供帮助,因为这么做必定会激起阿拉伯人暴乱。艾德礼没有掩饰自己的愤怒。他告诉内阁,真相就是美国希望"把自己的利益建立在牺牲我们的代价上"——正是为了达到这个目标,他们不断向委员会的美国代表施压。[28] 英国政府对美国盟友的怨恨日渐增长，贝文坦率地告诉一群工党成员，美国施压要我们接收流亡的犹太人"是因为他们不希望这些人都涌到纽约去"。[29] 这种说法立刻激怒了美国。但事实上，贝文只是复述了美国国务卿詹姆斯·伯恩斯（James Byrnes）告诉他的话而已。[30]

对英国而言，整份报告中最有价值的部分就是对犹太事务局的谴责。事务局在巴勒斯坦造成的恶劣影响已经困扰了他们数个月。成立于1929年的犹太事务局现在拥有的影响力早就超越了托管政府设想的建议和下属角色。它的总部位于耶路撒冷西部，在一栋堡垒式的石块建筑里。如今，那里运行着一个与英国当局平行的犹太政府，距离英国在大卫王酒店（King David Hotel）南翼的办公室仅半公里。犹太事务局有通过选举产生的立法机构、议会和行政部门，还有一支半公开的秘密军队。英国政府后来从犹太事务局提供的恐怖分子情报中得知了更加令人震惊的事实：它还拥有权力机构。军情五处的亚历克·凯勒称它是"an imperium in imperio"——国中之国。[31]

英国对犹太事务局持续扩张的担心与日俱增，事务局主席本-古里安曾微妙地暗示，伊休夫需要随时准备投入战斗。正如巴勒斯坦的布政司所言，犹太事务局尽管"会谴责恐怖主义，但它每次煽动性的演讲……都在明目张胆地无视英国当局维持的法律和秩序，以及阿拉伯人的事业……他们还在教育中鼓吹沙文主义……这都成了滋长狂热和恐怖主义的土壤"。[32]

到了1945年底，英国认为犹太事务局不仅不会遏制恐怖主义，还将积极与恐怖分子串通。那年秋天，他们通过窃听以及事务局内部线人提供的消息证实，事务局的领导人批准了10月31日的大规模铁路袭击。情报指，"为了协调不同意见组织的工作，我们应该分别向他们指派任务"。[33]

英国人盘算着，既然不可能直接捣毁恐怖主义网络，如果他们转而袭击犹太事务局，不仅可以对恐怖分子造成致命一击，还可以暴露事务局和恐怖主义分子的关系，迫使杜鲁门政府放弃他们的坚持。不仅如此，英国甚至希望能找到不利法国的证据。

新上任的英军总参谋长伯纳德·蒙哥马利的斗志十分旺盛，而且对这种设想十分着迷。1946年6月底，他在巡视英国海外殖民地期间到访了巴勒斯坦，惊讶地发现"英国的统治已经名存实亡，当地的真正统治者成了犹太人，他们心照不宣地标榜着'你们不敢碰我们'"。[34]几天后，英国人再次见识到了巴勒斯坦的真相。伊尔贡绑架了五名正在特拉维夫军人俱乐部吃午餐的英国军官。他们很快释放了其中两人，其他几个人的命运则取决于英国是否会处决两名刚被判了死刑的伊尔贡成员。英国立刻宣布减刑。于是，伊尔贡把剩下的三个人塞进一只大板条箱，扔回了他们被绑架的俱乐部门口。"简直不堪其辱！"其中一位军官写道。[35]日后，伊尔贡不时通过绑架英国军官制造恶劣影响。

身为陆军元帅和贵族子爵的蒙哥马利决心扭转局面。战争爆发前，他曾用压倒性的兵力在巴勒斯坦挫败了阿拉伯人的叛乱。现在，他提议用同样的方式对付犹太人。事态沦落至此，艾德礼的内阁没有反对。副首相赫伯特·莫里森（Herbert Morrison）表示："我们不能总是依赖抗议或者发表国会声明。"英国将这次针对犹太事务局和哈加纳的行动命名为"阿加莎"（Agatha）。[36]大规模的准备工作在极其保密的状况下进行。6月底，蒙哥马利向英国驻巴勒斯坦总司令伊夫林·巴克（Sir

Evelyn Barker)下令,"必须以闪电般的速度和坚定的决心进行打击……在第一时间彻底击溃犹太人……他们就在我们的眼皮子底下张牙舞爪,我们必须弄垮他们,确保他们的非法组织永世不得超生"。[37]

英国选择在星期六发动攻势,那天是犹太人的安息日(Sabbath)。6月29日凌晨4点15分,17000名由英国第六空降师和巴勒斯坦的警察组成的部队突然袭击了犹太事务局,还同时突袭了哈加纳的精英部队帕尔马奇突击队成员的家。英国从犹太事务局缴获了3皮卡文件,拘留了2718人,其中包括许多重要的犹太事务局领导人和帕尔马奇成员。帕尔马奇的领导人对英国掌握了"如此精确的情报"感到震惊不已。[38]英国官员们实在无法理解犹太人对自己的敌意。"这些双手沾满鲜血的犹太人,"一位军官写道,"我们在阿拉曼(Alamein)① 和其他地方都救过他们的命,他们现在竟然这么对付我们。"[39]

这次行动的规模前所未有,但成效大打折扣。几个星期前,犹太情报人员就从同情他们的英国官员那儿得知英国会有所动作,犹太事务局甚至在行动实施前一个星期就发出了警告。因此,英国士兵虽然在一个犹太定居点缴获了大量武器,但在搜索犹太事务局时并没有找到想要的证据。

起初,英国人感到非常困惑。"我们没有找到事务局和犹太恐怖组织有染的证据。我们也没有找到——尽管我确信在我们到达前,他们就在那里——他们和非法移民有染的证据。"英国刑事调查局政治情报处负责人迪克·卡特林(Dick Catling)抱

---

① 阿拉曼,埃及北部的村庄,第二次世界大战的战场。——译者注

怨道,"我们失败了,竟然什么也没有找到。"[40]与此同时,法国正扬扬得意地从英国军情五处驻巴勒斯坦的官员处得知,他们"吃惊地"发现犹太事务局的文档中没有任何与法国有关的文件。[41]暗示法国政府和犹太复国主义者关系密切的唯一证据是行动当天拍摄到的一张照片。画面中,两个英国人的"眼中钉"——犹太事务局主席和哈加纳领导人,正在街边的一家咖啡馆消磨时光。当时,本-古里安和摩西·斯内正身处2000公里以外的地方——巴黎。

然而,"阿加莎"行动的规模还是引起了犹太复国主义者的不安。他们没能在第一时间确认英国是否找到了犹太事务局的犯罪证据。7月1日,斯内给伊尔贡的领导人梅纳赫姆·贝京写信,命令他在英国驻巴勒斯坦当局的总部制造一场爆炸。斯内认为,所有文件一定会被运往那里进行分析。[42]7月22日的正午刚过,7名伊尔贡成员伪装成阿拉伯送奶员,通过了大卫王酒店的严密安检,推着装有250公斤炸药的大奶桶通过厨房进入位于英国总部正下方的凯悦夜总会(La Régence)。恐怖分子一边射击一边从酒店撤退,跳上了停在转角、法国领事馆附近早就备好的车。12点37分,炸弹爆炸。酒店的南翼瞬间成了一堆瓦砾。91人在爆炸中身亡,超过45人受伤。

幸存者之一的罗伯特·牛顿(Robert Newton)当时在酒店的五楼工作。"我身后的墙壁突然不见了,自己差点儿就要从五楼摔下去。"牛顿回忆,"另一边的升降电梯和楼梯都被炸了。我刚去过的打字间和相邻的一位同事的办公室因此成了一片废墟。他是个好人。我们的妻子不在家时,他都会来我家过夜。现在他被埋在了瓦砾下,断了气。距离他不远的地方,躺着那些活泼开朗、勤勉的年轻女孩们。"[43]

"我一下失去了近100位最优秀的官员和老朋友。"英国驻巴勒斯坦的布政司约翰·肖爵士（Sir John Shaw）满怀苦楚地写道，"我在巴勒斯坦前后生活了11年，这些人对我十分重要，不仅是英国官员，还有那些忠心耿耿的阿拉伯人和几个犹太人，贴身跟随我近20个月的警卫员，我的亚美尼亚人司机，以及许许多多这样的人们。他们都死了。我和大家一起从一堆瓦砾中挖出他们已经发臭、腐烂的尸体。短短三天，我参加了14场葬礼。"[44]约翰·肖自己都差点儿被办公室的一座枝形吊灯砸死。他设法从办公室爬出来后，眼前即出现了炸弹留下的地狱景象。有人曾在八个月前提醒约翰·肖，凯悦夜总会或许会成为英方工作人员的一大威胁，但他没有同意关闭夜总会。恐怖袭击在城里甚嚣尘上，休假的官员已经很难找到可以放松的场所。[45]

两天后，法国驻耶路撒冷的领事报告："正如1605年的'火药阴谋'（Gunpowder Plot）①，英国人竟然忘记了那个地下室"——语气中透出一丝不合时宜的欢快。[46]他谴责英国居然相信"阿加莎"行动会彻底"挫败"犹太人，但他很快发现自己不得不立刻否认伊尔贡的说法——法国领事馆在炸弹爆炸前接到了电话，因此工作人员有时间打开大楼的所有窗户，尽可能降低玻璃四散飞溅的风险。法国领事很清楚，英国正想方设法把法国和犹太恐怖主义扯上关系。于是他强调在爆炸发生八分钟后才收到警告，那时的时间是12点45分。

英国驻巴勒斯坦总司令伊夫林·巴克将军下达了一道严肃

---

① 火药阴谋，1605年，英国天主教徒在国会地下室放置炸药企图炸死国王。——译者注

的军令,即禁止所有官员和犹太人接触,"尽量用犹太人最厌恶的方式惩罚他们——在他们的眼皮子底下抗议,尽情表达我们的鄙视"——他还命令进行另一轮大规模搜查。[47]英国士兵发现了另外五处军火藏匿地点,包括斯特恩帮在特拉维夫一座知名犹太会堂(synagogue)的地下室储藏的武器。目光锐利的警察队长还发现了斯特恩帮的重要成员伊扎克·沙米尔。他伪装成了拉比(rabbi),但他那独特的眉毛还是出卖了他的行踪。但是,英国人没能找到爆炸案的主谋梅纳赫姆·贝京。贝京当时藏身在特拉维夫一栋公寓底楼的夹层中。由于门外的花园一直有一队参与排查的英国士兵驻守,他几乎四天没吃没喝。英国人上上下下仔细搜索了整座公寓,还有一次扣响了他藏身的夹层。"他们敲得实在太大声,"贝京回忆,"我情不自禁地想砸回去。"[48]

大卫王酒店爆炸案给英国的巴勒斯坦当局造成了重大损失,也让伊尔贡和犹太事务局尝到了苦头。国际社会纷纷谴责这次袭击,令事务局立刻撇清了与伊尔贡和斯特恩帮的关系。他们被迫表态"对一群亡命之徒炸毁酒店的行径感到震惊",尽管没有明确谴责暴行本身。英国紧急发布了一份白皮书,指出他们已经掌握了犹太事务局和两个犹太恐怖主义组织有关的证据。[49]本-古里安本想狡辩犹太事务局是清白的,但现在很难再站得住脚。

犹太事务局称白皮书是"一派胡言",主要是为了破坏他们的名誉,还扬言要英国政府公布情报的信源——他们知道对方不会这么做。[50]但是,事务局的几位理事都遭到逮捕,他们别无选择,只能同意与英国对话。[51] 7月25日,贝文告诉内阁,"犹太人的态度"出现了一些令人欣喜的转变,他们似乎"改变主意可以接受分治方案了"。[52]

犹太事务局态度的突然转变,令伊尔贡和斯特恩帮的领导人贝京和拿单·弗里德曼-耶林陷入了完全的孤立。他们知道本-古里安一定会背叛他们,于是只能把目光投向海外,继续战斗。

第 27 章　美国自由巴勒斯坦联盟

大卫王酒店爆炸案一个星期后,一个名为美国自由巴勒斯坦联盟(American League for a Free Palestine)的组织在《纽约邮报》(New York Post)上发表了致哈里·S. 杜鲁门总统的公开信,呼吁总统树立自己的威信。杜鲁门向英国提议批准十万犹太人移民巴勒斯坦已经过去了一年,但事态毫无进展。"150万在欧洲的希伯来人(Hebrews)①正在满是鲜血的犹太人区、在难民营、在高速公路、在港口翘首期盼。他们正在等待美国发出一个信号,等待您——总统先生发出的信号,那就是他们没有被世人抛弃,仍可以享有自由和尊严的基本权利。"[1]

彼得·伯格森(Peter Bergson)在两年前成立了这个联盟,办公地点位于纽约第49街西。他向杜鲁门挑衅的部分原因是嗅到了一股血腥味。11月中旬的美国大选正临近,杜鲁门却惹了一身麻烦。美国人期待和平年代的国家会欣欣向荣,但当曾经24小时加班加点的工业生产逐渐恢复常态后,等待工人的却是失业和降薪。降薪导致了罢工,罢工又导致了断电。1946年初,杜鲁门政府被迫承认将减缓士兵复员。然而,那些已经回家的人发现,他们什么都缺,尤其是住房。离婚率直线上升,杜鲁门的支持率却断崖式下跌,随着投票日的到来,他的共和党对手在海报上将所有不满浓缩成了五个字"还没受够吗?"②

---

① 希伯来人,最早的犹太人被称为"希伯来人"。——译者注
② 原文为:"Had Enough"。——译者注

哈里·杜鲁门身材单薄，是个急性子。他从没妄想过要超越自己的前任罗斯福。罗斯福去世时，他就任副总统仅12个星期。后来，农夫出身的杜鲁门形容意识到自己成为世界上最强大国家总统的那一刻，就犹如"被一大堆干草砸中"。[2]他的狼狈一览无余。一位同僚回忆他宣誓就职时说道："（杜鲁门）坐在那张巨大的皮椅上……看起来真是个矮小的男人。"[3]罗斯福的太太埃莉诺（Eleanor）曾公开流露对杜鲁门的担心。她丈夫的死讯传来时，杜鲁门问她有什么可以帮忙的地方。埃莉诺回答："我们有什么可以帮你的地方吗？现在你才是那个有麻烦的人。"[4]罗斯福原本实施得井井有条的政策，到了杜鲁门这儿一切都乱了套。人们情不自禁问：如果罗斯福还活着，他会怎么做呢？到了1946年夏天，人们开起了玩笑：如果杜鲁门一直活着，他会怎么做呢？[5]

随着大选日临近，美国自由巴勒斯坦联盟故意矮化杜鲁门的形象，把他描绘成一个裹足不前的男人。那年4月，英美调查委员会提交报告后，事态没有任何进展。艾德礼表示只要犹太恐怖分子解除武装，他就会采纳委员会的建议，还强调它们都已经过双方专家的论证。杜鲁门还在执着于原来的想法时，英国代表又提出了另外43点他们认为值得考虑的事项。最后，在报告即将公开发表之际，专家提议成立一个由阿拉伯自治区和犹太自治区组成的联邦国家，可以将委任统治权交给联合国，并强烈要求如果建议无法落实，双方都需要为此负责。犹太复国主义者还在不停向杜鲁门施压，而无法突破僵局令他十分焦虑。杜鲁门告诉内阁，他"不需要"犹太人，而且也"不在乎犹太人会怎样"。[6]

然而，美国自由巴勒斯坦联盟还有另一个关键理由，迫使他们在移民紧缩政策上向总统施压。大卫王酒店爆炸案的第二天,杜鲁门签署了一项强制声明,呼吁"所有负责任的犹太领导人"都站到他的身边,"共同谴责对人民肆意杀戮的行为"[7],还表示爆炸案"或许真的会减缓"犹太移民进入巴勒斯坦的速度。美国自由巴勒斯坦联盟有理由警惕,美国可能会因为暴行对英国产生同情。实际上,这个联盟是梅纳赫姆·贝京领导的伊尔贡——大卫王酒店爆炸案的凶手——的幌子。"彼得·伯格森"是假名,美国自由巴勒斯坦联盟主席的真名是希勒尔·库克(Hillel Kook),伊尔贡的资深成员。

库克的父亲是巴勒斯坦一位德高望重的拉比。他1940年来到美国,希望这个国家能协助他实现犹太复国主义的理想事业,让500万犹太人回到故土。但是,库克发现美国最重要的犹太组织——美国犹太复国主义紧急委员会(American Zionist Emergency Committee)陷入了分裂。委员会由拉比斯蒂芬·怀斯(Stephen Wise)和希勒尔·西弗尔(Hillel Silv)联手担任主席,但两人存在策略上的分歧:共和党人西弗尔希望向罗斯福施压,要他放弃中立态度;而怀斯和罗斯福同为民主党人,他们都不愿这么做。

库克对两人的争执不再抱有任何幻想,认为这就是犹太复国主义者故步自封的原因。1944年,他成立了美国自由巴勒斯坦联盟,目标是为伊尔贡筹款——反映了巴勒斯坦的犹太复国主义者日益激进的态度。他们同情伊尔贡的恐怖手段,认为犹太复国主义者与英国的抗争就像150年前美国的独立战争。1946年7月,美国自由巴勒斯坦联盟曾高呼:"作为同样反抗过大不列颠专制的民族,我们知道无论抗争多么艰辛、困苦,希伯来的大卫王(Hebrew David)必将会战胜英国的歌利亚

(British Goliath)。"[8] 一个星期后，库克又召开了新闻发布会。"世界上的文明国家都必须在这场冲突中选定立场，"他说，"要么站到英国侵略者那一边，那么站到希伯来受害者这一边。"[9]

　　库克最大的天赋是邀请各界名流为他的立场背书。鲍勃·霍普（Bob Hope）①、马克斯兄弟（Marx brothers）② 和雷昂纳德·伯恩斯坦（Leonard Bernstein）③ 都曾在他的公开活动中签名，其他重量级的人物还包括埃莉诺·罗斯福。这些名人——以及库克撒钱购买的整版广告，共同确保了联盟的名字时常出现在媒体。为了保证能对华盛顿施加影响力，库克还雇用了盖伊·吉勒特（Guy Gillette）。吉勒特曾是民主党参议员，但没能在1944年保住爱荷华州（Iowa）的席位。他的一名员工曾形容，吉勒特"也许是这副躯体上生得最英俊的男人"。他满头银发，魅力十足，杰出的口才使联盟在国会山（Capitol Hill）有了一席之地。[10]

　　英国当时不知道美国自由巴勒斯坦联盟和伊尔贡的关系，还允许吉勒特在酒店爆炸案后不久前往巴勒斯坦。那年8月，这位前参议员在耶路撒冷呼吁各方抛弃巴勒斯坦由联合国委任统治的方案。他在发给杜鲁门的一份电报中称，这个想法——英美调查委员会的建议——会使"一个被临时托管的独立国家沦为大英帝国的一个省份"。[11] 从巴勒斯坦回来后，他讽刺英国能够稳定中东局势根本是无稽之谈，坚称"如果英国人撤走，犹太人和阿拉伯人绝不会相互仇视"[12]。

---

① 鲍勃·霍普，美国喜剧演员。——译者注
② 马克斯兄弟，美国喜剧团体。——译者注
③ 雷昂纳德·伯恩斯坦，美国指挥家、作曲家。——译者注

随着中期选举临近，库克想出了一个绝妙的点子，让选民和政客不得不重视巴勒斯坦问题。1946年9月，投票前九个星期，美国自由巴勒斯坦联盟在百老汇上演了一出新剧目，《国旗的诞生》（*A Flag Is Born*）充分利用了库克在娱乐业的关系。剧本作者是本·赫克特（Ben Hecht），作曲是库尔特·韦尔（Kurt Weill），旁白朗诵是战地记者昆廷·雷诺兹（Quentin Reynolds）。《国旗的诞生》讲述了集中营里三个犹太幸存者试图移民巴勒斯坦的故事。他们受到了种种阻挠——尤其是来自英国人的——最终，只有马龙·白兰度（Marlon Brando）扮演的"大卫"踏上了巴勒斯坦的土地。"你们在哪里？你们在哪里？"演出的最后高潮阶段，白兰度不停叩问观众，"你们在哪里……大屠杀发生的时候，你们在哪里？当600万犹太人被烧死，被活埋时，你们在哪里？……哪儿都不在！你们应该为犹太人的哭泣而感到羞耻！我诅咒你们的沉默。现在，你们微微张开了口，你们的心在颤动——你们向欧洲的犹太人捐出一块钱、两块钱。谢谢！谢谢你们！"[13]

剧终前的这段独白设定了整场表演的基调。每场演出的最后，聚光灯都会打在演出经理身上，他会宣布当晚募得的每一分钱都会立刻电汇到国外，用来购买船只把犹太难民送往巴勒斯坦。演出至少募得了40万美元，相当于联盟在1946年开支的一半。[14]剧场还出售插画纪念品，几位巴勒斯坦的犹太先锋被描绘成了1776年革命中美国人的模样。不仅如此，他们还是伊尔贡的象征——在巴勒斯坦和外约旦地图的背景下，他们手中紧紧握着来复枪。[15]

演出激发了纽约人的政治热情。然而，库克和其他犹太复国主义者还是分别在共和党和民主党身上下注，不清楚究竟哪一方的政策能赢得城里"犹太人的选票"。正如一位英国官员在日后所说,犹太复国主义者"总是扬言他们在某地区有影响投票结果的能力,而当局总是太容易轻信他们"。[16]但毫无疑问的是,犹太人对纽约很重要。当民主党人发现,纽约市长、共和党人托马斯·杜威(Thomas Dewey)将在10月6日宣布支持犹太人移民巴勒斯坦后,立刻陷入了一阵惊慌。杜鲁门的智囊戴维·奈尔斯(David Niles)催促总统在市长之前表态。10月4日——犹太赎罪日(Yom Kippur)前夜,杜鲁门呼吁"通过可行的方式"建立"一个犹太国家"。[17]杜威在两天后更进一步,呼吁英国批准"十万"犹太移民进入巴勒斯坦。

杜鲁门的表态没能动摇11月的大选结果。杜威轻而易举连任了纽约市长,而且这是共和党自1928年以来首次赢得国会的多数议席。杜鲁门厌倦了"自私的"犹太代表们不停骚扰他。"上帝啊,即使您令世界蒙荫恩泽仍无法取悦他们,"他抱怨,"更别说凭我的一己之力了。"[18]后来,杜鲁门十分可笑地宣布赎罪日前的演讲和竞选无关,但贝文在第二年2月透露美国国务院曾明确告诉他,杜鲁门的讲话是为了削弱杜威的影响力。贝文在一片掌声中告诉内阁成员们,"如果巴勒斯坦问题被个别国家的选举利用,我就没法在国际关系的框架下解决问题了"。[19]贝文的说法激怒了杜鲁门。当天,美国总统的发言人不加掩饰地反驳,杜鲁门的发言其实没什么新意,只是反映了"总统希望解决巴勒斯坦问题的愿望"。[20]

杜鲁门一心认为建立一个犹太国家是好事。他考虑的不仅是美国的犹太人,还有数量更为庞大的新教徒(Protestants),后者一向视以色列人重回应许之地(Promised Land)为己任。库克在舆论宣传中经常使用"希伯来人"而不是"犹太人"

的表述，正是出于这个原因，许多美国人都将犹太复国主义者视为同胞，就连非裔美国人也支持杜鲁门解放受压迫者。1947年的民调显示，每两个美国人中就有一人支持建立犹太国家。[21]英国曾巧妙地暗示，杜鲁门的政策甚至让反犹人士都团结到了一起，否则美国就该为流离失所的欧洲犹太人寻找新家园了。

美国的战略算计同样不可忽视。3月初，杜鲁门在众议院发表了国情咨文。一年前，国务院中一位聪明的年轻人乔治·凯南（George Kennan）建议，美国应该"潜移默化地、谨慎坚定地遏制苏联的扩张倾向"。[22]于是，杜鲁门宣布美国政府将向希腊和土耳其提供资金援助——过去这曾是英国的事——这就是日后著名的"杜鲁门主义"（Truman Doctrine）。他主张，"自由人民正在抵抗少数武装分子以及外来势力，而美国的政策必须为他们提供支持"。[23]杜鲁门的讲话主要针对的是苏联，但对巴勒斯坦的英国当局起到了同样的讽刺效果。杜鲁门担心，"那些想入非非的人"只要一有机会，"就会拱手把整个国家让给斯大林"。[24]

美国自由巴勒斯坦联盟的目的达到了。他们不仅迫使主要党派在犹太移民问题上展开辩论，还恰到好处地点燃了美国和英国的紧张关系。库克试图引导美国的舆论：他的观点很快引起了其他人的共鸣。一位基督教信徒在犹太复国主义大会期间写道："巴勒斯坦抵抗运动中的勇敢的男人和女人，并不比波士顿倾茶事件（Boston Tea Party）①或1920年代爱尔兰独立战争

---

① 波士顿倾茶事件，1773年，北美殖民地的波士顿人民反对英国东印度公司垄断茶叶贸易的事件，引发了著名的美国独立战争。——译者注

(Irish rebels)① 的当事人更加激进。"他提议:"犹太人应该秉承同样的精神,在巴勒斯坦抵抗英国的暴政。他们必须不断壮大实力,因为前方的日子将更加艰难。"[25]

1946年12月,库克在巴黎成立了美国自由巴勒斯坦联盟的分支。为了赢得法国人的同情,他将伊尔贡的奋斗和法国在战争期间的抵抗运动相提并论。在美国,联盟主要靠收集好莱坞明星的签名背书;而在巴黎,法国自由巴勒斯坦联盟(Ligue Française pour la Palestine Libre)顺理成章地把上好的香烟递给了左岸(Rive Gauche)的知识分子们,他们甚至把办公地点选在了那儿,圣热尔曼区(St Germain)的弗拉蒙戈酒店(Hôtel Lutétia)。

法国自由巴勒斯坦联盟的最大胜利是争取到了西蒙娜·德·波伏娃(Simone de Beauvoir)② 和让·保罗·萨特(Jean-Paul Sartre)③ 的支持。战争期间,萨特曾为法国外交部长乔治·比多参与编辑过的《战斗报》(Combat)撰文。通过知识分子,联盟获得了许多作家和哲学家的支持,他们的见解时常发表在《回声报》(La Riposte)上。德高望重的法国前抵抗运动成员埃德加·富尔(Edgar Faure)④,以及曾与比多在全国抵抗运动委员会共事的达尼埃尔·马耶尔(Daniel Mayer)都签了名。许多法国政客这么做是为了弥补战争期间向德国人出卖犹太人的内心罪恶感。库克通过错综复杂的人脉关系,终于和最

---

① 爱尔兰独立战争,爱尔兰共和军发动的游击战,以反对英国政府的统治。——译者注
② 西蒙娜·德·波伏娃,法国著名存在主义作家,女权运动创始人之一。——译者注
③ 让·保罗·萨特,法国哲学家。——译者注
④ 埃德加·富尔,法国总理。——译者注

重要的人——乔治·比多本人建立了联系。他尽一切努力向这位外交部长保证,伊尔贡会在新建立的犹太国家为基督徒提供庇护。

英国对待一位男子的方式无形中增大了库克的赢面。1946年4月,英国在拉马特甘警察局袭击案中抓获了身负重伤的伊尔贡成员多夫·格鲁纳(Dov Gruner)。他的下巴受伤严重,出席庭审前在医院治疗了数月,但还是熬了过来。格鲁纳的下场并不令人意外,在1947年1月2日被判处了死刑,但他不承认英国法庭的合法性,拒绝上诉。格鲁纳的与众不同之处在于,他在加入伊尔贡前曾为英国浴血奋战。他出生在匈牙利,很小的时候就移民到巴勒斯坦。1939年战争爆发后,他自愿加入英国军队。起初,他被编到了辅助单位,但他为了上前线选择退出然后再重新应征入伍——日后,格鲁纳一路从北非打到了欧洲。

英国决定处死一位曾为英国的自由而战的人,引发了国际社会的震惊和谴责。为了挽救格鲁纳,伊尔贡在1月26日绑架了两位英国军官,其中一人是拉尔夫·温德姆(Sir Ralph Windham)法官。他当时正在聆讯一宗"十分无聊"的案子,就直接被伊尔贡抓走了。温德姆和抓他的人发现,他们对古典音乐有着相似的品位。英国推迟格鲁纳的绞刑,温德姆被释放后回忆两人相处得"十分友好"。[26]接下来的2月和3月,格鲁纳都被关在死囚牢房。英国政府做了最后一次努力,试图促成阿拉伯人和犹太人合作,但失败了。在发生另一宗爆炸案后,英国立即宣布军事戒严。民事法律诉讼程序恢复后,格鲁纳在没有预兆的状况下于4月16日被执行了绞刑。当时,他的姐姐正专程从费城赶来,却没能见到弟弟的最后一面。"我并不愿成为自己信仰的殉道者，"格鲁纳在遗书中写道，"但就如耶稣，我已经准备好为自己的人民牺牲。"[27]

"这是一场偷偷摸摸的谋杀。"美国自由巴勒斯坦联盟在一份广告中宣称。同一个星期内，他们还发布了另一则广告，"为了实现巴勒斯坦的自由"，邀请读者捐款"修建格鲁纳纪念碑"。[28] "现在只要筹得750万美元就能赢得巴勒斯坦的战争……这场胜利依靠的不是慈善，不是世界各大媒体社论版的赞誉，而是依靠希伯来战士的浴血奋斗……以及你们的资助。"

捐款纷至沓来。联盟想尽一切方法募款，甚至为西部海岸的黑手党组织（West Coast mafia）了一场筹款活动。[29] 臭名昭著的黑手党成员米奇·科恩（Mickey Cohen）在日后吹嘘，他为伊尔贡筹得了100万美元，虽然实际数字可能只有他夸口的十分之一，但依旧十分可观。[30]

英国一直在关注美国自由巴勒斯坦联盟的动向，对他们的举动愤恨不已，还多次游说杜鲁门阻止联盟刊登广告。希勒尔·库克在《纽约邮报》刊登了一封由本·赫克特撰写的"致巴勒斯坦恐怖分子"的公开信后，英国终于找到了机会。[31] "每一次，你们炸毁英国的军火库、捣毁英国的监狱、炸飞英国的铁路、抢劫英国的银行，或者把手枪和炸弹瞄准英国的叛徒和占领家园的入侵者，美国的犹太人都会在心中稍稍松一口气，当然，不是所有犹太人。让所有犹太人团结起来只有一个可能，让他们并排躺在大屠杀的万人坑。"

"如果英国共产党在媒体刊登这种广告，他们的下场会是什么？"英国外交部常务秘书在会见美国驻伦敦大使刘易斯·道格拉斯（Lewis Douglas）时暴跳如雷。[32] 他"请求"道格拉斯，尽其所能阻止美国自由巴勒斯坦联盟继续刊登类似广告，却没有奏效。起初，英国以为是美国当局忌惮犹太人的游说，后来才发现不是这么回事。一位英国官员承认，"真正的麻烦在于——无论是否牵涉国内政治，美国政府都无法用法律制裁类似做法"。[33]因此，美国自由巴勒斯坦联盟不仅可以继续发布广告，还可以免税，因为它是非营利性组织。

第二个月，杜鲁门的确向美国公民呼吁"保持克制……不要参与或为类似活动提供便利，从而煽动巴勒斯坦人民的情绪，破坏当地的法律和秩序，以及助长暴力行径"。但是，美国自由巴勒斯坦联盟根本不为所动。当联盟的发言人被问及是否会接受杜鲁门总统的要求，他的回答简洁又直白。

"当然不会。"他说。[34]

第28章　法国与犹太复国主义者的阴谋勾结

1947年4月15日,多夫·格鲁纳被执行死刑前几小时,伦敦白厅殖民地事务处总部的门外,一位衣着得体、体态迷人的年轻女子拿着一只小的蓝色手提袋,以及一只用报纸包裹的盒子走到门卫跟前,询问是否可以借用洗手间。门卫有些为难,于是她承认其实是丝袜抽丝了,需要换一双。正是这个细节唤起了门卫的绅士风度——也许纯粹只是他的想象,他把她带去了位于地下室的洗手间。直到那天晚些时候,这位女子已经离开很久,一位清洁工才发现落在便座上的包裹。她拿起包裹,撕开报纸,发现了一根引线,立刻意识到自己正托着一颗炸弹。然而,炸弹没有爆炸,因为它的计时器失灵了。

危机解除后,炸弹装置为伦敦警方提供了两条重要线索。它是法国制造的葛里炸药(gelignite),里面由24枚小炸药捆绑在一起形成集束炸弹[①]。此外,炸弹上的指纹来自1943年越狱的一名巴勒斯坦逃犯。门卫回忆起了另一条重要线索,惊慌失措的年轻女子离开时说着一口带法国口音的英文。警察局政治部的首席督察(Chief Inspector)琼斯(Jones)立刻飞往巴黎。媒体含糊其辞地报道,琼斯在"经过必要的调查"后会见了法

[①] 集束炸弹,是将小型炸弹集合在一起的炸弹,每枚小型炸弹称为子炸弹,因此又称子母炸弹。——译者注

国警察局的资深警官[1],还指出他很可能已经见过约翰·布鲁斯-洛克哈特(John Bruce-Lockhart)——英国军情六处巴黎分部的负责人。

尽管英国政府知道,伊尔贡和斯特恩帮正计划以巴黎为基地谋杀数位重要英国政客——包括丘吉尔和贝文,布鲁斯-洛克哈特却没能提供更多有效信息。[2]英国驻巴勒斯坦的情报官员担心,"黑局"的陆军上校亚历山德拉由于引起了英国的注意被调回法国后,他们很难再"像他还在中东时一样……近距离监视法国与犹太复国主义者的阴谋勾结"。后来,几宗看似毫无头绪的情报证实了他们的这种担心。[3]1947年初,军情六处巴黎分部报告,法国安全部的人正在巴黎接触梅纳赫姆·贝京。一个月后,他们又报告伊尔贡的领导人已经做了整形手术,但承认"目前还无法提供整容后的相貌"。[4]一直待在特拉维夫的贝京的确改变了容貌,但他只是蓄起了胡子。

这一切,都令首席督察琼斯的现身成了一场"及时雨",他终于带来了确切的情报。琼斯告诉布鲁斯-洛克哈特和法国当局,炸弹引线上的指纹来自斯特恩帮成员雅各布·拉文斯坦(Yaacov Levstein)。

时年30岁的拉文斯坦在俄国出生,是杰出的炸弹制造专家。1942年2月,他曾在帮派叛乱后的警察突袭中受伤、被捕。他的母亲去医院探望儿子时,无意透露了斯特恩在特拉维夫的藏身之处,才使英国探长杰弗里·莫顿一枪击毙了这位魅力非凡的恐怖主义组织领导人。拉文斯坦痊愈后,被判处终身监禁,但他并没有在监狱待很久。他在8个月后成功越狱,直到战争结束都没被抓住。其间,他从巴勒斯坦途经埃及,抵达巴黎。这个国家混乱失序、满目疮痍、武器泛滥,到处都可以找到同情人士。这里成了拉文斯坦重整旗鼓,以及与英国作对的最佳落脚地。

拉文斯坦到巴黎后去了法国外交部找亚历山德拉上校,但得知这位法国情报官暂时被派去了突尼斯。他后来回忆,酒店礼宾部在一个月后转告他楼下有一位重要访客想见他。"我立刻穿上外套,系上领带,飞奔下楼。"拉文斯坦回忆,"那里站着一位身材高大,颇有贵族气派的法国绅士。他拿着手杖,戴单片眼镜,还有一顶高礼帽。他在确认了我的身份后,就像一位老朋友似的拥抱了我。我们交谈了数分钟,他告诉我会让相关法国机构与我联络。"[5]之后,拉文斯坦向巴勒斯坦报告,亚历山德拉上校已经找到了他。

几天后,拉文斯坦再次见到了亚历山德拉。那时,斯特恩帮在贝鲁特负责处理法国情报的加贝尔·梅塞里(Gabriel Messeri)也加入了拉文斯坦,而亚历山德拉则带来了安德烈·布吕梅(André Blumel)。布吕梅是律师,曾担任法国总理莱昂·布鲁姆(Léon Blum)的智囊,也是法国的第一位犹太领导人。拉文斯坦和梅塞里向亚历山德拉和布鲁姆要求"一些武器和一个对付伦敦的秘密基地"。[6]根据拉文斯坦的说法,"布鲁姆告诉我们,他已经得到了法国政府授权,允许向我们透露法国政府在原则上愿意和斯特恩帮签署一份协议,再等几天就会更全面地研究相关事宜"。尽管布鲁姆最终没能落实这项协议,推说法国政府"可能会碰到政治上的麻烦",拉文斯坦还是向巴勒斯坦报告,法国正在考虑是否可以私下协助我们。"他希望斯特恩帮能获得一切对抗英国的必要支持。"[7]而作为报答,斯特恩帮同意不会在法国本土向英国发动袭击。

拉文斯坦还联络了戴维·克诺特(David Knout)。克诺特是出生在俄国的犹太人和诗人,曾在1942年1月协助组建了一个名为"犹太大军"(Armée Juive)的抵抗组织。1942年7月以后,维希政府禁止犹太人参与公共活动,驱逐了他们。当时,法国的犹太人积极投身抵抗运动,"犹太大军"在其中扮演了不可忽视的角色。他们把犹太人偷运出法国,走私洗钱,还试图谋杀背叛犹太人的告密分子。1943年秋天,他们又在黑山地区成立了一个名为"地下"(maquis)的分支。黑山位于法国地势崎岖的西南部,也是抵抗运动最活跃的地区。然而,对科诺特而言,"犹太大军"还有一个更加重要的愿景。战争结束后,他希望在巴勒斯坦建立一个犹太人的国家。克诺特写道,犹太人"除非一起展开全新的生活,否则就会一个接一个地死去"。[8]

克诺特为了协助拉文斯坦,自愿引荐了女儿贝蒂(Betty)。这个姑娘年仅19岁,但已经冒着生命危险在"犹太大军"做了通讯员。拉文斯坦和贝蒂·克诺特一起恢复了该组织在战争期间的网络,寻找武器的藏匿地点,招募新成员,还发行了一份时事通讯《独立报》(L'Indépendance)。

拉文斯坦还声称,他得到了法国哲学家让-保罗·萨特的支持。不久前,萨特刚在希勒尔·库克成立的法国自由巴勒斯坦联盟的呼吁书上签字。拉文斯坦甚至成功招募到了萨特在巴黎索邦大学(Sorbonne)的学生罗贝尔·米斯拉伊(Robert Misrahi),实施了向英国本土发起的第一次炸弹袭击。3月7日,米斯拉伊把炸弹——它被装在一件外套里,外套的垫肩被抽走换成了葛里炸药——留在了殖民地俱乐部(Colonies Club)。俱乐部位于伦敦的特拉法尔加广场(Trafalgar Square)附近,是军人们平时社交联谊的地方。警方将爆炸归咎于煤气泄漏,但斯特恩帮在第二天发表声明宣布对此事负责,还扬言爆炸袭击会继续下去，直到把英国赶出巴勒斯坦。

"只要计划周详又充满想象力，预防措施根本没有用。"拉文斯坦在日后写道。他有些沾沾自喜，米斯拉伊竟然不费吹灰之力就完成了任务。[9]但是，他从来不曾料到自己制作的炸弹成了哑弹。他的第二颗炸弹没能爆炸后，给伦敦警察局政治处的首席督察琼斯留下了充分证据，继而一路追到巴黎，迫使法国人逮捕了他。《世界报》（Le Monde）在4月18日报道，英国正在搜捕一位与殖民地事务处未引爆炸弹有关的女性。他们当时还不知道，那位女子正是贝蒂·克诺特。

英国要说服法国警方铲除犹太恐怖分子并不容易，因为法国内政部长爱德华·德普勒（Edouard Depreux）十分同情犹太复国主义者。德普勒一辈子都是社会党人，还相当崇敬前总理布鲁姆（Blum）。战争期间，身为犹太人的布鲁姆在德国的布痕瓦尔德（Buchenwald）和达豪（Dachau）躲藏了两年，每天都在担惊受怕中度过。大卫王酒店爆炸案发生后，布鲁姆声称"犹太恐怖主义没什么不对，只不过是一种绝望的反抗方式"。这位法国前总理还谴责英国政府煽动了恐怖主义，因为他们"一个接着一个关闭了巴勒斯坦的犹太人以及世界各地犹太复国主义者的希望通道"。[10]

德普勒站在了布鲁姆一边。1946年，法国西南部的几名警察没收了犹太复国主义者运送的武器。德普勒命令警方立即归还武器，好把它们送往巴勒斯坦；1947年春天，他还说服法国政府不必浪费太多精力检查离开法国的人们的护照；在五名伊尔贡和斯特恩帮的成员逃出英国在厄立特里亚（Eritrea）①的监

---

① 厄立特里亚，东非国家。——译者注

狱，进入附近法国的殖民地吉布提（Djibouti）[①]后，同样是德普勒为他们提供了庇护。五人之中的伊扎克·沙米尔记得，他和斯特恩帮的另一名成员阿里耶·本-埃利泽（Arieh Ben-Eliezer）到达法国东南部港口城市土伦（Toulon）时，"受到了最热情的款待……来自李海（Lehi）[②]和伊尔贡的老朋友们都来了。只要我和阿里耶乐意，无论想在法国住多久都可以"。[11]

英国开始追捕贝蒂·克诺特后，她在战争期间的抵抗运动中扮演的角色很快就不再是秘密。英国知道，法国安全局不会在她身上浪费太多精力。正如巴黎的一份报纸形容斯科特兰·亚德（Scotland Yard）和法国安全局之间的关系，"前者试图追捕贝蒂，后者则想尽办法营救她"。[12]英国警察局首席督察琼斯现身巴黎五个星期后，法国警方终于突袭了拉丁区的一间公寓，拘捕了五名学生，其中几位还是附近索邦大学的学生。警方缴获的塑料膜包装和炸弹制作设备均与放置在英国殖民地事务处的炸弹相匹配，但他们既没有找到拉文斯坦，也没有发现克诺特。

拉文斯坦为了履行和布吕梅之间的约定——不从法国本土袭击英国——于是，把一只装满书信炸弹的帆布背包先运往法属阿尔卑斯山与意大利接壤的地区，再从那里寄给数位著名的英国政客。这么一来，邮件就会由意大利都灵的邮政局负责处理。6月的第一个星期，邮件陆续寄到了英国，但幸运的是它们并没有爆炸。法庭在检测中发现，尽管是不起眼的细长邮件，拉文斯坦制造的炸弹的威力足够炸毁一整块钢板。英国财政大臣的秘书打开邮件时，感觉到它正在发热。于是，刚拿给她邮

[①] 吉布提，东非国家。——译者注
[②] 李海，位于犹他州。——译者注

件的人立刻将它一把夺回,塞进了消防桶;英国外交部长安东尼·艾登则一整天都携带这只邮件,还参加了每年 6 月 4 日在母校伊顿公学举行的庆祝活动;最倒霉的收件人是伦敦南部吉普赛山(Gipsy Hill)地区"诺伍德和达利奇洗衣店"(Norwood and Dulwich Laundry)的经理。他不幸与英国财政部的主计长阿瑟·格林伍德(Arthur Greenwood)同名同姓;还有一位值得一提的收件人则是早已去职的路易斯·斯皮尔斯。

那时,英国已经逮捕了拉文斯坦和贝蒂·克诺特。他们为了寄送更多书信炸弹以及袭击一艘前来访问的英国驱逐舰,在跨过比利时边境时被海关人员扣留。比利时海关发现贝蒂身穿一件由炸弹制成的束腹,还在两人身上搜到了和英国邮件炸弹相同的材料。不仅如此,贝蒂当时正手拎一只蓝色小手袋,与她企图袭击英国殖民地事务处时携带的那只一模一样。

英国政府向比利时施压,要求引渡拉文斯坦和贝蒂·克诺特,但比利时拒绝了,称他们犯的是"政治罪"。同情犹太复国主义事业的律师安德烈·布吕梅会见了两人,并为他们辩护。9 月,蒙斯(Mons)的一家法院判处贝蒂 12 个月监禁及罚款 1000 法郎;而为贝蒂提供了所有炸弹的拉文斯坦则只被判处 8 个月监禁及罚款 500 法郎。然而幸运的是,拉文斯坦被捕令他没能实施更加邪恶的计划——他从巴黎巴斯德研究院(Pasteur Institute)的一些同情人士处得到了霍乱细菌,原本计划把它们投入伦敦的下水道中。[13]

扣除拉文斯坦在监狱等待审判的时间,比利时只监禁了他 4 个月。但是,他刚跨过边境进入法国,就又被带到了当地的警察局。"我知道你的许多事,你不可能在我面前隐藏什么。"警察局长告诉他,"告诉我,我一定会保守秘密。你真的打算杀掉英国人吗？"拉文斯坦试图撇清和斯特恩帮的关系，但此时谈话突然转变了方向。"只要看到英国人，就该干掉他们。"警察局长告诉他，"他们都是骗子，这就是他们统治世界的方式。我对此深有体会。我曾在戴高乐领导的自由法国军队服役，上过黎巴嫩和叙利亚的战场。我们为了帮助英国人，在黎凡特的大地上洒下鲜血，可他们一旦控制了黎巴嫩和叙利亚的局势，就立刻把我们送去喂狗。"[14]他边说边拿来一瓶酒，给拉文斯坦和自己各倒了一杯。两人一饮而尽。

拉文斯坦在巴黎的行动宣告终结，但在不远处的伊尔贡成员依旧十分活跃。伊尔贡的领导人伊莱·塔文（Eli Tavin）毕业于耶路撒冷希伯来大学哲学系，长期在巴勒斯坦负责情报工作。莫因勋爵遇害后，他曾在哈加纳发起的捣毁恐怖主义组织的行动中被捕并遭虐待。他直到战争临近尾声时才获释，那时恰逢本-古里安下令哈加纳与伊尔贡和斯特恩帮展开合作。于是，塔文前往意大利招募流亡的犹太人，把他们训练成恐怖分子，再偷运到巴勒斯坦。1946年10月的一天，来自南非的犹太通讯员塞缪尔·卡茨（Samuel Katz）与他取得了联络。卡茨的一只鞋子的鞋跟里藏着一封给塔文的密报，要他去巴黎领导当地伊尔贡的行动。但在这之前，他要先炸毁英国驻罗马大使馆，那里是英国阻止犹太移民进入巴勒斯坦的关键场所。

10月31日凌晨，伊尔贡成员在英国大使馆门外留下了两只装满烈性炸药的手提箱，致使建筑物正面的墙壁被摧毁。随后，英国政客和军官又接到了一连串匿名恐吓电话。英国报纸刊发了危言耸听的头条。卡茨和塔文在英国首都汇合后，一起评估了罗马袭击的影响。卡茨欣喜地发现布告栏上写着"伊尔贡威胁伦敦"。[15]他在日后回忆，这种说法夸大了伊尔贡在当时的实力，但令他们十分受用。"直到1947年春天，我们都没有袭击伦敦的具体计划。更何况，我们还没有英国成员可以发动袭击。"

343　　塔文抵达巴黎后得知，他的前任什穆埃尔·阿里埃勒（Shmuel Ariel）已经和法国政府达成了一项共识，类似早年斯特恩帮和亚历山德拉上校的谈判成果。伊尔贡和斯特恩帮可以把巴黎当作基地，只要他们不从法国本土向英国发动袭击：伊丽莎白二世女王（Princess Elizabeth）——当今的英国女王——正计划在1948年访问法国。法国警方会见了伊尔贡成员，再三向他们确认不会袭击女王。阿里埃勒在圣热尔曼的弗拉蒙戈酒店办公起居，那里正是伊尔贡的另一个分支法国自由巴勒斯坦联盟办公室的所在地。正是因为阿里埃勒选择住在弗拉蒙戈酒店，才使伊尔贡的领导层决定让塔文取代他的位置——组织在资金上捉襟见肘，阿里埃勒的生活方式却太奢华了——但事实上，弗拉蒙戈酒店是个绝佳的办公场所。战争期间，此地曾被德国的军事情报机构征用，现在它已经成了一个信息交换中心，专门收集德国集中营幸存者的信息。人们在酒店大堂的通告栏里张贴照片，以及失踪家庭和朋友的信息。大屠杀的空前规模因此一目了然：弗拉蒙戈酒店成了招募伊尔贡在巴勒斯坦事业支持者的理想地点。

　　最早接触塔文的几个人之中，有一个人不是死亡集中营的幸存者，而是年仅33岁、来自纽约的一位拉比。巴鲁克·科尔夫（Baruch Korff）在12岁时移民美国。战争爆发后，他和库克的美国自由巴勒斯坦联盟搭上了关系，主要负责为联盟和其他类似组织获取纽约公共募资部门发放的街头筹款许可。日后，纽约一位女性公务员告诉英国当局，"联邦政府'高层'和地方政府经常破例向犹太组织签发筹款许可,还会在很久之前就预留时间给相熟的组织"。[16]

科尔夫在1947年夏末迁居巴黎,寻找是否有机会把犹太人空投到巴勒斯坦,以避过英国从海上阻止犹太人移民的策略。然而,他在法国外交部长面前娓娓而谈将犹太人大量转移到应许之地的计划后,只得到了礼貌的回绝。于是,科尔夫改变计划,决定雇佣一架私人飞机向伦敦空投传单和炸弹。他印刷了一万份传单,扬言英国政府"正在用犹太人的鲜血清洗女王的王冠,再用阿拉伯人的石油为它抛光"。他雇了一名飞行员,两人决定在9月4日清晨在巴黎郊外的机场会合。[17]然而,这位飞行员向法国安全局告了密。那天,他在机场跑道见到科尔夫时,二十名伪装成机师的法国警察立刻逮捕了他们。

事实上,法国并没有使出全力制止犹太复国主义者组织大量非法移民从法国南部向巴勒斯坦偷渡。那年3月,法国内阁同意不会严格检查愿意离开的人们的护照。这一决定的后果立竿见影。一个月后,英国大使达夫·库珀拜访了法国外交部,抗议"法国没能严加防范犹太人非法离境前往巴勒斯坦"。[18]比多虽然对此表示同情,却没有实际支持库珀。1947年夏天,一份报纸引用了一段警察和一群即将移民的犹太人之间的对话。警察问道,他们要去哪儿?"去玻利维亚,"带头的人回答,还拿出了大家的护照。"真是个有意思的国家。"警察说,他看了一眼文件,交还给了对方,"我很理解。我曾在叙利亚服役过三年。"[19]

不久,欧洲的犹太人都会聚到了法国南部的港口,准备登船。到了1947年中,每天晚上都有来来往往的卡车把100至500名犹太人载往港口。起初,他们以为要等上一个星期才能通过法国边境,因为那里的岗哨人员短缺,而法国官员又喜欢闲适的生活。但是犹太人渐渐意识到,许多官员都很同情他们。很快,港口就形成了一个由渔民、码头工人和船运公司组成的网络。那时,法国共产党为了让更多犹太人早日抵达马赛,甚至中断了一场搬运工人的大罢工。

在港口,难民们相继登上了哈加纳通过摩萨德(Mossad)[①]的协助找到的各类船只。"他妈的,"巴黎的一名哈加纳成员一边检查那些船只的适航性一边感叹道,"哥伦布发现美洲时搭乘的可是一艘49吨的驳船。"[20]哈加纳安排了数名法国记者一起登船。从他们发回的报道中,法国读者愈发同情犹太移民前往巴勒斯坦途中经历的艰难困苦。《巴黎人报》(*Le Parisien Libéré*)的记者皮埃尔·若弗鲁瓦(Pierre Joffroy)写道:"如果我能够长命百岁,一定不会忘记在'西奥多·赫茨尔号'(*Theodore Herzl*)[②]上度过的凶险时光,那简直是一座漂浮在海上的贫民窟。我的身边充斥着呻吟声、咒骂声,船舱肮脏不堪,还有不知从哪里流出的鲜血。"[21]

英国积极采取各种措施制止偷渡。1946年底,政府要求军情六处协助解决这个问题。军情六处提供了一系列方案,包括破坏船只的供水、供粮,甚至纵火,再把责任归咎给一个不存在的阿拉伯恐怖组织。1947年2月14日,政府批准了袭击停泊在意大利港口——而非法国港口——的一批空船,共有五艘船遭到了袭击。[22]

"出埃及号"(*Exodus*)是停泊在马赛港最著名的船只。它本来的名字是"沃菲尔德总统号"(*President Warfield*),定期往

[①] 摩萨德,以色列情报机构,主要从事恐怖袭击和反恐任务。——译者注
[②] 西奥多·赫茨尔,犹太复国主义运动的创始人。——译者注

返在美国东海岸中部的切萨皮克湾（Chesapeake Bay）和巴尔的摩（Baltimore）之间。船长是在波兰港口城市但泽（Danzig）出生的伊扎克·阿哈若诺维奇（Yitzhak Aharonovitch）。早年，他在伦敦受训成了水手，后来前往巴勒斯坦加入了"帕尔马奇号"的姐妹船"海上连号"（Palyam）。阿哈若诺维奇的事业平步青云，尽管这是因为"海上连号"根本没有其他专业水手。1946年底，他被派往巴尔的摩监督旅游船的改装，包括升级它们的引擎等。1947年6月12日，"沃菲尔德总统号"在阿哈若诺维奇的指挥下升起洪都拉斯国旗，横渡大西洋，抵达了马赛港并在那里停泊了三个星期之久。多夫·格鲁纳被处决后，哈加纳希望煽动英国采取更加激烈的手段，因为国际媒体此时正兴味盎然。他们重新将船只命名为"出埃及号"，让原先的"沃菲尔德总统号"成了计划的主角。

阿哈若诺维奇从马赛港获得补给后，现在正驾驶"出埃及号"向西航行，前往法国南部的塞特港（Sète）搭载乘客。塞特港一直十分热心协助犹太人，当地的议员是担任交通部长的犹太人朱尔·莫克（Jules Moch）。战争期间，他的儿子惨遭盖世太保的毒手，而他兄弟正是那里的地方长官。接下来的三天，超过4500名乘客从这里登船。哈加纳精心挑选了这批乘客，仔细算计了他们的新闻效应。一位被选中的乘客在日后表示，这在当时已经是公开的秘密，乘客中有许多处于怀孕后期的女性、带着孩子的年轻母亲，还有老人和病人，他们被陆续分配到了三层船舱中。7月12日，"出埃及号"朝着巴勒斯坦的方向起航了。阿哈若诺维奇的计划是尽量靠近巴勒斯坦的港口，接着全力发动经修复的引擎，使之达到最高航速——惊人的20节/小时，一举超过追赶他们的英国皇家海军。

英国知道，对峙的时刻即将到来。法国南部的英国特工提醒巴勒斯坦当局，摩萨德组织了13000名流亡者，准备偷渡他们。军情六处的一艘快艇搭载着相关人员，尾随"出埃及号"而行。但是，外交部当时已经决定不会采取破坏措施——军情六处从没有得到可以破坏船只的批准。12日，"出埃及号"驶往巴勒斯坦的这天，贝文正式向比多提出抗议。比多表示，如果英国皇家海军可以拦下"出埃及号"，船上的乘客就可以被遣返回法国。英国政府决定接受哈加纳的挑战。英国驻巴勒斯坦的布政司亚瑟·克里奇·琼斯（Arthur Creech Jones）告诉当地的高级专员，必须让船上的乘客离开，以便"清楚树立遣返（refoulement）的原则"。[23]

英国处理此事的方式的确引起了反感，但与克里奇·琼斯预计的大相径庭。"出埃及号"在地中海一路都被英国皇家海军尾随，但阿哈若诺维奇没能让引擎全速运转起来。7月18日凌晨，它在距离加沙20英里的地方——依旧属于公海——被两艘英国驱逐舰赶上。英国士兵举着短棒登上了"出埃及号"，包围了整艘船。但是，在船上的犹太人向他们投掷烟幕弹、烟火信号弹和催泪弹后，英国人开枪了。

甲板下方，阿哈若诺维奇依旧希望可以让船靠岸。但是，他的要求遭到了哈加纳司令的拒绝，因为"出埃及号"已经开始下沉。经过三个小时的抵抗——船上发生的一切都通过无线电传回了岸上——阿哈若诺维奇投降了。"出埃及号"被拖到了海法。在那里，三艘轮船正等着把乘客们送回法国。那天夜晚，还没等联合国巴勒斯坦特别委员会（United Nations Special Committee on Palestine）成员埃米尔·桑德斯特伦（Emil Sandström）和弗拉基米尔·西米克（Vladimir Simic）仔细勘察相关情况，第一艘船就启程驶向了马赛港。接近他们的人士表示，受伤的人们被拖下"出埃及号"的场面，从此改变了两人对英国委任统治的态度。

三艘船回到了波尔德布克（Port-de-Bouc）——罗讷河（river Rhône）的入海口处，英法两国间的摩擦爆发了。达夫·库珀对法国人暴跳如雷，形容他们的"做法完全不入流"——法国本该仔细检查护照，执行海洋公约的相关安全规定，但是他们竟然允许500名持伪造护照的犹太人登船。[24]法国外交部长乔治·比多则在暗地里不满英美政府背着他达成推进德国工业发展的协议，因此强调自己和库珀一样气愤。他又一次抵挡住了库珀的施压，决定不向英国提供协助。为了掩饰内心的真实感受，比多把问题归咎给了内阁中的社会党同僚德普勒、莫克以及莱昂·布鲁姆给他造成的压力。

库珀接到了贝文从白厅发出的命令，要求法国必须让被遣返的犹太人下船，但他认为这个想法简直太疯狂了。7月30日，三艘船抵达法国港口的第二天，法国媒体团结一致针对英国。巴黎一家酒店的经理告诉伊尔贡成员卡茨："我们一直和你们在一起。"然而，卡茨还不满足，反问道："难道你不认为你的政府可能会妥协，还会迫使乘客下船吗？""绝不可能！"那位经理反驳，"这样的政府一定会倒台"——他打了个响指——"就像这样。"[25]"法国人民怒火中烧。"伊尔贡的另一名成员写道，"他们对英国的仇恨在一夜之间死灰复燃了。我根本找不到合适的词语描述'出埃及号'上的乘客经历的一切，他们的恐惧，他们的愤恨。已经没有人会相信法国和英国曾是盟友。餐厅里、地铁上，甚至走在大马路上，我都会听到人们议论纷纷，就好像两个国家的人民正在相互开战。"[26]

只有31位犹太移民接受了法国的"邀请"——下船,其他人完全不顾英国的威胁——如果不照做就把他们送去德国,反正在那里他们也会面对相同的命运。双方僵持了三个星期后,"出埃及号"在8月23日再次起航。英国没有食言,犹太人这次的目的地是德国汉堡。1000名英国士兵和1500名德国警察已经严阵以待,他们会用水喉、警棍和催泪瓦斯把乘客全部赶下船。如此残忍的一幕表明英国已经无力控制巴勒斯坦的局势,也再次证实了联合国巴勒斯坦特别委员会的判断。几天前,委员会成员认为委任统治已经没有出路,提议在巴勒斯坦对犹太人和阿拉伯人实行分治,对耶路撒冷实行国际共管。伴随军乐队的演奏,犹太人被陆续安置到了两座废弃的集中营中。英国人本希望音乐可以盖过人群尖利的抗议声,但那刺耳的曲调正好为英国委任统治巴勒斯坦送上了终曲。

第 29 章　最后一班岗

1947年2月18日，筋疲力尽的欧内斯特·贝文宣布阿拉伯代表和犹太代表之间的最后谈判破裂，英国只能把问题交给联合国。当时还几乎没有人相信，这将拉开英国结束委任统治巴勒斯坦的序幕。[1]1776年以来，英国从未放弃过帝国版图上的任何一块拼图，更别提要他们主动放弃。

就连英国政府自己都不相信。贝文在私下告诉内阁："我们还在寻找控制中东的方法"，如果联合国支持建立巴勒斯坦联邦国家，希望可以继续由英国管理它。[2]一个星期后，他的同事、驻巴勒斯坦殖民大臣克里奇·琼斯明确表示，英国把问题交给联合国讨论绝不意味我们已经屈服。"我们不是向联合国让出委任统治权，"琼斯声称，"而是向联合国寻求解决问题的方法、听取他们的建议，如何更好地维持委任统治。如果委任统治不能以当下的方式顺利运转下去，我们可以做出哪些调整。"[3]克里奇·琼斯的话明显带有挑衅意味，这使伊尔贡和斯特恩帮更想加倍努力把英国赶出巴勒斯坦。

克里奇·琼斯发表讲话的第四天，伊尔贡在耶路撒冷炸毁了英国军官俱乐部，导致13人死亡、超过16人受伤；3月底，荷兰皇家壳牌炼油厂遭袭击，造成25万英镑损失；4月22日，地雷爆炸导致开罗—海法铁路沿线的一辆火车出轨，造成8人死亡、41人受伤；两天后，英国驻海法警察局政治部的负责人A. E. 康奎斯特（A. E. Conquest）在结束一天漫长的工作，把车停入家中车库时,被两名年轻犹太人枪杀。

犹太事务局再一次保证,一定会遏制恐怖主义。尽管哈加纳曾提醒英国,伊尔贡正计划在特拉维夫的警察局总部埋设地雷,从而挽救了数条人命,但犹太事务局的协助并没能扭转当地人对英国的憎恶印象。犹太领导人长期以来的反英说教影响了整整一代年轻的犹太人。《泰晤士报》指出,18年前,康奎斯特在1929年加入巴勒斯坦警察局时,"射杀他的两名犹太年轻人很可能还没出生"。[4]不仅如此,英国早就在反恐战争中一败涂地。他们本想在当地媒体刊登恐怖主义分子的照片,但各大报纸的编辑很快接到匿名电话,恐吓他们如果敢这么做的悲惨下场。英国的新闻通讯社路透社(Reuters)计划在巴勒斯坦开设分站时,伊尔贡不断威胁滋扰,直到他们取消计划;而同时伊尔贡却十分欢迎法新社(Agence France Presse)——那时它是法国政府的喉舌——在特拉维夫成立分社。

5月4日,伊尔贡向阿卡的监狱发起了大规模袭击。成员们伪装成英国士兵,在监狱的外墙——它早年曾是十字军城堡,享有牢不可破的美誉——上炸出了一个大窟窿,数百名阿拉伯囚犯和近30名犹太恐怖分子成功越狱。当时,英国士兵正在阿卡南部的海边游泳度假。他们迅速组织了一次针对伊尔贡成员的伏击,造成9人死亡、8人被俘虏,但大部分囚犯还是从此逍遥法外。

巴勒斯坦警察局受到了伦敦的强烈谴责,英国陆军部宣布会采取非常手段向恐怖分子宣战。蒙哥马利要求批准使用"强力"措施,内阁决定让禁卫军官伯纳德·弗格森(Bernard Fergusson)招募一支特别行动队以剿灭犹太恐怖主义分子。[5]弗格森曾在巴勒斯坦服役,后来加入了缅甸的远征军(Chindits)。

他和奥德·温盖特是老相识，希望十年前温盖特在耶路撒冷和特拉维夫的大街小巷发起的狙击如今依旧能够发挥作用。他开始招募精干的士兵做些卑鄙的勾当，挑中的人之中就有他在桑德赫斯特（Sandhurst）① 教过的学生、26 岁的军官罗伊·法兰（Roy Farran）。法兰曾担任特种空勤团（Special Air Service）指挥官，他表现抢眼，敌后作战经验十分丰富。如同许多战争中的英雄人物，法兰对和平年代怀有深切的不安，于是立刻答应了老师的请求，承诺会再次投入残暴的战斗。

1947 年 3 月，法兰身穿警察制服抵达巴勒斯坦，精心挑选了一支小分队。他们在阿拉伯城市杰宁（Jenin）② 进行了数个星期的射击练习后，开始出动抓捕恐怖分子。5 月 6 日，法兰在最初的行动中就失控了。那天，他的小分队穿便装，驾驶着普通汽车包围了耶路撒冷西部里哈维亚（Rehavia）的郊区。队员们遇到了 6 岁男孩亚历山大·鲁伯维兹（Alexander Rubowitz）正在为斯特恩帮张贴海报。法兰追着他跑出了好几条街，连头上的软毡帽都跑丢了才终于逮住男孩。他把男孩塞进汽车，绝尘而去。从此，再也没有人看见过鲁伯维兹。

第二天，法兰向弗格森承认在审讯中杀害了鲁伯维兹，弗格森提醒了新上任的巴勒斯坦警察局长尼科尔·格雷（Nicol Gray）发生的一切。起初，格雷的想法和弗格森、法兰一致，他们都想避免启动调查。但是，媒体曝光了鲁伯维兹失踪和在现场捡到了印着法兰名字毡帽的消息。掩盖为时已晚——即使巴勒斯坦警察局当时仍拒绝承认知晓鲁伯维兹失踪的消息。格雷非常不情愿地把这个案件交给了副手阿瑟·贾尔斯，要求他

---

① 桑德赫斯特，英国皇家军官学校所在地。——译者注
② 杰宁，现巴勒斯坦中北部城市。——译者注

负责接下来的行动。

贾尔斯——他还是第一次听说斯特恩帮和法国之间的勾当——完全没有时间处理格雷交代的工作。他是"空降"官员，对警察工作几乎一无所知。他将谋杀一事知会了巴勒斯坦的殖民大臣，之后就不再有其他动作。而那时法兰担心自己变成替罪羊，已经逃到叙利亚寻求政治庇护。最后，他的前指挥官说服了他，才让他面对现实。

法兰回到巴勒斯坦时，恰逢联合国巴勒斯坦特别委员会的23名成员在当地评估英国委任统治的情况，但是法兰并没有久留。两天后，他又逃跑了。媒体逐渐把法兰和鲁伯维兹失踪案联系到一起，巴勒斯坦警察中反感军官插手的警员向媒体爆料，法兰就是杀害男孩的凶手。联合国巴勒斯坦特别委员会的代表在巡视巴勒斯坦期间发现，虽然伦敦政府百般否认，但他们显然也在巴勒斯坦实施恐怖行动。6月28日，斯特恩帮为了报复，在两次袭击中使5名士兵死亡、2名士兵受伤。去世的士兵中有一人是法兰的朋友，于是他又一次屈服了。那年秋天，法兰终于被送上了审判席，但弗格森拒绝复述这位年轻军官在5月7日告诉他的话。除此之外，法兰在一份笔记中清楚承认了应该为鲁伯维兹的死负责，但法庭没有接纳它为呈堂证供。即使证据确凿，法兰还是被无罪释放了。[6]

法兰的获释引来了英国媒体的一阵欢呼。当时，英国国内弥漫着一股仇恨犹太复国主义者的情绪——事实上，有些省份是反犹情绪。7月29日，英国不顾联合国巴勒斯坦特别委员会成员的求情，处死了他们在阿卡劫狱案中抓获的三名伊尔贡成员。伊尔贡决定血债血偿。梅纳赫姆·贝京在私下会见联合国巴勒斯坦特别委员会主席埃米尔·桑德斯特伦时警告："如果英国处死伊尔贡成员，伊尔贡就会用同样的方式——绞死英国人。"[7]

贝京发出威胁的那天是7月30日。同一天，伊尔贡宣布处死了两名英国士兵克利夫·马丁（Cliff Martin）和默文·佩斯（Mervyn Paice）。两个星期前，他们在从酒吧回家的途中遭绑架。伊尔贡的公告拙劣地模仿了英国的法律术语，扬言这两名死者属于一个"非法恐怖组织"，即"英国在巴勒斯坦的占领军队"，犯下了"非法进入希伯来的领土"以及"非法携带武器"的罪行。[8]斯特恩帮在舆论攻势中把目标对准了英国普通士兵。他们强调之前也曾绑架过军官，而且英国的确因此赦免或推迟处死过伊尔贡的成员，但如果被绑架的只是普通士兵，英国一定不会在意。[9]从此以后，英国再没有在巴勒斯坦执行死刑。

第二天，人们又在内坦亚（Netanya）附近的桉树林中发现了两具英国士兵的尸体。媒体得到许可，在现场拍摄了大量惨不忍睹的照片。《每日快报》（*Daily Express*）给照片配的标题是："绞死的英国士兵：震惊世界的照片"。[10]士兵尸体的下方埋设了地雷，只要人们剪断绳索就会爆炸。在爆炸的巨大冲击力下，一名士兵的遗体被弹到20码开外，人们甚至在200码以外的地方找到了另一具遗体的碎片。媒体报道了可怕的场景，以及恐怖分子设下的恶作剧。8月的第一个星期，英国的十几座城市、城镇爆发了骚乱。在利物浦，超过300处犹太人的房屋遭袭击，警方逮捕了88人；在英格兰西北部港口城市索尔福德（Salford），两名女性在向两家犹太店铺投掷砖块时被逮捕。"是的，的确是我们做的。"她们回答，"因为老板是犹太人。"[11]

一个星期后，英国财政大臣休·道尔顿在给艾德礼的信中写道，无论联合国巴勒斯坦特别委员会将做出什么决定，英国是时候离开巴勒斯坦了。"现在的情况不仅造成了我们在人力和财力上的巨大损失,而且正如你我的一致看法,巴勒斯坦已经没有实质上的战略价值——没有人会把大本营设在马蜂窝上。我们的年轻人所处的环境相当恶劣,而且我看不到其中有任何好处。不仅如此,反犹情绪还在以前所未有的速度蔓延。"[12]

联合国巴勒斯坦特别委员会也认为应该结束英国对巴勒斯坦的委任统治,几名成员当时还亲眼见证了正在爆发的"出埃及号"危机。委员会在 9 月 1 日宣布,11 个国家的代表中,有 8 个国家的代表支持阿拉伯国家和犹太国家的分治方案,并同时在耶路撒冷建立国际共管区;3 个反对国家的代表分别来自印度、伊朗和南斯拉夫——国内均拥有数量可观的穆斯林,他们更倾向建立一个统一的联邦政府。

艾德礼认为这个结果对阿拉伯人不公平,而且双方的仇恨根本不可能化解。因此不等新一届联合国大会讨论该方案,英国政府就在 9 月 26 日宣布,无论联合国的决议如何,英国都会在第二年——1948 年 5 月 14 日,单方面从巴勒斯坦撤军。这是对联合国的公然挑衅,其实是在暗示无论联合国大会的结果如何,英国撤军后必定会实行某种形式的分治。正如贝文所言,"巴勒斯坦会以自己的方式分裂"。[13]

巴勒斯坦分治方案需要三分之二同意票才能通过。11 月,联合国大会将在纽约的法拉盛草原(Flushing Meadow)召开,讨论相关议题。这是犹太复国主义代表的"主场作战"。他们组织了许多当地支持者在大楼外示威,还进行了十分巧妙的游说。犹太人在组织和诉求上的一致性,与一盘散沙的巴勒斯坦阿拉伯代表以及周边阿拉伯国家的代表们,形成了鲜明的反差。一位失望的英国官员写道,"(阿拉伯人)真是二流"。[14]尽管如此，犹太复国主义代表并没有立刻占据优势，推动他们心仪的决议通过。他们设法把投票时间推迟到三天后的11月29日。纽约的犹太复国主义支持者因此争取到时间向摇摆州施加更大压力——通过向美国总统施压的方式——而就在一年前，这个男人刚被迫为争取犹太人的选票上演过一场露骨的表演。在联合国中，还有一个尚未做出决定的国家引起了犹太复国主义者的特别关注：法国。

11月26日——计划开始投票的当天——犹太商人贝尔纳·巴鲁克（Bernard Baruch）拜访了法国驻联合国代表亚历山大·帕罗迪（Alexandre Parodi）。巴鲁克身形高大、样貌英俊，早年凭做空外汇市场积累了可观的财富。现在，他已年近80岁，一向与民主党交好。1912年的总统大选中，他就曾出资支持伍德罗·威尔逊——而当时帕罗迪才只有11岁。战争期间，巴鲁克虽然没有官方头衔，却是富兰克林·D. 罗斯福身边极有影响力的经济智囊。不久前，杜鲁门刚任命他出任新成立的驻联合国原子能机构（UN Atomic Agency Commission）大使。巴鲁克在美国拥有不俗的影响力，但他还有一个谨慎隐藏的身份——伊尔贡和这个恐怖主义组织的"门面"美国自由巴勒斯坦联盟的支持者。美国自由巴勒斯坦联盟不停刊登耸人听闻的广告以来，纷纷有人与联盟撇清关系，但巴鲁克找到了这些广告的写手本·赫克特。"我站在你这边。"他告诉赫克特，"当犹太战士端着长枪在茂盛的草原作战时，我就在你们的身边。"[15]

巴鲁克告诉面前身材矮小、其貌不扬的帕罗迪，如果法国不支持分治方案——他知道，杜鲁门总统已经在私下表示支持这个方案——在美国上市的法国公司的股票就会应声下跌。他还暗示，法国的拒绝一定会惹恼杜鲁门，而如果杜鲁门不高兴，美国政府的最坏打算可能是停止援助法国。帕罗迪立刻提醒法国大使亨利·博内他被威胁了。[16]同一天，博内就向法国外交部长乔治·比多报告了此事。

直到那时，比多一直认为法国必须在巴勒斯坦问题上采取谨慎立场。如果法国支持分治方案，可能会引发北非法属阿拉伯殖民地的连锁反应。因此，他很担心公开支持犹太复国主义者的后果，而且英国政府曾表示分治方案不是唯一的出路。8个月前，联合国巴勒斯坦特别委员会筹建期间，帕罗迪才为了迎合阿拉伯人的利益呼吁联合国介入以"调解"争端。到了10月中旬投票在所难免后，比多又命令帕罗迪尽一切可能拖延投票时间。

但是，法国外交部内出现了两种分化态度。虽然比多倾向削弱英国的实力，迫使法国的宿敌平等对待它的邻国，但外交部的许多同僚并不认同他的看法。外交部里最资深的官员让·肖韦尔（Jean Chauvel）认为，不应该投票赞成分治。他曾在9月时明确告诉阿拉伯高级委员会中的巴勒斯坦特使，法国不会不顾阿拉伯人的利益。

如今，法国在考虑是否支持分治方案时，不仅要评估北非法属殖民地爆发骚乱的可能性，还增加了另一个风险，即美国可能会中止对法国的援助，而这笔钱对国家重建十分关键。法国已经耗尽了外汇储备，国际收支逆差高达100亿法郎。法国解放后，美国向法国提供了20多亿美元贷款。但是，新上任的美国国务卿乔治·卡特利特·马歇尔在那年夏天宣布了以他名字命名的重建计划，法国最担心的是美国会把德国作为援助重点。"出埃及号"危机期间，美国和英国已经达成了一项惠及德国而非法国的协议，加上法国共产党在那年秋天制造的麻烦，美国国务院绝不会在新的援助计划中对法国更加慷慨。

11月29日，比多在评估诸多危机后做出了决定。他在投票前一天告诉委员会，需要再推迟24小时，以便促成可能的妥协——主要是为了平息阿拉伯殖民地民众的情绪。最终，比多为法国投下了支持分治的一票。正如犹太复国主义者所料，法国的邻国比利时、卢森堡与荷兰都跟着投下了赞成票。

联合国通过这项决议需要三分之二赞成票，因此能够争取到这4票显然十分关键。最终的投票结果咬得很紧：33票赞成，13票反对；10个国家投了弃权票，其中包括英国。投票结果的影响在巴勒斯坦立竿见影。英国驻巴勒斯坦总司令记录道，犹太人陷入了"歇斯底里的狂欢"，阿拉伯人却"震惊得目瞪口呆"；[17] 在特拉维夫，人群的欢呼声此起彼伏，众人高喊着"法国万岁！"[18]

杜鲁门日后承认，他一直饱受"几位极端犹太复国主义领导人"的"密集轰炸"，他们"甚至建议美国向主权国家施压，迫使他们在联合国大会上投赞成票"。[19] 但是，杜鲁门拒绝承认曾向这种空前的压力屈服，也不愿承认美国在投票前影响过其他国家的决定。"我从没有批准把强者的意志强加到弱者身上，不管是在人与人之间，还是在国与国之间。我们的确资助了希腊，事实上，我们还协助菲律宾人实现了独立。但是，这并不意味他们要在巴勒斯坦分治或其他问题的投票上成为美国的附庸。"然而，美国大使帕鲁克对帕罗迪的威胁却与杜鲁门的高尚说辞背道而驰。唯一的可能是——要么杜鲁门在撒谎，要么杜鲁门从未全面掌握控制局势的权力。有意思的是，杜鲁门在一系列否认中完全没有提及法国。

联合国大会的结果没有让欢快的气氛持续多久。犹太复国主义者很快意识到,他们现在必须为自己的生存而战。投票第二天,阿拉伯人就开始攻击犹太定居点。犹太复国主义者知道,来自各个方面的进攻只会更加猛烈。他们的最大威胁是驻扎在外约旦、由英国一手训练和武装的阿拉伯军团。但是,他们早就开始秘密和阿拉伯国王阿卜杜拉谈判,促成了在联合国巴勒斯坦特别委员会决议框架下,对双方都有利的分治方案。此外,犹太人为了牵制其他阿拉伯国家还需要更先进的武器。一位哈加纳成员抱怨:"我的手枪就像玩具似的,和小姐们拿来射杀情人的手枪没什么两样。"[20]

1947年11月,埃胡德·阿夫里埃勒(Ehud Avriel)被派往巴黎为哈加纳购买武器。阿夫里埃勒出生在奥地利,后来才移民到巴勒斯坦。当时,犹太事务局正心急火燎地组建一支常规军。没过多久,就有人主动找上门来。"我到巴黎的第二天,就像挖到了金矿……一位绅士来见我……还带着捷克斯洛伐克军工厂生产的武器目录。第二次世界大战爆发前,他就曾为罗马尼亚购买过武器。"不过有个麻烦:捷克斯洛伐克只做政府与政府间的交易。但是,这个规定并没有困扰到阿夫里埃勒。"很幸运,我们以前曾协助一个高贵的政府偷渡非法移民,现在还留着当时的官方公函和印章。"那位绅士解释,"我们可以使用它们。"交易完成后,在法国政府的默许下,捷克斯洛伐克的武器经法国境内运往巴勒斯坦。[21]不仅如此,法国还动用美国的贷款直接资助犹太复国主义者购买武器。1948年1月,乔治·比多批准了使用2600万美元贷款武装8000名哈加纳战士。

法国愿意协助犹太复国主义者的部分原因在于认定英国其实无意离开巴勒斯坦。12月11日，英国政府再次强调委任统治将于第二年的5月14日终结。但是，哈加纳在四天后得到的一批秘密文件却与这种说法大相径庭。12月15日，哈加纳截获了一辆从贝鲁特驶来的英国卡车——正准备把斯皮尔斯任务的相关档案运往海法，再转运回国。哈加纳弄清楚这批文件的重要性后，立刻通知了法国。几个小时内，一名法国情报官员就伪装成记者前往特拉维夫翻阅这些资料。

文件透露了战争期间英国在黎巴嫩和叙利亚的间谍行动，还证实了法国长久以来的怀疑。比如，叙利亚总统库瓦特里的私人秘书穆赫辛·巴拉齐（Muhsin al-Barazi）是英国特工，主要受沃尔特·弗兰西斯·斯特林指挥，而斯特林一直在大马士革待到了战争结束。此外，英国还从伊本·沙特的医生处获取情报。德鲁兹人叛乱爆发后，法国就怀疑这位医生的上线沃尔特·斯马特在运作一个情报网。斯马特是英国前驻大马士革的领事，他的仕途称不上平步青云，如今在英国驻开罗大使馆担任中东事务大臣。[22]

法国官员收集到的情报加深了他们的疑虑。正如一位知情人士的说法，英国是"从前门离开，又从窗户溜回来"。[23]法国的猜测没错。贝文曾在一次内阁会议上承认，英国正寻求继续在中东发挥影响力的途径，尤其是为了抗衡美国的势力。1947年底，他们把所有希望都寄托在了一个人身上：国王阿卜杜拉。

当年托马斯·爱德华·劳伦斯为了支持心仪的费萨尔，曾故意诽谤他的哥哥阿卜杜拉"更像个商人"。此事距今已经31年，而且劳伦斯和费萨尔都去世了，英国早就把信任转移到了费萨尔的哥哥身上。靠着英国的资金和军事资源，阿卜杜拉在

1939年成了英国最信赖的阿拉伯盟友。法国结束对叙利亚和黎巴嫩的统治后，英国终于在1946年3月和阿卜杜拉签署协议，结束了在外约旦的委任统治。外约旦从此更名为约旦，成为独立国家。但是，英国在接下来的25年内可以继续在约旦境内保有军事基地，而阿卜杜拉也会持续获得英国的资金援助。两国签署的协议中还附带一个秘密条款，英国同意资助约旦军队，增强阿卜杜拉的实力，这就是由英国军官约翰·巴戈特·格拉布指挥的阿拉伯军团。英国外交官曾给阿卜杜拉取过一个花名，"贝文先生的小国王"（Mr Bevin's little king）。[24]

约旦在英国面前卑躬屈膝早就不是什么秘密。无论美国还是苏联，只要希望在中东地区树立影响力，都会首先考虑让约旦独立。但是，阿卜杜拉和英国走得更近的确有一个优势。早在1946年，他就得知英国在考虑撤离巴勒斯坦，从中嗅到了实现自己长久以来野心——创建并统治"大叙利亚"地区——的时机。他计划趁英国撤离的混乱之际，让巴勒斯坦的阿拉伯地区和约旦合并，再接着统治耶路撒冷，凭着这股政治势头，继而把叙利亚和伊拉克也收入囊中。

1946年8月，阿卜杜拉尝试寻求犹太事务局的支持。"我已经66岁了，"国王告诉事务局中的资深阿拉伯事务专家伊莱亚斯·萨松（Elias Sasson），"剩下的时日不多了。在整个阿拉伯世界，你都再找不出像我这么务实的阿拉伯领导人。你有两个选择：加入我，我们一起合作；或者彻底放弃我。"[25] 1947年4月，阿卜杜拉和伊拉克达成一项"兄弟与联盟"协议。那年底，他又忙着说服德鲁兹人脱离叙利亚。

阿卜杜拉不止向犹太复国主义者袒露了心迹，还和英国驻阿曼的首席代表亚历克·柯克布赖德公开谈论过统治"大叙利亚"的梦想。柯克布赖德十分欣赏国王的理想。他还年轻时就和劳伦斯一起与阿拉伯人并肩作战，平息了1916年至1918年的阿拉伯大起义。但是，柯克布赖德认为国王在周边阿拉伯国家不受欢迎，很难判断他是否能梦想成真。尽管如此，他很清楚让约旦吞并巴勒斯坦阿拉伯地区的好处。他向伦敦报告时使用了一套外交辞令，称这种做法"不会违背英国的利益"——如果阿卜杜拉成功，他就能控制加沙的地中海入海口，这十分符合英国的战略利益。[26]

联合国大会就分治方案投票前12天，犹太事务局代表、未来的以色列总理果尔达·梅厄（Golda Meir）不顾危险在约旦会见了阿卜杜拉。尽管她直接拒绝了国王的提议，表示犹太人无意参与他的宏大计划，两人还是一致同意在双方之间划分巴勒斯坦。他们都坚决认为巴勒斯坦的阿拉伯地区不该落入大穆夫提的手中。近来，大穆夫提重新在叙利亚露面。由于在战争期间支持希特勒，他之前一直都被软禁在巴黎。

对英国而言，只要谨言慎行就可以支持国王的方案。1948年2月7日，贝文在伦敦秘密会见阿卜杜拉的总理陶菲克帕夏（Tawfiq Pasha）时，清楚表明英国政府不会干涉国王的计划。陶菲克则表示，英国撤离后，阿拉伯军团会占领英国留下的空缺。贝文回答："这无可厚非，但不要入侵划给犹太人的领土。"[27]

与此同时，巴勒斯坦的暴力正愈演愈烈。1947年12月底，伊尔贡的恐怖分子在海法的炼油厂向一群阿拉伯人投掷手榴弹，导致阿拉伯人疯狂屠杀犹太人，造成了41名犹太人死亡、超过11人受伤；三天后，犹太人为了报复，在海法杀害了14名阿拉伯人。其间，数百名全副武装的阿拉伯人，包括显眼的游击队领袖法齐·卡伍奇堂而皇之地进入了巴勒斯坦。犹太复国主义者谴责英国袖手旁观，但遭到了对方的强烈否认。英国驻巴勒斯坦高级专员表示，过去一个月来，如果没有"安全部队付出的努力，两派人早就杀得眼红，两败俱伤了"。[28]

其实，这已经是不可忽视的现实。巴勒斯坦委员会——联合国新成立的执行分治决议的机构——在1948年2月16日报告，联合国大会投票三个月后，已经有超过2778人在巴勒斯坦遇害或受伤，绝大部分是犹太人或阿拉伯人。该委员会警告，除非"采取充足的措施保障他们的权威性"，否则当地的安全可能全盘崩溃。阿拉伯高级委员会已经表示会用武力对抗建立犹太国家，而阿拉伯人的士气正日益高涨。[29]巴勒斯坦委员会的意思一目了然：巴勒斯坦将成为考验联合国权威性的第一个重大挑战。如果联合国无法交出满意答卷，很可能就不会有第二次机会了。

然而，没有国家愿意派遣军队。美国驻联合国代表沃伦·奥斯汀（Warren Austin）指出，不能使用武力。他援引《联合国宪章》（United Nations Charter）中的相关规定，认为只能在国际冲突中维持和平才能出兵。但是，奥斯汀真正的担心是国内民意不会拥护美国参战，还可能会导致苏联军队插手；法国也不愿意出兵。虽然北非法属殖民地的阿拉伯人，出人意料地平静接受了巴勒斯坦分治的结果，法国始终不想以武力落实针对巴勒斯坦阿拉伯人的决议；而英国外交部长欧内斯特·贝文早就决定，不会让联合国安理会成员以为英国可能在5月14日之后继续承担任何责任。

2月24日，奥斯汀最后一次提议达成妥协方案，但很快被安理会的其他成员否决。法国代表帕罗迪告诉自己的政府，他认为分治方案"已死",从结束委任统治到稳定当地局势期间需要一个临时托管机构。3月5日,他在一次演讲中宣布法国不再支持分治方案。3月20日,美国国务卿乔治·马歇尔在阿拉伯人、犹太人,甚至安理会内部均未形成共识之下,就召开了新闻发布会。美国担心,英国在5月慌忙撤出后会造成无人维持当地秩序和法律的乱局。正如帕罗迪所料,马歇尔也提出成立一个托管机构。[30]随后,美国国务院接触了英国政府,试探这种做法是否可行。

简而言之,英国方面的答案是不行。3月22日,贝文在一次内阁会议上谈到了美国人的惊慌。他沾沾自喜地告诉同僚们,当初杜鲁门"为美国选举影响外交政策"时就该料到这种结局,他现在可不想让英国军队蹚浑水。[31]那时,英国议会已经批准结束委任统治。起初,贝文还想拖延,让他至少有时间考虑马歇尔的提议。但是,他在得知这可能意味英国还愿意留在巴勒斯坦后,就改变了主意。"好吧,"贝文下定了决心般说道,"通过它。"

三天后,伊尔贡驻巴黎的代表什穆埃尔·阿里埃勒向法国外交部提交了一份备忘录。他提议伊尔贡和法国政府达成一项协议,让法国武装伊尔贡的2个旅,以及在5月14日以后允许他们在法国的领土上建立一个大本营。[32]阿里埃勒把信交给了政府中的联络员,还在附言中表达希望乔治·比多尽快批准提议。"事态紧急,"他在结尾处写道,"请在得知好消息后立刻通知我,我将对此感激不尽。"[33]

这一举动再次激活了伊尔贡和法国政府的友好关系,而在不久前它刚濒临破裂。美国在刚过去的12月宣布将限制武器运往中东，并向盟国发出了同样的呼吁。1948年3月5日，法国官员在马赛港截获了一批武器，还逮捕了相关情报人员——几名伊尔贡成员。迄今为止，伊尔贡一直使用一家拉链厂的设备生产武器，他们急需一批更好、更新的武器。"我们根本没有时间庆祝。"塞缪尔·卡茨回忆，"我们的需求和资源之间存在巨大落差，想想都令人担心。武装5000名伊尔贡战士还不够，我们还要武装自己的军人。"[34]

伊尔贡为了说服法国政府归还武器、释放情报人员，派代表会见了法国驻巴勒斯坦特使勒内·拉沙里埃（René de Lacharrière）。伊尔贡提醒拉沙里埃，英国正在为阿卜杜拉提供武器，还警告："法国警察一向对我们睁一只眼，闭一只眼。在这个节骨眼上，如果逮捕我们的朋友、折磨他们，就是和我们作对……我们会很遗憾地认为法国抛弃了以往的政策，不再支持受压迫的人民。"他还表示，是否归还武器是"性命攸关的事"。[35]这次会面让拉沙里埃十分困扰。他提醒巴黎，"伊尔贡是现在巴勒斯坦的一支关键力量，我们最好不要把他们变成敌人。事实上，他们迄今为止的行动还间接实现了法国的利益"。

在巴黎，比多和他的智囊们都同意这种说法。法国自由巴勒斯坦联盟创始人希勒尔·库克已经游说过他们，因此他们很清楚英国正想方设法突破武器禁运。那年早些时候，法国情报人员成功挫败了一起瑞士公司和埃塞俄比亚之间的武器交易。武器的真正收货方是埃及和约旦，而中间人正是英国。法国不愿让英国在最后几个月的混乱时期占便宜。于是，当伊尔贡扬言要把犹太国家扩张到约旦并击退阿拉伯军团，对法国而言倒成了个好主意。

比多的智囊雅克·布瓦西耶（Jacques Boissier）尤其倾向

伊尔贡。5月初，他就在一份备忘录中提出法国应该支持伊尔贡，形容他们"不仅是一撮恐怖分子或游击队员"，还是"一支纪律严谨的军队。他们接受过良好训练，服从指挥，而且抱着必胜的信念"。[36]他认为法国政府不必顾及美国倡导的武器禁运，"不要过多干涉犹太人在法国境内秘密购买武器以及利用法国领土转运武器"。比多接受了这个建议。5月底，比多和阿里埃勒达成一项秘密协议，法国会向犹太人提供价值1.53亿法郎的武器，以换取法国在新建立的犹太独立国家中的影响力。6月初，这批武器从波尔德布克启程运往特拉维夫，接着又被转移到伊尔贡购买的登陆舰"亚特琳娜号"（Altalena）上。尽管本-古里安为了遏制伊尔贡的实力，下令"亚特琳娜号"在特拉维夫就地沉没，这趟交易还是开启了一段持续多年的稳定关系：直到1956年，法国一直是以色列最主要的武器供应方。

1948年4月1日，犹太复国主义者为了挺进被虎视眈眈的阿拉伯军队包围的耶路撒冷，发动了"拿顺行动"（Nachshon）①，试图从阿拉伯人手中夺过圣城。阿拉伯军队看似牢不可破——犹太复国主义者为了吸纳更多捐款和武器，不断鼓吹他们的这种形象——事实上却不堪一击。阿拉伯联盟召开会议商量战略方针后，阿拉伯军团中的一位英国官员问一个伊拉克人会议进行得如何。"棒极了！"伊拉克人回答，"我们一致同意大家分头作战。"[37]在巴勒斯坦北部，法齐·卡伍奇将在老地盘应战。那里是纳布卢斯、杰宁和图勒凯尔姆之间的三角形山区，十年前曾是阿拉伯叛乱的中心地带；在南部，大穆夫提下令巴勒斯坦地区的主要指挥官阿卜杜勒·卡迪尔·侯赛尼（Abdul Qadir

---

① 拿顺（Nachshon），旧约圣经《创世纪》中记载的人物，犹大的后代。——译者注

al-Husayni）驻守通往耶路撒冷和雅法的重镇卡斯特尔（Qastal），但卡迪尔明显缺少武器。叙利亚总统舒克里·库瓦特里支持法齐·卡伍奇，而阿卜杜拉国王则支持格拉布。英国人在此时突然撇清了和格拉布的关系，好像正在发生的一切完全与他们无关。

库瓦特里和阿卜杜拉都不赞同由大穆夫提阿明·侯赛尼占领西岸，但也不想这片土地落入对方手中。对阿卜杜拉而言，吞并巴勒斯坦的阿拉伯地区是实现他宏大计划的第一步；对库瓦特里而言，他深刻感受到了国王阿卜杜拉公开提倡"大叙利亚"计划造成的威胁，因此决定利用大穆夫提牵制约旦国王的野心。4月3日，哈加纳的精英部队帕尔马奇攻下了卡斯特尔。几个阿拉伯国家之间的内部矛盾，直接导致了阿卜杜勒·卡迪尔在弹药不足的情况下发动反攻。"我们的弹药快用尽了。"他的一位军官写道，"我们向附近的阿拉伯解放军（The Arab Liberation Army）①和外约旦的阿拉伯军团求助，却没有收到任何回应。"[38]阿卜杜勒·卡迪尔又亲自发出了求助信号，仍没有回音。"你们都是叛徒，"他责骂道，"历史将证明是你们输掉了巴勒斯坦！"阿拉伯人反攻卡斯特尔时，阿卜杜勒·卡迪尔惨遭杀害。作为报复，阿拉伯人又杀了50名犹太囚犯。

4月9日凌晨，耶路撒冷举行阿卜杜勒·卡迪尔葬礼的当天，伊尔贡和斯特恩帮的一支军队袭击了城市西部代尔亚辛（Dayr Yasin）的一个阿拉伯村庄。他们占领村庄后杀害了250人——几乎是当地人口的三分之一，又押着幸存者一路行进至耶路撒冷。大屠杀发生不久后拜访过村子的人们记录下了惨不

---

① 阿拉伯解放军（The Arab Liberation Army），由法齐·卡伍奇指挥的非正规军。——作者注

忍睹的画面。有男性看见一名孕妇的肚子被剖开，还在孕育中的孩子被掏出，扔在了死去的母亲身边。犹太事务局立刻谴责了此次暴行，但他们显然早就知情。格拉布的手下曾问一位犹太官员，英国在5月14日撤出后，阿拉伯人和犹太人之间是否会爆发不可调和的矛盾。"哦，不会，"那位官员回答，"一切都会解决的。几次精心安排的大屠杀就会让他们立刻闭嘴。"[39]4天后，阿拉伯人以牙还牙，伏击了一支犹太人的医疗队，杀害了超过70名医生、护士以及耶路撒冷希伯来大学的学生。

巴勒斯坦最富有的阿拉伯人早就逃走了。但是，代尔亚辛大屠杀的消息传开后，更多阿拉伯人开始逃离家园。4月18日，海法的英国指挥官休·斯托克韦尔（Hugh Stockwell）告诉犹太事务局，他会在下个月的最终撤离日期前先撤出当地的英国工作人员。"我们很清楚是把城市交给犹太人。"斯托克韦尔手下的年轻军官爱德华·亨德森（Edward Henderson）回忆，"1948年4月21日至22日，犹太人的非常规军队几乎在我们的眼皮子底下驱逐了所有阿拉伯人。"几天来，哈加纳的广播不断警告阿拉伯人尽快离开这座城市。然而，根据亨德森的说法，"犹太人又在23日向我们抱怨，阿拉伯人公务员'离奇'消失后，他们没有足够人力维持市政运作"。[40]逃走的阿拉伯人是幸运的。哈加纳在一次代号为"剪刀手"的行动中下令，部队进城时"只要看见阿拉伯人就格杀勿论，烧光、抢光、炸光"[41]。到了4月底，犹太人又控制了太巴列和雅法。

"我几乎无法形容现在的状况。连夜的机关枪声、来复枪响，还有迫击炮声，令人们辗转反侧。"英国军官詹姆斯·波洛克（James Pollock）在委任统治的最后几天写道。[42]4月底，英国人付清了当地工作人员的薪水，准备撤离。布政司无事可做，在此起彼伏的枪击中竟多出了打网球的时间。5月14日，英国高级专员按计划搭乘飞机离开耶路撒冷，宣告委任统治时代正式结束。国王阿卜杜拉在侯赛因桥（Allenby Bridge）举起手枪向天射击，高喊道："冲啊！"当晚，杜鲁门承认了以色列国。4月15日，第一次阿以战争正式爆发。

多年后，在大卫王酒店爆炸案中幸存的殖民地大臣约翰·肖爵士被问及，如何评价英国在巴勒斯坦的委任统治。

"许多时候，我们以为这么做是为了当地人好。我们真的是这么想的。"他说[43]，"我们尽力平息虐待、辱骂等种种不法行为。"肖的语气中透出一丝犹豫，"但如果你纯粹从冷静、情操的角度考虑，我认为那是不道德的。我认为……这不仅不道德，根本就是没脑筋。"

"为什么？"对方问。

"为什么？好吧……因为这不关你的事、我的事，不关英国的事。你入侵别人的国家，还要教他们怎么统治这个国家，甚至怎么统治会更好。他们必须自己设法渡过难关。"

尾声　化解宿仇

1949年11月6日，三个阿拉伯人把门敲地咚咚响，坚持说看见了沃尔特·弗兰西斯·斯特林。起初，斯特林并不想见他们。那是个周日的夜晚，三人是不速之客，而斯特林和太太玛丽戈尔德（Marygold）已经邀请了两位客人共进晚餐。

时年69岁、英国前驻叙利亚政府的联络官斯特林，如今是《泰晤士报》驻大马士革的记者。他本该相信自己的直觉，但他就快入不敷出，常常缺钱。斯特林知道不能错过任何一条独家新闻，他的前任正是因此被《泰晤士报》解雇的。自从他在30多年前那个神清气爽的10月和阿拉伯的劳伦斯一同踏上大马士革的土地，就明白叙利亚的局势多么瞬息万变。

1946年，法国结束了在叙利亚长达四分之一个世纪的统治。叙利亚虽然独立了，局势却极不稳定，甚至在中东地区都糟糕得出名。到了1949年11月，那年这个国家已经发生了两次军事政变。带领国家走向独立的舒克里·库瓦特里在3月的政变中被军官胡斯尼·扎伊姆（Husni Zaim）推翻。但扎伊姆很快就被谋杀，到了8月时，由现任总统萨米·辛纳维（Sami al-Hinnawi）把持了大权。辛纳维——一位外交官形容，"他身形肥硕，简直就是无脑的鼻涕虫那样的生物"——在极其残忍地铲除前任之后希望做出转变，因此宣布将进行全国大选，而投票日就在几天之后。[1]

这场大选极富争议。在叙利亚北部古城阿勒颇出生的辛纳维，禁止国家东部的半游牧民族贝都因人参与投票。他认为沙漠的边界地区很容易渗透，当地人很可能被外国势力操纵。生活在国家西部都市或土地肥沃地带的人们与东部沙漠部落之间的紧张关系，正是导致叙利亚政治动荡的原因之一，部落成员因被剥夺了公民权愤怒不已——而斯特林很清楚这一点。[2]八个星期前，他曾深入沙漠地带报道了他们的不满。斯特林家门口的三个人声称，他们是一个大型部落的谢里夫派来的，而且这位谢里夫还是斯特林的朋友。因此，斯特林以为他们不肯善罢甘休是因为带来了可能会影响大选的重要消息。他妥协了，告诉仆人阿里（Ali）让他们进来，而这将被证明是个致命的错误。

三个男人排成一列走进斯特林的书房。他们拒绝了主人落座的邀请，坚持向他靠近。斯特林从书桌后起身，想递出手中的银色烟盒，带头的那个人却打断了他的动作，问他是否就是斯特林上校。斯特林点了点头，那个男人旋即抽出了一把柯尔特自动手枪。

几乎可以确信，他的第一枪打飞了斯特林手中的烟盒，接下来的两枪打中了他的胃部，其中一颗击穿了肝脏。第四枪打在了他的胸部。第五枪擦过了颈静脉。直到第六枪，子弹击中斯特林的右前臂，他一阵趔趄，瘫倒在地。

袭击者继而转身击中了应声赶来的阿里。随后，他和同伙们一起飞奔下楼，冲出大门，沿着街道一路狂奔。

斯特林的妻子玛丽戈尔德先发现了阿里。他躺在书房的波斯地毯上，鲜血染红了白色的外套。他正在死去，但还想开口说些什么。

"阿里，阿里，什么？"玛丽戈尔德·斯特林恳求道，蹲在他的身边。

"夫人，上校，上校。"仆人的口中嗫嚅道。

房间的另一边传出了一声呻吟。玛丽戈尔德·斯特林一下弹起了身。她在桌子后方发现了四肢张开，正在失去知觉的丈夫。[3]

这位《泰晤士报》驻大马士革记者遭枪击数日后，有人在城里的咖啡馆无意听见两个阿拉伯人的谈话。"他们真的以为凭六颗子弹就能干掉斯特林上校吗？"一个人问。[4]斯特林奇迹般地在这次暗杀中幸存下来。

"好吧，我以为我已经死了，至少离死不远了，但如果我真的这么想就一定会完蛋。"斯特林回忆当时鲜血直流躺在地板上，正要失去知觉的那一刻脑海中闪过的念头。[5]然而，他并不是靠意志活下来的，而是靠他的两位客人。欧内斯特·阿尔图亚（Ernest Altounyan）比预计时间早到了二十分钟，本想借问能否在斯特林家过夜。他是位知名医生，在阿勒颇经营一家他父亲创办的小型私人医院。阿尔图亚一家十分仰慕英国。阿尔图亚的父亲送儿子去英格兰的拉格比公学（Rugby School）念书，欧内斯特在那里取得了医师资格，还娶了一个英国女人多拉。他们都是作家亚瑟·兰塞姆（Arthur Ransome）的朋友，他们的孩子甚至是兰塞姆创作的《燕子号和亚马逊号》（Swallows）一书中几个角色的原型。最新披露的档案显示，1941年英国入侵叙利亚后，兰塞姆开始为军情六处工作，阿尔图亚也自愿请命。整个战争期间，他都在叙利亚北部为军情处服务，正是在那儿结识了斯特林。

阿尔图亚在袭击发生一个半小时内就为斯特林做了手术。

他从老朋友的身体里取出了两颗子弹，决定另外四颗还是留在体内较为稳妥。斯特林正在慢慢康复起来。数天后，他在医院问护士要一些水喝。对方递给他一个托盘，上面放了满满一玻璃杯水。斯特林刚喝了一口，就下意识地打起冷颤。"这可不是苏打水。"他喊道。[6]原来，那位护士在无意中给他倒了一杯甲基化酒精。所幸酒精没有引发恶果，斯特林在几天后就出院了。很快，他就飞往开罗，再也没有踏足叙利亚。

枪击案发生前，关于谁要将斯特林置于死地以及原因是什么等重要线索，已经在一连串传言中若隐若现。斯特林被抹黑为英国特工，将影响于案发九天后举行的大选结果。四个阿拉伯人因为受到传言的挑唆，实施了暗杀行动，并在 1951 年初被送上了审判席。叙利亚首席检察官认为，他们的动机是"相信（斯特林）在暗杀扎伊姆中扮演了重要角色，而且他还在部落地区展开间谍工作"。[7]

1949 年 3 月 30 日，胡斯尼·扎伊姆从舒克里·库瓦特里手中成功夺权时，国家经济正濒临崩溃。不仅如此，叙利亚军队还在前一年的 11 月遭到了以色列的攻击。扎伊姆知道，他必须"双线作战"。以非暴力手段推翻库瓦特里的政权后，他准备和以色列展开和平谈判，并通过货币协议和武器交易修补叙利亚与法国的关系，为法国在原先委任统治的土地上重建影响力铺平道路。但是，扎伊姆的政权太短命。8 月 14 日，他在掌权的第 137 天被推翻并遭到谋杀。

斯特林在邻国以色列的同事、《泰晤士报》的知名记者路易斯·赫伦（Louis Heren）首先留意到了传言，发现他的同事可能和除掉扎伊姆一事有染。赫伦后来发展出一套打破砂锅问到底的新闻操作手法。"你要不停地问自己，为什么这群说谎精要对你说谎。"赫伦指出，不是叙利亚人而是法国的新闻机构——法新社，最早提出了斯特林是间谍的说法。早在1945年6月，法国将军费尔南·奥利娃-罗热在大马士革发动军事政变未果后，就散布过类似谣言。[8]奥利娃-罗热认为，"法国和英国之间存在一些相当愚蠢、毫无必要又十分危险的私下角力"。[9]他还透露，"（斯特林）上校知道的真相远比他承认的多"——用一套外交辞令暗指他的身份不单是报社记者。

那年早些时候，赫伦还认为英国如果能在暗中努力"把法国彻底逐出黎凡特地区"将会是个"好主意"，但等他意识到斯特林和类似秘密勾当有牵连，就立刻改变了想法。[10]或许他在担心，如果传言演变成他所供职的报纸为间谍行动提供便利，将导致什么后果。"有太多人想继承劳伦斯的衣钵，而这两个民族之间又承受了太多不必要的苦楚。"赫伦如此思考，"我们必须做些什么。"[11]"我不是想说法国该负责任，"赫伦继续道，但他的确相信是法新社捏造了事实，才使斯特林成了受攻击的目标。他在开罗的同事西里尔·奎利亚姆（Cyril Quilliam）则更进一步。奎利亚姆原是情报人员，现在负责《泰晤士报》中东地区的报道。他认为，法新社介入意味着袭击斯特林的背后有官方支持，因为他们已经从政府得到了约8亿法郎资助。奎利亚姆严厉谴责法新社对"神秘的反法英国间谍"死咬不放，还留意到他们资助的叙利亚报纸同样在不断抨击斯特林。[12]

奎利亚姆认为他们的动机是报复。他相信法国"把赌注都押在了扎伊姆身上"，希望通过操纵他重建法国在独立的叙利亚的影响力。[13]但是，扎伊姆被推翻和被处死后，他们的希望破灭了，因此暴跳如雷。奎利亚姆曾报道，法国在军事政变两个星期后还"到处告诉别人英国该为扎伊姆的死负责"。[14]

或许奎利亚姆为斯特林的遭遇感到了愧疚，当初正是他鼓励斯特林深挖扎伊姆遇害的真相。斯特林访问了前总统的外交部长后在文章中写道，法国驻大马士革大使让-夏尔·塞尔（Jean-Charles Serres）曾在那年早些时候故意破坏叙利亚和邻国伊拉克签署协议——塞尔在当时告诉扎伊姆，伊拉克正准备入侵叙利亚。[15]斯特林还留意到法国根本不顾联合国的武器禁运令，偷偷把枪支和弹药卖给扎伊姆，以博得他的好感。他认为接受这批军事援助是扎伊姆犯下的"最严重错误"，因为这再次提醒了英国，法国在1945年也曾以同样拙劣的方式干预过大马士革的政局。

8月26日，一篇仅署名为"来自我们大马士革的记者"的报道戳到了法国的痛处。奎利亚姆兴奋地发现叙利亚当局竟然没有审查这篇报道，文章不仅写到许多人都赞同斯特林的观点，还表示斯特林揭露的都是真相。法国外交部被这篇文章激怒了。气急败坏的法国人立刻要求《泰晤士报》驻巴黎站的记者转达他们的愤怒，扬言是"斯特林上校操纵了这篇文章"，而且文中的指控"完全不实"。[16]

出人意料的是，炮制不利斯特林传闻的人其实是塞尔。他早前就形容《泰晤士报》的记者"随时准备调动圣·乔治的小金人①"，以牺牲法国的利益为代价，在叙利亚建立英国的影响力。[17]一位美国外交官向华盛顿报告，塞尔"总是抓住一切机会挑拨中东人民对英国的怀疑"。[18]法新社先报道了斯特林是英国特工，之后文章被其他叙利亚媒体引用，最后又被转载到法国的《世界报》。这些文章都在指控扎伊姆遇害的背后有英国的

---

① 英镑的昵称，因为上面印有圣·乔治像。——作者注

资金和影响力。暗杀发生不久前,斯特林在给《泰晤士报》上司的信中写道:"自从1941年我来到叙利亚,法国就一直深信我是个极端反法分子,总想和他们对着干——或许是因为我和劳伦斯的关系。"[19]斯特林认为谋杀他的不是本地人,因为他每天吃过晚餐都会带着狗外出散步,这早就不是什么秘密。如果是当地杀手,一定会等到那时再行动。他在回到较安全的开罗后告诉奎利亚姆,谋杀他的人可能是"大穆夫提的特工,而且他们背后有法国的资助",原因是他一直支持伊拉克和叙利亚合并。[20]奎利亚姆十分认同这个判断。

迄今为止,《泰晤士报》和英国政府都尽量与斯特林以及差点儿害死他的秘密行动保持距离。11月底,《泰晤士报》驻巴黎的记者——那年8月,因为斯特林的文章被法国外交部叱责了一番的那名记者——在法国总统前往英国国事访问前写道,"目前,在中东地区所谓英法利益的矛盾中……(双方)已经取得了巨大共识",但他也承认"伦敦和巴黎达成协议是一回事,法国人和英国人在中东如何行事又是另一回事"。[21]英国外交部长贝文提醒法国同僚罗贝尔·舒曼(Robert Schuman),不要把英国的政策和"几位不负责任的人"混为一谈,"比如斯皮尔斯将军和斯特林上校"——直接划清了政府和斯特林的界线。[22]

法国对这次暗杀行动始终守口如瓶。1949年11月10日,法国驻大马士革的代理大使告知巴黎斯特林被袭击时,情不自禁地提到他"现在已经是《泰晤士报》的员工"。[23]"关于这次袭击,人们编造了许多稀奇古怪的解释,"他接着写道。"然而,"他在沉思了一番后补充,"人们普遍认为",这是"化解宿仇的好时机"。

沃尔特·弗兰西斯·斯特林离开叙利亚标志着三十年来，中东地区冲突在英法对峙中不断加深的时代寿终正寝——尽管它至今仍动荡不安。英国和法国为了主宰中东，促成了瓜分奥斯曼土耳其帝国的《赛克斯－皮科协定》。而英国由于不满该政策，使他们——如宿命般地——决定在《贝尔福宣言》中支持犹太复国主义事业。犹太人为了建立自己的国家，再加上一个老牌帝国主义国家使出的手腕，在最初把法国骗得团团转。

如今，《贝尔福宣言》代表的那个帝国，它最辉煌的时代已经黯然落幕。[24] 赛克斯画下的边界线——根据一位同僚的说法，"仅凭一支铅笔在世界地图上涂涂画画"——就和英国在19世纪时瓜分非洲的那种野蛮如出一辙。到了20世纪，当被瓜分的对象变成奥斯曼帝国，这种肆意妄为的做法已经过时了。帝国主义国家的威权被大大削弱，因此在重塑中东地区的政治地图时才需要向一个流离失所的民族做出承诺，以掩饰他们企图托管巴勒斯坦的真正用心。之后，当法国人意识到阿拉伯人痛恨他们的托管，他们立刻如法炮制，把黎巴嫩分离出来讨好当地的基督教徒。

英国支持巴勒斯坦的犹太人，以及法国支持黎巴嫩的基督徒，都是为了增强自身影响力的策略，而这种策略却没有顾及少数民族的利益，因此不可能换来真正的心悦诚服，而且深深激怒了两个国家中不可忽视的穆斯林，以及整个中东地区的穆斯林，造成了不可逆转的后果。英国和法国的统治饱受诟病后，他们被迫假惺惺地结盟，但这只是进一步分化了阿拉伯人和犹太人，基督徒和穆斯林。委任统治政府多次迫于压力突然转变政策，以及不愿协助建立真正有效、具有代表性的地方政府令当地人渐渐相信，只有依靠暴力才能达成目的。

直到第二次世界大战爆发，英国一直勉强接受法国在中东的地位。正如英国驻开罗大使基勒恩勋爵（Lord Killearn）所说："（法国）是个不必要的麻烦，我们只要物尽其用就可以。"[25] 随着战争阴霾的逼近，英国才重拾昔日盟友的友情。"事实就是，法国在黎凡特地区的存在永远是英国中东政策里的一根刺。"基勒恩承认，"但我一向知道，我们必须依据国家的最高利益不断调整和变通地方政策，毕竟法国与我们仅有一道海峡之隔。"

1940年，法国的溃败动摇了英法同盟的根基——法国本是抵抗纳粹德国的重要盟友。英国官员抓住这一权力真空期，为叙利亚和黎巴嫩争取独立，使这两个国家的人民组建了自己的政府，但英国拒绝在自己托管的巴勒斯坦推行类似改革。英国人的努力并非完全付水东流，但仍然无法避免中东一盘散沙的格局。观察人士很快发现，黎巴嫩和叙利亚的独立为南方的国家开创了先例。用不了多久，英国就会面临同样的处境，被迫全面撤出巴勒斯坦。

整个第二次世界大战期间，英国和自由法国之间的争端导致了更加深远的影响，尤其是戴高乐在1958年重新掌权之后。身为法国总统，他在哈罗德·麦克米伦提议加入欧洲共同体（Common Market）方案上投下了臭名昭著的反对票。只要稍加分析就不难发现，戴高乐的决定必然和两座炎热喧嚣的城市息息相关——贝鲁特和大马士革。他在这两座城市亲身体验过英国的阴谋狡诈，因此不可能让战争期间的宿敌加入他的欧洲俱乐部。说到底，无论对英国还是法国而言，这都是个背信弃义的故事。

版权许可

我为了获得许可引用已经出版和未出版的相关文献，需要向以下人士致谢：帕特里克·艾尔默（Patrick Aylmer）——爱德华·路易斯·斯皮尔斯爵士的相关资料；卡罗琳·巴伦教授（Professor Caroline Barron）——戴维·霍格思教授的相关材料；雪莉·古尔德-史密斯女士（Mrs Shirley Gould-Smith）——保罗·旺松上尉（Captain Paul Vanson）的相关资料；莫因勋爵（Lord Moyne）——莫因勋爵的相关资料；简·杰福德（Jane Jefford）——J. K. 温迪厄特中校（Lt Col J. K. Windeatt）的相关资料；基勒恩勋爵（Lord Killearn）——迈尔斯·兰普森爵士（Sir Miles Lampson）的相关材料；戴维·摩根教授（Professor David Morgan）——塞西尔勋爵的相关材料；拉格伦勋爵（Lord Raglan）——F. R. 萨默塞特（F. R. Somerset）的相关材料；罗伯逊·奥克里奇勋爵（Lord Robertson of Oakridge）——威廉·罗伯逊爵士的相关材料；塔顿·赛克斯爵士（Sir Tatton Sykes）——马克·赛克斯爵士的相关材料，以及波士顿大学霍华德·戈特利布档案研究中心（Howard Gotlieb Archival Research Centre, Boston University）——威廉·耶鲁的相关材料；国际新闻公司（News International）——沃尔特·弗兰西斯·斯特林的相关论文，智慧七柱信托公司（Seven Pillars of Wisdom Trust）——托马斯·爱德华·劳伦斯的相关资料。

我得以引用丰富的馆藏文献需要向以下机构致谢：利德

尔·哈特军事档案中心（Liddell Hart Centre for Military Archives）和帝国战争博物馆（Imperial War Museum）的受托人；英国议会档案（the Parliamentary Archives）——戴维·劳合·乔治的相关论文；剑桥大学丘吉尔学院（Churchill College, Cambridge）——利奥·埃默里和莫里斯·汉基的相关论文；剑桥大学彭布罗克学院（Pembroke College, Cambridge）——罗纳德·斯托尔斯的相关论文；纽卡斯尔大学罗宾逊图书馆（Robinson Library, Newcastle University）——格特鲁德·贝尔的日记和信件。我在引用相关皇家版权（Crown Copyright）文献资料时，已经征得了皇家文书局（Her Majesty's Stationery Office）的许可。

此外，我在引用夏尔·安德烈亚（Charles Andréa）所著《德鲁兹和大马士革的反抗》（*La révolte Druze et l'insurrection de Damas*）时，征得了帕约出版社（Editions Payot）的许可；在引用温斯顿·丘吉尔爵士所著《马拉坎德远征史》（*The Story of the Malakand Field Force*）、《河上战争》（*The River War*）、《当代伟人》（*Great Contemporaries*）和《第二次世界大战回忆录》（*The Second World War*）时，征得了柯蒂斯布朗集团（Curtis Brown Group Ltd）的许可；在引用罗德尔·达尔（Roald Dahl）《独闯天下》（*Going Solo*）时，征得了戴维·海厄姆联合公司（David Higham Associates）的许可；在引用《达夫·库珀日记》（*The Duff Cooper Diaries*）时，征得了韦登菲尔德 & 尼科尔森出版社（Weidenfeld and Nicolson）的许可；在引用夏尔·戴高乐所著《战争回忆录》（*Mémoires de Guerre*）和《剑锋》（*Le Fil de l'Epée*）时，征得了菲利普·戴高乐（Admiral Philippe de Gaulle）和普隆出版社（Editions Plon）的许可；在引用伊扎克·沙米尔

所著《回顾一生：伊扎克·沙米尔回忆录》(*Summing Up: The Memoirs of Yitzhak Shamir*) 时，征得了塞缪尔·哈耶克（Samuel Hayek）的许可。

我在引用文献时尽量尝试联络每一位版权所有者。如果出现任何疏忽，我的出版社很乐意相关人士与他们取得联络，以便在本书再版时对错误和疏漏做出必要的修正。

致　谢

我深深感激在写作本书的四年期间帮助过我的许多人。首先是所有档案保管员和相关工作人员，他们分别来自：英国国家档案馆（National Archive）、博德利图书馆（Bodleian Library）、大英图书馆（British Library）、丘吉尔档案中心（Churchill Archives）、帝国战争博物馆（Imperial War Museum）、印度事务部档案馆（India Office Records）、利德尔·哈特军事档案中心（Liddell Hart Centre for Military Archives）、伦敦图书馆（London Library）、英国国会档案馆（Parliamentary Archive）和美国犹太历史学会（American Jewish Historical Society）。帝国战争博物馆的西蒙·奥福德（Simon Offord）和理查德·休斯（Richard Hughes）、剑桥大学彭布罗克学院的帕特里夏·阿斯克（Patricia Aske）和杜伦大学苏丹档案馆（Sudan Archive, University of Durham）的简·霍根（Jane Hogan），都曾协助我取得引用材料的许可。我尤其要感谢牛津大学中东档案中心（Middle East Centre Archive, Oxford）的黛比·厄舍（Debbie Usher）和《泰晤士报》档案中心（Times Archive）的尼克·梅斯（Nick Mays）的协助。我在法国研究期间，得到了以下两家档案中心的热心帮助：法国外交部南特外交档案中心（Centre des Archives Diplomatiques de Nantes）和巴黎的军事历史档案馆（Service Historique de l'Armée de Terre）。因为那里的工作人员的通融，我得以在很短时间内取得了大量有用的素材。

研究期间，我极其荣幸地被选为牛津大学圣安东尼学院（St Antony's College, Oxford）的访问学者，在那里得到了每个人的热情款待。我尤其要感谢沃登（Warden）和玛格丽特·麦克米伦（Margaret MacMillan），还有阿维·什拉姆（Avi Shlaim）、尤金·罗根（Eugene Rogan）、艾哈迈德·夏希（Ahmed al-Shahi）、彼得·曼戈尔德（Peter Mangold）和马斯坦·伊比提哈吉（Mastan Ebtehaj）提供的建议与鼓励；感谢杰旺·多尔（Jeevan Deol）利用熟知英国《信息自由法》（Freedom of Information）的专长，为我提供了申请信息公开的建议；还要感谢同期的访问学者杰夫·肖特（Jeff Short）向我伸出的友谊之手。

罗里·佩克信托基金会（Rory Peck Trust）资助我前往局势动荡的中东，并且提供了急救课程。乔纳森·勒赫尔（Jonathan Lehrle）陪同我前往黎巴嫩。在大马士革期间，我受到了卡罗琳（Caroline）和哈桑·法兰（Hassan Farran）的热情款待，法蒂·达尔维什（Fatie Darwish）协助我收集了陆军上校斯特林的材料。帕特里克（Patrick）和弗朗索瓦丝·皮耶拉尔（Françoise Pierard）在飘雪的巴黎邀我前往他们的家中。我还要感谢亨利·劳伦斯（Henri Laurens）与我分享了安托南·若桑的报道，罗伯特·马萨（Roberto Mazza）与我分享了他对法国考古学家的研究。我还要感谢莫里斯·拉雷斯（Maurice Larès）和克里斯多夫·勒克莱尔（Christophe Leclerc）对托马斯·爱德华·劳伦斯的真知灼见，布朗迪诺·盖冈（Blandine Guegan）为我核实了斯特恩帮的一些舆论宣传文章的原作者。此外，莱斯利·巴尔内斯（Lesley Barnes）、玛丽莲·切克利（Marilyn Checkley）、詹姆斯·克雷格爵士（Sir James Craig）、特里·迪安（Terry Dean）、莎曼莎·埃利斯（Samantha Ellis）、艾利森·赫德森（Alison Hudson）、亚历克斯·罗伯茨（Alex Roberts）、菲利普·沃克（Philip Walker）和乔治·威廉森（George Williamson），也为我提供了各种形式的帮助。

我在图片研究上得到了让－米歇尔·塔拉贡（Jean-Michel de Tarragon）和本·史密斯（Ben Smith）的协助。从弗朗索瓦·乔治斯－皮科的一张照片开始，我相继接触了汤姆·图根达特（Tom Tugendhat）、罗兰·吉斯卡尔·埃斯坦（Roland Giscard d'Estaing）、埃里克·乔治斯－皮科（Eric Georges-Picot）、布律诺·乔治斯－皮科（Bruno Georges-Picot），最后找到了安妮·帕伦特（Anne Parent）——弗朗索瓦·乔治斯－皮科的孙女，她向我提供了一张祖父的照片，并且出现在了本书中。我十分感激米·帕伦特（Mme Parent）允许我使用这张照片。

我在写作和修改本书期间，基本都在开普敦（Cape Town）度过。我发现了莫因勋爵在"大叙利亚"方案中扮演的重要角色后，距我6000英里以外、身在英国的蒂姆·金克斯（Tim Jinks）慷慨地答应做更多相关调查，为我节省了一趟漫长又花费不菲的旅行。我还十分感谢开普敦大学犹太研究图书馆（Jewish Studies Librarian, University of Cape Town）的韦罗妮卡·贝林（Veronica Belling），允许我在当地期间使用图书馆的资料。各个图书馆、档案中心的数字化项目给本书时间跨度大的研究提供了许多便利。英国国家档案馆的内阁文件（Cabinet Papers, online archive at the National Archive）、格特鲁德·贝尔档案中心（Gertrude Bell archive）、伦敦图书馆和《泰晤士报》的数字档案都给了我极大的便利。当然，还有杰瑞米·威尔逊

（Jeremy Wilson）制作的在线数据库，对托马斯·爱德华·劳伦斯的所有笔记做了数字化保存。我真心感谢他们付出的努力。

本书刚完成时，我请马修·基恩（Matthew Keen）、保罗·肯沃德（Paul Kenward）和德里克·帕森斯（Derek Parsons）阅读了最早的版本；十分感谢他们三人给我的回复。艾弗·卢卡斯（Ivor Lucas）阅读了本书修改的每个版本，还在最后一版的草稿中留下了重要的笔记，促使我展开了之前忽略的研究。读者在本书读到的任何结论，发现的任何错误，都由我一人负责。

我要感谢我的代理人凯瑟琳·克拉克（Catherine Clarke）和乔治·卢卡斯（George Lucas），以及西蒙与舒斯特出版公司（Simon and Schuster）的工作组：组稿编辑麦克·琼斯（Mike Jones）；本书的编辑凯瑟琳·斯坦顿（Katherine Stanton）和泰雅·贝克（Talya Baker）；还有汉娜·科比特（Hannah Corbett）、乔安妮·埃奇库姆（Joanne Edgecombe）、埃米莉·侯赛因（Emily Husain）、维基·奥特维尔（Viki Ottewill）和罗里·斯卡夫（Rory Scarfe）。感谢我的版权编辑休·菲尔波茨（Sue Phillpott）；校对玛格丽特·伊斯特德（Margaret Histed）。雷吉·皮戈特（Reg Piggott）为本书制作了精美的地图。我要特别感谢泰雅·贝克，从草稿到成书，她都为我提供了十分专业的意见。

我在电脑里把此书的相关材料都收录在一个名为"凤凰涅槃"① 的文件夹中。我刚有写作此书的念头时，发现了一本同样标题、同样主题的书即将出版。然而，当我重新潜入档案之

---

① 原文为：Phoenix。——译者注

中——我在序中提及的国家安全档案,兴奋之情逐渐取代了沮丧。我相信,现在的这本书拥有更宏观的视野,在研究上取得了更大突破。在写作本书的漫长时光中,我要将最深沉的感谢献给我的太太安娜(Anna)。有了她的爱、耐心、鼓励和支持,我才能够最终完成它。

注 释

注释中的缩略语

AJHS　American Jewish Historical Society, New York
BL　British Library, London
CAC　Churchill Archives Centre, Cambridge
CADN　Centre des Archives diplomatiques de Nantes
DDF　*Documents Diplomatiques Français*
FRUS　*Foreign Relations of the United States*
GBA　Gertrude Bell Archive, Newcastle
HC Deb　House of Commons, Debates
HL Deb　House of Lords, Debates
IOR　India Office Records, London
ISA　Israel State Archives
IWM　Imperial War Museum, London
LHCMA　Liddell Hart Centre for Military Archives, London
MAE　Ministère des Affaires Etrangères, Paris
MEC　Middle East Centre Archive, Oxford
PAL　Parliamentary Archives, London
PCC　Pembroke College Archive, Cambridge
SAD　Sudan Archive, Durham
SHAT　Service Historique de l'Armée de Terre, Paris
TNA　The National Archives, London
TTA　The Times Archive, London

第1章　权术政治

1　TNA, FO 882/2, Sykes to Clayton, 28 Dec. 1915.
2　N. N. E. Bray, *Shifting Sands* (London, 1934), pp. 66–67.

3　HC Deb, 27 Nov. 1911, vol. 32, c. 102.
4　BL, Add 63040, Crewe to Bertie, 17 Dec. 1915.
5　BL, Add 63040, Crewe to Bertie, 17 Dec. 1915. 克鲁勋爵形容，"我认为赛克斯通晓土耳其语和阿拉伯语"。
6　GBA, Bell to Mary Bell, 1 Feb. 1905.
7　*The Times*, 'Death of Sir Mark Sykes', 18 Feb. 1919.
8　Roger Adelson, *Mark Sykes, Portrait of an Amateur* (London, 1975), pp. 108 - 109.
9　SHAT, 6N 76, 'Note sur les intérêts moraux et matériels de la France en Syrie', 1 Feb. 1919. 1904~1914年间，法国的政府收入为25.77亿法郎。Hew Strachan, *The First World War*, vol. I (Oxford, 2001), p. 856.
10　Sykes, *The Caliphs' Last Heritage* (London, 1915), p. 298.
11　Sykes, *The Caliphs' Last Heritage*, p. 482.
12　Sykes, *The Caliphs' Last Heritage*, pp. 338 - 339
13　Sykes, *The Caliphs' Last Heritage*, p. 299.
14　Sykes, *The Caliphs' Last Heritage*, pp. 471 - 472, 522.
15　Edwin Pears, review of *The Caliphs' Last Heritage*, *English Historical Review*, vol. 31, no. 122 (Apr. 1916), p. 300.
16　W. Crooke, review of *The Caliphs' Last Heritage*, *Man*, vol. 17 (Jan. 1917), p. 24.
17　TNA, CAB 24/1, "12月16日，周四，上午11点30分，唐宁街10号：陆军中校、男爵、国会议员马克·赛克斯爵士关于阿拉伯问题的证言"。
18　Charles Townshend, *When God Made Hell: The British Invasion of Mesopotamia and the Creation of Iraq, 1914 - 21* (London, 2010), p. 82.
19　TNA, FO 882/2, Sykes to Clayton, 28 Dec. 1915.
20　HC Deb, 28 Mar. 1895, vol. 32, c. 406.
21　Winston S. Churchill, *The River War* (London, 1899), p. 318.
22　BL, Add 63040, Bertie to Crewe, 21 Dec. 1915. 法国对英国在叙利亚活动的怀疑请参见：W. I. Shorrock, *French Imperialism in the Middle East: The Failure of Policy in Syria and Lebanon 1900 - 1914* (Wisconsin, 1976), p. 124。

23 Amanda L. Capern, 'Winston Churchill, Mark Sykes and the Dardanelles Campaign of 1915', *Historical Research*, vol. 71, no. 174 (Feb. 1998), p. 117, quoting Sykes to Churchill, 27 Jan. 1915.

24 David Garnett, ed., *The Letters of T. E. Lawrence* (London, 1938), pp. 193 - 194, Lawrence to Hogarth, 18 Mar. 1915.

25 MAE, Guerre 1914 - 1918, 868, Defrance to Delcassé, 13 Feb. 1915.

26 Martin Gilbert, *Winston S. Churchill*, companion volume part 1 to vol. Ⅲ, p. 458. Grey's annotation on Churchill to Grey and Kitchener, 26 Jan. 1915.

27 TNA, FO 800/48, Grey to McMahon, 8 Mar. 1915.

28 A. J. Barker, *The Neglected War: Mesopotamia 1914 - 1918*, London, 1967, p. 472.

29 C. M. Andrew and A. S. Kanya-Forstner, *France Overseas: The Great War and the Climax of French Imperial Expansion* (London, 1981), p. 74.

30 Robert de Caix in *L'Asie Française*, Jan. -Mar. 1915, quoted in C. M. Andrew and A. S. Kanya-Forstner, 'The French Colonial Party and French Colonial War Aims, 1914 - 1918', *Historical Journal*, vol. 17, no. 1 (1974), pp. 79 - 106.

31 Andrew and Kanya-Forstner, *France Overseas*, p. 40.

32 Cloarec, *La France et la question de Syrie, 1914 - 1918* (Paris, 2002), p. 115; Edward Peter Fitzgerald, 'France's Middle Eastern Ambitions, the Sykes-Picot Negotiations, and the Oil Fields of Mosul, 1915 - 1918', *Journal of Modern History*, vol. 66, no. 4 (Dec. 1994), p. 704.

33 MEC, Barbour Papers, Groupe Sénatorial pour la défense des intérêts français à l'étranger, *Rapport sur la Syrie et la Palestine, présenté par M Etienne Flandin*, 1915.

34 Sykes, *The Caliphs' Last Heritage*, p. 468.

35 Cloarec, *La France et la question de Syrie*, p. 126, de St Quentin to Millerand, 'Visées anglaises sur la Syrie', 28 July 1915.

36 Andrew and Kanya-Forstner, *France Overseas*, p. 76.

37 J. K. Tanenbaum, 'France and the Arab Middle East 1914 - 1920', *Transactions of the American Philosophical Society*, vol. 68 (1978), Part 7, p. 8; Delcassé to Cambon, 24 Aug. 1915.

38 Andrew and Kanya-Forstner, *France Overseas*, p. 77.

第 2 章 皮科先生

1 C. M. Andrew,'The French Colonialist Movement during the Third Republic: The Unofficial Mind of Imperialism', *Transactions of the Royal Historical Society*, vol. 26 (1976), p. 149. 该说法来自法国非洲委员会主席阿伦贝格亲王奥古斯特·路易·阿尔贝里克 (Auguste Louis Albéric, Prince d'Arenberg)。
2 T. E. Lawrence, *Seven Pillars of Wisdom* (London, 1935), p. 464.
3 Andrew and Kanya-Forstner, *France Overseas*, p. 99. 关于乔治斯·皮科的生平请参见: F. W. Brecher,'French Policy toward the Levant 1914 - 18', *Middle Eastern Studies*, vol. 29, no. 4 (Oct. 1993), pp. 654 - 656.
4 SAD, Wingate Papers, 148/4, Lloyd to Wingate, 2 Feb. 1918.
5 Gérard Khoury, *La France et l'Orient Arabe: Naissance du Liban Moderne* (Paris, 1993), p. 66.
6 Khoury, *La France et l'Orient Arabe*, p. 66.
7 Cloarec, *La France et la question de Syrie*, p. 116, Georges-Picot to Defrance, 5 Oct. 1915.
8 PCC, Storrs Papers, letter to Φιλτατε ['Dearest'], 22 Feb. 1915.
9 McMahon to Husein, 30 Aug. 1915; Husein to McMahon, 9 Sept. 1915, in G. Antonius, *The Arab Awakening* (London, 1938), p. 417.
10 TNA, FO 371/2486, piece 153045, McMahon to Grey, 18 Oct. 1915.
11 SAD, Wingate Papers, 135/6, Sykes to Callwell, 21 Nov. 1915.
12 TNA, FO 371/2486, piece 152729, Clerk, minute, 19 Oct. 1915.
13 James Barr, *Setting the Desert on Fire: T. E. Lawrence and Britain's Secret War in Arabia, 1916 - 1918* (New York, 2008), p. 28.
14 TNA, FO 371/2486, piece 155203, Grey to McMahon, 20 Oct. 1915.
15 Elie Kedourie, *In the Anglo-Arab Labyrinth* (Cambridge, 1976), p. 119.
16 TNA, FO 371/2486, piece 163832, McMahon to Grey, 26 Oct. 1915. 可在 153045 号文件中查看到最初草稿。
17 MEC, Cox Papers, Hirtzel to Cox, 29 Dec. 1920.
18 Ronald Storrs, *Orientations* (London, 1937), p. 179.

19 TNA, FO 371/2486, piece 158561, Nicolson to Crewe, 30 Oct. 1915.
20 Fitzgerald, 'France's Middle Eastern Ambitions', p. 708.
21 Andrew and Kanya-Forstner, 'The French Colonial Party and French Colonial War Aims', p. 84, Cambon to Viviani, 21 Oct. 1915.
22 Andrew and Kanya-Forstner, *France Overseas*, p. 89.
23 TNA, FO 371/2486, piece 161325, McMahon to Foreign Office, 28 Oct. 1915.
24 Tanenbaum, 'France and the Arab Middle East', p. 11, Hardinge to Nicolson, 28 Dec. 1915.
25 TNA, FO 882/2, 'Minutes of the second meeting of the Committee to discuss the Arab Question and Syria, 23 Nov. 1915'.
26 BL, Add 63039, Bertie to Grey, 17 Dec. 1915.
27 TNA, FO 882/12, Clayton to Wingate, 28 Jan. 1916, and FO 882/2, Clayton's annotations on the 'Minutes of the second meeting of the Committee to discuss the Arab Question and Syria, 23 Nov. 1915'.
28 BL, Add 63039, Bertie, note, 24 Oct. 1915.
29 BL, Add 63039, Bertie to Grey, 30 Nov. 1915.
30 SAD, Wingate Papers, 135/6, Parker to Clayton, 19 Nov. 1915.
31 TNA, FO 800/380, Nicolson to Hardinge, 16 Dec. 1915; Polly A. Mohs, *Military Intelligence and the Arab Revolt: The First Modern Intelligence War* (London, 2008), p. 31.
32 BL, Add 63040, Crewe to Bertie, 17 Dec. 1915.
33 Tanenbaum, 'France and the Arab Middle East', p. 11.
34 Cloarec, *La France et la question de Syrie*, p. 146, Briand to Cambon, 14 Dec. 1915.
35 Andrew and Kanya-Forstner, 'The French Colonial Party and French Colonial War Aims', p. 85, Georges-Picot to de Margerie, 2 Dec. 1915.
36 Cloarec, *La France et la question de Syrie*, p. 147.
37 Sykes, *The Caliphs' Last Heritage*, p. 596.
38 SAD, Wingate Papers, 135/6, Sykes to Callwell, 21 Nov. 1915.
39 Isaiah Friedman, *The Question of Palestine* (London, 1973), p. 113.
40 Cloarec, *La France et la question de Syrie*, p. 115, Georges-Picot to

Defrance, 30 May 1915.

41 Cloarec, *La France et la question de Syrie*, p. 151, Briand to Cambon, 5 Jan. 1916.
42 TNA, FO 371/2767, Macdonogh to Nicolson, 6 Jan. 1916.
43 MEC, Samuel Papers, 'Palestine', Mar. 1915.
44 BL, Add 63041, Grey to Bertie, 11 Mar. 1916.
45 Andrew and Kanya-Forstner, *France Overseas*, p. 128. 该记录来自法国亚洲委员会主席让·古。
46 *The Times*, 'Allies Reply to Mr Wilson', 12 Jan. 1917.
47 Woodrow Wilson, speech to the Senate, 22 Jan. 1917.
48 Woodrow Wilson, speech to Congress, 2 Apr. 1917.
49 Martin Gilbert, *Exile and Return: The Emergence of Jewish Statehood* (London, 1978), pp. 83-84.
50 MEC, Sykes Papers, note of a conference at 10 Downing Street on 3 Apr. 1917.
51 MEC, Sykes Papers, Sykes to Graham, 6 Apr. 1917.
52 Andrew and Kanya-Forstner, 'The French Colonial Party and French Colonial War Aims', pp. 94-95.
53 Charles Seymour, ed., *The Intimate Papers of Colonel House*, vol. Ⅲ (London, 1928), p. 48.

第3章 托马斯·爱德华·劳伦斯

1 SAD, Clayton Papers, 693/11, Lawrence to Sykes (unsent), 7 Sept. 1917.
2 MEC, Sykes Papers, Sykes to Drummond, 20 July 1917.
3 Lawrence, *Seven Pillars of Wisdom* (1935), p. 57.
4 Jeremy Wilson, *Lawrence of Arabia: The Authorised Biography of T. E. Lawrence* (London, 1989), p. 138, Kenyon to Watson, 21 Nov. 1913.
5 GBA, Bell, letter, 21 May 1911.
6 Malcolm Brown, ed., *Lawrence of Arabia: The Selected Letters* (London, 2005), p. 81, Lawrence to E. T. Leeds, 16 Nov. 1915.
7 Garnett, ed., *The Letters of T. E. Lawrence*, pp. 90-91, Lawrence to Vyvyan Richards, 15 Dec. 1910.

8 Brown, ed., *Lawrence of Arabia: The Selected Letters*, p. 40, Lawrence to Sarah Lawrence, 24 June 1911.
9 Garnett, ed., *The Letters of T. E. Lawrence*, pp. 193 – 194, Lawrence to Hogarth, 18 Mar. 1915.
10 M. R. Lawrence, *The Home Letters of T. E. Lawrence and his Brothers* (Oxford, 1954), p. 303, Lawrence to his family, 20 Feb. 1915.
11 Jeremy Wilson, *Lawrence of Arabia*, p. 178, Lawrence to E. T. Leeds, 9 Mar. 1915.
12 Garnett, ed., *The Letters of T. E. Lawrence*, pp. 195 – 196, Lawrence to Hogarth, 22 Mar. 1915.
13 Christophe Leclerc, *Avec T. E. Lawrence en Arabie, La Mission militaire française au Hedjaz 1916 – 1920* (Paris, 1998), p. 34, 'Note to the President of the Council', 19 July 1916.
14 Edouard Brémond, *Le Hedjaz dans la première guerre mondiale* (Paris, 1931), p. 46. 做出该指示的官员为法国外交部长菲利普·贝特洛。
15 Lawrence, *Seven Pillars of Wisdom* (1935), p. 57.
16 Lawrence, *Seven Pillars of Wisdom* (1935), p. 63.
17 Leclerc, *Avec T. E. Lawrence en Arabie*, p. 68. 来源为布雷蒙在1916年10月28日发给奥赛码头的报告；SAD, Clayton Papers, 470/6, Wilson to Clayton, 16 Jan. 1917, 指出布雷蒙特别喜欢喝威士忌。
18 TNA, FO 882/25, *Arab Bulletin* 32, 26 Nov. 1916.
19 TNA, FO 141/510/4, Foreign Office to high commissioner, Egypt, 6 Apr. 1920.
20 BL, Add 45914, f. 29.
21 TNA, FO 882/25, *Arab Bulletin* 32, 26 Nov. 1916.
22 Lawrence, *Seven Pillars of Wisdom* (1935), pp. 91 and 67.
23 LHCMA, Joyce Papers, 1/258, Joyce to Clayton, 25 Sept. 1917.
24 Wilson, *Lawrence of Arabia*, p. 610, 引自费萨尔1919年巴黎和会期间的日记。
25 SAD, Clayton Papers, 693/11, Lawrence to Sykes, 9 Sept. 1917 (unsent).
26 SAD, Clayton Papers, 693/11, Lawrence to Sykes, 9 Sept. 1917 (unsent).
27 SAD, Clayton Papers, 693/11, Lawrence to Sykes, 9 Sept. 1917 (unsent).

28 BL, Add 45915, f. 54.
29 BL, Add 45915, reverse f. 55.
30 BL, Add 45915, reverse f. 57.
31 IWM, Stirling Papers, Stirling, letter, 12 Sept. 1917.

第4章 艾伦比的人

1 MEC, Sykes Papers, Sykes to Clayton, 22 July 1917.
2 IOR, L/PS/11/124, Wingate to Robertson, 13 July 1917.
3 T. E. Lawrence, 'The Changing East', *The Round Table* (Sept. 1920), pp. 756 – 772.
4 Brown, ed., *Lawrence of Arabia: The Selected Letters*, p. 71, Lawrence to Sarah Lawrence, 12 Feb. 1915.
5 Henri Laurens, 'Jaussen en Arabie', in *Photographies d'Arabie: Hedjaz 1907 – 1917* (Paris, 1999), p. 30; MAE, Guerre1914 – 1918, 1703.
6 MAE, Guerre 1914 – 1918, 878, 173 – 181, Defrance to Ribot, 30 Aug. 1917, enclosing 'Note sur le mouvement arabe à la frontière du désert syrien Akaba-Amman', 13 Aug. 1917.
7 Leclerc, *Avec T. E. Lawrence en Arabie*, p. 147; Doynel de St Quentin, report, 20 Aug. 1917.
8 Doynel de St Quentin, report, 20 Aug. 1917.
9 SAD, Clayton Papers, 470/5, Wilson to Clayton, 22 Nov. 1916.
10 Matthew Hughes, 'Allenby, Edmund Henry Hynman, first Viscount Allenby of Megiddo (1861 – 1936)', *Dictionary of National Biography* (Oxford, 2004), quoting Raymond Savage, *Allenby of Armageddon* (London, 1925), p. 24.
11 TNA, WO 158/634, Allenby to Robertson, 19 July 1917.
12 LHCMA, Robertson Papers, 8/1/73, Allenby to Robertson, 17 Oct. 1917.
13 SAD, Clayton Papers, 693/11, Lawrence to Sykes, 9 Sept. 1917 (unsent).
14 SAD, Clayton Papers, 693/12, Clayton to Lawrence, 20 Sept. 1917.
15 MEC, Sykes Papers, memorandum, 18 July 1917.
16 MEC, Sykes Papers, Sykes to Clayton, 22 July 1917.

17　Lawrence, *Seven Pillars of Wisdom* (1935), p. 359; TNA, FO 882/4, 克莱顿发给总参谋部的报告提及了劳伦斯在 1917 年 9 月 29 日的报告内容。
18　Lawrence, *Seven Pillars of Wisdom* (1935), p. 367.
19　Garnett, ed., *The Letters of T. E. Lawrence*, pp. 237 – 238, Lawrence to Leeds, 24 Sept. 1917.
20　LHCMA, Liddell Hart Papers, 9/13/42, Lawrence to Stirling, 25 Sept. 1917.
21　LHCMA, Joyce Papers, 1/300, Dawnay to Joyce, 12 June 1918.
22　Leonard Stein, *The Balfour Declaration* (London, 1961), 请参见扉页。
23　Lawrence, *Seven Pillars of Wisdom* (1935), p. 423.
24　Lawrence, *Seven Pillars of Wisdom* (1935), p. 431.
25　Brown, ed., *Lawrence of Arabia: The Selected Letters*, p. 140, Lawrence to his parents, 14 Dec. 1917.
26　TNA, WO 33/946, Robertson to Allenby, 26 Nov. 1917.
27　LHCMA, Allenby Papers, 1/8/32, Allenby to Lady Allenby, 11 Dec. 1917.
28　Lawrence, *Seven Pillars of Wisdom* (1935), p. 455.
29　Lawrence, *Seven Pillars of Wisdom* (1935), p. 527.
30　*The Times*, 'British War Aims: Mr Lloyd George's Statement', 7 Jan. 1918.
31　Andrew and Kanya-Forstner, 'The French Colonial Party and French Colonial War Aims', p. 101, Sykes to Clayton, 3 Mar. 1918, Sykes to Wingate, 3 Mar. 1918.
32　BL, Add 51094, Cecil to Sykes, 7 Sept. 1918.
33　Otto Liman von Sanders, *Five Years in Turkey* (Nashville, 2000), p. 290.
34　Service Marine Q86, Jaussen, report, 1900hrs, 20 Sept. 1918.
35　Wilson, *Lawrence of Arabia*, p. 553.
36　Maurice Larès, *T. E. Lawrence, La France, et Les Français* (Paris, 1980), p. 403, *Echo de Paris*, 24 Sept. 1918.
37　W. F. Stirling, *Safety Last*, London, 1953, p. 94.
38　IWM, Stirling Papers, Stirling to his sister, 5 Nov. 1918.

39　Stirling, *Safety Last*, p. 97.
40　IWM, Wilson Papers, HHW2/33A/29, Allenby to Wilson, 9 Nov. 1918.
41　SAD, Clayton Papers, 693/11, Lawrence to Sykes, 9 Sept. 1917 (unsent).

第5章　拿下摩苏尔

1　CAC, Hankey Papers, HNKY 1/6, diary entry, 6 Oct. 1918.
2　Lord Meston, 'Mr Lloyd George's Memoirs', *International Affairs*, vol. 14, no. 2 (Mar. – Apr. 1935), p. 243.
3　Andrew and Kanya-Forstner, *France Overseas*, p. 162.
4　Andrew and Kanya-Forstner, *France Overseas*, p. 163.
5　CAC, Hankey Papers, HNKY 1/6, diary entry, 6 Oct. 1918.
6　TNA, CAB 21/119, Admiral Sir Edmond Slade, 'Petroleum Situation in the British Empire', 29 July 1918. 海军上将埃德蒙·斯莱德（Edmond Slade）是英国政府控制下的英波石油公司的一位负责人，该公司在邻近波斯地区拥有广泛利益。
7　TNA, CAB 21/119, Hankey to Lloyd George, 1 Aug. 1918.
8　TNA, CAB 21/119, Hankey to Balfour, 1 Aug. 1918 and 12 Aug. 1918.
9　Kenneth O. Morgan, 'David Lloyd George, first Earl Lloyd-George of Dwyfor (1863 – 1945)', Oxford *Dictionary of National Biography* (Oxford, 2004).
10　Robert Vansittart, *The Mist Procession* (London, 1958), p. 247.
11　John Julius Norwich, ed., *The Duff Cooper Diaries* (London, 2005), p. 45, 1 Jan. 1917.
12　Kenneth O. Morgan, 'Lloyd George's Premiership: A Study in "Prime Ministerial Government"', *Historical Journal*, vol. 13, no. 1 (Mar. 1970), p. 133.
13　Norwich, ed., *The Duff Cooper Diaries*, pp. 88 – 89, 8 Dec. 1918.
14　Morgan, 'Lloyd George's Premiership', p. 132.
15　CAC, Hankey Papers, HNKY 1/6, diary entry, 6 Oct. 1918.
16　PAL, Lloyd George Papers, LG/F/41/8/22, 亨德森发给诺思克利夫的电报复本，14 Oct. 1918。
17　Erik Goldstein, 'British Peace Aims and the Eastern Question: The

Political Intelligence Department and the Eastern Committee, 1918', *Middle Eastern Studies*, vol. 23, no. 4 (Oct. 1987), p. 427. 该说法来自官员阿诺德·汤因比 (Arnold Toynbee), 时间为1918年12月19日。
18 TNA, FO 371/3384, Cecil, note, 28 Oct. 1918.
19 MEC, Hogarth Papers, Hogarth to Clayton, 1 Nov. 1918.
20 Wilson, *Lawrence of Arabia*, p. 585.
21 Margaret MacMillan, *Peacemakers* (London, 2002), p. 384.
22 Andrew and Kanya-Forstner, 'The French Colonial Party and French Colonial War Aims', p. 104.
23 TNA, CAB 27/24, Eastern Committee, minutes, 21 Nov. 1918.
24 TNA, CAB 23/42, Eastern Committee, minutes, 20 Dec. 1918.
25 SAD, Clayton Papers, 694/6, the Weizmann-Feisal agreement, 3 Jan. 1919.
26 Wilson, *Lawrence of Arabia*, p. 596.
27 Andrew and Kanya-Forstner, *France Overseas*, p. 152.
28 SHAT, 6N 76, Cambon to ministère des affaires étrangères, 28 Nov. 1918.
29 SHAT, 6N 76, Cambon, note, 30 Nov. 1918.
30 CAC, Hankey Papers, HNKY 1/6, diary, note dated 11 Dec. 1920 in entry for 4 Dec. 1918. 在众多当代记述中, 劳合·乔治在这次会议 (TNA, CAB 23/42, Imperial War Cabinet, minutes, 20 Dec. 1918) 中表示, 当他告诉克列孟梭英国军队正驻扎在巴勒斯坦和美索不达米亚时, 克列孟梭的回答是: "好吧。我根本不在乎。"
31 Harold Nicolson, *Peacemaking 1919* (London, 1933), p. 256, 4 Feb. 1919.
32 Harold Nicolson, *Peacemaking 1919*, pp. 274–275, 1 Mar. 1919.
33 Wickham Steed, review of Clemenceau's *Grandeur and Misery of Victory*, *International Affairs*, vol. 10, no. 1 (Jan. 1931), p. 115.
34 Andrew and Kanya-Forstner, *France Overseas*, p. 137.
35 MacMillan, *Peacemakers*, p. 37.
36 Andrew and Kanya-Forstner, *France Overseas*, p. 137, Bertie to Lloyd George, 9 Dec. 1917.
37 Andrew and Kanya-Forstner, *France Overseas*, p. 207.

38 SHAT, 6N 76, 'La France et l'Angleterre en Syrie', n. d.
39 MacMillan, *Peacemakers*, p. 39.
40 SHAT, 6N 197, 'Note pour Monsieur le Président du Conseil, "A. s. de L'Emir Fayssal"', 9 Jan. 1919.
41 TNA, FO 608/97, Lawrence's note on Feisal's meeting with Goût, 16 Jan. 1919.
42 Henry Cumming, *Franco-British Rivalry in the Post-war Near East* (Oxford, 1938), p. 72.
43 Michael B. Oren, *Power, Faith and Fantasy: America in the Middle East, 1776 to the Present* (New York, 2007), p. 373; Wilson, *Lawrence of Arabia*, p. 605.
44 Lord Hardinge of Penshurst, *Old Diplomacy* (London, 1947), p. 232.
45 SHAT, 6N 76, 'Note sur les intérêts moraux et matériels de la France en Syrie', 1 Feb. 1919; MacMillan, *Peacemakers*, p. 401.
46 MacMillan, *Peacemakers*, p. 401.
47 PAL, Lloyd George Papers, LG/F/205/3/1, report on French press, 7 Feb. 1919.
48 Larès, *T. E. Lawrence, La France, et Les Français*, p. 403, *Echo de Paris*, 7 Feb. 1919.
49 SHAT, 6N 76, 'Comparison of the French and British Military Effort during the Years 1917 and 1918', n. d.
50 TNA, CAB 24/75, Foreign Office Political Intelligence Department, 'Currents of Opinion in France', 16 Feb. 1919.
51 TNA, FO 608/107/1, Curzon to Balfour, 21 Feb. 1919.
52 PAL, Lloyd George Papers, LG/F/89/2/8, Lloyd George to Kerr, 12 Feb. 1919.
53 MacMillan, *Peacemakers*, p. 402.
54 TNA, FO 608/107/2, note by the Comité de l'Asie Française, n. d. but stamped 13 Feb. 1919.
55 TNA, CAB 24/75, Foreign Office Political Intelligence Department, 'Currents of Opinion in France', 16 Feb. 1919.
56 Tanenbaum, 'France and the Arab Middle East 1914 – 1920', p. 32.

57　MEC, Yale Papers, Yale, 'Interview with Mr Jean Goût', 13 Sept. 1919.
58　*Time*, 'France: Grandeur and Anecdotes', 21 Apr. 1930.
59　Andrew and Kanya-Forstner, *France Overseas*, p. 189.

第6章　僵局

1　*FRUS*, The Paris Peace Conference, vol. 5, p. 4, *The Council of Four*: *Minutes of Meetings Mar. 20 to May 24, 1919*, Notes of a Meeting Held in the Prime Minister's Flat at 23 Rue Nitot, Paris, on Thursday, 20 Mar. 1919.
2　*FRUS*, The Paris Peace Conference, vol. 5, p. 7, *The Council of Four*: *Minutes of Meetings Mar. 20 to May 24, 1919*, Notes of a Meeting Held in the Prime Minister's Flat at 23 Rue Nitot, Paris, on Thursday, 20 Mar. 1919.
3　*FRUS*, The Paris Peace Conference, vol. 5, p. 7, *The Council of Four*: *Minutes of Meetings Mar. 20 to May 24, 1919*, Notes of a Meeting Held in the Prime Minister's Flat at 23 Rue Nitot, Paris, on Thursday, 20 Mar. 1919.
4　*FRUS*, The Paris Peace Conference, vol. 5, p. 9, *The Council of Four*: *Minutes of Meetings Mar. 20 to May 24, 1919*, Notes of a Meeting Held in the Prime Minister's Flat at 23 Rue Nitot, Paris, on Thursday, 20 Mar. 1919.
5　PAL, Lloyd George Papers, LG/F/3/4/12, Balfour to Lloyd George, 19 Feb. 1919.
6　Garnett, ed., *The Letters of T. E. Lawrence*, pp. 265 - 269; Lawrence, 'Reconstruction of Arabia', 4 Nov. 1918.
7　MEC, Cox Papers 5/2, Bell to Cox, 7 Feb. 1919.
8　TNA, FO 608/97/15, Intelligence Department naval staff, 'The Oilfields of Persia and Mesopotamia', 26 Feb. 1919.
9　T. E. Lawrence, *T. E. Lawrence to his Biographers Robert Graves and Liddell Hart* (London, 1963), p. 52, Lawrence to Graves, 28 June 1927.
10　BL, Add 52455 A, Wilson to Cox, 9 May 1919.
11　Nicolson, *Peacemaking 1919*, p. 288, 23 Mar. 1919.

12 PAL, Lloyd George Papers, LG/F/6/6/47, Cecil to Lloyd George, 27 May 1919.
13 Col. R. Meinertzhagen, *Middle East Diary, 1917–1956* (London, 1959), p. 26.
14 MacMillan, *Peacemakers*, p. 447.
15 MEC, Meinertzhagen Papers, diary, 22 May 1919.
16 Matthew Hughes, *Allenby and British Strategy in the Middle East, 1917–1919* (London, 1999), p. 131.
17 *FRUS*, The Paris Peace Conference, vol. 5, p. 812, *The Council of Four: Minutes of Meetings Mar. 20 to May 24, 1919*, Notes of a Meeting Held at Mr Lloyd George's Residence, 23 Rue Nitot, Paris, on Thursday, 22 May 1919.
18 *FRUS*, The Paris Peace Conference, vol. 12, p. 747, 落实土耳其委任统治的国际委员会中美国方面（金－克兰委员会）的表述，巴黎和会对该委员会成员的工作指引，1919 年 3 月 25 日；IOR, L/PS/11/157, piece 5878, French (GOC EEF) to Curzon, 30 Aug. 1919。
19 TNA, FO 608/96/11, 'Self-Determination in Iraq', comments by Haji Hasan Shabbut and Shaykh Saud al-Sabbah.
20 *FRUS*, The Paris Peace Conference, vol. 12, p. 849, Crane and King, 'Report of the American Section of the International Commission on Mandates in Turkey', 28 Aug. 1919.
21 MEC, Yale Papers, memoir: 'It Takes So Long'.
22 IOR, L/PS/10/801, Cornwallis, report, 18 May 1919; Eugene Rogan, *The Arabs: A History* (London, 2009), p. 161.
23 MEC, Yale Papers, memoir: 'It Takes So Long'.
24 *FRUS*, The Paris Peace Conference, vol. 12, pp. 798 and 848, 'Confidential Appendix to the Report upon Syria: For the Use of Americans Only', p. 798, Crane and King, 'Report of the American Section of the International Commission on Mandates in Turkey'.
25 *FRUS*, The Paris Peace Conference, vol. 12, p. 794, Crane and King, 'Report of the American Section of the International Commission on Mandates in Turkey'.

26　*FRUS*, The Paris Peace Conference, vol. 12, p. 792, Crane and King, 'Report of the American Section of the International Commission on Mandates in Turkey'.
27　IOR, L/PS/11/155, piece 4393, Grahame to Foreign Office, 26 July 1919.
28　*The Times*, 'The Situation in Syria', 6 Sept. 1919.
29　Peter A. Shambrook, *French Imperialism in Syria, 1927 – 1936* (Reading, 1998), pp. 41 – 42.
30　PAL, Lloyd George Papers, LG/F/205/3/15, Grahame to Curzon, 13 Sept. 1919.
31　IOR, L/PS/10/801, Grahame to Curzon, 12 Aug. 1919.
32　*The Times*, 'France and the Persian Treaty', 19 Aug. 1919.
33　TNA, CAB 21/154a, Lloyd George to Clemenceau, 18 Oct. 1919.
34　Brown, ed., *Lawrence of Arabia: The Selected Letters*, p. 175, Lawrence to Stirling, 28 June 1919.
35　MEC, Yale Papers, "关于叙利亚、巴勒斯坦、黎巴嫩山 (Mount Lebanon) 的报告, 呈送委员会中的美国成员, 撰写人威廉·耶鲁上校, 落实土耳其委任统治的国际委员会中美国方面的技术顾问", 1919 年 7 月 26 日。
36　*The Times*, 'Sidelights on the Arab War: Two Turkish Plotters-Emir Said Arrested', 4 Sept. 1919.
37　SHAT, 6N 197, Pichon to Cambon, 20 Aug. 1919.
38　*The Times*, 11 Sept. 1919.
39　Keith Jeffery, 'Great Power Rivalry in the Middle East', *Historical Journal*, vol. 25, no. 4 (Dec. 1982), p. 1031.
40　Jeffery, 'Great Power Rivalry in the Middle East', p. 1031.
41　TNA, CAB 21/154a, minutes of a meeting held on 9 Sept. 1919.
42　此处对巴勒斯坦地理边界的表述可参照《圣经》: 1 Samuel 3: 20; Judges 20: 1.
43　PAL, Lloyd George Papers, LG/F/47/8/24, Wilson to Lloyd George, 23 June 1919, enclosing a paper by Gribbon on the significance of Palmyra.
44　Paul C. Helmreich, *From Paris to Sèvres* (Ohio, 1974), p. 70.

45　Garnett, ed., *The Letters of T. E. Lawrence*, p. 288, Lawrence, memorandum, 15 Sept. 1919.

46　Garnett, ed., *The Letters of T. E. Lawrence*, p. 294.

47　Stirling, *Safety Last*, p. 102.

48　TNA, CAB 23/44 B, 'Notes of a Meeting held at 10 Downing Street, on Friday Sept. 19, 1919, at 4 pm'.

49　IOR, L/PS/11/159, piece 6977, Clemenceau to Derby, 14 Oct. 1919.

50　TNA, CAB 21/154a, Lloyd George to Clemenceau, 18 Oct. 1919.

51　Pierre Lyautey, *Gouraud* (Paris, 1949), p. 192.

第7章　十字军东征

1　MEC, Monckton Papers, Monckton to Evelyn Mary Monckton, 25 Nov. 1919.

2　Vansittart, *The Mist Procession*, p. 246.

3　Lyautey, *Gouraud*, p. 140.

4　Lyautey, *Gouraud*, p. 180.

5　Georges Catroux, *Deux Missions en Moyen Orient, 1919–1922* (Paris, 1958), p. 102.

6　TNA, HW 12/9, Bristol to secretary of state, Washington, 22 May 1920. 此评价来自罗贝尔·德·凯, 由美国领事馆报告, 被英国情报机构拦截。

7　PAL, Lloyd George Papers, LG/F/89/4/20, Kerr to Lloyd George, 8 Nov. 1919.

8　Charles Andréa, *La Révolte Druze et l'insurrection de Damas* (Paris, 1937), p. 21. 古罗·利奥泰 (Lyautey, *Gouraud*, p. 192) 指出, 英国撤出了34个营, 法国顶上了13个营, 且其中4个营兵力不足。

9　Lyautey, *Gouraud*, p. 193.

10　这主要是由于《赛克斯-皮科协定》与占领区管理局 (Occupied Enemy Territory Administration, OETA) 对各势力范围的边界划分不同而导致的。OETA 由艾伦比在战后统筹组建, 将被占领的奥斯曼帝国领土划分为北部和西部地区、南部以及东部地区, 分别属于法国、英国和阿拉伯管辖。英国撤军后, 仅同意将 OETA 所指的西部地区给予法国管辖，因为他们担心如果遵循《赛克斯－皮科协定》，其背后的政治意味会触怒阿拉伯人。这种做法令阿拉伯人得以管辖在《赛克斯－皮科协定》中承诺给法国的一部分土地。

11　Tanenbaum, 'France and the Arab Middle East', p. 35.
12　Tanenbaum, 'France and the Arab Middle East', p. 35.
13　IOR, L/PS/11/161, Derby to Curzon, 20 Dec. 1919.
14　Tanenbaum, 'France and the Arab Middle East 1914 – 1920', p. 36.
15　IWM, Sir Clifford Norton Papers, Brayne, memorandum, 12 June 1919.
16　Andréa, La Révolte Druze, p. 18.
17　Tanenbaum, 'France and the Arab Middle East', p. 37.
18　IOR, L/PS/11/170, piece 2202, Curzon to Derby, 13 Mar. 1920.
19　PAL, Lloyd George Papers, LG/F/92/16/1, Bourne to Talbot, 25 Jan. 1919.
20　PAL, Lloyd George Papers, LG/F/3/4/4, Curzon to Balfour, 16 Jan. 1919.
21　PAL, Lloyd George Papers, LG/F/3/4/4, Curzon to Balfour, 16 Jan. 1919.
22　MEC, Samuel Papers, Weizmann to Curzon, 2 Feb. 1920.
23　TNA, CAB 24/154, Foreign Countries Report No. 12, 10 Mar. 1920.
24　Stirling, Safety Last, p. 113.
25　Tom Segev, One Palestine, Complete (London, 2000), p. 140.
26　Philip Mattar, The Mufti of Jerusalem (New York, 1988), p. 17.
27　Segev, One Palestine, Complete, p. 128.
28　MEC, Somerset Papers, Somerset to Ethel Raglan, 20 May 1920.
29　Segev, One Palestine, Complete, p. 147. 该文的作者为英国陆军元帅亨利·威尔逊爵士（Sir Henry Wilson）。
30　TNA, CAB 24/108, 'Notes by the Director of Military Intelligence on his recent visit to Turkey, 21 June 1920'.
31　IOR, L/PS/11/174, Curzon to Cambon, 18 May 1920.
32　Tanenbaum, 'France and the Arab Middle East', p. 40.
33　TNA, CAB 24/131, Colonial Office, Middle East Department, 'Foreign Incitement of the Turks to Attack Iraq', 13 Dec. 1921.

34 TNA, CAB 21/204, Churchill, memorandum, 'French intentions in Syria', 8 June 1920.
35 IOR, L/PS/10/801, piece 5579, Allenby to Feisal, n. d.
36 Ross Burns, *The Monuments of Syria* (London, 1992), p. 91.
37 MEC, Somerset Papers, Somerset to Raglan, 1 Aug. 1920.
38 Ronald Storrs, *Orientations* (London, 1937), p. 506.
39 SHAT, 7N 2829, 'Propagande Britannique en Orient: Propagande Anglo-Arabe en Syrie', annexe 10, n. d., but c. 1927.

第 8 章 伊拉克叛乱

1 L/PS/11/175, piece 5655, 'The Proclamation by the Arabs to the Free Mesopotamians', n. d.
2 William Facey and Najdat Fathi Safwat, eds, *A Soldier's Story: From Ottoman Rule to Independent Iraq, The Memoirs of Jafar Pasha Al-Askari* (London, 2003), p. 174.
3 Peter Sluglett, *Britain in Iraq* (London, 2007), pp. 20 – 21; GBA, Bell to Hugh Bell, 30 Jan. 1921.
4 MEC, Cox Papers, 5/11, Bell to Hirtzel, 11 Oct. 1919.
5 TNA, CAB 24/96, Wilson to Montagu, 15 Nov. 1919, enclosing Bell's 'Syria in Oct. 1919'.
6 MEC, Cox Papers, 5/20, Bell to Hirtzel, 19 Mar. 1920.
7 TNA, FO 608/97/4, Vansittart, minute, 6 Sept. 1919.
8 GBA, Bell to Hugh Bell, 10 Jan. 1921.
9 BL, Add 52455 A, Wilson to Cox, 2 Jan. 1920.
10 IOR, L/PS/11/168, piece 1153, Wilson, New Year speech, Baghdad, 1 Jan. 1920.
11 GBA, Bell to Mary Bell, 14 Mar. 1920.
12 GBA, Bell to Hugh Bell, 19 Sept. 1920.
13 GBA, Bell to Hugh Bell, 1 June 1920.
14 *The Times*, 'Persia and Mesopotamia', 10 June 1920.
15 Sir Aylmer L. Haldane, *The Insurrection in Mesopotamia, 1920* (Edinburgh, 1922), p. 41.

16 BL, Add 52455, Wilson to Cox, 29 July 1920.
17 BL, Add 52455, Wilson to Cox, 29 July 1920.
18 HC Deb, 23 June 1920, vol. 130, c. 2226.
19 HC Deb, 23 June 1920, vol. 130, c. 2235.
20 *The Times*, 'Mr Lloyd George in the Garden of Eden', 24 June 1920.
21 *The Times*, 'Grave Trouble in Mesopotamia', 16 July 1920.
22 TNA, CAB 24/109, Churchill, 'Situation in Mesopotamia', 17 July 1920.
23 Garnett, ed., *The Letters of T. E. Lawrence*, p. 288, Lawrence, memorandum, 15 Sept. 1919.
24 *Sunday Times*, 'A Report on Mesopotamia', 22 Aug. 1920.
25 *The Times*, 'Arab Rights', 23 July 1920.
26 根据安德鲁·麦克唐纳（Andrew McDonald）提供的资料，英国政府在1921年的经费开支约为9.47亿英镑，'The Geddes Committee and the Formulation of Public Expenditure Policy, 1921-22', *Historical Journal*, vol. 32, no. 3（Sept. 1989）, pp. 643-674。
27 GBA, Bell to Mary Bell, 5 Sept. 1920; Bell to Hugh Bell, 19 Sept. 1920.
28 IWM, Clarke Papers.
29 TNA, FO 141/444/7, Wilson to Montagu, 31 July 1920.
30 TNA, FO 141/444/7, Wilson to Montagu, 31 July 1920.
31 *The Times*, 'Emir Feisal's Future: Possible Ruler of Mesopotamia', 5 Aug. 1920.
32 IOR, L/PS/10/919, 珀西·考克斯爵士的高级专员任命草案上提到了这一点。
33 *Observer*, 'France, Britain and the Arabs', 8 Aug. 1920.
34 *The Times*, 'Emir Feisal', 7 and 11 Aug. 1920. 萨拉丁实际上是库尔德人。
35 *The Times*, 'Emir Feisal', 7 Aug. 1920.
36 IOR, L/PS/10/919, Fleuriau to Curzon, 17 Aug. 1920.
37 MEC, Monckton Papers, Monckton to Evelyn Mary Monckton, 21 Aug. 1920.
38 CAC, CHAR 16/34, Churchill to Haldane, 26 Aug. 1920.

39 CAC, CHAR 16/52, Churchill to Trenchard, 29 Aug. 1920.
40 Haldane, *The Insurrection in Mesopotamia*, 1920, p. 331.
41 CAC, CHAR 16/48 Churchill to Lloyd George, 31 Aug. 1920.
42 MEC, Cox Papers, 5/27, Hirtzel to Cox, 29 Dec. 1920.
43 Paul Addison, 'Churchill, Sir Winston Leonard Spencer (1874 – 1965)', *Oxford Dictionary of National Biography* (Oxford, 2004).
44 Richard Toye, *Rivals for Greatness: Lloyd George and Churchill* (London, 2007), p. 5.
45 Winston Churchill, *The Story of the Malakand Field Force* (London, 1898), p. 172.
46 Ernst Gombrich, 'Winston Churchill as Painter and Critic', *The Atlantic*, vol. 215 (1965), pp. 90 – 93.
47 John Charmley, *Churchill: The End of Glory* (London, 1993), p. 141.
48 *Morning Post*, 11 Jan. 1919.
49 Gilbert, *Winston S. Churchill*, vol. Ⅳ, p. 582. 理查德·迈纳茨哈根（Richard Meinertzhagen）向英国陆军元帅亨利·威尔逊爵士提供了这种说法。
50 CAC, CHAR 16/11, Lloyd George to Churchill, 22 Sept. 1919.
51 CAC, CHAR 16/48, Churchill to Lloyd George, 31 Aug. 1920.

第 9 章 最佳、最省钱的方案

1 Winston Churchill, *Great Contemporaries* (London, 1939), p. 127.
2 Churchill, *Great Contemporaries*, p. 129.
3 Gilbert, *Winston S. Churchill*, vol. Ⅳ, p. 509, Churchill to Lloyd George, 4 Jan. 1921; Catherwood, *Winston's Folly*, p. 162.
4 Lawrence, *Seven Pillars of Wisdom* (1935), p. 21.
5 Wilson, *Lawrence of Arabia*, p. 645.
6 Brown, ed., *Lawrence of Arabia: The Selected Letters*, p. 196, Lawrence to Blunt, 2 Mar. 1921.
7 MEC, Cox Papers, 5/27, Hirtzel to Cox, 29 Dec. 1920.
8 CAC, CHAR 17/16/1, Churchill to Cox, 9 Jan. 1921.
9 CAC, CHAR 17/2/6, Lawrence to Marsh, n. d.

10 LHCMA, Coote Papers. 库特（Coote）称劳伦斯是这段逸事的信源。
11 Catherwood, *Winston's Folly*, p. 130.
12 CAC, CHAR 17/2/7, Churchill to Curzon, 12 Jan. 1921.
13 Catherwood, *Winston's Folly*, p. 97, Churchill to Cox, 12 Jan. 1921.
14 TNA, FO 141/444/7, Curzon to Hardinge, 24 Jan. 1921，圣奥拉尔伯爵夏尔·德·博普瓦尔（Charles de Beaupoil, comte de Saint-Aulaire）与艾尔·克罗爵士（Sir Eyre Crowe）在1月21日的会面记要。
15 CAC, CHAR, 17/2/64, Churchill to Curzon, 16 Feb. 1921.
16 CAC, CHAR, 17/15/57, 'Notes of a conversation at Mr Churchill's house on February 24th'.
17 CAC, CHAR, 17/15/57, 'Notes of a conversation at Mr Churchill's house on February 24th'.
18 LHCMA, Allenby Papers, 1/11, Allenby to Catherine Allenby, 13 Mar. 1921.
19 *T. E. Lawrence to his Biographer Liddell Hart* (London, 1938), p. 143.
20 Catherwood, *Winston's Folly*, p. 131.
21 LHCMA, Coote Papers, diary, 13 Mar. 1921.
22 Brown, ed., *Lawrence of Arabia: The Selected Letters*, p. 196, Lawrence to Sarah Lawrence, 20 Mar. 1921.
23 Gilbert, *Winston S. Churchill*, vol. IV, p. 638.
24 Catherwood, *Winston's Folly*, p. 141.
25 MEC, Somerset Papers, 'Minutes of the First Meeting of the Palestine Political and Military Conference, 17 Mar. 1921'.
26 MEC, Cox Papers, 5/27, Hirtzel to Cox, 29 Dec. 1921.
27 PAL, Lloyd George Papers, LG/F/9/3/21, Churchill to Lloyd George, 23 Mar. 1921.
28 LHCMA, Coote Papers, diary, 24 Mar. 1921.
29 Martin Gilbert, *Churchill and the Jews* (London, 2007), p. 66.
30 PAL, Lloyd George Papers, LG/F/9/3/20, Lloyd George to Churchill, n. d.
31 CAC, CHAR 17/15/68, Churchill to Gouraud, 31 Mar. 1921.
32 Catherwood, *Winston's Folly*, p. 151, Churchill to Lloyd George, 18 Mar. 1921.

33　IOR, L/PS/10/919, Cox to Churchill, 9 June 1921.
34　TNA, FO 141/444/7, Hardinge to Curzon, 25 June 1921.
35　IOR, L/PS/10/919, Cox to Churchill, 1 July 1921.
36　GBA, Bell to Hugh Bell, 31 July 1921.
37　Gilbert, *Winston S. Churchill*, vol. IV, p. 581.
38　Catherwood, *Winston's Folly*, p. 164, Churchill to Cox, 9 July 1921.
39　IOR, L/PS/10/919, Cox to Churchill, 20 Aug. 1921.
40　GBA, Bell to Hugh Bell, 28 Aug. 1921.
41　Andrew and Kanya-Forstner, *France Overseas*, p. 222.

第 10 章　德鲁兹派叛乱

1　Catroux, *Deux Missions en Moyen Orient*, p. 110.
2　MEC, Somerset Papers, 'Minutes of the First Meeting of the Palestine Political and Military Conference, 17 Mar. 1921'.
3　Catroux, *Deux Missions en Moyen Orient*, p. 115.
4　CADN, Mandat Syrie-Liban, Cabinet Politique, I/1531, 'Extract from a summary of intelligence issued by GS "I", GHQ, for the period 11th to 20th Aug. 1921'; Abramson, Amman, to civil secretary, Jerusalem, 1 Oct. 1921, enclosing reports by Alec Kirkbride and Frederick Peake.
5　CADN, Mandat Syrie-Liban, Cabinet Politique, I/1531, 柯克布赖德, 关于尝试抓捕法国政府通缉男性的报告, 1921 年 9 月 24 日。
6　Garnett, ed., *The Letters of T. E. Lawrence*, p. 336, Lawrence to Newcombe, 8 Nov. 1921.
7　MEC, Barbour Papers, Groupe Sénatorial pour la défense des intérêts français à l'étranger, *Rapport sur la Syrie et la Palestine, présenté par M Etienne Flandin*, 1915.
8　Shambrook, *French Imperialism in Syria*, pp. 41-42.
9　Rousseau de Beauplan, 'Où va la Syrie?' (Paris, 1929), in Philip Khoury, *Syria and the French Mandate* (Princeton, 1987), p. 76.
10　TNA, FO 406/75, 'Syrian Personalities', c. 1937.
11　MEC, Glubb Papers, 'A Note on Certain Aspects of the Situation in Syria, 17 July 1941'.

12 MEC, Coghill Papers, 15 July 1945.
13 Catroux, *Deux Missions en Moyen Orient*, pp. 57 – 58; MEC, Somerset Papers, Somerset to Raglan, 15 July 1920.
14 MEC, Glubb Papers, 'A Note on Certain Aspects of the Situation in Syria, 17 July 1941'.
15 Stirling, *Safety Last*, p. 220.
16 IOR, L/PS/11/193, Fontana to Curzon, 31 Jan. 1921.
17 Catroux, *Deux Missions en Moyen Orient*, p. 39.
18 MEC, Samuel Papers, Samuel, draft letter to Thomas, 25 Jan. 1924.
19 Wilfred Thesiger, *The Life of My Choice* (London, 1987), p. 359.
20 Thesiger, *The Life of My Choice*, p. 360.
21 Charles Andréa, *La Révolte Druze et l'insurrection de Damas* (Paris, 1937), p. 39.
22 Bennett J. Doty, *The Legion of the Damned* (London, 1928), p. 95.
23 Alice Poulleau, *A Damas sous les bombes: journal d'une française pendant la révolte syrienne* (Yvetot, 1930), p. 44.
24 Jan Karl Tanenbaum, *General Maurice Sarrail 1856 – 1929: The French Army and Left-Wing Politics* (Chapel Hill, North Carolina, 1974), p. 186.
25 LHCMA, Codrington Papers, memoir: 'Gathering Moss', n. d.
26 TNA, FO 371/10835, Salisbury-Jones to GHQ Palestine, 6 May 1925.
27 TNA, FO 371/10835, Salisbury-Jones to GHQ Palestine, 10 Dec. 1925.
28 Poulleau, *A Damas sous les bombes*, p. 24.
29 Joyce Laverty Miller, 'The Syrian Revolt of 1925', *International Journal of Middle East Studies*, vol. 8, no. 4 (Oct. 1977), p. 551.
30 TNA, FO 371/10835, Salisbury-Jones to GHQ Palestine, 30 July 1925.
31 TNA, FO 371/10835, Salisbury-Jones to GHQ Palestine, 30 July 1925.
32 CADN, Mandat Syrie-Liban, Cabinet Politique, I/2389, Gamelin to high com-missioner, May 1926.
33 Andréa, *La Révolte Druze*, p. 68.
34 Poulleau, *A Damas sous les bombes*, p. 78.
35 Poulleau, *A Damas sous les bombes*, p. 70.
36 CADN, Mandat-Syrie Liban, Cabinet Politique, I/2389, Gamelin to high

com-missioner, May 1926.
37 CADN, Mandat Syrie-Liban, Cabinet Politique, I/2389, Gamelin to high com-missioner, May 1926.
38 CADN, Mandat Syrie-Liban, Cabinet Politique, I/2389, Gamelin to Sarrail, 31 Oct. 1925.
39 The Times, 'Damascus Riots: The Full Story', 27 Oct. 1925.
40 TNA, CO 732/22/1, Vaughan-Russell to foreign secretary, 1 Apr. 1926.
41 Tanenbaum, Sarrail, p. 207.
42 Treaty of Mutual Guarantee between Germany, Belgium, France, Great Britain and Italy, 16 Oct. 1925, article 7.

第 11 章 重挫德鲁兹人

1 Poulleau, A Damas sous les bombes, 22 Aug. 1925.
2 Michael Provence, The Great Syrian Revolt and the Rise of Arab Nationalism (Austin, 2005), p. 79.
3 Paul Coblentz, The Silence of Sarrail (London, 1930), p. 229, quoting letter from Sarrail dated 15 Aug. 1924 (sic).
4 Andréa, La Révolte Druze, p. 72.
5 Aviel Roshwald, Estranged Bedfellows: Britain and France in the Middle East during the Second World War (Oxford, 1990), p. 11.
6 MEC, Smart Papers, Allanah Harper in 'Walter Smart by some of his friends', n. d.
7 MEC, Smart Papers, Julian Amery in 'Walter Smart by some of his friends', n. d.
8 TNA, FO 371/10835, Salisbury-Jones to GHQ Palestine, 10 Sept. 1925.
9 TNA, FO 684/3, Vaughan-Russell to foreign secretary, 2 June 1926.
10 LHCMA, Codrington Papers, 'Gathering Moss' (draft, unedited memoir).
11 TNA, CO 732/22/1, Vaughan-Russell to foreign secretary, 21 Apr. 1926.
12 The Times, 'Position at Damascus', 30 Oct. 1925, 'More Unrest in Syria', 2 Nov. 1925.
13 SHAT, 7N 2829, draft report: 'Propagande Britannique en Orient:

Propagande Anglo-Arabe en Syrie', 用铅笔落款 1927 年。
14 SHAT, 7N 2829, draft report: 'Propagande Britannique en Orient: Propagande Anglo-Arabe en Syrie'.
15 LHCMA, Codrington Papers, 'Gathering Moss'; TNA, CAB 24/131, Colonial Office, Middle East Department, memorandum, 'Foreign Incitement of the Turks to Attack Iraq', 13 Dec. 1921.
16 TNA, FO 371/10835, Salisbury-Jones to GHQ, 13 Oct. 1925.
17 CADN, Mandat Syrie-Liban, Cabinet Politique, I/2363, 'Proclamation faite aux peuples de la Syrie et du Djebel Druze', 10 Dec. 1925.
18 TNA, FO 371/10835, Salisbury-Jones, 'Report on the relief of Soueida', 6 Oct. 1925.
19 FRUS, 1926, vol. II, Keeley to secretary of state, 3 Mar. 1926.
20 TNA, FO 684/3, McFarland to Vaughan-Russell, 29 Apr. 1926; CADN, Mandat Syrie-Liban, Cabinet Politique, I/2389, Gamelin to secretary-general of the high commission, 7 Jan. 1926.
21 TNA, CO 732/22/1, Vaughan-Russell to foreign secretary, 14 June 1926.
22 SHAT, 4H 134, 'Extraits de la traduction des documents trouvés sur le corps du bandit Ahmed Merawed', n. d.
23 SHAT, 4H 134, Gamelin to ministre de la guerre, 1 July 1926.
24 SHAT, 4H 134, Gamelin to ministre de la guerre, 19 Sept. 1926.
25 Andréa, La Révolte Druze, p. 187.
26 LHCMA, Codrington Papers, 'Gathering Moss'.
27 LHCMA, Codrington Papers, 'Gathering Moss'.
28 SHAT, 4H 134, 'Interrogatoire de Hamze Derviche', 11 July 1926.
29 SHAT, 4H 134, 'Rapport de mission de Lieutenant-Colonel Catroux', 28 Sept. 1926.
30 SHAT, 4H 134, 'Rapport de mission de Lieutenant-Colonel Catroux', 28 Sept. 1926.
31 SHAT, 4H 134, 'Rapport de mission de Lieutenant-Colonel Catroux', 28 Sept. 1926.
32 TNA, CO 733/22/3, Hole to foreign secretary, 25 Nov. 1926.
33 SHAT 4H 134, Louis Jalabert, 'La France abandonnera-t-elle la Syrie?',

Les Etudes, 20 Apr. 1927.
34 TNA, FO 684/3, Smart to foreign secretary, 11 Jan. 1926.
35 SHAT, 4H 134, Maurepas, Jerusalem, to high commissioner, 13 Apr. 1927.
36 SHAT 4H 134, Beynet to high commissioner, 29 June 1927.
37 Shambrook, *French Imperialism in Syria*, p. 7.
38 SHAT, 4H 134, Gamelin to ministre de la guerre, 23 Aug. 1927.
39 LHCMA, Codrington Papers, 'Gathering Moss'.

第12章 石油管线

1 TNA, CAB 24/202, Committee of Imperial Defence, 'Report by the Sub-Committee on the Construction of the Proposed Haifa-Baghdad Railway and/or Pipeline, 13 June 1928: Appendix 1: Cadman, "Evidence of Existence of Oil in Iraq", 28 Mar. 1928'.
2 R. W. Ferrier, *The History of the British Petroleum Company* Vol. I (Cambridge, 1982), p. 165.
3 IOR, L/PS/11/151, Petroleum Executive, memorandum, 'Petroleum Position of the British Empire', Dec. 1918.
4 PAL, Davidson Papers, Davis to Curzon, 12 May 1920. 正如柯曾指出，这是一种假设。1913年，美国占领海地时就取消了英国在当地的特权。
5 TNA, CAB 24/131, Colonial Office, Middle East Department, 'Foreign Incitement of the Turks to Attack Iraq', 13 Dec. 1921; FO 371/7782, Churchill to Curzon, 1 Feb. 1922.
6 TNA, CAB 27/436, 'Notes for Conference with Sir John Cadman', 2 June 1930.
7 TNA, CAB 24/202, Committee of Imperial Defence, 'Report by the Sub-Committee', 13 June 1928: Appendix 1: Cadman, 'Evidence …', 28 Mar. 1928.
8 SHAT, 2N 245, 'Note à propos du tracé du "Pipe-line" des Pétroles de Mésopotamie', 15 Feb. 1928.
9 SHAT, 2N 245, 'Note pour le Président du Conseil', 29 Mar. 1928.
10 TNA, CAB 24/202, Committee of Imperial Defence, 'Report by the Sub-

Committee' 13 June 1928, Appendix 2: Report by the chiefs of staff sub-committee, 'The Baghdad-Haifa Pipeline and Railway: Strategic Importance and Defence', 24 May 1928.
11 TNA, CAB 24/202, Amery, 'The Oil Position in Iraq', 11 Mar. 1929, Appendix II, Monteagle to Williams, 6 Feb. 1929.
12 TNA, CAB 24/202, Eastern Department, Foreign Office, 'The Attitude of the French Government regarding the proposed Baghdad-Haifa Railway and Pipeline', 9 Mar. 1929.
13 TNA, CAB 24/202, Amery, 'The Oil Position in Iraq', 11 Mar. 1929, Berthelot, aide-memoire, 23 Jan. 1929.
14 TNA, CAB 24/202, Amery, 'The Oil Position in Iraq', 11 Mar. 1929, Appendix II, Williams to Monteagle, 18 Feb. 1929.
15 TNA, CAB 24/206, Trenchard, 'Baghdad and Haifa Railway and Pipeline', Williams to deputy chief of air staff, 11 Apr. 1929.
16 TNA, CAB 23/61, conclusions of a meeting of the cabinet, 25 Sept. 1929.
17 TNA, CAB 24/211, 'Report by the Committee on the Baghdad-Haifa Railway and Pipeline, 1 May 1930'.
18 Fitzgerald, 'Business Diplomacy', p. 222.
19 Fitzgerald, 'Business Diplomacy', p. 223.
20 TNA, CAB 24/211, 'Report by the Committee on the Baghdad-Haifa Railway and Pipeline, 1 May 1930, Appendix: Madden (Chief of the Naval Staff), "Baghdad-Haifa Railway and Pipeline", 5 Apr. 1930'.
21 G. M. Lees, 'The Search for Oil', *Geographical Journal*, vol. 95, no. 1 (Jan. 1940), pp. 11-12.
22 TNA, CAB 27/436, Passfield, note, n. d.
23 *Time*, 'Trouble in Paradise', 21 Apr. 1941.

第13章 复仇！复仇！

1 *The Times*, 'Renewed Violence in Palestine', 3 Aug. 1936.
2 IWM, Clarke Papers, memoir, p. 550.
3 此处提到的百分比来自皮尔委员会的报告（report, p. 210），其中提及在8万人口总数中，劳动人口约为32000人。将这个比率借用至巴勒斯坦地区的151000名犹太人,可以得出那时潜在的劳动人口约为6万人。
4　LHCMA, Dill Papers, 2/9, Dill to Deverell, 18 Sept. 1936.
5　Segev, *One Palestine, Complete*, p. 334.
6　MEC, Chancellor Papers, Chancellor to Stamfordham, 27 May 1930.
7　MEC, Chancellor Papers, Chancellor to Stamfordham, 27 May 1930.
8　IWM, Kitson, interview, 26 Apr. 1989.
9　Alfred Bonné, 'The Concessions for the Mosul-Haifa Pipe Line', *Annals of the American Academy of Political and Social Science*, vol. 164, *Palestine. A Decade of Development* (Nov. 1932), p. 125.
10　MEC, Monckton Papers, Monckton to Evelyn Mary Monckton, 21 Aug. 1920.
11　Rogan, *The Arabs*, p. 203.
12　IWM, Morton Papers.
13　IWM, Catling, interview, Sept. 1988.
14　LHCMA, Wheeler Papers, 'Notes on Tactical Lessons of the Palestine Rebellion, 1936', 1937.
15　IWM, Norman, interview, 1 May 1980.
16　Segev, *One Palestine, Complete*, p. 364.
17　TNA, CO 733/383/1, Sir Charles Tegart and Sir David Petrie, 'Memorandum on the future structure and establishment of the Palestine Police', Jan. 1938.
18　IWM, Clarke Papers, memoir, p. 558.
19　TNA, CO 732/81/9, Military Intelligence, summary, 23 Sept. 1938.
20　TNA, CO 733/383/1, Downie, note, 10 Feb. 1938.
21　IWM, Clarke Papers, memoir, p. 572.
22　LHCMA, Dill Papers, 2/9, Dill to Deverell, 14 Oct. 1936.
23　TNA, CAB 24/270, Palestine Royal Commission, report, p. 370.
24　TNA, CAB 24/270, Palestine Royal Commission, report, pp. 394 and 395.
25　Rendel, *The Sword and the Olive*, p. 123.
26　LHCMA, Dill Papers, 2/9, Dill to Deverell, 14 Oct. 1936.
27　LHCMA, Dill Papers, 2/9, Deverell to Dill, 3 Mar. 1937.

28 *Daily Telegraph*, 29 July 1937.
29 MEC, Tegart Papers, 2/3, Kirkbride to chief secretary, 28 Feb. 1938.
30 TNA, FO 406/75, MacKereth to Eden, 5 Jan. 1937, enclosing 'Damascus Quarterly Report', 1 Oct. to 31 Dec. 1936.
31 TNA, FO 684/10, MacKereth to Eden, 19 Oct. 1937.
32 MEC, Tegart Papers, 2/3, H. M. Foot, assistant district commissioner, Samaria, 'Note on recent terrorist activity in the Samaria Division', 24 Dec. 1937.

第 14 章 以恐制恐

1 Max Egremont, *Under Two Flags*: *The Life of Major-General Sir Edward Spears* (London, 1997), p. 259. 这种说法来自约翰·斯托克斯 (John Stokes)。
2 *London Gazette*, 18 June 1917.
3 Michael G. Fry and Itamar Rabinovich, eds, *Despatches from Damascus*: *Gilbert MacKereth and British Policy in the Levant, 1933 – 1939* (Jerusalem, 1985), p. 99, MacKereth to Rendel, 2 Dec. 1934.
4 Fry and Rabinovich, eds, *Despatches from Damascus*, p. 73, MacKereth to Foreign Office, 3 Jan. 1934.
5 Fry and Rabinovich, eds, *Despatches from Damascus*, p. 210, MacKereth to Baxter, 22 Mar. 1939.
6 Fry and Rabinovich, eds, *Despatches from Damascus*, p. 99, MacKereth to Rendel, 2 Dec. 1934.
7 CADN, Beyrouth Ambassade, B/11/175, 'Chucri Kouatly', description of al-Quwatli, Jabri and Mardam, n. d.
8 TNA, FO 406/75, MacKereth to Eden, 5 May 1937.
9 TNA, FO 371/23251, MacKereth to MacMichael, 5 Sept. 1939.
10 TNA, FO 684/10, MacKereth, 'Memorandum Bludan Congress', 14 Sept. 1937.
11 TNA, FO 684/10, MacKereth, 'Memorandum Bludan Congress', Annexe 6: 'Report of a secret meeting of Syrian and Palestine extremist politicians, held in the house of Hani al Jalad in Suq Sarouja, Damascus, in the early

hours of September 12, 1937'.
12 TNA, FO 684/10, MacKereth to Eden, 19 Oct. 1937.
13 MEC, Tegart Papers, 4/7, diary, 4 Feb. 1938.
14 MEC, Tegart Papers, 4/7, diary, 5 and 7 Feb. 1938.
15 哈利勒·伊萨在日记中写道，他曾决定谋杀一名阿拉伯辅警哈利姆·巴斯塔（Halim Basta）。用来谋杀巴斯塔的枪正是用来谋杀安德鲁斯的那支。（MEC, Tegart Papers, 2/3, British detective sergeant to DIG CID, 29 Sept. 1937.）
16 Fry and Rabinovich, eds, *Despatches from Damascus*, MacKereth to Eden, 25 Oct. 1937.
17 Fry and Rabinovich, eds, *Despatches from Damascus*, MacKereth to Eden, 23 Oct. 1937.
18 Fry and Rabinovich, eds, *Despatches from Damascus*, Rendel, minute, 12 Nov. 1937.
19 Fry and Rabinovich, eds, *Despatches from Damascus*, Rendel, minute, 12 Nov. 1937.
20 MEC, Tegart Papers, 4/7, diary, 5 Feb. 1938.
21 MEC, Tegart Papers, 4/7, diary, 3 Feb. 1938.
22 Michael Silvestri, ' "An Irishman Is Specially Suited to Be a Policeman": Sir Charles Tegart & Revolutionary Terrorism in Bengal', *History Ireland*, vol. 8, no. 4 (Winter, 2000), p. 42.
23 Sir Percival Griffiths, *To Guard My People: The History of the Indian Police* (London, 1971), p. 410.
24 Sir Charles Tegart, 'Terrorism in India', lecture delivered to the Royal Empire Society, 1 Nov. 1932.
25 MEC, Tegart Papers, 3/5, Tegart, note, n. d., on his visit to Beirut and Damascus.
26 MEC, Tegart Papers, 3/5, Tegart, note, n. d., on his visit to Beirut and Damascus.
27 MEC, Tegart Papers, 3/5, Tegart, note, n. d., on his visit to Beirut and Damascus.
28 SHAT, 4H 316, Louisgrand to general, Deuxième Bureau, 5 Oct. 1945.

29　TNA, CO 733/383/1, Tegart and Petrie, 'Memorandum on the future structure and establishment of the Palestine Police', Jan. 1938.
30　MEC, Tegart Papers, 2/3, 'Record of a Meeting on Public Security on 7 Jan. 1938'.
31　MEC, Tegart Papers, 4/7, diary, 8 Feb. 1938.
32　MEC, Tegart Papers, 3/2, Tegart to chief secretary, 19 Feb. 1938.
33　MEC, Tegart Papers, 2/3, Tegart to Battershill, 2 Jan. 1938.
34　TNA, CO 733/383/1, Tegart and Petrie, 'Memorandum on the future structure and establishment of the Palestine Police', Jan. 1938.
35　LHCMA, O'Connor Papers, O'Connor to Jean O'Connor, 2 Nov. 1938.
36　IWM, Morton Papers, 'An incomplete and inadequate account of the service of Geoffrey Jackson Morton in the Palestine Police, February 1930 to June 1943'.
37　IWM, Kitson, interview, 26 Apr. 1989.
38　LHCMA, Dill Papers, 2/9, Dill to Deverell, 18 Sept. 1936. 迪尔在信中写道，针对阿拉伯人埋地雷的终极解决方案就是"把几个阿拉伯'吉祥物'绑在前导车上"。
39　IWM, Lane, interview, 2 Aug. 1988.
40　LHCMA, Mullens Papers, diary, 15 Oct. 1938.
41　IWM, Lane, interview.
42　IWM, Kitson, interview.
43　TNA, CAB 24/278, Macdonald, 'Talks in Jerusalem', 24 Aug. 1938.
44　TNA, CAB 24/278, Macdonald, 'Talks in Jerusalem', 24 Aug. 1938.
45　HC Deb, 5 Nov. 1936, vol. 317, c. 252.
46　J. Bierman and C. Smith, *Fire in the Night: Wingate of Burma, Ethiopia and Zion* (London, 1999), p. 66.
47　Bierman and Smith, *Fire in the Night*, p. 84.
48　David Hacohen, *Time to Tell: An Israeli Life 1898 - 1984* (New York, 1985), pp. 53 - 54.
49　Bierman and Smith, *Fire in the Night*, p. 71.
50　LHCMA, Liddell Hart Papers, 15/5/300, Wingate, memorandum, 10 June 1938.

51 LHCMA, Liddell Hart Papers, 15/5/300, Orde Wingate, memorandum on special night squads, 5 June 1938.
52 LHCMA, Liddell Hart Papers, 15/5/300, Orde Wingate, memorandum on special night squads, 5 June 1938.
53 Moshe Dayan, *Story of My Life* (London, 1976), p. 29.
54 Leonard Mosley, *Gideon Goes to War* (London, 1955), p. 58.
55 Bierman and Smith, *Fire in the Night*, p. 100.
56 Bierman and Smith, *Fire in the Night*, p. 103.
57 IWM, Catling, interview, Sept. 1988.
58 Bierman and Smith, *Fire in the Night*, p. 125.
59 TNA, CAB 107/4, MacMichael to Ormsby-Gore, 29 Aug. 1938.

第 15 章　安抚阿拉伯人

1 Yitzhak Shamir, *Summing Up* (London, 1994), p. 18.
2 TNA, CO 732/81/9, Military Intelligence, summary, 15 July 1938.
3 TNA, CO 732/81/9, Military Intelligence, summary, 29 July 1938.
4 *The Times*, 'Jerusalem', 11 Dec. 1917; *The Times*, 'Insecurity in Palestine: Government's Loss of Prestige', 26 July 1938.
5 TNA, CAB 104/7, MacMichael to MacDonald, 2 Sept. 1938.
6 HC Deb, 24 Nov. 1938, vol. 341, c. 1988.
7 TNA, CAB 104/7, MacMichael to MacDonald, 2 Sept. 1938.
8 TNA, CAB 104/7, Wilkinson to Ismay, 21 Oct. 1938.
9 LHCMA, O'Connor Papers, 3/4, Montgomery to O'Connor, 26 Nov. 1938.
10 Rogan, *The Arabs*, p. 206.
11 TNA, CAB 24/280, Halifax, memorandum, 'Visit of British Ministers to Paris', 26 Nov. 1938.
12 TNA, CAB 24/280, Halifax, memorandum, 'Visit of British Ministers to Paris', 26 Nov. 1938.
13 TNA, 371/23251, MacKereth to MacMichael, 5 Sept. 1939.
14 TNA, 371/23251, Eyres, minute, and Baggallay to Shuckburgh, 10 Nov. 1939.
15 Gilbert, *Churchill and the Jews*, p. 154. 发言人是金斯利·伍德爵士。

16 TNA, CAB 104/10, cabinet committee on Palestine, 20 Apr. 1939.
17 TNA, CAB 104/10, cabinet committee on Palestine, 20 Apr. 1939.
18 Segev, *One Palestine, Complete*, p. 436.

第 16 章 被流放的国王

1 Robert and Isabelle Tombs, *That Sweet Enemy: The French and the British from the Sun King to the Present* (London, 2006), p. 539.
2 De Gaulle, *Mémoires de Guerre*, vol. I (Paris, 1954), p. 2.
3 Peter Mangold, *The Almost Impossible Ally: Harold Macmillan and Charles de Gaulle* (London, 2006), p. 21.
4 Mangold, *The Almost Impossible Ally*, p. 10.
5 Jean-Raymond Tournoux, *Pétain et de Gaulle* (Paris, 1964), p. 88.
6 Charles de Gaulle, *Le Fil de l'Epée* (Paris, 1944), pp. 81 and 47.
7 De Gaulle, *Mémoires de Guerre*, vol. I, p. 67.
8 Jonathan Fenby, *The General: Charles de Gaulle and the France He Saved* (London, 2010), p. 20.
9 Churchill, *The Second World War*, vol. II, p. 142; MEC, Spears Papers, memo-randum: 'De Gaulle and the Free French', 14 Apr. 1954.
10 LHCMA, Dill Papers, 3/1/15, Spears, 'Policy towards the Free French Movement', n. d. butc. 7 Dec. 1940.
11 Alec Kirkbride, *A Crackle of Thorns* (London, 1956), p. 145.
12 De Gaulle, *Mémoires de Guerre*, vol. I, de Gaulle to Puaux and Mittelhauser, 27 June 1940.
13 LHCMA, Furlonge Papers, 'The Liberation of the Levant', 1971.
14 Roshwald, *Estranged Bedfellows*, p. 16.
15 Jean Lacouture, *De Gaulle*, vol. I (London, 1990), p. 243.
16 TNA, CAB 66/50/38, 'Relations with General de Gaulle', 1 June 1944.
17 CADN, Mandat Syrie-Liban, Cabinet Politique, I/ 2986, Catroux to de Gaulle, 6 Apr. 1942.
18 Fenby, *The General*, p. 27.
19 François Mauriac, *De Gaulle* (Paris, 1964), p. 68.
20 De Gaulle, *Mémoires de Guerre*, vol. I, p. 70.

21　Tombs and Tombs, *That Sweet Enemy*, p. 569.
22　Edward Spears, *Two Men Who Saved France: Pétain and de Gaulle* (London, 1966), p. 146.
23　Charles de Gaulle, *Mémoires de Guerre*, vol. II (Paris, 1956), p. 102.
24　A. B. Gaunson, 'Churchill, de Gaulle, Spears and the Levant Affair, 1941', *Historical Journal*, vol. 27, no. 3 (1984), p. 697.
25　*Daily Telegraph*, 13 July 1940.
26　De Gaulle, *Mémoires de Guerre*, vol. Ⅰ, Catroux to de Gaulle, 3 Nov. 1940.
27　LHCMA, Furlonge Papers, 'The Liberation of the Levant', 1971.
28　SHAT, 4H 316, 'Beirut Weekly Appreciation No. 6/40'.
29　Tombs and Tombs, *That Sweet Enemy*, p. 571.
30　De Gaulle, *Mémoires de Guerre*, vol. Ⅰ, Catroux to de Gaulle, 8 Dec. 1940.
31　Hermione Ranfurly, *To War with Whitaker* (London, 1994), 11–31 May 1941.
32　De Gaulle, *Mémoires de Guerre*, vol. Ⅰ, Wavell to de Gaulle, 14 Dec. 1940.
33　TNA, PREM 3/422/1, Spears, memorandum, 10 Apr. 1941.
34　MEC, Spears Papers, 1/C, major-general commanding troops Sudan to War Office, 16 Apr. 1941.
35　Winston S. Churchill, *The Second World War*, vol. Ⅲ (London, 1950), p. 227.
36　Churchill, *The Second World War*, vol. Ⅲ, p. 227.
37　Churchill to Wavell, 21 May 1941, in Churchill, *The Second World War*, vol. Ⅲ, p. 290.
38　Churchill to Wavell, 9 May 1941 and 21 May 1941, in Churchill, *The Second World War*, vol. Ⅲ, p. 289.
39　A. B. Gaunson, *The Anglo-French Clash in Lebanon and Syria, 1940–1945* (London, 1987), p. 37.
40　MEC, Spears Papers, 1/A, commander-in-chief Middle East to War Office, 20 May 1941, forwarding Spears to Spears Mission.

448 / 瓜分沙洲

41 MEC, Spears Papers, 1/A, War Office to commander-in-chief Middle East, 20 May 1941.

第 17 章 龌龊的一幕

1 De Gaulle, *Mémoires de Guerre*, vol. I, Catroux to de Gaulle, 7 Jan. 1941.
2 MEC, Spears Papers, 1/A, Lampson to Foreign Office, 18 May 1941, forwarding Spears for Spears Mission.
3 De Gaulle, *Mémoires de Guerre*, vol. I, Catroux to de Gaulle, 19 May 1941.
4 MEC, Spears Papers, 1/A, Lampson, Cairo, to Foreign Office, 20 May 1941, enclosing Catroux's statement.
5 Charles Mott-Radclyffe, *Foreign Body in the Eye* (London, 1975), p. 106.
6 De Gaulle, *Mémoires de Guerre*, vol. I, Catroux to de Gaulle, 21 May 1941.
7 MEC, Spears Papers, 1/A, Lampson to Foreign Office, 31 May 1941, forwarding Spears for Spears Mission.
8 TNA, CAB 66/13/39, Eden, 'Our Arab Policy', 27 May 1941.
9 Anthony Eden, *Freedom and Order: Selected Speeches 1939 – 1946* (London, 1947), pp. 104 – 105.
10 De Gaulle, *Mémoires de Guerre*, vol. I, de Gaulle to Free French delegation, 31 May 1941.
11 Fenby, *The General*, p. 127.
12 De Gaulle, *Mémoires de Guerre*, vol. I, Churchill to de Gaulle, 6 June 1941.
13 SHAT 4H 314, 'Proclamation du Général Catroux, faite au nom du Général de Gaulle, chef des Français Libres', 8 June 1941; *The Times*, 'Catroux's Call to Arms', 9 June 1941.
14 John Bagot Glubb, *The Story of the Arab Legion* (London, 1948), p. 257.
15 Mott-Radclyffe, *Foreign Body in the Eye*, p. 90.
16 MEC, Spears Papers, I/A, Lampson, Cairo, to Foreign Office, 31 May 1941, forwarding Spears for Spears Mission.
17 MEC, Spears Papers, II/A, Spears to Somerville Smith, 21 June 1941.
18 Kirkbride, *A Crackle of Thorns*, p. 151.
19 Roald Dahl, *Going Solo* (London, 1986), p. 193.

20　TNA, CAB 106/898, Syrian Narratives No. 2 Berryforce (and operations of 2/3 MG Bn Group at Quoneitra).
21　TNA, CAB 106/896, 'Commentary Notes on Syria campaign, by Brigadier L. B. Jones, i/c Col. A'.
22　Grignoire, 11 June 1941, in Jafna L. Cox, 'The Background to the Syrian Campaign, May-June 1941: A study in Franco-German Wartime Relations', *History*, vol. 72, no. 236 (Oct. 1987), p. 448.
23　IWM, Brogan Papers, D. W. Brogan, 'Darlan's Peace means War', 11 June 1941, quoting Jean Luchaire in *Les Nouveaux Temps*.
24　Trevor Royle, *Glubb Pasha* (London, 1992), p. 277.
25　Field Marshal Lord Wilson, *Eight Years Overseas* (London, 1949), pp. 114–118.
26　TNA, CAB 106/898, Syrian Narratives No. 2 Berryforce (and operations of 2/3 MG Bn Group at Quoneitra).
27　MEC, Glubb Papers, Glubb, 'A Report on Operations by the Arab Legion in Syria', n. d.
28　IWM, Dimbleby, report, 23 June 1941.
29　De Gaulle, *Mémoires de Guerre*, vol. I, de Gaulle to Catroux, 24 June 1941.
30　De Gaulle, *Mémoires de Guerre*, vol. I, de Gaulle to Free French delegation, 1 July 1941.
31　LHCMA, Furlonge Papers.
32　IWM, Hackett, interview.
33　Roshwald, *Estranged Bedfellows*, p. 80.
34　MEC, MacMichael Papers, Wilson to MacMichael, 15 July 1941.

第 18 章　决不妥协，粗鲁至极

1　MEC, Spears Papers, I, diary, 21 July 1941.
2　MEC, Spears Papers, I, diary, 21 July 1941.
3　MEC, Spears Papers, I, diary, 21 July 1941; Lampson to Foreign Office, 17 July 1941, from Spears to Spears Mission; I/B, commander-in-chief Middle East to War Office, 5 Aug. 1941, forwarding message

from Spears.
4　De Gaulle, *Mémoires de Guerre*, vol. I, Lyttelton to de Gaulle, 23 July 1941.
5　De Gaulle, *Mémoires de Guerre*, vol. I, Lyttelton to de Gaulle, 25 July 1941; de Gaulle to Lyttelton, 27 July 1941.
6　CADN, Londres Ambassade, C/144, Lyttelton, memorandum, 20 Aug. 1941.
7　TNA, CAB 120/525, minister of state to prime minister, 12 Aug. 1941.
8　MEC, Spears Papers, I/B, Lampson to Foreign Office, 31 July 1941, forwarding message from minister of state.
9　MEC, Glubb Papers, Glubb, 'A Note on Certain Aspects of the Situation in Syria', 17 July 1941.
10　MEC, Glubb Papers, Lash to Glubb, 27 Aug. 1941.
11　MEC, Glubb Papers, political officer, Deir ez Zor, to Buss, 5 Aug. 1941.
12　MEC, Glubb Papers, Lash to Glubb, 27 Aug. 1941.
13　MEC, Glubb Papers, political officer, Deir ez Zor, to Buss, 5 Aug. 1941.
14　MEC, Glubb Papers, Glubb, 'A Note on a Visit to Damascus, 27 - 28 Nov. 1941'.
15　MEC, Glubb Papers, report by Glubb on a visit from various shaykhs, 7 Oct. 1941.
16　MEC, Glubb Papers, Glubb to Kirkbride, 29 Sept. 1941.
17　De Gaulle, *Mémoires de Guerre*, vol. I, de Gaulle to Free French delegation, 12 Aug. 1941.
18　MEC, Spears Papers, I/B, Lampson to Foreign Office, 31 July 1941, forwarding message from minister of state.
19　MEC, Spears Papers, I/B, Lampson to Foreign Office, 28 Aug. 1941, forwarding message from minister of state.
20　CADN, Londres Ambassade, C/144, Lyttelton, memorandum, 20 Aug. 1941.
21　De Gaulle, *Mémoires de Guerre*, vol. I, de Gaulle to Free French delegation, 12 Aug. 1941.
22　MEC, Spears Papers, II, Churchill, memorandum, 30 Aug. 1941.

23 HC Deb, 9 Sept. 1941, vol. 374, c. 76.
24 TNA, CAB 66/18/44, 'Record of a meeting between the Prime Minister and General de Gaulle at No. 10 Downing Street on Friday, 12 September, 1941, at 12 noon'.
25 TNA, CAB 66/18/44, 'Record of a meeting between the Prime Minister and General de Gaulle at No. 10 Downing Street on Friday, 12 September, 1941, at 12 noon'.
26 MEC, Spears Papers, II, 'Note of a meeting between the Prime Minister, the Minister of State and General de Gaulle held at No. 10 Downing Street on Wednesday 1 Oct. 1941 at 5.30pm'.
27 MEC, Spears Papers, II, 'Note of a meeting between the Prime Minister, the Minister of State and General de Gaulle held at No. 10 Downing Street on Wednesday 1 Oct. 1941 at 5.30pm'.
28 MEC, Spears Papers, I/C, commander-in-chief Middle East to War Office, 2 Oct. 1941.
29 MEC, Glubb Papers, report by Glubb on a visit from various shaykhs, 7 Oct. 1941.
30 MEC, Spears Papers, I/B, commander-in-chief Middle East to War Office, 8 Oct. 1941.
31 MEC, Glubb Papers, Glubb, 'A Note on the Situation in Eastern Syria', 15 Aug. 1941.
32 MEC, Spears Papers, II, Spears to minister of state, quoting John Hamilton, 25 Nov. 1941.
33 MEC, Glubb Papers, Glubb, 'A Note on a Visit to Damascus, 27 – 28 Nov. 1941'.
34 MEC, Glubb Papers, 'Guidance Note for Members of the Mission on the Present Political Situation in the Lebanon', 8 Dec. 1941.
35 TNA, FO 954/15, f. 99, minister of state to foreign secretary, 24 Nov. 1941.
36 TNA, FO 954/15, f. 113, minister of state to foreign secretary, 3 Jan. 1942.
37 MEC, Spears Papers, Spears to Hamilton, 29 Jan. 1942.

第 19 章 特命公使

1 CADN, Mandat Syrie-Liban, Sûreté Générale I/7, Spears to Catroux, 7 Apr. 1942.
2 MEC, Coghill Papers.
3 Roshwald, *Estranged Bedfellows*, p. 98.
4 Henry Colyton, *Occasion, Chance and Change* (Norwich, 1993), p. 195.
5 MEC, Spears Papers, II, Somerville Smith to Spears, 4 June 1941.
6 LHCMA, Ismay Papers, 4/31/3, Spears to Ismay, 3 July 1944.
7 LHCMA, Dill Papers, 3/1/15, Spears, 'Policy towards the Free French movement', n. d.
8 TNA, PREM 3/423/14, Churchill's draft response to a question from Attlee, 5 June 1945.
9 MEC, Spears Papers, I, diary, 20 June 1941.
10 MEC, Spears Papers, I/B, commander-in-chiefto War Office, 5 Aug. 1941, forwarding message from Spears.
11 Mott-Radclyffe, *Foreign Body in the Eye*, p. 109.
12 Roshwald, *Estranged Bedfellows*, p. 107.
13 CADN, Mandat Syrie-Liban, Cabinet Politique, I/2986, Catroux to de Gaulle, 6 Apr. 1942.
14 CADN, Mandat Syrie-Liban, Cabinet Politique, I/2986, Catroux to de Gaulle, 6 Apr. 1942.
15 Georges Catroux, *Dans la Bataille de Méditerranée* (Paris, 1949), p. 192.
16 CADN, Mandat Syrie-Liban, Cabinet Politique, I/2986, de Gaulle to Catroux, 8 Apr. 1942.
17 CADN, Mandat Syrie-Liban, Cabinet Politique, I/2986, de Gaulle to Catroux, 8 Apr. 1942.
18 CADN, Mandat Syrie-Liban, Cabinet Politique, I/2986, Catroux to de Gaulle, 6 Apr. 1942.
19 CADN, Mandat Syrie-Liban, Cabinet Politique, I/2986, Catroux to de Gaulle, 24 Apr. 1942.
20 CADN, Mandat Syrie-Liban, Cabinet Politique, I/2986, Catroux to de

Gaulle, 6 Apr. 1942.
21 Roshwald, *Estranged Bedfellows*, p. 101.
22 Spears, *Fulfilment of a Mission*, p. 181.
23 LHCMA, Ismay Papers, 4/31/3, Spears to Ismay, 2 Sept. 1942.
24 De Gaulle, *Mémoires de Guerre*, vol. I, de Gaulle to Catroux, 26 May 1942.
25 Winston S. Churchill, *The Second World War*, vol. IV (London, 1951), p. 349.
26 TNA, FO 226/246, Catroux to Casey, 23 June 1942.
27 De Gaulle, *Mémoires de Guerre*, vol. II (Paris, 1956), p. 15.
28 De Gaulle, *Mémoires de Guerre*, vol. II, pp. 353–354, de Gaulle to Churchill, 14 Aug. 1942.
29 SHAT, 4H 382.
30 IWM, Harvard Gunn, interview, 1983. 冈恩（Gunn）主要在法国为专事破坏的组织英国特别行动处（Special Operations Executive）服务。
31 TNA, PREM 3/422/10, Spears to minister of state, 19 Aug. 1942.
32 MEC, Spears Papers, I, diary, 23 Aug. 1942, quoting Jacqueline Lampson.
33 TNA, PREM 3/422/10, minister of state to Spears, 22 Aug. 1942, quoting Churchill to de Gaulle.
34 TNA, PREM 3/422/10, British representatives to Fighting French National Committee to Foreign Office, 3 Sept. 1942.
35 De Gaulle, *Mémoires de Guerre*, vol. I, Lyttelton to de Gaulle, 25 July 1941.
36 LHCMA, Ismay Papers, 4/31/3, Spears to Ismay, 2 Sept. 1942.
37 TNA, PREM 3/422/10, Spears to Foreign Office, 29 Aug. 1942; Spears to minister of state, 1 Sept. 1942.
38 TNA, PREM 3/422/10, minister of state to Foreign Office, 26 Aug. 1942.
39 *Life*, 26 Apr. 1943.
40 Charles de Gaulle, *Mémoires de Guerre*, vol. II, p. 33.
41 CADN, Londres Ambassade, C/144, 'Aide-Memoire', 6 Jan. 1943.
42 John Harvey, ed., *The War Diaries of Oliver Harvey* (London, 1978), 14

Sept. 1942.

第 20 章　卑鄙的勾当

1　MEC, Spears Papers, I, diary, 24 Jan. 1943.
2　MEC, Coghill Papers, diary, 31 Jan. 1943.
3　TNA, CAB 66/37/46, Casey, 'Palestine', 21 Apr. 1943.
4　Oren, *Power, Faith and Fantasy*, p. 444.
5　TNA, CAB 66/37/46, Casey, 'Palestine', 21 Apr. 1943.
6　TNA, CAB 66/37/46, Casey, 'Palestine', 21 Apr. 1943.
7　TNA, CAB 66/37/47, Resolutions of the Middle Eastern War Council on the political situation in the Middle East, 17 June 1943.
8　Gaunson, *The Anglo-French Clash in Lebanon and Syria*, p. 108.
9　GBA, Bell, diary, 11 Oct. 1919.
10　MEC, Spears Papers, Ⅲ, Journal Officiel de la République Française, Débats de l'Assemblée Consultative Provisoire, 15 June 1945.
11　Catroux, *Deux Missions en Moyen Orient*, p. 94.
12　TNA, PREM 3/422/13, Spears, 'Memorandum on Anglo-French Relations in Syria and the Lebanon', n. d.
13　CADN, Mandat Syrie-Liban, Sûreté Générale I/7, 'Ingérences britanniques', n. d.
14　MEC, Spears Papers, Ⅲ, Spears, draft memorandum on the elections, n. d.
15　LHCMA, Ismay Papers, 4/31/3, Spears to Ismay, 4 Jan. 1943; MEC, Spears Papers, I, diary, 2 Jan. 1943; LHCMA, Alan Brooke Papers, 6/2/46, Wilson to Brooke, 3 July 1943.
16　MEC, Spears Papers, Ⅲ, Spears, draft memorandum on the elections, n. d.
17　MEC, Coghill Papers, diary, 11 Nov. 1942.
18　MEC, Spears Papers, Ⅱ, W. W. Astor, staff officer, Intelligence, Levant area, to staff officer, Intelligence, Middle East Department, 18 Aug. 1942.
19　TNA, FO 684/15, 'Review of the Year 1943 in the Lebanon', n. d.
20　TNA, CAB 66/37/47, Resolutions of the Middle Eastern War Council on

the political situation in the Middle East, 17 June 1943.
21 Karen Elizabeth Evans, ' "The Apple of Discord": The Impact of the Levant on Anglo-French Relations during 1943' (unpublished PhD thesis, University of Leeds, 1990), p. 198.
22 MEC, Spears Papers, II, Churchill, directive, 27 June 1943.
23 TNA, PREM 3/422/13, Spears, 'Anglo-French Relations in Syria and the Lebanon', n. d.
24 TNA, PREM 3/422/13, Churchill to Eden, 12 July 1943.
25 TNA, PREM 3/422/13, Churchill, minute, 15 July 1943.
26 CADN, Londres Ambassade, C/144, 'Les Elections Syriennes', n. d.
27 CADN, Londres Ambassade, C/144, 'Les Elections Libanaises', 20 Sept. 1943.
28 CADN, Londres Ambassade, C/144, Helleu to Massigli, 4 Oct. 1943.
29 CADN, Mandat Syrie-Liban, Sûreté Générale I/7, 'Ingérences britanniques', n. d.
30 CADN, Mandat Syrie-Liban, Sûreté Générale I/7, Spears to Helleu, 24 Aug. 1943.
31 IWM, Vanson Papers.
32 TNA, FO 226/246, memorandum by the British Legation, Beirut, 28 Oct. 1943.
33 CADN, Londres Ambassade, C/144, 'Les Elections Libanaises', 20 Sept. 1943.
34 MEC, Spears Papers, III, Mideast to Spears, 11 Nov. 1943, reporting message to the prime minister.
35 CADN, Londres Ambassade, C/144, Helleu to Massigli, 4 Oct. 1943.
36 CADN, Londres Ambassade, C/144, Helleu to Massigli, 4 Oct. 1943.
37 TNA, FO 406/75, 'Lebanese Personalities', c. 1937.
38 Patrick Seale, *The Struggle for Arab Independence: Riad el-Solh and the Makers of the Modern Middle East* (Cambridge, 2010), p. 441.
39 Meir Zamir, 'An Intimate Alliance: The Joint Struggle of General Edward Spears and Riad al-Sulh to Oust France from Lebanon, 1942 – 1944', *Middle Eastern Studies*, vol. 41, no. 6 (Nov. 2005), p. 829.

40 CADN, Mandat Syrie-Liban, Sûreté Générale I/7, 'Ingérences britanniques-suite', n. d. 这种说法来自赛义卜·萨拉姆（Saeb Slam）。

41 Seale, *The Struggle for Arab Independence*, pp. 512 – 513.

42 TNA, FO 684/15, 'Review of the Year 1943 in the Lebanon', n. d.

43 CADN, Mandat Syrie-Liban, Sûreté Générale I/7, 'Ingérences britanniques', n. d.

44 SHAT, 4H 314, Helleu to *délégués* Damas, Beyrouth, Suwayda, and counsellors Tripoli, Saida, Zahle, 13 Oct. 1943.

45 CADN, Londres Ambassade, C/144, Chataigneau to Massigli, 1 Nov. 1943.

46 CADN, Londres Ambassade, C/144, Chataigneau to Massigli, 1 Nov. 1943.

第 21 章 另一次法绍达事件

1 MEC, Spears Papers, Ⅲ, Spears to Foreign Office, 11 Nov. 1943.

2 Spears, *Fulfilment of a Mission*, p. 227.

3 MEC, Spears Papers, Ⅲ, Shone to Spears, 16 Nov. 1943.

4 Roshwald, *Estranged Bedfellows*, p. 155.

5 Spears, *Fulfilment of a Mission*, p. 225.

6 MEC, Spears Papers, Ⅲ, Spears to Foreign Office, 11 Nov. 1943.

7 MEC, Spears Papers, Ⅰ, diary, 26/27 June 1943.

8 MEC, Spears Papers, Ⅲ, Spears to Foreign Office, 11 Nov. 1943.

9 MEC, Spears Papers, Ⅰ, diary, 25 June 1943.

10 Spears, *Fulfilment of a Mission*, p. 241; Egremont, *Under Two Flags*, p. 242; MEC, Spears Papers, Ⅲ, Spears to Foreign Office, 13 Nov. 1943.

11 Harold Macmillan, *War Diaries-The Mediterranean, 1943 – 1945* (London, 1984), 17 Nov. 1943.

12 Macmillan, *War Diaries*, 19 Nov. 1943.

13 MEC, Spears Papers, Ⅲ, British Legation, Beirut, to Foreign Office, 14 Nov. 1943, transmitting Casey's report.

14 LHCMA, Ismay Papers, 4/31/3, Spears to Ismay, 2 Sept. 1942.

15 Egremont, *Under Two Flags*, p. 253.

16　MEC, Spears Papers, Ⅲ, HM minister Beirut to Foreign Office, 20 Nov. 1943.
17　Egremont, *Under Two Flags*, p. 215.
18　Egremont, *Under Two Flags*, p. 253.
19　MEC, Spears Papers, Ⅲ, Casey, diary, 15 Nov. 1943.
20　MEC, Spears Papers, Ⅲ, Casey to Foreign Office, 15 Nov. 1943.
21　MEC, Spears Papers, Ⅲ, Casey, diary, 15 Nov. 1943.
22　MEC, Spears Papers, Ⅲ, British Legation, Beirut, to Foreign Office, 16 Nov. 1943.
23　MEC, Spears Papers, Ⅲ, Casey to Eden, 18 Nov. 1943.
24　MEC, Spears Papers, Ⅲ, Casey, diary, 19 Nov. 1943.
25　MEC, Spears Papers, Ⅲ, Eden to minister resident Algiers, 21 Nov. 1943, Eden to minister of state, repeated Beirut, 21 Nov. 1943.
26　MEC, Spears Papers, Ⅲ, Macmillan to Foreign Office, 21 Nov. 1943.
27　MEC, Spears Papers, Ⅲ, British Legation, Beirut, to Foreign Office, 30 Nov. 1943.
28　MEC, Spears Papers, Ⅲ, Macmillan to Foreign Office, 1 Dec. 1943.
29　MEC, Spears Papers, Ⅲ, Nancy Maurice to her father, 24 Dec. 1943.
30　*The Times*, 'Syria and the Lebanon: I-The Bid for National Status', 20 Jan. 1944.
31　MEC, Coghill Papers, diary, 28 Nov. 1943; Egremont, *Under Two Flags*, p. 255.
32　John Julius Norwich, ed., *The Duff Cooper Diaries* (London, 2005), 19 Jan. 1944.

第 22 章　患难见真情

1　CADN, Mandat Syrie-Liban, Cabinet Politique, I/1158, du Chaylard to Massigli, 29 Feb. 1944.
2　David Lazar, *L'opinion française et la naissance de l'Etat d'Israël, 1945 – 1949* (Paris, 1972), p. 221.
3　Lazar, *L'opinion française et la naissance de l'Etat d'Israël*, p. 224.
4　Dayan, *Story of My Life*, p. 46.

5 Joseph Heller, *The Stern Gang*: *Ideology*, *Politics and Terror*, *1940 - 1949* (London, 1995), pp. 85 - 86.
6 IWM, Bowden Stuart Papers, Morton to superintendent, Lydda District, 13 Feb. 1942.
7 IWM, Morton Papers, 'An incomplete and inadequate account of the service of Geoffrey Jackson Morton in the Palestine Police, February 1930 to June 1943'.
8 IWM, Bowden Stuart Papers, Saunders, 'The Stern Group', 19 May 1942.
9 MEC, Coghill Papers. 科格希尔没有在他的回忆录中特别提及该事件发生的时间，但从其他有关人员处不难推测出该时间。科格希尔于1942年3月12日开始负责英国在当地的安全事务。与此同时，英国在黎巴嫩地区特别行动处负责人B. T. 威尔逊（B. T. Wilson）手下的探员也在同年6月向科格希尔提及此事，但同样没有得到积极回应。（Saul Kelly, 'A Succession of Crises: SOE in the Middle East, 1940 - 1945', *Intelligence and National Security*, vol. 20, no. 1（Mar. 2005）, p. 133.）
10 MEC, Coghill Papers.
11 MEC, Coghill Papers.
12 Y. S. Brenner, 'The "Stern Gang" 1940 - 1948', *Middle Eastern Studies*, vol. 2, no. 1（Oct. 1965）, p. 6. 被捕的人是拿单·弗里德曼-耶林（Nathan Friedman-Yellin），斯特恩帮后来的领导人。
13 Yaacov Eliav, trans. Mordecai Schreiber, *Wanted*（New York, 1984）, p. 142.
14 TNA, WO 208/3091, Defence Security Office, Syria, summary for 1 - 31 Oct. 1942.
15 第三个人——布朗谢的下场如何，不得而知。法国方面的记录显示，他在1944年9月22日的一次行动中身亡。时任黎凡特地区总代表保罗·贝内曾写信给卡特鲁，要求他提供关于布朗谢死亡的详细信息，以便向他"在黎凡特地区的众多朋友"通报相关情况：CADN, Mandat Syrie-Liban, Cabinet Politique, I/2279。
16 Shamir, *Summing Up*, p. 48.
17 Shamir, *Summing Up*, p. 48.
18 CADN, Jerusalem, Consulat-Général, C/6, *Front de Combat Hébreu*,

Apr. 1944, p. 2.
19 CADN, Mandat Syrie-Liban, Cabinet Politique, I/1158, *Front de Combat Hébreu*, May-June 1944, p. 4.
20 '*Indépendance*, organe des Combatants pour la Liberté d'Israël-Groupe Stern', Jan. 1947, in Lazar, *L'opinion française et la naissance de l'Etat d'Israël*, p. 35.
21 CADN, Mandat Syrie-Liban, Cabinet Politique, I/1158, du Chaylard to Massigli, 23 June 1944.
22 CADN, Londres Ambassade, C/119, du Chaylard to Massigli, 30 June 1944.
23 CADN, Mandat Syrie-Liban, Cabinet Politique, I/1158, du Chaylard to Massigli, 18 July 1944.
24 Shamir, *Summing Up*, p. 49.
25 MEC, MacMichael Papers, Ormsby Gore to MacMichael, 15 Dec. 1937.
26 Ranfurly, *To War with Whitaker*, 6 Sept. 1944.
27 TNA, FO 141/1001, Clayton, memorandum, 14 Nov. 1944. 莫因在8月18日做出了上述评论。
28 TNA, FO 141/1001, Clayton, memorandum, 14 Nov. 1944. 莫因在8月26日给伦敦发了电报。本－古里安的演讲发表于五天前，地点为海法。

第23章　玩火上身

1 Ranfurly, *To War with Whitaker*, 14 Nov. 1942.
2 CAC, AMEL 2/2/19, Amery, appreciation of Moyne, n. d.
3 *The Times*, 'Lord Moyne', 7 Nov. 1944.
4 Moyne, 'Walter Edward Guinness, first Baron Moyne (1880－1944)', rev. Marc Brodie, *Oxford Dictionary of National Biography* (Oxford, 2004).
5 TNA, CAB 67/9/104, Moyne, 'Jewish Policy', 30 Sept. 1941.
6 Norman Rose, '*A Senseless, Squalid War*': *Voices from Palestine 1945－1948* (London, 2009), p. 66.
7 Heller, *The Stern Gang*, p. 123.
8 HL Deb, 9 June 1942, vol. 123, cc. 199－200.

9 Meir Zamir, 'The "Missing Dimension": Britain's Secret War against France in Syria and Lebanon, 1942 – 1945 – Part Ⅱ', *Middle Eastern Studies*, vol. 46, no. 6, p. 822.

10 CAC, Amery Papers, AMEL 2/2/19, Moyne to Amery, 21 Jan. 1943.

11 TNA, CAB 66/44/13, report of the Committee on Palestine, 20 Dec. 1943.

12 CAC, Amery Papers, AMEL 2/2/19, Amery to Moyne, 21 June 1943.

13 TNA, CAB 65/45/7, 'War Cabinet, 11th Conclusions, Minute 4, Confidential Annexe', 25 Jan. 1944.

14 TNA, CO 733/461/23.

15 TNA, FO 954/15, f. 467, Campbell, minute, 27 July 1944.

16 Stirling, *Safety Last*, p. 226.

17 CADN, Mandat Syrie-Liban, Cabinet Politique, I/2986, 'Délégation de Syrie, Section Politique, Rapport Quotidien No. 99', 2 June 1944.

18 CADN, Mandat Syrie-Liban, Cabinet Politique, I/2986, 'Note sur le Colonel Stirling', 16 Aug. 1944.

19 CADN, Beyrouth Ambassade, B 69/3615, 'Information du Colonel Stirling et du Cheikh Kamal Kassab', 11 July 1944.

20 CADN, Beyrouth Ambassade, B 69/3615, 'Information du Colonel Stirling et du Cheikh Kamal Kassab', 11 July 1944.

21 TNA, FO 371/40302, E 5442/23/89, 'Syria and Sir E. Spears'.

22 TNA, FO 371/40302, Mardam to Spears, 27 May 1944.

23 TNA, FO 371/40302, Mardam to Spears, 27 May 1944.

24 Zamir, 'The "Missing Dimension"', pp. 825 – 826.

25 CADN, Mandat Syrie-Liban, Cabinet Politique, I/2986, note of a meeting between Ostrorog and Peterson, 25 Aug. 1944.

26 TNA, FO 371/40302, Rapport Verbal: 'Résumé de la conversation qui s'est déroulée entre S. E. Saadallah bey Djabri, Président du Conseil Syrien, Djemil Mardam bey, Ministre des Affaires Etrangères, et S. E. le Général E. Spears, ministre plénipotentiaire du Gouvernement de S. M. Britannique', 5 June 1944.

27 CADN, Mandat Syrie-Liban, Cabinet Politique, I/2278, Beynet to Diplofrance, 24 June 1944.

28 CADN, Beyrouth Ambassade, B/10/159, Rapport Quotidien, No. 124, 'Déclarations du Ministre des Affaires Etrangères au sujet de 'Unité Arabe', 3 Jul. 1944.
29 Meir Zamir, ' Britain's treachery, France's revenge ', *Ha'aretz*, 1 Feb. 2008; Zamir, 'The "Missing Dimension"', p. 827.
30 CADN, Mandat Syrie-Liban, Cabinet Politique, I/2455, 'Information, No. 330', 11 Aug. 1944.
31 CADN, Mandat Syrie-Liban, Cabinet Politique, I/2455, Beynet to Massigli, 15 Aug. 1944.
32 TNA, FO 954/15, f. 457, Eden to Cooper, 24 July 1944.
33 TNA, FO 954/15, f. 417, Cooper to Eden, 22 May 1944.
34 LHCMA, Ismay Papers, 4/31/3, Spears to Ismay, 3 July 1944.
35 TNA, FO 954/15, f. 419, Eden to Churchill, 1 June 1944; FO 954/15, f. 421, Churchill to Eden, 11 June 1944.
36 CADN, Mandat Syrie-Liban, Cabinet Politique, I/2986, response by Eden to Massigli's note of 24 Aug. 1944, 26 Aug. 1944.
37 CADN, Mandat Syrie-Liban, Cabinet Politique, I/2986, 'Négociations de Londres sur les affaires du Levant, 21 août-1er septembre 1944'.
38 TNA, FO 954/15, f. 496, Eden to Churchill, 29 Aug. 1944.
39 MEC, Spears Papers, II, Churchill to Spears, 10 Mar. 1944; FO 954/15, f. 514, Churchill to Spears, 4 Sept. 1944.
40 TNA, FO 371/40302, minute by Hankey, 5 Oct. 1944.
41 TNA, FO 371/40302, Butler, minute, 30 Dec. 1944.

第24章 谋杀莫因勋爵

1 TNA, FO 141/1001, Hughes-Onslow, statement.
2 TNA, FO 141/1001, Osmond, statement.
3 TNA, FO 141/1001, Hughes-Onslow, statement.
4 TNA, FO 141/1001, ' Statement given by Eliahu Beth Tzouri and Eliahu Hakim on their examination by the Procurateur Général on 10.11.44 '.
5 Norwich, ed., *The Duff Cooper Diaries*, 26 Nov. 1944.
6 SHAT, 4H 448, note by Vabre of the Services Spéciaux, 29 May 1943; TNA

FO 371/35179,'Notes of meeting with Massigli held in the Minister of State's room at 4.0', 15 July 1943.
7 TNA, WO 201/989A, Jago to Holmes, 27 Mar. 1943.
8 TNA FO 371/35179,'Notes of meeting with Massigli held in the Minister of State's room at 4.0', 15 July 1943.
9 SHAT, 4H 346. 'Free French Order of Battle, 1944','Divers'.
10 TNA FO 371/35179,'Notes of meeting with Massigli held in the Minister of State's room at 4.0', 15 July 1943.
11 TNA, FO 371/40349, MacKereth to Baxter, 6 Sept. 1944.
12 TNA, FO 371/40349, Hankey, minute, 21 Sept. 1944.
13 TNA, KV 4/384, A. J. Kellar, 'Visit to the Middle East' (26 Nov. 1944 – 2 Feb. 1945), Feb. 1945, 该文献指出, 法国曾考虑资助斯特恩帮。英国军情五处副处长盖伊·利德尔 (Guy Liddell) 于 1945 年 2 月 19 日在日记中写道:"现在已经有充分证据表明它 (斯特恩帮) 正在接受来自黎凡特地区的法国官员的资助, 既有武器上的, 也有资金上的" (TNA, KV 4/196)。TNA, FO 141/1001,'Interrogation of the Two Accused in the Lord Moyne Murder Case, CID, Palestine Police, 8 Nov. 1944'。
14 TNA, KV 4/384, A. J. Kellar, 'Visit to the Middle East' (26 Nov. 1944 – 2 Feb. 1945), Feb. 1945.
15 TNA, FO 371/40304,'Translation of telegram from Shukri al Quwatli to His Majesty the King [Ibn Saud]', n. d. See also Zamir, 'The "Missing Dimension"', p. 830.
16 Zamir,'The "Missing Dimension"', p. 843.
17 CADN, Beyrouth Ambassade, B/10/159, file on Djemil Mardam Bey, 'Copie de l'Entente Secrète réalisée entre Noury Said et Djemil Mardam le 15 Septembre 1944'.
18 CAC, Amery Papers, AMEL 2/2/19, Moyne to Amery, 12 Oct. 1944.
19 SHAT 4H 382, chief of the Deuxième Bureau, 'Position et activités des Britanniques au Levant', 19 Sept. 1944.
20 CADN, Mandat Syrie-Liban, Cabinet Politique, I/2279, Francom to Maigret, Jeddah, 1944 年 11 月 10 月, 亚历山德拉给身在吉达的一位

同事发送了一则语义模糊的信息,称"在开罗时['le Caire']联络过你两次。现在身体非常棒。所有人——包括我,向你送上我们最诚挚的祝福。"

21 CADN, Londres Ambassade, C/119, du Chaylard to Bidault, 8 Nov. 1944; Michael J. Cohen, 'The Moyne Assassination, November 1944: A Political Analysis', *Middle Eastern Studies*, vol. 15, no. 3 (Oct. 1979), p. 360.
22 TNA, KV 4/384, 'Report on Visit by Mr A. J. Kellar to SIME and CICI Organisations', May 1944.
23 De Gaulle, *Mémoires de Guerre*, vol. Ⅲ (Paris, 1959), notes of meeting with Churchill and Eden in Paris on 11 Nov. 1944.
24 HC Deb, 17 Nov. 1944, vol. 404, c. 2242.
25 CAB 66/58/28, Stanley, 'Situation in Palestine', 23 Nov. 1944. Annexe Ⅳ, note by the chiefs of staff giving their views on the military implications of a wholesale search for arms in Palestine, 16 Nov. 1944; Churchill, *The Second World War*, vol. Ⅵ (London, 1954), p. 612.
26 TNA, KV 4/384, A. J. Kellar, 'Visit to the Middle East' (26 Nov. 1944 – 2 Feb. 1945), Feb. 1945.
27 TNA, KV 4/384, A. J. Kellar, 'Visit to the Middle East' (26 Nov. 1944 – 2 Feb. 1945), Feb. 1945.
28 TNA, KV 5/29, Roberts to Kellar, 11 May 1945.
29 TNA, KV 5/29, Kellar to Roberts, 21 Apr. 1945.
30 TNA, CAB 66/64/25, Grigg, 'Palestine', 4 Apr. 1945.
31 Lord Killearn, 23 Mar. 1945, quoted in Grigg, 'Palestine'.
32 Rose, '*A Senseless, Squalid War*', p. 67.
33 TNA, CAB 66/64/25, Eden, 'Palestine', 10 Apr. 1945.
34 TNA, FO 141/1001, Clayton, memorandum, 14 Nov. 1944.

第 25 章 发号施令

1 MEC, Coghill Papers, diary, 31 Jan. 1945.
2 CADN, Mandat Syrie-Liban, Cabinet Politique, I/2986, 'Conférence sur les affaires du Levant tenue chez M. le Général Catroux en présence de M. M. Chauvel, Meyrier et Ostrorog, le 4 septembre 1944'.

3 CADN, Beyrouth Ambassade, B/10, Mardam to al-Atassi, 3 May 1945.
4 Antony Beevor and Artemis Cooper, *Paris after the Liberation, 1944 – 1949* (London, 1994), p. 56.
5 Beevor and Cooper, *Paris after the Liberation*, p. 248.
6 *DDF*, 1944, vol. II, 75, de Gaulle to Bidault, 19 Oct. 1944.
7 *DDF*, 1945, vol. I, 253, meeting on Levant affairs, 5 Apr. 1945.
8 *DDF*, 1945, vol. I, 231, Ostrorog to Bidault, 29 Mar. 1945.
9 *DDF*, 1945, vol. I, 253, meeting on Levant affairs, 5 Apr. 1945.
10 Norwich, ed., *The Duff Cooper Diaries*, 14 Sept. 1944.
11 Journal Officiel de la République Française, Débats de l'Assemblée Consultative Provisoire, 15 June 1945.
12 Kirkbride, *A Crackle of Thorns*, p. 82.
13 MEC, Shone Papers, Eden to Cooper, 27 Jan. 1945.
14 *DDF*, 1945, vol. I, 170, Massigli to Bidault, 6 Mar. 1945; HC Deb, 27 Feb. 1945, vol. 408, c. 1290.
15 CADN, Londres Ambassade, C/139, Lescuyer to Bidault, 27 Jan. 1945, enclosing a draft telegram from Paget to under-secretary of state for war, n. d.
16 SHAT, 4H 371, Noiret to chief of general staff, 7 Feb. 1945.
17 CADN, Londres Ambassade, C/139, Catroux, telegram, 17 Feb. 1945.
18 TNA, FO 226/246, Prodrome Beirut to Foreign Office, 5 Apr. 1942.
19 *DDF*, 1945, vol. I, 311, de Gaulle to Bidault, 30 Apr. 1945.
20 Norwich, ed., *The Duff Cooper Diaries*, 30 Apr. 1945.
21 Zamir, in 'The "Missing Dimension"', p. 858, 该文献引用了一则外交部常务秘书亚历山大·卡多根（Alexander Cadogan）发给英国驻贝鲁特公使的电报，提及"调动你的所有权力——并请务必保密——推动'大叙利亚计划'。"4 月 27 日，叙利亚驻伦敦的大使阿马纳齐（Armanazi）在一封寄给马尔丹的信中进一步证实了这是英国的官方政策。
22 TNA, PREM 3/423/13, Churchill to Ismay, 10 May 1945.
23 TNA, PREM 3/423/13, de Gaulle to Churchill, 6 May 1945.
24 MEC, Coghill Papers, diary, 15 July 1945; MEC, Shone Papers, Shone to

Bevin, 25 Aug. 1945.
25 TNA, PREM 3/423/13, Shone to Eden, 28 May 1945.
26 MEC, Shone Papers, Sophie Shone, diary, 28 May 1945.
27 MEC, Shone Papers, Shone to Bevin, 25 Aug. 1945.
28 Stirling, *Safety Last*, p. 231.
29 TNA, FO 120/525, GHQ Middle East to AMSSO, 30 May 1945.
30 Stirling, *Safety Last*, p. 231.
31 Kirkbride, *A Crackle of Thorns*, p. 151.
32 MEC, Coghill Papers.
33 Kirkbride, *A Crackle of Thorns*, p. 151.
34 *Time*, 'Who Walks in Damascus?', 18 June1945; CADN, Mandat Syrie-Liban, Cabinet Politique, I/2986, Oliva-Roget to Beynet, 19 June 1944.
35 CADN, Mandat Syrie-Liban, Cabinet Politique, I/2986, 'Note sur le Colonel Stirling', 16 Aug. 1944.
36 'Déclarations du Général de l'Armée Beynet, Délégué Général et Plénipotentiaire de France du Levant aux Représentants de la Presse Etrangère sur les affaires de Syrie', 9 June 1945.
37 Stirling, *Safety Last*, p. 232.
38 Stirling, *Safety Last*, p. 232.
39 MEC, Shone Papers, Shone to Bevin, 25 Aug. 1945.
40 Zamir, 'The "Missing Dimension"', p. 880–882.
41 Roshwald, *Estranged Bedfellows*, p. 204.
42 MEC, Spears Papers, II/A, Clarke to Spears, 15 June 1945.
43 TNA CAB 120/525, Churchill to de Gaulle, 31 May 1945.
44 *Time*, 'Who Walks in Damascus?', 18 June 1945.
45 MEC, Coghill Papers, diary, 15 July 1945.
46 DGD, vol. III, Beynet to de Gaulle, 4 June 1945.
47 TNA, PREM 3/423/14, Cooper to Eden, 2 June 1945.
48 *Glasgow Herald*, 'French Reopen Controversy over Syria: Britain Again Blamedfor Trouble', 8 June 1945.
49 TNA, PREM 3/423/14, Campbell, note, 3 June 1945.
50 TNA, PREM 3/423/14, Cooper to Foreign Office, 3 June 1945.

51　Norwich, ed., *The Duff Cooper Diaries*, 4 June 1945.
52　*Time*, 'Who Walks in Damascus?', 18 June 1945.
53　Stirling, *Safety Last*, p. 221.
54　Stirling, *Safety Last*, p. 236.
55　IWM, Press digests, Syria and Lebanon, 1945, *An Nasr*, 4 – 5 June 1945.
56　MEC, Spears Papers, Ⅲ, K. M. Donald Mills to 'Robin', 20 Mar. 1946.
57　MEC, Coghill Papers, diary, 15 July 1945.
58　Zamir, 'Britain's Treachery, France's Revenge'.
59　Journal Officiel de la République Française, Débats de l'Assemblée Consultative Provisoire, 15 June 1945.
60　TNA, CAB 194/3, cabinet meeting, minutes, 13 Dec. 1945.
61　Meir Zamir, 'The French Connection', *Ha'aretz*, 3 July 2008. 扎米尔称此信写于"6月下旬"。
62　大卫·本-古里安在1945年6月8日的日记中写道, 伊尔贡和斯特恩帮的代表都曾在贝鲁特拜访过法国相关人员, 因为法国正设法削弱英国在巴勒斯坦的地位。
63　Zamir, 'The French Connection'.
64　*DDF*, 1945, vol. Ⅰ, 467, Bonnet to Bidault, 28 June 1945.
65　*DDF*, 1945, vol. Ⅱ, 149, 'Visite du représentant de l'Agence juive au directeur d'Europe', 31 Aug. 1945.
66　Zamir, 'Britain's Treachery, France's Revenge'. 此次会面的时间为1945年10月6日。
67　*DDF*, 1945, vol. I, 253, 'Réunion du 5 avril 1945 au sujet des Affaires du Levant'.
68　Catherine Nicault, *La France et le sionisme：une rencontre manquée?* (Paris, 1992), p. 205. 居伊·杜士兰于1944年5月16日报告了本-古里安在特拉维夫发表的演讲。

第26章　三思而行

1　来自厄尔·G. 哈里森（Earl G. Harrison）的报告, "前往欧洲考察在刚解放的西欧国家及在盟军远征部队最高司令部（Supreme

Headquarters Allied Expeditionary Force, SHAEF)控制下的德国领土上流离失所的人们——尤其是犹太人的状况——的情况与需求,他们可能正面临无法被遣返回国或丧失国籍的状况", n. d.。

2　Rose,'A Senseless, Squalid War', p. 71.

3　Chris Wrigley,'Bevin, Ernest (1881 – 1951)', *Oxford Dictionary of National Biography*, quoting John Colville, *The Fringes of Power* (London, 1985), p. 522.

4　Wrigley,'Bevin, Ernest (1881 – 1951)', *Oxford Dictionary of National Biography*, quoting David Dilks, ed., *The Diaries of Sir Alexander Cadogan* (London, 1971), p. 778.

5　罗斯福曾呼吁,要在巴勒斯坦"促成""一个自由与民主的犹太共和国(Jewish Commonwealth)",但他同时表示,相关决定必须"先与阿拉伯人和犹太人协商"。美国的犹太人口数字来自 TNA, FO 371/61856。按照美国官方数据,1941 年在美国的犹太人口总数为 4893748 人,比 1937 年增长了 123101 人。如果该增长势头不变,犹太人口在 1945 年约为 500 万人。而来自法国官方的估计,该数字要更高,可达 700 万人, in 'Le Problème Sioniste', 25 Nov. 1945。

6　Harry S. Truman, *The Memoirs of Harry S. Truman*, vol. Ⅰ (London, 1955), p. 72.

7　Ritchie Ovendale,'The Palestine Policy of the British Labour Government, 1945 – 1946', *International Affairs*, vol. 55, no. 3 (July, 1979), p. 413.

8　Michael Ottolenghi,'Harry Truman's Recognition of Israel', *Historical Journal*, vol. 47, no. 4 (Dec. 2004), p. 969.

9　Kenneth Harris, *Attlee* (London, 1982), p. 390.

10　TNA, CAB 129/2, Hall,'Security Conditions in Palestine', 10 Sept. 1945: Annexe:'Extracts from letter from the Officer administering the Government of Palestine (Mr J. V. W. Shaw, CMG) to the Secretary of State for the Colonies, dated 24th Aug., 1945'.

11　Wrigley,'Bevin, Ernest (1881 – 1951)', *Oxford Dictionary of National Biography*, quoting Alan Bullock, *The Life and Times of Ernest Bevin*, vol. Ⅲ, p. 353.

12　Harry S. Truman, *The Memoirs of Harry S. Truman*, vol. Ⅱ (London,

1956), p. 148; Oren, *Power, Faith and Fantasy*, p. 485.
13 Truman, *Memoirs*, vol. II, p. 153. 英国方面认为，犹太人口占到纽约总人口的17%（FO 371/61856）。
14 Lazar, *L'opinion française et la naissance de l'Etat d'Israël*, p. 70.
15 MEC, MacMichael Papers, Gort to MacMichael, 10 Oct. 1945.
16 Wrigley, 'Bevin, Ernest (1881 – 1951)', *Oxford Dictionary of National Biography* (Oxford, 2004), quoting Alan Bullock, *The Life and Times of Ernest Bevin*, vol. III, p. 181.
17 Eliav, *Wanted*, p. 216.
18 IWM, W. S. Cole Papers, WSC/3, E. H. Barker, report on 'Operation Agatha', 10 July 1946.
19 TNA, CAB 129/9, Anglo-American Committee of Inquiry, report, 20 Apr. 1946, quoting the *Palestine Post*, 30 Dec. 1945.
20 MEC, Crossman Papers, Singleton, 'Public Security', 9 Apr. 1946; Rose, 'This Senseless, Squalid War', p. 88.
21 Lazar, *L'opinion française et la naissance de l'Etat d'Israël*, pp. 44 – 45.
22 IWM, Windeatt Papers, diary, 10 July 1945.
23 LHCMA, Dunbar Papers.
24 LHCMA, Dunbar Papers.
25 LHCMA, Dunbar Papers.
26 David Cesarani, *Major Farran's Hat: Murder, Scandal and Britain's War against Jewish Terrorism, 1945 – 1948* (London, 2009), p. 36.
27 TNA, CAB 129/9, Anglo-American Committee of Inquiry, report, 20 Apr. 1946.
28 TNA, CAB 194/5, cabinet meeting, 29 Apr. 1946; CAB 195/5, 15 Jan. 1947，该文献提及贝文的说法，美国政府曾试图影响他们的代表。
29 *The Times*, 'U. S. Critics of Mr Bevin: Palestine Policy Resented', 14 June 1946.
30 TNA, CAB 195/4, cabinet meeting, minutes, 29 Apr. 1946. 有记录显示，贝文曾"询问战时运输部长艾尔弗雷德·巴恩斯（Alfred Barnes）为什么美国人这么热心，得到的答案是为了防止犹太人大量移民到美国"。但根据那时的情况,贝文不太可能就此事咨询巴恩斯的意见。

31　TNA, KV 4/384, A. J. Kellar, 'Visit to the Middle East' (26 Nov. 1944 – 2 Feb. 1945), Feb. 1945.

32　TNA, CAB 129/2, Hall, 'Security Conditions in Palestine', 10 Sept. 1945: Annexe: 'Extracts from letter from the Officer administering the Government of Palestine (Mr J. V. W. Shaw, CMG) to the Secretary of State for the Colonies, dated 24th August, 1945'.

33　*The Times*, 'Sabotage and Violence in Palestine', 25 July 1946.《泰晤士报》在前一天刊出了政府公布的电报。

34　Cesarani, *Major Farran's Hat*, p. 39.

35　IWM, Windeatt Papers, 4 July 1946.

36　TNA, CAB 195/4, cabinet meeting, cabinet secretary's minutes, 20 June 1946.

37　Cesarani, *Major Farran's Hat*, p. 39.

38　Menachem Begin, *The Revolt* (Los Angeles, 1972), p. 204.

39　Rose, 'A Senseless, Squalid War', p. 109.

40　IWM, Catling, interview.

41　CADN, Londres Ambassade, C/325, Neuville to Bidault, 12 July 1946. 军情五处的这名官员为盖尔斯·艾沙姆 (Gyles Isham)。

42　IWM, Cole Papers, E. H. Barker, report on 'Operation Agatha', 10 July 1946.

43　IWM, Morton Papers.

44　MEC, Crossman Papers, Shaw to Crossman, 2 Aug. 1946.

45　IWM, Rymer-Jones, interview, 1989.

46　CADN, Londres Ambassade, C/325, Neuville to Bidault, 24 July 1946.

47　Rose, 'A Senseless, Squalid War', p. 117.

48　Begin, *The Revolt*, p. 228.

49　*The Times*, '39 Killed in Jerusalem Headquarters', 23 July 1946.

50　*The Times*, 'Jewish Agency and White Paper: Insinuations of Fraud', 26 July 1946.

51　Begin, *The Revolt*, p. 204. 这种说法来自以色列·加利利 (Yisrael

Galili)。

52　TNA, CAB 195/4, cabinet meeting, cabinet secretary's minutes, 25 July 1946.

第 27 章　美国自由巴勒斯坦联盟

1　TNA, CO 537/1738, *New York Post*, 29 July 1946.
2　Truman, *Memoirs*, vol. I, p. 19.
3　Alonzo Hambly, 'The Accidental Presidency', *The Wilson Quarterly*, vol. 12, no. 2 (Spring, 1988), p. 49.
4　Truman, *Memoirs*, vol. I, p. 5.
5　Hambly, 'The Accidental Presidency', p. 55.
6　Michael J. Cohen, 'Truman and Palestine, 1945 – 1948: Revisionism, Politics and Diplomacy', *Modern Judaism*, vol. 2, no. 1 (Feb. 1982), p. 5. 时任商务部长亨利·华莱士 (Henry Wallace) 记录了杜鲁门的这个说法, 由于他在 1946 年 9 月 20 日被杜鲁门解雇, 因此杜鲁门的这个表述应该早于这个时间。
7　*The Times*, 'Statement by Mr Truman', 24 July 1946.
8　TNA, CO 537/1738, press advertisement, 2 July 1946.
9　TNA, CO 537/1738, Bergson, statement at press conference in New York, 9 July 1946.
10　Stewart McClure, 'On the Staff of Guy Gillette', 8 Dec. 1982, http://www.senate.gov/artandhistory/history/resources/pdf/McClure1.pdf.
11　CADN, Londres Ambassade, C/325, Neuville to Bidault, 5 Aug. 1946.
12　TNA, CO 537/1738, British embassy, Washington, to Foreign Office, 21 Aug. 1946.
13　Rose, 'A Senseless, Squalid War', p. 122.
14　Samuel Katz, *Days of Fire* (London, 1968), p. 118; AJHS, I/278, 'American League for a Free Palestine, Statement of Receipts and Disbursements, Jan. 1, 1946 to Dec. 31, 1946'.
15　TNA, CO 537/1738, MI5 to Trafford Smith, 4 Oct. 1946.
16　TNA, FO 371/61856.
17　M. Ottolenghi, 'Harry Truman's Recognition of Israel', *Historical Journal*,

vol. 47, no. 4 (Dec. 2004), p. 970.
18 Oren, *Power, Faith and Fantasy*, p. 488.
19 *The Times*, 'The Palestine Outlook: Mr Bevin on U. S. "Pressure"', 26 Feb. 1947.
20 *The Times*, 'U. S. Replies to Mr Bevin', 27 Feb. 1947.
21 Walter Russell Mead, 'The New Israel and the Old: Why Gentile Americans Back the Jewish State', *Foreign Affairs*, vol. 87, no. 4 (July/Aug. 2008), pp. 28–46.
22 John Lewis Gaddis, *The Cold War* (London, 2005), p. 29.
23 Gaddis, *The Cold War*, p. 31.
24 Oren, *Power, Faith and Fantasy*, p. 489.
25 Katz, *Days of Fire*, p. 139.
26 Rose, 'A Senseless, Squalid War', p. 135.
27 Lazar, *L'opinion française et la naissance de l'Etat d'Israël*, p. 51.
28 TNA, CO 537/2314, 'Build Dov Gruner's Memorial'.
29 Hecht, *A Child of the Century*, p. 612.
30 Ricky-Dale Calhoun, 'Arming David: The Haganah's Illegal Arms Procurement Network in the United States, 1945–1949', *Journal of Palestine Studies*, vol. 36, no. 4 (Summer, 2007), p. 31.
31 TNA, CO 537/2314, Foreign Office to Washington, 22 May 1947.
32 TNA, CO 537/2314, Foreign Office to Washington, 22 May 1947.
33 TNA, CO 967/103, Martin to Gurney, 20 Nov. 1947.
34 TNA, British embassy Washington, Chancery to Eastern Department, 13 June 1947, quoting Reuters.

第28章　法国与犹太复国主义者的阴谋勾结

1 *The Times*, 'Terrorist Bomb in Whitehall: Woman Sought by Scotland Yard', 17 Apr. 1947; *The Times*, 'Bomb Hoax in London', 18 Apr. 1947.
2 TNA, KV 2/3428, Robertson memorandum, 31 Oct. 1945; Philby to Liddell, 25 June 1946.
3 TNA, KV 5/29, Roberts to Kellar, 13 Feb. 1945.
4 Calder Walton, 'British Intelligence and the Mandate of Palestine: Threats

to British National Security Immediately after the Second World War', *Intelligence and National Security*, vol. 23, no. 4, p. 447.
5 Eliav, *Wanted*, pp. 237 - 238. 拉文斯坦后来使用的希伯来文名字为埃利亚夫 (Eliav)。
6 Eliav, *Wanted*, p. 238.
7 Eliav, *Wanted*, p. 239.
8 Renée Poznanski (trans. Nathan Brecher), *Jews in France in World War II* (Hanover, 2001), p. 157.
9 Eliav, *Wanted*, p. 246.
10 Lazar, *L'opinion française et la naissance de l'Etat d'Israël*, p. 156.
11 Shamir, *Summing Up*, p. 72.
12 Lazar, *L'opinion française et la naissance de l'Etat d'Israël*, p. 55.
13 Rose, 'A Senseless, Squalid War', p. 138.
14 Eliav, *Wanted*, p. 261.
15 Katz, *Days of Fire*, p. 103.
16 TNA, CO 967/103, Robey to Bromley, 9 Sept. 1947.
17 *The Times*, 'Plot to Bomb London: Zionists under Arrest', 8 Sept. 1947; 'Terrorist Plans for London: Bombs from Fire Appliances', 9 Sept. 1947.
18 Norwich, ed., *The Duff Cooper Diaries*, 24 Mar. 1947.
19 Lazar, *L'opinion française et la naissance de l'Etat d'Israël*, p. 99, quoting *Le Gavroche*, 10 July 1947.
20 Ehud Avriel, *Open the Gates! A Personal Story of 'Illegal' Immigration to Israel* (London, 1975), p. 35.
21 Lazar, *L'opinion française et la naissance de l'Etat d'Israël*, pp. 79 - 80, quoting *Le Parisien Libéré*, 27 May 1947.
22 Keith Jeffery, *MI6: The History of the Secret Intelligence Service, 1909 - 1949* (London, 2010), pp. 689 - 695.
23 Rose, 'A Senseless, Squalid War', p. 156.
24 Norwich, ed., *The Duff Cooper Diaries*, 23 July 1947.
25 Katz, *Days of Fire*, p. 172.
26 Lazar, *L'opinion française et la naissance de l'Etat d'Israël*, pp. 90 - 91.

第29章 最后一班岗

1. HC Deb, 18 Feb. 1947, vol. 433, c. 988.
2. TNA, CAB 195/5, cabinet secretary's minutes, cabinet meeting, 7 Feb. 1947.
3. HC Deb, 25 Feb. 1947, vol. 433, c. 2007.
4. *The Times*, 'Jewish Campaign against Terrorism: Action on Eve of U. N. Assembly', 28 Apr. 1947.
5. TNA, CAB 195/5, cabinet secretary's minutes, cabinet meeting, 15 Jan. 1947.
6. Cesarani, *Major Farran's Hat*.
7. MEC, UNSCOP Papers, 'Report of a conference between UNSCOP representatives Mr. Emil Sandström, Dr. Victor Hoo and Dr. Ralph Bunche, and the Commander and two other representatives of the Irgun Zvai Leumi, 24 June 1947'.
8. CADN, Jerusalem, Consulat-Général, C/6, Irgun, communiqué, 30 July 1947.
9. CADN, Jerusalem, Consulat-Général, C/6, Irgun, 'To All Other Ranks', Aug. 1947.
10. Rose, 'A Senseless, Squalid War', p. 167.
11. *The Times*, 'Bricks through Window: Evidence of Disorderly Crowds', 5 Aug. 1947.
12. Segev, *One Palestine, Complete*, p. 495.
13. TNA, CAB 195/6, cabinet secretary's minutes, cabinet meeting, 22 Mar. 1948.
14. Rose, 'A Senseless, Squalid War', 173.
15. Hecht, *A Child of the Century*, p. 618. See also pp. 598 – 599.
16. Tsilla Hershco, 'France and the Partition Plan: 1947 – 1948', *Israel Affairs*, vol. 14, no. 3, p. 490.
17. IWM, Cole Papers, Palestine: 'Narrative of events from Feb. 1947 until withdrawal of all British troops, by Lt Gen G. H. A. MacMillan'.
18. ISA, *Political and Diplomatic Documents*, Dec. 1947 – May 1948, Jerusalem 1979, Fischer to Bonneau, 1 Dec. 1947.

19 Truman, *Memoirs*, vol. II, pp. 168 - 169.
20 IWM, Mayer Papers.
21 Meir Zamir, ' "Bid" for *Altalena*: France's Covert Action in the 1948 War in Palestine', *Middle Eastern Studies*, vol. 46, no. 1 (Jan. 2010), p. 22.
22 Zamir, 'The French Connection'.
23 Zamir, ' "Bid" for *Altalena*', p. 30.
24 Michael T. Thornhill, 'Abdullah ibn Hussein (1882 - 1951)', *Oxford Dictionary of National Biography* (Oxford, 2004).
25 Avi Shlaim, *Collusion across the Jordan: King Abdullah, the Zionist Movement, and the Partition of Palestine* (New York, 1988), p. 76.
26 Shlaim, *Collusion across the Jordan*, p. 101.
27 Shlaim, *Collusion across the Jordan*, p. 136.
28 United Nations Palestine Commission, 'First Special Report to the Security Council: The Problem of Security in Palestine', S/676, 16 Feb. 1948.
29 United Nations Palestine Commission, 'First Special Report to the Security Council: The Problem of Security in Palestine', S/676, 16 Feb. 1948.
30 TNA, FO 371/68648, Washington to Foreign Office, 17 Apr. 1948.
31 TNA, CAB 195/6, cabinet secretary's minutes, cabinet meeting, 22 Mar. 1948.
32 Katz, *Days of Fire*, p. 205.
33 Zamir, ' "Bid" for *Altalena*', p. 46, Ariel to Boissier, 25 Mar. 1948.
34 Katz, *Days of Fire*, p. 191.
35 Zamir, ' "Bid" for *Altalena*', p. 46, Lacharrière to Quai d'Orsay, 8 Mar. 1948.
36 Zamir, ' "Bid" for *Altalena*', p. 23.
37 Shlaim, *Collusion across the Jordan*, p. 174.
38 Walid Khalidi, 'Selected Documents on the 1948 Palestinian War', *Journal of Palestine Studies*, vol. 27, no. 3 (Spring, 1998), pp. 74 - 75, quoting Bajhat abuGharbiyya.
39 Royle, *Glubb Pasha*, p. 342.
40 Edward Henderson, *This Strange, Eventful History* (Dubai, 1988), p. 38.
41 Ilan Pappé, *The Ethnic Cleansing of Palestine* (Oxford, 2006), p. 95.

42　MEC, MacMichael Papers, Pollock to MacMichael, 27 Apr. 1948.

43　MEC, Thames Television papers, interview with Sir John Shaw.

尾声　化解宿仇

1　Andrew Rathmell, *Secret War in the Middle East: The Covert Struggle for Syria, 1949 – 1961* (London, 1995), p. 53.

2　*The Times*, 'Discontent in Syria: Denial of Vote to Beduin', 3 Sept. 1949.

3　Accounts of the attempt on Stirling's life can be found in MEC, Philby Papers, 2/3/3/19, Marygold Stirling to Philby, 22 Jan. 1951; TTA, Deakin Papers, TT/FN1/RD/1, Stirling to Deakin, 25 Nov. 1949; CADN, Beyrouth Ambassade B/69/3615, Boisberranger to MAE, 10 Nov. 1949.

4　Stirling, *Safety Last*, epilogue by Lord Kinross, p. 243.

5　Stirling, *Safety Last*, epilogue by Lord Kinross, p. 240.

6　Stirling, *Safety Last*, epilogue by Lord Kinross, p. 242.

7　Rathmell, *Secret War in the Middle East: The Covert Struggle for Syria*, p. 71.

8　L. P. Heren, *Growing Up on 'The Times'* (London, 1978), p. 26.

9　TTA, Deakin Papers, TT/FN/1/RD/1, Heren, 'Confidential Memorandum', 28 Nov. 1949.

10　TTA, Deakin Papers, TT/FN/1/RD/1, Heren to Deakin, 14 Apr. 1949.

11　TTA, Deakin Papers, TT/FN/1/RD/1, Heren, 'Confidential Memorandum', 28 Nov. 1949.

12　TTA, Deakin Papers, TT/FN/1/RD/1, Quilliam to Deakin, 3 Dec. 1949.

13　TTA, W. F. Stirling, Personnel File, Quilliam to foreign news editor, 7 Nov. 1949.

14　TTA, Deakin Papers, TT/FN/1/RD/1, Quilliam to Deakin, 28 Aug. 1949. Quilliam's view was shared by the Foreign Office: Rathmell, *Secret War in the Middle East*, p. 35.

15　*The Times*, 'Syria after the Coup: Field Open to Political Troublemakers,' 26 Aug. 1949.

16　TTA, Deakin Papers, TT/FN/1/RD/1, Giles to Deakin, 31 Aug. 1949.

17　*DDF*, 1947, vol. I, 98, Serres to Bidault, 3 Feb. 1947; CADN,

LondresAmbassade, C/462, Serres to Bidault, 9 June 1947.
18 Rathmell, *Secret War in the Middle East*, p. 35.
19 TTA, Deakin Papers, TT/FN/1/RD/1, Stirling to Deakin, 16 Oct. 1949.
20 CADN, Beyrouth Ambassade, B/69/3615, Lucet to Schuman, 10 Jan. 1950.
21 *The Times*, 'Franco-British Relations', 24 Nov. 1949.
22 Rathmell, *Secret War in the Middle East*, p. 57.
23 CADN, Beyrouth Ambassade B/69/3615, Boisberranger to MAE, 10 Nov. 1949.
24 MEC, Somerset Papers, Somerset to Lord Raglan, 14 Aug. 1920.
25 MEC, Killearn Papers, diary, 13 Feb. 1945.

参考文献

1 Archive Sources

British Library, London
F. L. Bertie, 1st Viscount Bertie of Thame (Add 63039–63046)
E. A. R. Gascoyne-Cecil, Viscount Cecil of Chelwood (Add 51094)
T. E. Lawrence (Add 45914, Add 45915, Add 45983 A and B)
A. T. Wilson (Add 52455 A and B)

Centre des Archives diplomatiques de Nantes
Files from series:
Beyrouth Ambassade
Série B: various personnel files
Jérusalem, Consulat-Général
Série C
Londres Ambassade
Série B
Série C, various files
Mandat Syrie–Liban
Cabinet Politique
Services Spéciaux
Sûreté Générale

Churchill Archives, Churchill College, Cambridge
L. C. M. S. Amery
Sir W. L. S. Churchill
Sir P. J. Grigg
M. P. A. Hankey, 1st Baron

Gertrude Bell Archive, Newcastle
G. L. Bell

Imperial War Museum, London

H. Atkins (92/28/1)
M. El Baze (92/34/10)
A. Bowden Stuart
B. H. Bowring (interview, 12364)
Sir D. Brogan (92/25/1)
Sir R. C. Catling (interview, 10392)
D. W. Clarke (99/2/1–3)
W. S. Cole (07/34/6)
J. W. Dell (interview, 18269)
R. Dimbleby (reports, 1153)
L. Flanakin (07/13/1)
H. M. Foot (interview, 8937)
R. R. Griffith (interview, 18467)
H. Gunn (interview 8880)
Sir J. W. Hackett (interview, 12022)
B. Haskell-Thomas (interview, 29556)
L. H. Hill (85/2/1)
R. J. Hunting (P 339)
R. F. G. Jayne (78/15/1)
R. H. Kitson (interview, 10688)
A. Lane (interview, 10295)
A. S. Lucas (interview, 4616)
Sir T. Macpherson (05/73/1)
W. L. Mather (interview, 15326)
P. H. M. May (interview, 10419)
E. J. M. Mayer (91/32/1)
J. Moir (interview, 21554)
G. J. Morton (93/56/1)
C. P. Norman (interview, 4629)
Sir C. Norton (02/18/1)
H. Padfield (07/14/1)
A. M. Parry (67/374/1)
L. A. Passfield (87/29/1)
F. G. Peake (78/73/7, 7A–B and DS/MISC/16)
J. Pearce (interview, 831)
Press Digests, Syria and Lebanon, 1945 (Misc. 176 (2679))
R. B. Robinson (interview, 23172)
M. Rymer-Jones (interview, 10699)
D. de C. Smiley (interview, 10340)

W. F. Stirling
J. R. Stokes (99/22/1)
A. T. Ternent (interview, 10720)
R. G. Thackray (67/360/1)
B. R. Thomas (interview, 11084)
R. Usborne (interview, 8676)
Paul Vanson (06/38/1)
C. R. W. W. Wilmot (reports, 1152, 1153)
Sir H. H. Wilson (73/1/1-9)
J. K. Windeatt (90/20/1)

India Office Records, London
Political and Secret Documents from series:
L/PS/10
L/PS/11
L/PS/12

Liddell Hart Centre for Military Archives, King's College, London
E. H. H. Allenby, 1st Viscount Allenby of Megiddo
A. F. Brooke, 1st Viscount Alanbrooke of Brookeborough
L. Carr
J. A. Codrington
M. H. Coote
Sir J. G. Dill
C. W. Dunbar
Sir G. W. Furlonge
A. T. Irvine
H. L. Ismay, 1st Baron Ismay of Wormington
P. C. Joyce
A. T. O. Lees
Sir B. H. Liddell Hart
Sir W. R. Marshall
G. J. de W. Mullens
Sir E. J. B. Nelson
Sir R. N. O'Connor
Sir W. R. Robertson, 1st Bt
T. N. S. Wheeler

Middle East Centre, St Antony's College, Oxford
R. Adamson
N. Barbour
C. D. Brunton
Sir J. R. Chancellor
I. N. Clayton
Sir M. N. P. S. Coghill, 6th Bt
Sir P. Z. Cox
R. H. Crossman
J. B. Glubb
D. G. Hogarth
Sir M. W. Lampson, 1st Baron Killearn
Sir H. A. MacMichael
R. Meinertzhagen
R. F. P. Monckton
H. St J. B. Philby
Sir H. L. Samuel, 1st Viscount Samuel
Sir T. A. Shone
Sir W. A. Smart
F. R. Somerset, 4th Baron Raglan
Sir E. L. Spears, 1st Bt
Sir H. M. Stanley
Sir M. Sykes, 6th Bt
Sir C. A. Tegart
D. Tomlinson
United Nations Special Committee on Palestine (UNSCOP)
W. Yale

The National Archives, London
Files from series:
CAB 21 (Cabinet Office and predecessors: Registered Files)
CAB 23 (War Cabinet and Cabinet: Minutes)
CAB 24 (War Cabinet and Cabinet: Memoranda)
CAB 27 (War Cabinet and Cabinet: Miscellaneous Committees: Records)
CAB 42 (War Council and successors: Photographic Copies of Minutes and Papers)
CAB 65 (War Cabinet and Cabinet: Minutes)
CAB 66 (War Cabinet and Cabinet: Memoranda)
CAB 67 (War Cabinet: Memoranda)

CAB 80 (War Cabinet and Cabinet: Chiefs of Staff Committee: Memoranda)
CAB 104 (Cabinet Office: Supplementary Registered Files)
CAB 106 (War Cabinet and Cabinet Office: Historical Section: Archivist and Librarian Files)
CAB 107 (War Cabinet: Committees on the Co-ordination of Departmental Action in the Event of War with Certain Countries: Minutes and Memoranda)
CAB 120 (Cabinet Office: Minister of Defence Secretariat: Records)
CAB 128 (Cabinet: Minutes)
CAB 129 (Cabinet: Memoranda)
CAB 194 (Security Commission: Minutes, Papers and Reports)
CAB 195 (Cabinet Secretary's Notebooks)
CO 537 (Colonial Office: Confidential General and Confidential Original Correspondence)
CO 730 (Colonial Office: Iraq Original Correspondence)
CO 732 (Colonial Office: Middle East Original Correspondence)
CO 733 (Colonial Office: Palestine Original Correspondence)
CO 850 (Colonial Office: Personnel: Original Correspondence)
CO 935 (Colonial Office: Confidential Print Middle East)
CO 967 (Colonial Office: Private Office Papers)
FO 120 (Foreign Office and Consulates: Austria: General Correspondence)
FO 141 (Foreign Office and Foreign and Commonwealth Office: Embassy and Consulates, Egypt: General Correspondence)
FO 226 (Foreign Office: Embassy and Consulates, Beirut, Lebanon (formerly Ottoman Empire): General Correspondence and Letter Books)
FO 371 (Foreign Office: Political Departments: General Correspondence)
FO 406 (Foreign Office: Confidential Print Eastern Affairs)
FO 608 (Peace Conference: British Delegation: Correspondence and Papers)
FO 684 (Foreign Office: Consulate, Damascus, Syria: General Correspondence and Registers of Births and Marriages)
FO 800 (Foreign Office, Private Offices: Various Ministers' and Officials' Papers
FO 882 (Arab Bureau Papers)
FO 921 (War Cabinet: Office of the Minister of State Resident in the Middle East: Registered Files)
FO 945 (Control Office for Germany and Austria and Foreign Office,

German Section: General Department)
FO 954 (Foreign Office: Private Office Papers of Sir Anthony Eden, Earl of Avon, Secretary of State for Foreign Affairs)
HW 1 (Government Code and Cypher School: Signals Intelligence Passed to the Prime Minister, Messages and Correspondence)
HW 12 (Government Code and Cypher School: Diplomatic Section and predecessors: Decrypts of Intercepted Diplomatic Communications)
HW 41 (Government Code and Cypher School: Services Field Signals Intelligence Units: Reports of Intercepted Signals and Histories of Field Signals Intelligence Units)
KV 4 (Security Service: Policy Files)
KV 5 (Security Service: Organisation Files)
PREM 3 (Prime Minister's Office: Operational Correspondence and Papers)
WO 32 (War Office and successors: Registered Files (General Series)
WO 33 (War Office: Reports, Memoranda and Papers)
WO 158 (War Office: Military Headquarters: Correspondence and Papers, First World War)
WO 201 (War Office: Middle East Forces: Military Headquarters Papers, Second World War)
WO 204 (War Office: Allied Forces, Mediterranean Theatre: Military Headquarters Papers, Second World War)
WO 208 (War Office: Directorate of Military Operations and Intelligence, and Directorate of Military Intelligence: Ministry of Defence, Defence Intelligence Staff: Files)
WO 275 (War Office: Sixth Airborne Division, Palestine: Papers and Reports)
WO 374 (War Office: Officers' Services, First World War, personal files)

Parliamentary Archive, London
A. Bonar Law
J. C. C. Davidson
D. Lloyd George, 1st Earl Lloyd George of Dwyfor
Sir H. L. Samuel
J. St L. Strachey

Pembroke College, Cambridge
Sir R. Storrs

Rhodes House, Oxford
Sir H. A. MacMichael

Service Historique de l'Armée de Terre, Paris
Files from series:
4H (Levant)
2N (Conseil supérieur de la Défense nationale)
6N (Fonds Clemenceau)
7N (L'Etat-Major de l'Armée)

Sudan Archive, Durham
Sir G. F. Clayton
Sir F. R. Wingate

The Times Archive
Confidential Memoranda by L. Heren and W. F. Stirling
R. Deakin (TT/FN/1/RD/1)
Managerial File: W. F. Stirling

Printed Primary Sources
Ministère des Affaires Etrangères, *Documents Diplomatiques Français*, volumes for 1944–7, Paris, 2000–7
State of Israel, *Political and Diplomatic Documents, December 1947–May 1948*, Jerusalem, 1979
United States Department of State, *Foreign Relations of the United States*, volumes covering the 1919 Paris Peace Conference and subsequent Near East affairs

2 Secondary Sources

Abitbol, M., *Les Deux Terres Promises: Les Juifs de France et le Sionisme (1897–1945)*, Paris, 1989
Abrams, L., and Miller, D. J., 'Who Were the French Colonialists? A Reassessment of the Parti Colonial, 1890–1914', *Historical Journal*, vol. 19, no. 3 (Sept. 1976), pp. 685–725
Adams, W., Brock, J. W., and Blair J. M., 'Retarding the Development of Iraq's Oil Resources: An Episode in Oleaginous Diplomacy, 1927–1939', *Journal of Economic Issues*, vol. 27, no. 1 (March 1993), pp. 69–93

Adelson, R., *Mark Sykes, Portrait of an Amateur*, London, 1975
— *London and the Invention of the Middle East: Money, Power and War, 1882–1922*, Yale, 1995
Alexander, M. S., *The Republic in Danger: General Maurice Gamelin and the Politics of French Defence, 1933–1940*, Cambridge, 1992
— and Philpott, W. J., 'The Entente Cordiale and the Next War: Anglo-French Views on Future Military Cooperation, 1928–1939', *Intelligence and National Security*, vol. 13, no. 1 (1998), pp. 53–84
Amadouny, M., 'The Formation of the Transjordan–Syria Boundary, 1915–32', *Middle Eastern Studies*, vol. 31, no. 3 (July 1995), pp. 533–49
Andréa, C., *La Révolte Druze et l'insurrection de Damas*, Paris, 1937
Andrew, C. M., 'France and the Making of the Entente Cordiale', *Historical Journal*, vol. 10, no. 1 (1967), pp. 89–105
— 'The French Colonialist Movement during the Third Republic: The Unofficial Mind of Imperialism', in *Transactions of the Royal Historical Society*, vol. 26 (1976), pp. 143–66
— *The Defence of the Realm: The Authorized History of MI5*, London, 2009
— and Kanya-Forstner, A. S., 'The French Colonial Party and French Colonial War Aims, 1914–1918', *Historical Journal*, vol. 17, no. 1 (1974), pp. 79–106
— *France Overseas: The Great War and the Climax of French Imperial Expansion*, London, 1981
Antonius, G., 'Syria and the French Mandate', *International Affairs*, vol. 13, no. 4 (July–Aug. 1934), pp. 523–39
— *The Arab Awakening*, London, 1938
Arnold, T. W., *The Caliphate*, 2nd edn, London, 1965
Avriel, E., *Open the Gates! A Personal Story of 'Illegal' Immigration to Israel*, London, 1975
Barker, A. J., *The Neglected War: Mesopotamia 1916–1918*, London, 1967
Barr, J., *Setting the Desert on Fire: T. E. Lawrence and Britain's Secret War in Arabia, 1916–1918*, New York, 2008
Bates, D., *The Fashoda Incident: Encounter on the Nile*, Oxford, 1984
Bauer, Y., 'From Cooperation to Resistance: The Haganah 1938–1946', *Middle Eastern Studies*, vol. 2, no. 3 (Apr. 1966), pp. 182–210
Beevor A., and Cooper, A., *Paris after the Liberation, 1944–1949*, London, 1994

Begin, M., *The Revolt*, Los Angeles, 1972
Bell, G., *The Desert and the Sown*, London, 1907
Bennett, G., *Churchill's Man of Mystery: Desmond Morton and the World of Intelligence*, London, 2007
Bierman, J., and Smith, C., *Fire in the Night: Wingate of Burma, Ethiopia and Zion*, London, 1999
Binion, R., *Defeated Leaders: The Political Fate of Caillaux, Jouvenel, and Tardieu*, Columbia, 1960
Binsley, J., *Palestine Police Service*, London, 1996
Bonné, A., 'The Concessions for the Mosul–Haifa Pipe Line', *Annals of the American Academy of Political and Social Science*, vol. 164, *Palestine. A Decade of Development* (Nov. 1932), pp. 116–26
Boucard, R., *Les dessous de l'espionnage anglais*, Paris, 1926
Bou-Nacklie, N. E., 'Tumult in Syria's Hama in 1925: The Failure of a Revolt', *Journal of Contemporary History*, vol. 33, no. 2 (Apr. 1988), pp. 273–90
Bowden, T., 'The Politics of the Arab Rebellion in Palestine 1936–39', *Middle Eastern Studies*, vol. 11, no. 2 (May 1975), pp. 147–74
Bowyer Bell, J., 'Assassination in International Politics', *International Studies Quarterly*, vol. 16, no. 1 (Mar. 1972), pp. 59–82
Bray, N.N.E., *Shifting Sands*, London, 1934
Brecher, F. W., 'French Policy toward the Levant 1914–18', *Middle Eastern Studies*, vol. 29, no. 4 (Oct. 1993), pp. 641–64
Brémond, E., *Le Hedjaz dans la première guerre mondiale*, Paris, 1931
Brenner, Y. S., 'The "Stern Gang" 1940–48', *Middle Eastern Studies*, vol. 2, no. 1 (Oct. 1965), pp. 2–30
Brown, M., ed., *Lawrence of Arabia: The Selected Letters*, London, 2005
Bruchez, A., 'La fin de la présence française en Syrie: de la crise de mai 1945 au départ des dernières troupes étrangères', *Relations internationales* 2005/2, no. 122, pp. 17–32
Buchan, J., *Greenmantle*, London, 1916
Burns, R., *The Monuments of Syria*, London, 1992
Calhoun, R.-D., 'Arming David: The Haganah's Illegal Arms Procurement Network in the United States, 1945–49', *Journal of Palestine Studies*, vol. 36, no. 4 (Summer, 2007), pp. 22–32
Capern, A. L.,'Winston Churchill, Mark Sykes and the Dardanelles Campaign of 1915', *Historical Research*, vol. 71, no. 174 (Feb. 1998), pp. 108–18
Casey, R., *Personal Experience*, London, 1962

Catherwood, C., *Winston's Folly: Imperialism and the Creation of Modern Iraq*, London, 2004
Catroux, G., *Dans la Bataille de Méditerranée*, Paris, 1949
— *Deux Missions en Moyen Orient, 1919–1922*, Paris, 1958
Cavendish, A., *Inside Intelligence: The Revelations of an MI6 Officer*, paperback, London, 1997
Cesarani, D., *Major Farran's Hat: Murder, Scandal and Britain's War against Jewish Terrorism, 1945–1948*, London, 2009
Challis, D., *From the Harpy Tomb to the Wonders of Ephesus: British Archaeologists in the Ottoman Empire 1840–1880*, London, 2008
Charmley, J., *Churchill: The End of Glory*, London, 1993
Charters, D. A., 'British Intelligence in the Palestine Campaign, 1945–47', *Intelligence and National Security*, vol. 6, no. 1 (Jan. 1991), pp. 115–40
— 'Eyes of the Underground: Jewish Insurgent Intelligence in Palestine, 1945–47', *Intelligence and National Security*, vol. 13, no. 4 (Winter, 1998), pp. 163–77
Churchill, W. S., *The Story of the Malakand Field Force: An Episode of Frontier War*, London, 1898
— *The River War*, London, 1899
— *The World Crisis*, London, 1929
— *Great Contemporaries*, London, 1937
— *The Second World War*, vols I–VI, London, 1948–54
Cloarec, V., *La France et la question de Syrie, 1914–1918*, Paris, 2002
Coblentz, P., *The Silence of Sarrail*, London, 1930
Cohen, M. J., 'British Strategy and the Palestine Question 1936–39', *Journal of Contemporary History*, vol. 7, nos 3/4 (July–Oct. 1972), pp. 157–83
— 'Appeasement in the Middle East: The British White Paper on Palestine, May 1939', *Historical Journal*, vol. 16, no. 3 (Sept. 1973), pp. 571–96
— 'Direction of Policy in Palestine, 1936–45', *Middle Eastern Studies*, vol. 11, no. 3 (Oct. 1975), pp. 237–61
— 'The Moyne Assassination, November 1944: A Political Analysis', *Middle Eastern Studies*, vol. 15, no. 3 (Oct. 1979), pp. 358–73
— 'Truman and Palestine, 1945–1948: Revisionism, Politics and Diplomacy', *Modern Judaism*, vol. 2, no. 1 (Feb. 1982), pp. 1–22
Colyton, H., *Occasion, Chance and Change*, Norwich, 1993
Connell, J., *The House by Herod's Gate*, London, 1947

Cook, D., *Charles de Gaulle*, London, 1984
Coulet, F., *Vertu des Temps Difficiles*, Paris, 1967
Cox, J. L., 'The Background to the Syrian Campaign, May–June 1941: A Study in Franco-German Wartime Relations', *History*, vol. 72, no. 236 (Oct. 1987), pp. 432–52
Cumming, H., *Franco-British Rivalry in the Post-war Near East*, Oxford, 1938
Dahl, R., *Going Solo*, London, 1986
Davet, M.-C., *La Double Affaire de Syrie*, Paris, 1967
Dayan, M., *Story of My Life*, London, 1976
Dekel, E., *Shai: The Exploits of Hagana Intelligence*, New York, 1959
Dorrill, S., *MI6: Fifty Years of Special Operations*, London, 2000
Doty, B. J., *The Legion of the Damned*, London, 1928
Dovey, H. O., 'Security in Syria, 1941–45', *Intelligence and National Security*, vol. 6, no. 2 (1991), pp. 418–46
— 'Maunsell and Mure', *Intelligence and National Security*, vol. 8, no. 1 (1993), pp. 60–77
Dyson, S. L., *In Pursuit of Ancient Pasts*, Yale, 2006
Duff, D., *Bailing with a Teaspoon*, London, 1953
Eden, A., *Freedom and Order: Selected Speeches 1939–1946*, London, 1947
Egremont, M., *Under Two Flags: The Life of Major-General Sir Edward Spears*, London, 1997
Eldar, D., 'France in Syria: The Abolition of the Sharifian Government, April–July 1920', *Middle Eastern Studies*, vol. 29, no. 3 (July 1993), pp. 487–504
Eliav, Y., trans. M. Schreiber, *Wanted*, New York, 1984
Eshed, H., *Reuven Shiloah: The Man behind the Mossad*, London, 1997
Evans, K. E., '"The Apple of Discord": The Impact of the Levant on Anglo-French Relations during 1943', unpublished PhD thesis, University of Leeds, 1990
Facey, W., and Safwat, N. F., eds, *A Soldier's Story: From Ottoman Rule to Independent Iraq, The Memoirs of Jafar Pasha Al-Askari*, London, 2003
Fenby, J., *The General: Charles de Gaulle and the France He Saved*, London, 2010
Ferrier, R. W., *The History of the British Petroleum Company*, vol. I, *The Developing Years, 1901–1932*, Cambridge, 1982
Fieldhouse, D. K., *Western Imperialism in the Middle East, 1914–1958*, Oxford, 2006

Fisher, J., 'Syria and Mesopotamia in British Middle Eastern Policy in 1919', *Middle Eastern Studies*, vol. 34, no. 2 (Apr. 1998), pp. 129–70
Fitzgerald, E. P., 'Business Diplomacy: Walter Teagle, Jersey Standard, and the Anglo-French Pipeline Conflict in the Middle East, 1930–31', *Business History Review* vol. 67, no. 2 (Summer, 1993), pp. 207–45
— 'France's Middle Eastern Ambitions, the Sykes–Picot Negotiations, and the Oil Fields of Mosul, 1915–1918', *Journal of Modern History*, vol. 66, no. 4 (Dec. 1994), pp. 697–725
Forcade, O., *La République Secrète: Histoire des services spéciaux français de 1918 à 1939*, Paris, 2008
Friedman, I., *The Question of Palestine*, London, 1973
Fromkin, D., *A Peace to End All Peace: Creating the Modern Middle East, 1914–1922*, London, 1989
Fry, M. G., and Rabinovich, I., eds, *Despatches from Damascus: Gilbert MacKereth and British Policy in the Levant, 1933–1939*, Jerusalem, 1985
Gaddis, J. L., *The Cold War*, London, 2005
Garnett, D., ed., *The Letters of T. E. Lawrence*, London, 1938
de Gaulle, C., *Le Fil de l'Epée*, Paris, 1944
— *Mémoires de Guerre*, 3 vols, Paris, 1954–9
Gaunson, A. B., 'Churchill, de Gaulle, Spears and the Levant Affair, 1941', *Historical Journal*, vol. 27, no. 3 (1984), pp. 697–713
— *The Anglo-French Clash in Lebanon and Syria, 1940–1945*, London, 1987
Gautherot, G., *La France en Syrie et en Cilicie*, Courbevoie, 1920
Gilbert, M., *Winston S. Churchill*, London, 1967–88, and companion volumes
— *Exile and Return: The Emergence of Jewish Statehood*, London, 1978
— *Churchill and the Jews*, London, 2007
Gil-Har, Y., 'French Policy in Syria and Zionism: Proposal for a Zionist Settlement', *Middle Eastern Studies*, vol. 30, no. 1 (Jan. 1994), pp. 155–65
Glubb, J. B., *The Story of the Arab Legion*, London, 1948
Golani, M., 'The "Haifa Turning Point": The British Administration and the Civil War in Palestine, December 1947–May 1948', *Middle Eastern Studies*, vol. 37, no. 2 (2001), pp. 93–130
Goldstein, Erik, 'British Peace Aims and the Eastern Question: The

Political Intelligence Department and the Eastern Committee, 1918', *Middle Eastern Studies*, vol. 23, no. 4 (Oct. 1987), pp. 419–36

Gombrich, E., 'Winston Churchill as Painter and Critic', *The Atlantic*, vol. 215 (1965), pp. 90–3

Hacohen, D., *Time to Tell: An Israeli Life 1898–1984*, New York, 1985

Halamish, A., 'American Volunteers in Illegal Immigration to Palestine, 1946–1948', *Jewish History*, vol. 9, no. 1 (Spring, 1995), pp. 91–106

Haldane, Sir A. L., *The Insurrection in Mesopotamia, 1920*, Edinburgh, 1922

Hambly, A., 'The Accidental Presidency', *The Wilson Quarterly*, vol. 12, no. 2 (Spring, 1988), pp. 48–65

Hardinge of Penhurst, Lord, *Old Diplomacy*, London, 1947

Harris, K., *Attlee*, London, 1982

Harvey, J., *With the Foreign Legion in Syria*, London, 1928

— ed., *The War Diaries of Oliver Harvey*, London, 1978

Hassall, C., *Edward Marsh*, London, 1959

Hecht, B., *A Child of the Century*, New York, 1954

Heller, J., '"Neither Masada Nor Vichy": Diplomacy and Resistance in Zionist Politics, 1945–1947', *International History Review*, vol. 3, no. 4 (Oct. 1981), pp. 540–64

— *The Stern Gang: Ideology, Politics and Terror, 1940–1949*, London, 1995

Helmreich, P. C., *From Paris to Sèvres*, Ohio, 1974

Henderson, E., *This Strange, Eventful History*, Dubai, 1988

Heren, L. P., *Growing Up on 'The Times'*, London, 1978

Hershco, T., 'France and the Partition Plan: 1947–1948', *Israel Affairs*, vol. 14, no. 3 (2008), pp. 486–98

Hogarth, D., *A Wandering Scholar in the Levant*, London, 1896

Howell, G., *Daughter of the Desert*, London, 2006

Hughes, M., *Allenby and British Strategy in the Middle East, 1917–1919*, London, 1999

James, L., *The Golden Warrior: The Life and Legend of Lawrence of Arabia*, London, 1990

Jarvis, C. S., *Arab Command:The Biography of Lieutenant-Colonel F. W. Peake Pasha*, London, 1942

Jeffery, K., 'Great Power Rivalry in the Middle East', *Historical Journal*, vol. 25, no. 4 (Dec. 1982), pp. 1029–38

— 'Intelligence and Counter-Insurgency Operations: Some Reflections on the British Experience', *Intelligence and National Security*, vol. 2, no. 1 (1987), pp. 118–49

— *MI6: The History of the Secret Intelligence Service, 1909–1949*, London, 2010

Jenkins, R., *Churchill*, London, 2001

Katz, S., *Days of Fire*, London, 1968

Kedourie, E., *In the Anglo-Arab Labyrinth*, Cambridge, 1976

— 'The Bludan Congress on Palestine, September 1937', *Middle Eastern Studies*, vol. 17, no. 1 (Jan. 1981), pp. 107–25

Kedward, R., *La Vie en Bleu: France and the French since 1900*, London, 2005

Keiger, J. F. V. '"Perfidious Albion?" French Perceptions of Britain as an Ally after the First World War', *Intelligence and National Security*, vol. 13, no. 1 (1998), pp. 37–52

Kelly, S., 'A Succession of Crises: SOE in the Middle East, 1940–45', *Intelligence and National Security*, vol. 20, no. 1 (Mar. 2005), pp. 121–46

Kent, M., *Oil and Empire: British Policy and Mesopotamian Oil, 1900–1920*, London, 1976

Khalidi, W., 'Selected Documents on the 1948 Palestinian War', *Journal of Palestine Studies*, vol. 27, no. 3 (Spring, 1998), pp. 60–105

Khoury, G., *La France et l'Orient Arabe: Naissance du Liban Moderne*, Paris, 1993

Khoury, P. S., 'Divided Loyalties? Syria and the Question of Palestine, 1919–39', *Middle Eastern Studies*, vol. 21, no. 3 (July 1985), pp. 324–48

— *Syria and the French Mandate*, Princeton, 1987

Kirkbride, A., *A Crackle of Thorns*, London, 1956

Kochavi, A. J., 'Britain's Image Campaign against the Zionists', *Journal of Contemporary History*, vol. 36, no. 2 (Apr. 2001), pp. 293–307

Kulski, W. W., *De Gaulle and the World*, New York, 1966

Lacouture, J. (trans. P. O'Brian), *De Gaulle*, 2 vols, London, 1990

Lansing, R., *The Peace Negotiations: A Personal Narrative*, Boston and New York, 1921

Larès, M., *T. E. Lawrence, La France, et Les Français*, Paris, 1980

Laurens, H., 'Jaussen en Arabie', in *Photographies d'Arabie: Hedjaz 1907–1917*, Institut du Monde Arabe, Paris, 1999

Laverty Miller, J., 'The Syrian Revolt of 1925', *International Journal of Middle East Studies*, vol. 8, no. 4 (Oct. 1977), pp. 545–63

Lawrence, M. R., *The Home Letters of T. E. Lawrence and his Brothers*, Oxford, 1954
Lawrence, T. E., *Seven Pillars of Wisdom*, London, 1935
— *T. E. Lawrence to his Biographers Robert Graves and Liddell Hart*, London, 1963
— *Seven Pillars of Wisdom*, Oxford 1922 text, Fordingbridge, 2005
Lazar, D., *L'opinion française et la naissance de l'Etat d'Israël, 1945-1949*, Paris, 1972
Leclerc, C., *Avec T. E. Lawrence en Arabie, La Mission militaire française au Hedjaz 1916-1920*, Paris, 1998
Ledwidge, B., *De Gaulle*, London, 1982
Lees, G. M., 'The Search for Oil', *Geographical Journal*, vol. 95, no. 1 (Jan. 1940), pp. 1-16
Lévy, Claude, 'La résistance juive en France. De l'enjeu de mémoire à l'histoire critique', *Vingtième Siècle. Revue d'histoire*, no. 22, numéro spécial: 'Les générations' (Apr.–June 1989), pp. 117-28
Liman von Sanders, O., *Five Years in Turkey*, Nashville, 2000
Longrigg, S. H., *Oil in the Middle East*, Oxford, 1954
— *Syria and Lebanon under French Mandate*, Oxford, 1958
Lyautey, P., *Gouraud*, Paris, 1949
MacCallum, E. P., *The Nationalist Crusade in Syria*, New York, 1928
McDonald, A., 'The Geddes Committee and the Formulation of Public Expenditure Policy, 1921-1922', *Historical Journal*, vol. 32, no. 3 (Sept. 1989), pp. 643-74
Macmillan, H., *War Diaries – The Mediterranean, 1943-45*, London, 1984
MacMillan, M., *Peacemakers*, London, 2002
Maitland, A., *Wilfred Thesiger, The Life of the Great Explorer*, London, 2006
Mangold, P., *The Almost Impossible Ally: Harold Macmillan and Charles de Gaulle*, London, 2006
Mardor, M., *Strictly Illegal*, London, 1964
Marrus, M. R., 'Jewish Leaders and the Holocaust', *French Historical Studies*, vol. 15, no. 2 (Autumn, 1987), pp. 316-31
Mattar, P., *The Mufti of Jerusalem*, New York, 1988
Mead, W. R., 'The New Israel and the Old: Why Gentile Americans Back the Jewish State', *Foreign Affairs*, vol. 87, no. 4 (July/Aug. 2008), pp. 28-46
Meinertzhagen, Col. R., *Middle East Diary, 1917-1956*, London, 1959
Messenger, C., *The Commandos, 1940-46*, London, 1985

Meulenijzer, V., *Le Colonel Lawrence, agent de l'Intelligence Service*, Brussels, 1938
Mohs, P. A., *Military Intelligence and the Arab Revolt: The First Modern Intelligence War*, London, 2008
Montagne, R., 'French Policy in North Africa and in Syria', *International Affairs*, vol. 16, no. 2 (Mar.–Apr. 1937), pp. 263–79
Morgan, K. O., 'Lloyd George's Premiership: A Study in "Prime Ministerial Government"', *Historical Journal*, vol. 13, no. 1 (Mar. 1970)
—— *Consensus and Disunity: The Lloyd George Coalition Government 1918–1922*, Oxford, 1979
Mosley, L., *Gideon Goes to War*, London, 1955
Mott-Radclyffe, C., *Foreign Body in the Eye*, London, 1975
Moubayed, S., *Steel and Silk: Men and Women Who Shaped Syria 1900–2000*, Seattle, 2006
Mousa, S., *T. E. Lawrence: An Arab View*, Oxford, 1966
Neillands, R., *The Raiders: The Army Commandos 1940–46*, London, 1989
Néré, J., *The Foreign Policy of France from 1914 to 1945*, London, 1975
Nicault, C., *La France et le sionisme: une rencontre manquée?*, Paris, 1992
Nicolson, H., *Peacemaking 1919*, London, 1933
Nicolson, N., ed., *Harold Nicolson, Diaries and Letters, 1907–1964*, London, 2004
Norris, J., 'Repression and Rebellion: Britain's Response to the Arab Revolt in Palestine of 1936–39', *Journal of Imperial and Commonwealth History*, vol. 36, no. 1 (Mar. 2008), pp. 25–45
Norwich, J. J., ed., *The Duff Cooper Diaries*, London, 2005
Oren, M. B., *Power, Faith and Fantasy: America in the Middle East, 1776 to the Present*, New York, 2007
Orga, I., *Portrait of a Turkish Family*, London, 1950
Ottolenghi, M., 'Harry Truman's Recognition of Israel', *Historical Journal*, vol. 47, no. 4 (Dec. 2004), pp. 963–88
Ovendale, R., 'The Palestine Policy of the British Labour Government, 1945–1946', *International Affairs*, vol. 55, no. 3 (July 1979), pp. 409–31
Pappé, I., *The Ethnic Cleansing of Palestine*, Oxford, 2006
Paris, T. J., 'British Middle East Policy-Making after the First World War: The Lawrentian and Wilsonian Schools', *Historical Journal*, vol. 41, no. 3 (Sep. 1998), pp. 773–93

Pearse, R., *Three Years in the Levant*, London, 1949
Pichon, J., *Le partage du Proche-Orient*, Paris, 1938
Porath, Y., 'Abdallah's Greater Syria Programme', *Middle Eastern Studies*, vol. 20, no. 2 (Apr. 1984), pp. 172–89
Porch, D., *The French Secret Services: From the Dreyfus Affair to the Gulf War*, London, 1996
van der Post, L., *The Admiral's Baby*, London, 1996
Poulleau, A., *A Damas sous les bombes: journal d'une française pendant la révolte syrienne*, Yvetot, 1930
Poznanski, R. 'Reflections on Jewish Resistance and Jewish Resistants in France', *Jewish Social Studies*, New Series, vol. 2, no. 1 (Autumn, 1995), pp. 124–58
— (trans. N. Brecher), *Jews in France during World War II*, Hanover, NH, 2001
Provence, M., *The Great Syrian Revolt and the Rise of Arab Nationalism*, Austin, 2005
Puaux, G., *Deux Années au Levant*, Paris, 1952
Ranfurly, H., *To War with Whitaker*, London, 1994
Rathmell, A., *Secret War in the Middle East:The Covert Struggle for Syria, 1949–1961*, London, 1995
Rendel, G., *The Sword and the Olive*, London, 1957
Rittner, C., Smith, S. D., and Steinfeldt, I., *The Holocaust and the Christian World*, Yad-Vashem, 2000
Robins, P., *A History of Jordan*, Cambridge, 2004
Rodinson, Maxime, 'Aux origines du "Pacte National", Contribution à l'Histoire de la Crise Franco-Libanaise de Novembre 1943', *Die Welt des Islams*, New Series, Bd. 28, Nr. 1/4 (1988), pp. 445–74
Rogan, E., *The Arabs: A History*, London, 2009
Rose, N., '*A Senseless, Squalid War*': Voices from Palestine 1945–48, London, 2009
Roshwald, A., 'The Spears Mission in the Levant: 1941–1944', *Historical Journal*, vol. 29, no. 4 (Dec. 1986), pp. 897–919
— *Estranged Bedfellows: Britain and France in the Middle East during the Second World War*, Oxford, 1990
Royle, T., *Glubb Pasha*, London, 1992
— *Orde Wingate: Irregular Soldier*, London, 1995
Satia, P., 'Developing Iraq: Britain, India and the Redemption of Empire and Technology in the First World War', *Past and Present*, vol. 197, no. 1 (Nov. 2007), pp. 211–55

Savage, R., *Allenby of Armageddon*, London, 1925
Seale, P., *The Struggle for Arab Independence: Riad el-Solh and the Makers of the Modern Middle East*, Cambridge, 2010
Segev, T., *One Palestine, Complete*, London, 2000
Seymour, C., ed., *The Intimate Papers of Colonel House*, vol. III, London, 1928
Shambrook, P. A., *French Imperialism in Syria, 1927–1936*, Reading, 1998
Shamir, Y., *Summing Up*, London, 1994
Sheffer, G., 'British Colonial Policy-Making towards Palestine (1929–1939)', *Middle Eastern Studies*, vol. 14, no. 3 (Oct. 1978), pp. 307–22
— 'Appeasement and the Problem of Palestine', *International Journal of Middle East Studies*, vol. 11, no. 3 (May 1980), pp. 377–99
— *Moshe Sharrett: Biography of a Political Moderate*, Oxford, 1996
Shlaim, A., *Collusion across the Jordan: King Abdullah, the Zionist Movement, and the Partition of Palestine*, New York, 1988
— *War and Peace in the Middle East*, rev. edn, London, 1995
— *Israel and Palestine: Reappraisals, Revisions, Refutations*, London, 2009
Shorrock, W. I., *French Imperialism in the Middle East: The Failure of Policy in Syria and Lebanon 1900–1914*, Wisconsin, 1976
Silvestri, M., '"An Irishman Is Specially Suited to Be a Policeman": Sir Charles Tegart & Revolutionary Terrorism in Bengal', *History Ireland*, vol. 8, no. 4 (Winter, 2000), pp. 40–4
Simon, R. S., 'The Hashemite "Conspiracy": Hashemite Unity Attempts, 1921–1958', *International Journal of Middle East Studies*, vol. 5, no. 3 (June 1974), pp. 314–27
Singer, B., and Langdon, J., *Cultured Force: Makers and Defenders of the French Colonial Empire*, Madison, Wisconsin, 2004
Sluglett, P., *Britain in Iraq*, 2nd edn, London, 2007
Soustelle, J., *La longue marche d'Israël*, Paris, 1968
Spears, Sir E., *Two Men Who Saved France: Pétain and de Gaulle*, London, 1966
— *Fulfilment of a Mission: The Spears Mission to Syria and the Lebanon, 1941–1944*, London, 1977
Stanger, C. D., 'A Haunting Legacy: The Assassination of Count Bernadotte', *Middle East Journal*, vol. 42, no. 2 (Spring, 1988), pp. 260–72
Stein, L., *The Balfour Declaration*, London, 1961

Stevenson, D., *1914–1918: The History of the First World War*, London, 2005
Stirling, W. F., *Safety Last*, London, 1953
Stivers, W., 'International Politics and Iraqi Oil, 1918–1928: A Study in Anglo-American Diplomacy', *Business History Review*, vol. 55, no. 4 (Winter, 1981), pp. 517–40
Storrs, R., *Orientations*, London, 1937
— *Lawrence of Arabia; Zionism and Palestine*, London, 1940
Strachan, H., *The First World War*, vol. I, *To Arms*, Oxford, 2001
Sykes, M., *The Caliphs' Last Heritage*, London, 1915
Tanenbaum, J. K., *General Maurice Sarrail 1856–1929: The French Army and Left-Wing Politics*, Chapel Hill, NC, 1974
— 'France and the Arab Middle East 1914–1920', *Transactions of the American Philosophical Society*, vol. 68 (1978), Part 7
Tauber, E., *The Arab Movements in World War I*, London, 1993
Tegart, Sir C., 'Terrorism in India', lecture delivered to the Royal Empire Society, 1 Nov. 1932
Thesiger, W., *The Life of My Choice*, London, 1987
Thomas, M. C., 'The Syrian Revolt and Anglo-French Imperial Relations, 1925–27', in Kennedy, G. C., and Nelson, K., eds, *Incidents and International Relations: People, Power and Personalities*, Westport, 2002, pp. 65–86
— 'French Intelligence-Gathering in the Syrian Mandate, 1920–40', *Middle Eastern Studies*, vol. 38, no. 1 (Jan. 2002), pp. 1–32
— 'Bedouin Tribes and the Imperial Intelligence Services in Syria, Iraq and Transjordan in the 1920s', *Journal of Contemporary History*, vol. 38, no. 4 (Oct. 2003), pp. 539–61
— *The French Empire between the Wars: Imperialism, Politics and Society*, Manchester, 2005
Tombs, R. and I., *That Sweet Enemy: The French and the British from the Sun King to the Present*, London, 2006
Tournoux, J.-R., *Pétain et de Gaulle*, Paris, 1964
Townshend, C., 'The Defence of Palestine: Insurrection and Public Security, 1936–1939', *English Historical Review*, vol. 103, no. 409 (Oct. 1988), pp. 917–49
— *When God Made Hell: The British Invasion of Mesopotamia and the Creation of Iraq, 1914–21*, London, 2010
Toye, R., *Rivals for Greatness: Lloyd George and Churchill*, London, 2007
Truman, H. S., *The Memoirs of Harry S. Truman*, vol. I, *Year of Decisions, 1945*, London, 1955

— *The Memoirs of Harry S. Truman*, vol. II, *Years of Trial and Hope*, London, 1956

Tydor Baumel, J., 'The IZL Delegation in the USA 1939–1948: Anatomy of an Ethnic Interest/Protest Group', *Jewish History*, vol. 9, no. 1 (Spring, 1995), pp. 79–89

Ulrichsen, K., 'Coming as Liberators', *History Today* (Mar. 2007), pp. 47–9

Vansittart, R., *The Mist Procession*, London, 1958

Venn, F., *Oil Diplomacy in the Twentieth Century*, London, 1986

Wagner, S., 'British Intelligence and the Jewish Resistance Movement in the Palestine Mandate, 1945–46', *Intelligence and National Security*, vol. 23, no. 5 (Oct. 2008), pp. 629–57

de Wailly, H., *Liban, Syrie: Le Mandat 1919–1940*, Paris, 2010

Walton, C., 'British Intelligence and the Mandate of Palestine: Threats to British National Security Immediately After the Second World War', *Intelligence and National Security*, vol. 23, no. 4 (Aug. 2008), pp. 435–62

Wasserstein, B., 'Herbert Samuel and the Palestine Problem', *English Historical Review*, vol. 91, no. 361 (Oct. 1976), pp. 753–75

Weulersse, Jacques, *Paysans de Syrie et du Proche Orient*, Paris, 1946

Wilson, Sir A. T., *Loyalties: Mesopotamia, 1914–1917: A Personal and Historical Record*, London, 1930

Wilson, Field Marshal Lord, *Eight Years Overseas*, London, 1949

Wilson, J., *Lawrence of Arabia: The Authorised Biography of T. E. Lawrence*, London, 1989

Yapp, M., *The Making of the Modern Near East 1792–1923*, London, 1987

— *The Near East since the First World War: A History to 1995*, 2nd edn, London, 1996

Young, H., *The Independent Arab*, London, 1933

Zamir, M., *Lebanon's Quest: The Road to Statehood, 1926–1939*, London, 1997

— 'An Intimate Alliance: The Joint Struggle of General Edward Spears and Riad al-Sulh to Oust France from Lebanon, 1942–1944', *Middle Eastern Studies*, vol. 41, no. 6 (Nov. 2005), pp. 811–32

— 'De Gaulle and the Question of Syria and Lebanon during the Second World War: Part I', *Middle Eastern Studies*, vol. 43, no. 5 (Sept. 2007), pp. 675–708

— 'Britain's Treachery, France's Revenge', *Ha'aretz*, 1 Feb. 2008

— 'The French Connection', *Ha'aretz*, 3 July 2008

— 'Espionage and the Zionist Endeavour', *Jerusalem Post*, 20 Nov. 2008
— 'A Burning Ship on Jerusalem Beach', *Ha'aretz*, 22 June 2009
— '"Bid" for *Altalena*: France's Covert Action in the 1948 War in Palestine', *Middle Eastern Studies*, vol. 46, no. 1 (Jan. 2010), pp. 17–58
— 'The "Missing Dimension": Britain's Secret War against France in Syria and Lebanon, 1942-45: Part II', *Middle Eastern Studies*, vol. 46, no. 6 (Nov. 2010), pp. 791–899.
Zuccotti, Susan, *The Holocaust, the French, and the Jews*, New York, 1993

索引

Abadan, 18
Abdullah, King, 23, 42–3, 69, 98, 107, 119–20, 220
  and Arab unity, 183, 278, 280–1, 289, 359–60, 365
  and British withdrawal from Palestine, 357, 359–60, 363, 365–6
  and Transjordan, 122–4, 129
Abu al-Assal, 46
Abu Dorreh, Shaykh Yusuf, 170–1
Abu Kamal, 154
Abyssinia, 209
Acre, 12, 31
  prison break, 350, 352
Action Française, 202
Adana, 18
Addis Ababa, 172
Africa, 12, 20, 376
Afula, 164
Agence France Presse, 350, 372–4
Aharonovitch, Yitzhak, 345–7
Ahmed Nami Bey, Damad, 147
air power, development of, 90, 122
Alanbrooke, Lord, 319
Alawites, 130
Aleppo, 10, 84, 89, 98, 101, 130, 219, 302, 370–1
Alessandri, Colonel, 287–90, 292–3, 337–8, 343
Alexandretta, 14–16, 18, 39, 49, 52, 98, 157, 195
Alexandria, 239–40, 281, 289, 300
Algeria, 55, 205
Algiers, 255, 259, 262–3, 265
Allenby, General Edmund, 50–1, 54–5, 57–64, 88, 90, 102, 121, 192
Allenby Bridge, 366
Alsace-Lorraine, 71

Altalena, 364
Altounyan, Ernest, 371
Amer clan, 147
American League for a Free Palestine, 326–30, 332–5, 343, 355
American Zionist Emergency Committee, 328
Amery, Leo, 158
Amman, 57, 141, 149, 230
Andréa, Colonel Charles, 141–2, 145–8
Andrews, Lewis, 174, 178–9, 184, 273
Anglo-American Committee of Inquiry, 315–16, 318–19, 327, 329
Anglo-French Declaration of 1918
  consequences, 79, 103, 105, 110
  origins, 60
  publication, 69
Anglo-Persian Oil Company, 90, 123, 154–6, 163
Aniza tribe, 44
Ankara, 248, 268
anti-Semitism, 99–101, 276, 316, 331, 353
Aqaba, 44, 46, 48–9, 51–5, 57, 70, 220
Arab disunity, 28, 29, 52, 53, 132
Arab Higher Committee, 165, 170, 172, 174, 356, 361
Arab–Israeli war, 367
Arab League, 293–4, 311, 364
Arab Legion, 219–20, 225, 227, 357, 359–60, 364–5
Arab Liberation Army, 365
Arab revolt, 37–63
Arab unity, 39, 183, 214, 245–6, 251–2, 263, 275–83, 289–90, 294, 305, 359–60
Arazi, Tuvia, 310

Archer, Sir Geoffrey, 121
Ariel, Shmuel, 343, 362, 364
Armée du Levant, 205, 207-8, 223, 225
Armée Juive, 338-9
Arras, battle of, 50
al-Ashmar, Muhammad, 174-5, 179
al-Asmah, Nebih, 179
Asquith, Henry Herbert, 11-12, 34-5, 67, 109, 114
al-Atassi, Hashim Bey, 246-7, 250
Atlantic Charter, 228, 249, 261
Atrash, Husein, 46
Atrash, Salim, 132-4
Atrash, Sultan, 132, 134-8, 141, 146-7, 150
Attiyeh, Shaykh Muhammad, 180-1
Attlee, Clement, 312, 314-15, 319, 321, 327, 353-4
Auchinleck, General Claude, 230-1, 239-40
Auda abu Tayi, 44-6, 132
Austin, Warren, 361
Austria, annexation of, 185, 188
Avriel, Ehud, 357-8
al-Azm, Hakki Bey, 128, 130
al-Azm, Khalid, 303-4
Azm Palace, 139
Azraq, 57-8, 149-51

Baalbek, 97
Baba Gurgur, 153-4
Baelen, Jean, 248, 271
Baghdad
 and al-Gaylani coup, 209-10
 and installation of Feisal, 112, 124-6, 128
 and Iraqi revolt, 104-8, 110
Balfour, Arthur James, 56, 61, 70-1, 81, 196
 admission of British dishonesty, 82
 discomfort with imperial expansion, 11-12, 66, 70-1, 79
 and Sykes-Picot agreement, 35-6, 61-2, 64
Balfour Declaration, 56, 193, 375
Baltimore, 345
al-Barazi, Husni, 237
al-Barazi, Muhsin, 358
Barker, General Sir Evelyn, 321, 324
Baruch, Bernard, 355, 357
Basra, 18, 65, 106, 110, 124-5, 128, 154

Bedu, 44-5, 52, 53, 54, 62, 132, 217, 220, 226, 227, 230, 370
 appearance, 40
 Lawrence's ambition for, 39, 42, 49
 xenophobia, 49
Beersheba, 55, 89, 193
Begin, Menachem, 316, 322, 324-5, 328, 337, 352
Beirut
 American University, 138, 244
 and Damascus crisis, 304-6, 309
 and Druze revolt, 134-5, 144, 150
 and Jewish terrorism, 270, 287, 290, 293
 and Lebanon coup, 257-62
 and oil pipeline, 157, 160
 and Palestine unrest, 175, 181-2, 184
 and Vichy defeat, 208-11, 216, 220-1, 225, 230, 232
Belgium, 341, 356
Bell, Gertrude, 9, 38, 81-2, 105, 107, 110, 121-4, 126, 141
Ben-Eliezer, Arieh, 340
ben Yair, Eliezer, 268
Benghazi, 209
Ben-Gurion, David, 274, 311, 315-17, 319-20, 322, 324-5, 342, 364
Beqaa valley, 97
Bergson, Peter, see Kook, Hillel
Bernstein, Leonard, 329
Berthelot, Philippe, 121, 158-9, 163
Bertie, Lord, 28
Beth Tsouri, Eliahu, 286, 289
Bethlehem, 35
Bevin, Ernest, 313-14, 316-17, 319, 325, 331, 337, 346-7, 349, 354, 359-61, 375
Beynet, Paul, 151, 281, 297-8, 300-4, 306-7, 309-10
Bidault, Georges, 297-8, 300, 307-9, 311, 332, 344, 346-7, 355-6, 358, 363-4
Biltmore conference (1942), 332
Bir Hakim, battle of 239
Birnbaum, Raphael, 272
Black Sea, 267
Blanchet, 248, 250, 270
Bludan congress, 177-9
Blum, Léon, 338-9, 347
Blumel, André, 338, 340-1
Boegner, Jean Marc, 248, 250, 282
Boissier, Jacques, 364

Bompard, Maurice, 17, 22
Bonar Law, Andrew, 126
Bonnet, Henri, 310, 355
Boston Tea Party, 332
Brando, Marlon, 329
Brémond, Colonel Edouard, 40-2
Briand, Aristide, 29-32
Brigade of Guards, 185
Britain
  assistance to French, 151-2
  bad faith, 25-6, 62, 82, 105
  imperialism, 9, 11-14
  internal disagreements, 32, 64, 81-2, 172, 180, 209, 248-9, 258-9
  Middle East policy, 14-15, 17-18, 34-5, 60, 64-7, 68-70, 77-8, 90, 108-9, 118-20, 150-1, 195-7, 207, 277-8, 293-4, 299, 312-15, 321, 353, 359-60, 362
  oil policy, 65-67, 78, 81-82, 154-6, 167
  Palestine immigration policy, 166-7, 277-8
  relations with France, 27-29, 58, 71-72, 74-75, 79-81, 82-83, 112, 120-1, 124, 125, 180-2, 223-5, 283-5, 339-340, 375
  relations with US, 68, 228, 306, 315, 319-20, 334
  relations with Zionists, 99-101, 291-3
  rumoured support for Druzes, 141-2, 149-50
  support for Arabs, 40-4, 83
  support for Druzes, 217, 227, 304
  and Zionism, 32-33, 56
British Jews, 33, 353
Bruce-Lockhart, John, 337
Bureau Noir, 287-9, 293, 337
Burma, 351
Buss, Kenneth, 227
Byrnes, James, 319

Cadman, Sir John, 153-63
Cagoulards, 282
Cairo
  1921 conference, 121-3
  Al-Azhar University, 168
  and attack on Stirling, 371, 374-5
  and Free French, 208-9, 223
  and German advance, 239
  and Jewish terrorism, 273, 286-7, 290
  Lawrence and, 38-9, 41-2, 46-7, 49-50, 52, 82, 87
Calcutta, 181
Cambon, Paul, 17-19, 25-7, 29-30, 32, 64, 98
Cambridge University, 38
camels, 59-60, 123
capital punishment, 186, 191-2, 272, 321, 333, 352-3
Carbillet, Gabriel, 134-6
Casey, Richard, 238-41, 244-5, 248-50, 252, 254, 258-62, 277-8
Catling, Assistant inspector-general Richard, 322
Catroux, General Georges, 96, 131, 150, 152
  and Free French, 205-10, 220-2, 225, 228
  and hunt for Gouraud's attackers, 128-9
  and Lebanon coup, 260-3, 300
  and Levant politics, 230-2, 235-9, 246-7, 255, 260-3
  and promise of independence to Syria and Lebanon, 212-15
Caucasus, 226
Cecil, Lord Robert, 60, 62, 68, 70, 82
Ceylon, 125
Chad, 206
Chamberlain, Austen, 126
Chamberlain, Neville, 194, 196
Chamoun, Camille, 252
Chancellor, Sir John, 166-7
Chandannagar, 182
Chataigneau, Yves, 255
Chauvel, Jean, 356
Chicago Daily News, 228-9
Chindits, 351
cholera, 341
Churchill, Clementine, 115, 118
Churchill, Lord Randolph, 114
Churchill, Winston, 13-15, 89, 102, 114-15, 312-13
  assassination threat, 337
  and de Gaulle, 203-6, 215, 228-30, 235, 240-1, 242, 290-1, 301, 306
  and Free French, 221, 223, 225, 239-43, 249-50, 261
  and Lawrence, 117-18, 123
  and Lloyd George, 113-14, 126
  and Mesopotamia, 107, 109-10, 113-26, 128

索 引 / 501

Middle East policy, 213-15, 249-50,
    261, 277, 291, 294, 299, 301,
    306, 308
and Moyne, 275-6, 291
and oil, 114, 154-5, 210
and Palestine, 123, 166
and Spears, 234-6, 241, 243, 250,
    261, 282-4
and Transjordan, 129
and Zionism, 291, 294
Cilicia, 19, 97
citrus harvest, 172
Clayton, Bertie, 39-43, 46, 48, 52-3,
    58, 85
Clemenceau, Georges, 71-5, 77-9, 81,
    89-92, 95-8, 144
and Lloyd George, 71-2, 75, 78,
    83-4
coal, 65, 114
Codrington, John, 149
Coghill, Sir Patrick, 269-70, 304, 307-8
Cohen, Mickey, 334
Colette, Sidonie-Gabrielle, 144
collective punishments, 186, 273
Collet, Captain Philibert, 213
Colonial Office, attempted bombing of,
    336-7
Colonies Club bombing, 339
Combat, 332
Comité de l'Afrique Française, 20
Comité de l'Asie Française, 16-20, 22,
    39, 69, 77-9, 86, 91, 127
Common Market, 377
Compagnie Française des Pétroles, 156
concentration camps, 312, 329, 339,
    343, 348
Conquest, Albert, 350
Constantinople, 9, 14, 16, 38, 61
see also Istanbul
Cooper, Duff, 264, 282, 287, 299-301,
    307-8, 344, 347
'cordon and search' operations, 186,
    321, 324
Coulet, François, 310
counter-insurgency/-terrorism
in Druze revolt, 136-9, 145-52
in Mesopotamia, 111-13
in Palestine (1936-39), 170-2,
    177-9, 183-90; (1942-48),
    268-70, 318-19, 320-2, 350-2
Cox, Sir Percy, 104, 106, 108, 112,
    120-2, 124-6
Crane, Charles, 84-5, 138, 168

Creech Jones, Arthur, 346, 349
Crete, 210-11, 221
Crewe, Lord, 29-30
Crusades, 16, 38, 75, 96
Curzon, Lord, 68-70, 89, 98-9, 101-2,
    112, 119-20, 125
Cyprus, 9
Czechoslovakia, 188, 193, 357-8

Dahl, Roald, 217-18
Daily Express, 353
Daily Telegraph, 173
Dakar, 207
Dalton, Hugh, 312, 353
Damascus
and Arab revolt, 39-40, 43-4, 46,
    50, 62-3, 132, 279
attack on Stirling, 369-75
centre of Arab nationalism, 85,
    105-7
and Druze revolt, 135-6, 138-9,
    141-3, 145-6, 148
French bombardments, 139, 143,
    302-9, 372, 374
French fortification of, 145-6
and French rule, 96-7, 101, 103,
    111-12, 124, 129-30
and Jewish terrorism, 267
and Palestine unrest, 174-6, 178-80,
    182-4, 195
and Vichy defeat, 209, 216, 218-21,
    224, 235
Damour, river, 220
Dan, 89
Dara, 59-62, 87, 217, 226
Dardanelles, 16, 22
Dayan, Moshe, 189, 267
Dayr az Zor, 154, 226-7, 230, 287
Dayr Yasin, 365-6
D-Day, 280, 282
de Beauvoir, Simone, 332
de Caix, Robert, 16, 35, 86, 91, 102,
    124, 129, 135
de Gaulle, Charles, 201-7, 209,
    212-17, 220-1, 223-5, 227-9,
    232, 249, 270, 284, 377
and Churchill, 203-6, 215,
    228-30, 235, 240-1, 242, 290-1,
    301, 306
and Jews, 310-11
and Levant politics, 235-43, 255,
    257-63, 282, 287
post-war policy, 297-302, 304-11

de Gaulle, Henri, 201–2
de Gaulle, Jeanne, 201
de Gaury, Gerald, 227
de Jouvenel, Henri, 143–8
de Kerillis, Henri, 140
de Lacharrière, René, 363
de Martel, Damien, 177, 182–3
Dead Sea, 49, 51
Defrance, Albert, 22, 27, 49
Dejean, Maurice, 242
Delcassé, Théophile, 15–18, 22
demobilisation, 318–19, 326
Dentz, Henri, 208, 210–11, 219–24
Depreux, Edouard, 339–40, 347
dervishes, 41–2, 62
Dewey, Thomas, 330–1
Dill, Sir John, 172–3
Dimbleby, Richard, 220
displaced persons, 312, 314–16, 319
Disraeli, Benjamin, 7
Diwaniyah, 109
Djibouti, 340
Douglas, Lewis, 334
Doynel de St Quentin, René, 50, 174–5
Druze, 45–6, 62, 217, 227, 304, 360
 esoteric religion, 133
 revolt, 128–52, 169, 175, 177, 182, 208, 281, 287, 303, 358
du Chaylard, Guy, 265, 271–2
Dunkirk evacuation, 203, 218
Durazi, 133

Eastern Committee, 69–70
Echo de Paris, 61, 76, 140
Eddé, Emile, 135, 251–3, 256
Eden, Anthony, 206, 213–14, 249, 261–2, 276, 278, 293–4, 306, 313
 and Arab unity, 213–14, 278, 294
 and de Gaulle, 206
 letter bomb, 341
 and Moyne's assassination, 287–8
 and Spears's departure, 282–4, 288
Egypt
 and British rule, 2, 9, 11–13, 28, 30, 174, 314
 elections, 238, 240
 French designs on, 12–13
 and Gallipoli campaign, 15, 18, 22–3, 40
 German threat to, 239
 Italian threat to, 207, 209
 Egyptian Expeditionary Force, 50–1
Ein Harod, 188

Eissa, Shaykh Khalil Muhammad, 174, 179
El Alamein, 239, 244, 322
El Arish, 32
Elizabeth, Princess, 343
Emblanc, Colonel, 270
Emile Bertin, 287, 290
Entente Cordiale, 13, 17, 25, 29, 39
 in retrospect, 235, 282
Eritrea, 340
Ethiopia, 363
Euphrates, river, 78, 104, 109, 111, 125, 154, 159, 219–20
Exodus, 345–8, 354, 356

Farran, Roy, 351–2
al-Faruqi, Muhammad, 24–5, 27
Fashoda incident, 13, 17, 21, 28, 31, 39, 76, 202, 259
Faure, Edgar, 332
Feisal, King
 and Arab revolt, 40, 42–4, 46, 49, 51, 62–3, 132, 253
 his death, 183
 and Mesopotamia, 105, 110–12, 118–28
 and oil pipeline, 161, 163
 and Palestine, 98, 100, 103, 119, 168
 and post-war settlement, 69–70, 74–5, 77, 83, 85, 87–92, 95, 97–8
 and Syria, 98, 100–3, 107, 111–12, 147, 163, 246
fellahin, 167
Fels, Comte de, 151
Fergusson, Bernard, 351–2
Finaly, Horace, 162
Flag Is Born, A, 329
Flandin, Etienne, 17, 129
Foreign Legion, 137, 219
France
 and arms for Israel, 358, 362–4, 373
 crusading past, 16, 96
 fall of, 3, 203–6, 235, 376
 and illegal immigration, 344–8
 investment in Ottoman Empire, 9–10, 80
 and Jewish terrorism, 309–11, 320, 322–4, 332, 337–44
 and partition of Palestine, 354–7, 361–2
 political instability, 134–5, 142

sacrifice in First World War, 28–9, 74
  see also Free French; Vichy France
Franco-Prussian war, 202
frankincense, 48
Free French, 3, 204, 206–8, 211–32, 342, 377
  and Jewish terrorism, 265–74, 289–90, 292–3, 298
  Lebanese coup, 256–64
  and Levant politics, 233–43, 248–64
French Committee for National Liberation, 257, 261–4, 281–2
French Congo, 206
French Indo-China, 205
French Jews, 310, 332, 338
French North Africa, 244, 311, 333, 355–6, 361
French Resistance, 271–2, 332, 338, 340
French West Africa, 134
Friedman-Yellin, Nathan, 316, 325
Front de Combat Hébreu, 271
Furlonge, Geoffrey, 253

Gabon, 207
Galilee, 169
Gallipoli, 14, 22, 24, 28, 39–40, 95, 114, 234
Gamelin, General Maurice, 137, 139, 145, 148–9, 152
Ganem, Shukri, 77
al-Gaylani, Rashid Ali, 209–10, 253
Gaza, 48, 51, 55, 58, 123, 347, 360
General Syrian Congress, 85, 98, 100, 107, 168
Georges-Picot, François, 19–23, 25, 27–32, 35–6, 52–3, 58, 60, 79, 251
  see also Sykes–Picot agreement
Ghouta orchards, 138, 146–8
Giles, Arthur, 269–70, 351
Gillette, Guy, 329
Giraud, General Henri, 257, 261
Gladstone, William Ewart, 20
Glubb, John, 220, 225–7, 230–1, 359, 364–6
Golan Heights, 128, 219
Golomb, Eliahu, 245
Gordon, General Charles, 76
Gort, Lord, 316
Gouraud, General Henri, 91–2, 95–8,

101–4, 112, 120–1, 124–5, 128–32, 147, 205
Goût, Jean, 75
Grand Mufti, *see* al-Husayni, Hajj Mohammed Amin
Gray, Nicol, 351
'Greater Syria', 246, 289–90, 298, 301, 365
  conceptions of, 359–60
  genesis, 183
  pursuit by British officials, 276–81, 293–94, 305
Greece, 209, 331, 357
Greenwood, Arthur, 341
Grey, Sir Edward, 13, 15–16, 25–7, 33–4, 58
Grigg, Sir Edward, 293
Gruner, Dov, 333, 336, 345
Gulbenkian, Calouste, 156
Gurkhas, 55–6

Habbaniyah, 210
Hackett, John, 221
Hacohen, David, 184, 188, 266–7, 310
Haganah, 189, 192, 245, 266–7, 289, 292, 310, 315, 322, 342, 350
  and arms supplies, 1, 357–8
  and expulsion of Arabs, 365–6
  and illegal immigration, 345–7
Haifa
  British evacuation, 366
  and Jewish terrorism, 265–6, 310, 316, 350, 360
  oil pipeline and installations, 157–9, 161–3, 196, 210, 316, 360
  and Palestine unrest, 164, 169–70
al-Hakim, Caliph, 133
Hakim, Eliahu, 286
Haldane, General Aylmer, 108, 113, 126
Halifax, Lord, 195
Hama, 89, 137, 170, 302
Hamburg, 348
Hankey, Maurice, 65–6, 68, 80, 89
Harmsworth press, 89
Hassani, Tajeddin, 237, 239
Hattin, battle of, 96
Hauran, 148
havlagah, 191
Hebrew, 189, 292
Hebron, 160, 165
Hechazit, 265
Hecht, Ben, 329, 334, 355

Helleu, Jean, 248–60, 262, 271, 281, 288
Henderson, Edward, 366
Henry VIII, King, 42
Heren, Louis, 372–3
Herriot, Edouard, 134–5
Hijaz, 40–3, 51, 70, 150
Hijaz Railway, 44, 49, 51, 53–9, 139
Hillah, 111
Hindenburg, Field Marshal Paul von, 15
al-Hinnawi, Sami, 369–70
Histadrut, 245, 268
Hitler, Adolf, 166, 172, 185, 196–7, 201, 221, 228, 360
Hogarth, David, 39, 69
Holocaust, 3, 312–13, 316
Homs, 89, 302
Hope, Bob, 329
hostages, 185
Al Houl, 45
House, Colonel Edward, 36, 66, 75
al-Husayni, Kemal, 168
al-Husayni, Abdul Qadir, 364–5
al-Husayni, Hajj Mohammed Amin, 168–70, 172–4, 177, 182–3, 195, 301, 360, 364–5, 374
Husein, Sharif, 37–43, 49, 52, 68, 124, 150, 169
  correspondence with McMahon, 22–26, 31, 80, 118–20, 213
Huwaytat tribe, 44, 46

Ibn Saud, 150, 358
India, 9, 14, 22, 76, 104, 181–2, 214, 299, 354
Indian Army, 18, 219
Institut Français, 20
Iran, 354
Iraq
  al-Gaylani coup, 209–10, 253
  and Arab nationalism, 23, 41, 43, 238
  and Arab unity, 183, 280, 359–60, 374
  British mandate and claim, 2, 31, 66
  elections, 238, 240
  independence, 69, 163
  and oil, 153–63, 196, 207, 210
  Ottoman, 10
  Turkish interference, 144–5, 149, 155
  see also Mesopotamia
Iraq Petroleum Company, 160–1, 167, 170
  see also Turkish Petroleum Company
Ireland, 101, 185
Irgun Zvai Leumi, 192, 265, 268, 289, 291–2, 315–18, 321, 342, 349–50, 352, 361, 365
  and American support, 328–30, 333–4, 355
  and French arms, 362–4
  and French support, 332, 337, 340, 342–3, 347–8
  King David Hotel bombing, 322–5
Iron Hand Society, 143
Islam, 8, 14, 40
  see also Muslims
Israel, 4, 70, 367
Istanbul, 267, 276
  see also Constantinople
Italy, 72, 258, 340, 342

Jabal Druze, 45, 130, 132–3, 135–7, 140–1, 147–52, 164, 304
Jabri, Saadallah, 253, 280
Jafar Pasha, 123, 161
Jaffa, 58, 84, 100, 165, 177, 194, 317, 366
Japan, 72
Jarblum, Marc, 311
Jaussen, Antoine, 48–9, 61
al Jazairi, Abdul Qadir, 55–7, 87–8
al Jazairi, Mohammed Said, 88
Jeanne d'Arc, 302
Jeddah, 41
Jenin, 364
Jerusalem
  al-Aqsa Mosque, 169
  Arab Club, 100, 168
  British capture, 51, 58, 192
  British Officers' Club, 349–50
  Churchill's visit, 123–4
  Dome of the Rock, 169
  Hebrew University, 277, 342, 366
  international zone, 348, 354
  and Jewish terrorism, 265–6, 269, 317, 320, 322–4, 326, 328–9, 339–40, 349–50, 367
  King David Hotel, 320, 322–4, 326, 328–9, 339–40, 367
  Nebi Musa riots, 99–100, 103, 168
  and Palestine unrest, 192, 194
  rioting, 99–100, 103, 160, 165–6, 168
  Wailing Wall, 165
Jewish Agency, 245, 266, 274, 290–4,

309, 314-15, 317, 319-22,
  324-5, 350, 357
  and Abdullah, 359-60
  and massacres of Arabs, 365-6
Jewish Resistance Movement, 315-17,
  332
Jezreel valley, 188
Jezzine, 219
jihad, 14, 23
Joan of Arc, 31, 242
Joffroy, Pierre, 345
John, Augustus, 73
Jones, Chief Inspector, 336-7, 339-40
Jordan, 359, 364
  see also Transjordan
Jordan, river, 59, 113, 119, 168, 364
Joûnié, 182
Junction Station, 58

Kamaran, 238
Katz, Samuel, 342, 347, 363
Kellar, Alec, 292, 320
Kemal, Mustapha, 97-8
Kennan, George, 331
Kerameh, Abdul-Hamid, 251-3
Kharrat, Hassan, 139
Khartoum, 13
Khirbe, 218
al-Khoury, Beshara, 251-4, 256, 262-3
al-Khoury, Kalil, 256
kidnapping, 321, 333, 353
Killearn, Lord, 376
King, Henry, 84-5, 168
Kirkbride, Alec, 184, 304, 360
Kirkuk, 12, 31, 66, 153
Kitchener, Herbert, 11-14, 22, 39, 67
Kitson, Reubin, 167, 185-6
Klotz, Louis-Lucien, 73
Knout, Betty, 336, 339-41
Knout, David, 338-9
Koenig, General Pierre, 217, 239
Kollek, Teddy, 291-2
Kook, Hillel, 326, 328-34, 339, 343,
  363
Korff, Baruch, 343-4
al-Krim, Abd, 148
Kufah, 111, 113
Kurds, 105, 122, 144

'La Marseillaise', 202, 273
La Riposte, 332
landmines, 170-2
Lane, Arthur, 185-6

Lansing, Robert, 75
Latrun, 271
Lawrence, Thomas Edward, 15, 149,
  171, 175, 183, 220, 263
  and al Jazairi, 87-8
  and Arab revolt, 37-9, 41-63, 132,
    360
  and archaeology, 38
  and Churchill, 117-18, 123
  and Feisal, 42-3, 49, 75, 112, 120
  guerrilla campaign, 51, 53-62
  Mesopotamia, 110-12, 117-20,
    122, 125
  and Palestine, 123
  and post-war settlement, 68-70,
    75-6, 81-2, 87-8, 90, 105
  and Stirling, 47, 54-5, 60, 62, 279,
    305, 307, 369, 373-4
  and Sykes, 37-8, 45, 48, 52-3, 63
  and Transjordan, 129, 131, 359
Lawrence, Will and Frank, 38
Le Bonnet Rouge, 73
Le Matin, 144
Le Monde, 339, 374
Le Parisien Libéré, 345
Le Temps, 86-7
League of Nations, 98, 106, 109, 151,
  185, 196
  and Druze revolt, 148, 150
  mandates, 2, 74, 101, 109
  and 'Mosul question', 144-5
Lebanese Representative Council, 135
Lebanon
  1943 elections, 236-44, 246-55
  and Arab nationalism, 29-30, 238,
    244, 246, 250, 252, 301-2
  and Arab unity, 183, 277-8, 280-1
  British and French responsibilities,
    224-32
  and British espionage, 358
  French claim, 15, 31-2, 63, 85
  French coup, 256-65
  and French language, 254
  French mandate, 2-3, 101, 152, 229,
    242, 253-4, 263
  French rule, 129-31
  French withdrawal, 309, 359, 376
  and independence, 206, 212-15,
    217, 225-6, 229-31, 233, 236,
    249, 253-4, 257-9, 299, 376-7
  and Jewish immigration, 276-7
  and Jewish terrorism, 265-6, 289
  and Palestine, 172-4

Lebanon – *continued*
  railway project, 159–60
  and Spears mission, 233–43
  Vichy defeat, 3, 207–8, 211–32
Legentilhomme, General, 217, 219
Levstein, Yaacov, 337–42
L'Homme enchaîné, 73
Libya, 10, 207, 209
Ligue Française pour la Palestine Libre, 332, 339, 343, 363
Liman von Sanders, General Otto, 61
L'Indépendance, 339
lions, 121, 123
Litani, river, 215–16, 218, 220
literacy, 11
Liverpool, 353
Lloyd George, David, 34–5, 51, 59–60
  and Clemenceau, 71–2, 75, 78, 83–4
  and Churchill, 113–14, 126
  and Mesopotamia, 109, 113–18, 122, 124
  and Ottoman Empire, 11–12, 64–8
  and Palestine government, 100–1
  and post-war settlement, 76–7, 79–83, 87–91, 97
Lloyd George, Margaret, 67
Locarno Treaty, 140
London
  bombing threat, 336, 339–41, 344
  cholera threat, 341
London Zoo, 121, 275
Luftwaffe, 209–10
Lusignan, Guy de, 96
Luxembourg, 356
Lyautey, Hubert, 130
Lyon, 22
Lyttelton, Oliver, 223–5, 227–8, 232, 238
Lyttelton–de Gaulle agreement, 224, 227, 238, 241, 247

MacDonald, Malcolm, 193, 196
MacDonald, Ramsay, 166
MacKereth, Gilbert, 174–81, 184, 194–5, 281, 284, 288
McMahon, Sir Henry, 22–7, 29–30, 32, 39, 80, 118, 213
MacMichael, Sir Harold, 190, 273, 278
Macmillan, Harold, 259, 261–2, 377
Mafraq, 149
Maginot Line, 203
Mahdi (Muhammad Ahmad), 13, 120

Manchester Regiment, 185
Mardam, Jamil, 177, 179, 195, 279–81, 283–4, 289, 297, 303
Margerie, Pierre de, 39–40
Marjayoun, 218–19
Marne, battle of, 137
Maronites, 133, 251
Marseille, 22, 345–7, 363
Marshall, George, 356, 362
Martin, Sergeant Cliff, 353
Martin, Tommy, 136
Marx brothers, 329
Masada, 268
Massigli, René, 250, 255, 265, 272, 282–5, 288, 299
Mauritius, 266
Maydan, 139, 182
Mayer, Daniel, 332
Maysalun, 103, 111, 137
Mecca, 10, 22–3, 27, 37–8, 40, 44, 89, 120, 123–4, 169
Medina, 10, 40
Meinertzhagen, Richard, 100
Meir, Golda, 360
Merawed, Ahmed, 129, 147
Mers el Kébir, 205, 218
Merton, Arthur, 143
Mesopotamia
  1920 revolt, 108–13
  and Abdullah, 98, 107
  British garrison, 107–8
  British mandate, 101, 107, 109
  casualties, 113
  cost of British presence, 89, 107–10, 113–15, 122
  and Feisal, 105, 110–12, 118–27
  French interference, 110, 113, 120–1, 125, 128
  frontiers, 108, 112
  and oil, 65–6, 68–9, 77–8, 81–3, 101–2, 106, 109, 144, 154
  and post-war settlement, 65–6, 68–70, 72, 74, 77–8, 81–4, 86, 89–90, 92, 98, 101–3
  renamed Iraq, 122
  sectarian divisions, 105–7, 125–6
Messeri, Gabriel, 338
Metawala tribe, 46
Mexico, 34
MI5, 1, 271, 290, 292, 320, 322
MI6, 1, 287–90, 292–3, 337, 345–6, 371
Michaud, General Roger, 136–7, 149

索引 / 507

Middle East War Council, 246, 248-9, 277
Millerand, Alexandre, 98-102, 112
Milner, Lord, 68
Misrahi, Robert, 339
Moch, Jules, 346-7
Montagne Noir, 338
Montcalm, 300-1
Montgomery, General Bernard, 194, 321, 351
Morley, Lord, 67
Morning Post, 115
Morocco, 13, 148
Morrison, Herbert, 321
Morton, Superintendent Geoffrey, 268-9, 337
Moscow, 240, 300
Mossad, 345-6
Mosul
 'Mosul question', 144-5
 and oilfields, 65-6, 68, 71-2, 77, 81, 83, 101-2, 106, 144-5, 154-6
 and Sykes-Picot agreement, 10, 27, 30-1
Moyne, Lord, 273-8, 342
 and Greater Syria, 246, 289-90, 293 4
 murder, 286-7
Mudawwarah, 53
Muhammad, Prophet, 10, 23, 42, 120
Mukkadam, Rashid, 247-9, 251-3
Munich Agreement, 194
Muslims, 14, 166, 196, 214, 250, 309, 376
 and Druze revolt, 131, 135, 143
 Shiah, 84, 105-7, 109, 125
 Sunni, 10, 84, 105-7, 125-6, 25, 253
Mussolini, Benito, 172
Mustard gas, 113

Nabataean civilisation, 48
Nablus, 164, 178, 364
Naccache, Alfred, 236-7, 239
Napoleon Bonaparte, 74, 242
Naqib of Baghdad, 124-5
Nashashibi family, 168-70
Nationalism
 Arab, 21, 24, 31, 43, 52, 81, 83, 97-8, 103, 137-8, 142, 151, 169-70, 177-8, 180, 211, 238, 244, 246, 253, 281, 301, 311

Egyptian, 314
French, 61-2, 134, 140, 218
Iraqi, 105, 107, 108, 109, 124, 209
Jewish, 268
Lebanese, 250-2, 254
Syrian, 104, 130, 135, 138, 139, 143, 147-8, 150, 177, 179, 195, 229, 246-7
Turkish, 97
Nazareth, 61, 164, 174, 178, 189
Near East Development Corporation, 156, 162
Netanya, 353
Netherlands, 356
New York, 245, 315, 319, 330, 343, 354
New York Post, 326, 334
Newfoundland, 228
Newton, Robert, 323
Nicolson, Sir Arthur, 27, 29-30
Nicolson, Harold, 72-3, 82
Nile, river, 13, 15, 23
Niles, David, 330
Norman, Gerald, 263-4
Normandy, 282
North Africa, 7, 39, 91, 130, 249, 258, 333
 French North Africa, 244, 311, 333, 355-6, 361
North-West Frontier, 114, 119-20
Nuremberg Laws, 167

Observer, 112
oil
 and British fleet, 114, 154, 163
 Iraqi pipeline, 153-64, 167, 170, 188-9, 196, 210
 and Mesopotamia, 17-18, 65-6, 68-9, 77-8, 81-3, 101-2, 106, 109, 144, 154-6
 oil-sharing agreement, 83, 109, 155
 US and, 65, 109, 154-6, 159, 162-3, 313
Oliva-Roget, General Fernand, 303-8, 372
Operation Agatha, 321-3
Operation Exporter, 216, 227
Operation Nachshon, 364
opium, 247, 282
Oppenheim, E. Phillips, 225
Orontes, river, 137
Ostrorog, Stanislas, 282

Ottoman empire, 1, 7–19, 21–5, 30
  and Arab revolt, 37–63
  collapse of, 64, 66, 74, 86, 103, 106, 375–6
Oxford University, 38, 90, 110

Paget, General Sir Bernard, 299, 301–2, 304, 306–7
Paice, Sergeant Mervyn, 353
Palestine
  Arab–Jewish violence, 100, 357, 360–1, 365–7
  and Arab nationalism, 23, 83, 100, 169–70
  and Arab unity, 183, 276–8, 280–1, 359–60
  and Arab uprising, 164–94, 321
  British claim, 31–2, 35, 65, 68–72, 81, 89–90, 92
  British invasion, 34–5, 50–2, 54, 56–9, 62
  British mandate, 1–4, 74, 77, 99, 101, 103, 131, 196, 317, 320, 348–9, 352, 354, 358, 367
  British withdrawal, 353–7, 359, 366–7
  Churchill and, 117–18
  and Druze revolt, 142, 175
  and Feisal, 98, 100, 103, 119, 168
  French claim, 16, 18, 27–8, 77
  and French interference, 100–2, 106, 113, 122–3
  frontiers, 70, 89–90
  and international administration, 31–2, 99–101
  Jewish illegal immigration, 319, 322, 340, 342–8
  Jewish immigration, 2–4, 165–8, 180, 187, 196, 245, 266–7, 275, 278, 291, 312–17, 319, 342
  Jewish immigration and American influence, 326, 328, 330, 332
  and Jewish state, 32, 99, 293–4, 330–1, 339, 361
  and Jewish terrorism, 265–74, 294, 298, 315–25, 327–8, 334, 339–40, 349–50
  and King–Crane commission, 81, 84–6, 168
  lawlessness, 192–3
  and oil pipeline, 158, 160, 163, 167, 170, 188–9

Ottoman, 10
  and partition, 173, 173, 183, 193–4, 277, 203, 325, 348, 354–7, 361–2
  policing and counter-insurgency, 183–91
  policy changes, 195–7
  and Zionism, 99–100, 123, 275, 293–4
Palestine Police, 164, 183–7, 268–9, 289, 291, 315, 321, 350–1
Palestine Post, 281
Palmach, 267, 321–2, 345, 365
Palmyra, 18, 49, 78, 83, 154
Palyam, 345
pan-Islamism, 76, 169
Paris, 21–2, 287, 293, 297, 332, 360
  and Jewish terrorism, 337–44
  peace conference, 72–84
Paris Midi, 76
Parodi, Alexandre, 355–7, 362
Passfield, Lord, 160, 163, 166
Pasteur Institute, 341
Patria, 266–7, 310
Pearl Harbor, 228
Pedder, Colonel Richard, 216
Peel Commission, 172–3, 177, 183, 185, 193–5, 277
Persia, 18, 66, 82, 154, 156
Persian Gulf, 25, 104
Petah Tiqwa, 165
Pétain, Philippe, 201–3, 205–6
Philadelphia, 333
Philippines, 357
Pichon, Stephen, 69, 72–3, 75, 77, 79–80, 88
Picot, Charles, 20
Picot, Georges, 20
Plumer, Lord, 149–51
Poincaré, Raymond, 78, 134
Poland, invasion of, 196
Pollock, James, 366
Port-de-Bouc, 347, 364
postal services, 11
Poulleau, Alice, 138, 141
Pyramids, 122–3

Qasimiye bridge, 215
al-Qassam, Shaykh Izzadin, 169, 174
Qastal, 365
Quilliam, Cyril, 373–4
Qunaytirah, 128, 219

al-Qawukji, Fawzi, 137-8, 147, 170,
  174, 361, 364-5
al-Quwatli, Shukri, 250, 279-80, 289,
  303-6, 308, 358, 365, 369, 372
Radio Levant France Libre, 266
railways, 11, 18, 80, 90, 98
  and Druze revolt, 147-9
  and Jewish terrorism, 316, 350
  Lawrence's campaign, 53-62
  and Mesopotamia, 109, 144-5
  and oil pipeline, 158-60
Ramat Gan, 318, 333
Ransome, Arthur, 371
Ras Baalbek, 46
Rayak, 217-18
refoulement, 346-7
Rehavia, 351
Rendel, George, 180
Reuters, 350
Reynaud, Paul, 203
Reza Shah, 143
Rhineland, 76, 172, 185
Rhodes, 221
Richard I, King, 42
Rif mountains, 137
Rihania, 164
Robertson, Sir William, 51, 59
Romania, 267, 357
Rome, 342
Rommel, General Erwin, 209, 230,
  239-40
Roosevelt, Eleanor, 327, 329
Roosevelt, Franklin D., 228, 261, 306,
  313, 327-8, 355
Rothschild, Lord, 56
Royal Air Force, 113, 122, 210
Royal Dutch Shell, 156
Royal Engineers, 184
Royal Navy, 346
Rubowitz, Alexander, 351-2
Ruhi, 26
Ruhr, French occupation, 134
Rumaythah, 109
Russia, 14, 31, 33, 60
  Soviet Union, 202, 221, 226, 331,
    359, 361
Rwala clan, 44-5

Sabaean civilisation, 48
Safad, 165
Said, Nuri, 161, 183, 281, 289
Saida (Sidon), 253, 259, 277

St Paul, 96
Saladin, 96, 103, 112
Salford, 353
Salisbury-Jones, Guy, 135-6, 141-2,
  145, 149
Salkhad, 136
Salt, 113
Samuel, Herbert, 32-3, 100-2, 113,
  123, 129, 131, 168
San Francisco, 300
San Remo conference, 99, 107, 109,
  155, 159
Sandström, Emil, 347
Sarafand, 318
Sarrail, General Maurice, 134-6,
  139-41, 144-5, 208
Sartre, Jean-Paul, 332, 339
Sasson, Elias, 359-60
Saudi Arabia, 18
Schmittlein, Raymond, 267
schools, 9, 80, 86
Schuman, Robert, 375
self-determination, 34, 70, 75, 81-2,
  84, 105, 110
Serres, Jean-Charles, 373-4
Sète, 346
Shahbandar, Abdul Rahman, 138, 150
Shalaan, Nuri, 44, 46, 57
Shamir, Yitzhak, 191, 271, 324, 340
Sharia law, 168-9
Shaw, Sir John, 323, 367
Shone, Terence, 302-6
Sidqi, Ismail, 314
Silver, Hillel, 328
Simic, Vladimir, 347
Sinai, 44, 46
Sinatra, Frank, 329
Sixth Airborne Division, 318-19, 321
Smart, Walter, 142-3, 146, 151, 358
Sneh, Moshe, 315-16, 322
Solel Boneh, 184
Somme offensive, 33, 67
South Africa, 185, 275
Soviet Union, 202, 221, 226, 331, 359,
  361
Spears, Edward Louis, 204, 206, 209,
  211-12, 214-15, 218, 223-4,
  228, 232, 358, 375
  and Churchill, 234-6, 241, 243,
    250, 261, 282-4
  and de Gaulle, 203-4, 206, 215, 235
  departure, 282-5, 288, 293, 298
  and French coup, 256-64

Spears, Edward Louis – *continued*
  and letter bomb, 341
  and Levant politics, 233–44,
    246–64, 269, 275, 279–85,
    288–9, 300, 302, 305, 310
Special Night Squads, 188–90
Special Operations Executive, 270
Sphinx, 123
Stalin, Josef, 332
Stalingrad, 305
Standard Oil, 84, 162
Stern, Avraham, 268–9
Stern Gang, 265–6, 268–73, 287,
  289–92, 315–18, 324–5, 342,
  349, 351–2, 365
  and French support, 337–43, 351
Stevenson, Frances, 67–8
Stirling, Marygold, 369–71
Stirling, Walter Francis, 47, 54–5, 60,
  62, 87–8, 100, 131, 358
  assassination attempt, 369–75
  and Damascus crisis, 303–5, 307–8
  and 'Greater Syria' plan, 279
Stockwell, Hugh, 366
Storrs, Ronald, 23–4, 26, 41–2, 100
Struma, 267–9, 276, 290
subsidies, 120, 195
Sudan, 13–14, 39, 120, 130
Sudetenland, 193
Suez Canal, 2–3, 9, 17–18, 23, 32, 90,
  102, 156, 163, 196, 207, 246,
  278, 282, 314
as-Sulh, Riad, 253–4, 256, 259, 262,
  281
Suwayda, 134, 136–7, 147
Sykes, Lady Jessica, 8
Sykes, Sir Mark, 7–13, 17–18, 21, 24,
  30–1, 35–6, 56, 60, 66
  and Gallipoli, 14–15, 22, 114
  and Lawrence, 37–8, 45, 48, 52–3, 63
  see also Sykes–Picot agreement
Sykes, Sir Tatton, 8
Sykes–Picot agreement, 1–2, 31–7,
  45–6, 48–9, 51–3, 55, 59–66, 71,
  77, 79, 91, 97, 99, 113, 234, 375
Symes, Stewart, 150
Syria
  1943 elections, 236–44, 246–50,
    370, 372
  and American commission, 85
  and Arab nationalism, 23, 41, 43,
    143, 147, 151, 238, 244, 246,
    280

  and Arab revolt, 43–4, 46, 50–1
  and Arab unity, 183, 214, 277–81,
    359–60, 374
  archaeology, 38, 49
  and British arms, 281, 283, 290,
    302, 307
  and British espionage, 358
  British withdrawal, 89–92
  coups d'état, 369, 372–4
  Damascus crisis, 302–9
  Druze revolt, 128–52, 169, 175
  and Feisal, 98, 100, 102–3, 111–12,
    119, 127, 147, 163, 168, 246
  French claim, 11–23, 25–8, 31–2, 37,
    39, 43, 62–3, 65, 70–1, 75–92
  French *délégués*, 130
  French mandate, 2–3, 74, 80, 83, 85,
    101–2, 130, 145, 150–2, 229,
    242, 251, 309
  French occupation, 96–8, 101–3, 124
  French rule, 129–31, 144–5, 174,
    194–5
  French withdrawal, 309, 359
  and independence, 21, 70, 81, 85,
    102–3, 206, 212–15, 217,
    225–6, 228–31, 233, 249, 254,
    290, 299, 305, 376–7
  and Jewish immigration, 276–7
  and Jewish terrorism, 266–7, 289
  and Mesopotamia, 104–6, 117
  and oil pipeline, 154, 157, 160–1
  Ottoman, 10, 64
  and Palestine, 164, 172–83, 195,
    207, 229
  railway project, 159–60
  silk industry, 22
  and Spears mission, 233–43
  troupes spéciales, 297–300, 302, 309
  Vichy defeat, 3, 207–32
  wheat exports, 86, 237
  wheat shortage, 237–8, 241

Talib, Sayyid, 124–5
Tall Afar, 108
Tangiers, 214
Tardieu, André, 78, 162–3
Tavin, Eli, 342–3
Tawfiq Pasha, 360
Teagle, Walter, 162–3
Tegart, Sir Charles, 180–4, 194, 208
Tegart's Wall, 183–4, 188, 266
Tehran, 104, 143, 287
Tel Aviv, 166, 356, 358, 364

and Jewish terrorism, 265, 268, 272, 317–18, 321, 324, 337, 350–1
Theodore Herzl, 345
Thesiger, Wilfred, 132
Thomas, Lowell, 110
Tiberias, 269–70, 366
Tigris, river, 30
Time magazine, 163
Times, The, 56, 88, 112–13, 164, 192, 350
  and attack on Stirling, 369, 371, 373–5
  and cost of mandate, 107, 109–10
  and Druze revolt, 139–40, 143
  and Lebanon coup, 263–4
Tobruk, 239–40
Toulon, 340
Trades Union Congress, 60
Transjordan, 150, 168, 240
  and Abdullah, 120, 122–4
  and Arab unity, 183, 277–81
  British mandate, 2–3
  and Druze revolt, 129, 131, 133, 142, 144–5, 148–9, 175
  and Jewish immigration, 276–7
  and oil pipeline, 158, 163
  renamed Jordan, 359
travel writing, 9
Tripoli, 157, 160–2, 247, 251, 253, 259
troupes spéciales, 224, 241, 297–300, 302, 309
Truman, Harry S., 306, 313–15, 319–20, 326–32, 334–5
  and partition, 355–7, 362
Truman Doctrine, 331
Tulkarm, 61, 164, 178, 364
Tunisia, 338
Turin, 340
Turkey, 10, 14, 16, 31, 39, 64, 67–8, 331
Turkish Petroleum Company, 153, 155–6, 158–60
Tyre, 90

unemployment, 160
United Nations, 300, 315, 327, 329, 349
  and partition, 354–7, 360–2
UN Atomic Agency, 355
UN Special Committee on Palestine, 347–8, 352–5, 357
United States
  and arms embargo, 363
  and First World War, 33–4
  immigration policies, 165
  Jewish influence, 33, 195, 313–14, 326–35
  and Jewish terrorism, 326–35
  and Jordan, 359
  and oil, 65, 109, 154–6, 159, 162–3, 313
  and partition, 355–7, 361–2
  post-war conditions, 326–7
  and post-war settlement, 68, 80, 85–6
  support for Zionism, 86, 291, 313–17, 326–35
  war of independence, 328, 330

Vaughan-Russell, John, 139, 142, 146
VE-Day, 301
Verdun, 202
Vichy France, 201, 203–5
  defeat in Syria and Lebanon, 3, 207–32
  and Jewish terrorism, 266, 270–1
  and Jews, 338
Vienna, 14

Wadi Sırhan, 44–6
Wadsworth, George, 244
Wajh, 43–4, 49
Wall Street Crash, 160
Washington DC, 310, 315, 329, 331
Wauchope, Sir Arthur, 172
Wavell, General Archibald, 209–11, 216, 220, 230
Weill, Kurt, 329
Weizmann, Chaim, 35, 70, 77, 99, 166, 291, 316
Wilkie, Wendell, 242
Wilson, Arnold, 82, 104–11, 123
Wilson, General Maitland 'Jumbo', 216, 218–19, 221–4, 238
Wilson, Woodrow, 2, 34–5, 60, 65–6, 68–9, 98, 228, 355
  and King–Crane commission, 81, 83–4
  and post-war settlement, 72, 74–5, 77, 79–80
Windham, Sir Ralph, 333
Wingate, Orde, 187–90, 194, 351
Wingate, Sir Reginald, 39, 48
Wise, Stephen, 328
Woodhead Commission, 193–4

Yale, William, 84–5
Yarmuk valley, 55–6, 58
Yemen, 43, 48
Yishuv, 191, 317, 320
Young, Gerry, 303–4
Young Arabs, 183
Young Turks, 9
Yousef, Schlomo, 191–2
Yugoslavia, 209, 354

Z Force, 215–16
Zaal, 220
Zaharoff, Sir Basil, 225

Zaim, Husni, 369, 372–4
Zionism
    Arab opposition to, 100, 293
    British reappraisal of, 99–101, 166, 195–6
    British support for, 2, 32–5, 56, 70, 291
    French dismissal of, 33
    French support for, 2–3, 266–7, 309–11
    King–Crane commission's view, 86
    militancy, 245

图书在版编目(CIP)数据

瓜分沙洲：英国、法国与塑造中东的斗争／（英）詹姆斯·巴尔（James Barr）著；徐臻译.--北京：社会科学文献出版社，2018.10
书名原文：A Line in the Sand：Britain, France and the Struggle that Shaped the Middle East
ISBN 978-7-5201-2807-0

Ⅰ.①瓜… Ⅱ.①詹…②徐… Ⅲ.①中东战争-研究 Ⅳ.①K370.07

中国版本图书馆CIP数据核字（2018）第103636号

瓜分沙洲
——英国、法国与塑造中东的斗争

著　　者／〔英〕詹姆斯·巴尔（James Barr）
译　　者／徐　臻

出 版 人／谢寿光
项目统筹／董风云　张金勇
责任编辑／刘　娟　李　洋

出　　版／社会科学文献出版社·甲骨文工作室（010）59366551
　　　　　地址：北京市北三环中路甲29号院华龙大厦　邮编：100029
　　　　　网址：www.ssap.com.cn
发　　行／市场营销中心（010）59367081　59367018
印　　装／三河市东方印刷有限公司

规　　格／开本：889mm×1194mm　1/32
　　　　　印张：16.875　插页：0.5　字数：387千字
版　　次／2018年10月第1版　2018年10月第1次印刷
书　　号／ISBN 978-7-5201-2807-0
著作权合同
登 记 号／图字01-2016-2351号
定　　价／89.00元

本书如有印装质量问题，请与读者服务中心（010-59367028）联系

▲ 版权所有 翻印必究